红餐网

中国餐饮发展报告

2022

红餐网 ◉ 著

中国商业出版社

图书在版编目（C I P）数据

中国餐饮发展报告 . 2022 / 红餐网著 . -- 北京 :
中国商业出版社 , 2022.8
ISBN 978-7-5208-2165-0

Ⅰ. ①中… Ⅱ. ①红… Ⅲ. ①饮食业 - 经济发展 - 研
究报告 - 中国 - 2022 Ⅳ. ① F719.3

中国版本图书馆 CIP 数据核字 (2022) 第 140219 号

责任编辑：滕　耘

中国商业出版社出版发行
（www.zgsycb.com　100053　北京广安门内报国寺 1 号）
总编室：010-63180647　编辑室：010-83118925
发行部：010-83120835/8286
新华书店经销
广州市彩源印刷有限公司印刷

*

889 毫米 ×1194 毫米　16 开　24.5 印张　450 千字
2022 年 8 月第 1 版　2022 年 8 月第 1 次印刷
定价：598. 00 元

* * * *

（如有印装质量问题可更换）

《中国餐饮发展报告 2022》编委会

供应链
中央厨房
复合调味品
私域流量
沉浸式体验
数字化
餐饮SaaS服务
中式烘焙
IPO
兰州拉面
内卷
食材创新
西餐
外卖
团餐
下沉市场
直播带货
自助餐
融合菜
新疆菜
疫情常态化
第二曲线
热卤
明星餐饮
现金流
北京菜
地方菜
烧烤
柠檬茶
烤肉
小龙虾
上市
徽州菜
中式正餐
有料火锅
麻辣烫
冷链物流
植物基
烤鱼
粤菜
江浙菜
食品安全
茶饮
产业生态化
湘菜
川菜
徽菜
零售化
资本化
火锅
小酒馆
中式米饭快餐
西式快餐
咖啡
差异化
业态融合
酸菜鱼
日韩料理

PREFACE 序言 »

序言01

PREFACE 01

探索变局中的生存策略，把握新趋势与新机遇

2019 年底以来，受新冠肺炎疫情影响，国内餐饮业持续承压，整体营收受到较大影响。在党和政府的坚强领导下，2021 年我国进入疫情防控常态化阶段，餐饮行业复苏明显，总体营收一度恢复到 2019 年水平。进入 2022 年，国内疫情呈多点散发频发之势，全球政治、经济、军事等层面也发生剧变，种种因素都给中国宏观经济发展带来较大的不确定性。在这样的大背景下，中国餐饮行业正面临着前所未有的严峻挑战。

为应对后疫情时期的复杂环境，帮助餐饮业恢复发展，从中央到地方政府都陆续出台了一系列扶持政策，在租金、税费、金融服务等多个方面同时发力；餐饮企业也在积极自救，加快数字化、标准化、产业化等方面的转型升级，以优化经营布局，实现降本增效。

在充满未知的变局中，把握趋势、洞察机遇对于餐饮企业有着极其重要的意义。

2021 年 9 月和 12 月，世界中餐业联合会与红餐网先后联合主办了“第三届中国餐饮营销力峰会”和“第二届中国餐饮品牌节”。两场盛会聚焦业内热点问题，汇集业内顶级专家，通过多种方式为行业赋能，帮助、陪伴餐饮人适应变局。

红餐网组织专业团队，耗时一年时间，于2022年8月推出《中国餐饮发展报告2022》。该书内容全面、数据翔实，通过比对和分析餐饮业近两年的大数据和案例，深入剖析各主要品类和细分赛道的发展现状与难题。该书持续追踪餐饮行业最新动态，重点关注诸如粉面等赛道的高度活跃、预制菜的快速崛起、团餐市场前景广阔、餐饮与资本进入“小蜜月期”等动态。该书详解了多个值得关注的模块，如对茶饮、咖啡、酒馆等品类进行分析以及对餐饮产业生态布局进行解读，以求更深入、全面地展现中国餐饮全貌。

只有认清自己，才能找准前进的方向；只有顺应时代，才能实现稳健发展。于企业而言，这意味着要引进科学管理理念，实现现代化运营；于行业而言，这意味着要加快转型升级，落实可持续发展战略；于产业而言，这意味着要打通上下游，加强协同效应。相信《中国餐饮发展报告2022》的出版发行一定会给读者带来有价值的共鸣和启发。

挑战中求生存，变局中谋发展，相信这将成为未来相当长一段时间的主旋律。我们将坚定地与所有中国餐饮人站在同一阵线上，初心不改、拥抱未来！

是以为序。

邢颖

世界中餐业联合会会长

2022年8月

序言02

PREFACE 02

共克时艰，迈向中国餐饮发展新征程

从 2020 年至今，新冠肺炎疫情带来的不确定性极大地冲击了餐饮业，不少餐饮企业陷入前所未有的艰难处境。曾经风光无限的头部餐企为求生存，“断臂”止损关店数百家；上市不久的新锐品牌亏损数亿元，遭遇增长困境；各大品类赛道“内卷”加剧，众多中小餐企面临淘汰出局的风险……

政府部门高度关注餐饮业的发展和诉求，从中央到地方都陆续出台了一系列针对餐饮业的支持性政策。尤其是进入 2022 年以来，面向餐饮业的各项纾困政策纷纷出台，助力餐饮企业渡过难关。

在积极应对挑战的同时，我们也看到中国餐饮业正在进入新时期、新征程，餐饮企业迫切需要建立新理念、树立新方向、洞察新趋势，才能激发新增长与新动力，实现可持续的、高质量的长远发展。

建立新理念，意味着要转变传统的“线下为主”的心态，积极拥抱线上化、数字化的发展潮流。在疫情暴发以来的两年多时间里，私域运营成为营销新手段，为众多餐饮企业带来新的增长支点，带货直播、引流短视频不断出圈，助力餐饮品牌势能不断提升。

树立新方向，需要餐企锐意创新，突破过往固有的发展思路。为应对前所未有的挑战，餐企纷纷以新体系、新模型来谋求出路。随着商场竞争日趋激烈，部分餐企转而聚焦社区选址；为了更快速地发展，曾经专注于直营的餐企尝试开放了加盟业务；在一线城市餐饮市场竞争白热化的背景下，很多餐企开始瞄准下沉市场……

洞察新趋势，需要餐企结合自身特色，精准洞察市场新机遇、把握新趋势。自 2020 年以来，餐饮业不断涌现新趋势：比如预制菜赛道持续火热，资本加速布局餐饮业，餐饮业迎来上市潮等。

红餐网作为餐饮行业的观察者、

记录者，始终坚持以促进行业的良性发展为己任，全力帮助餐饮人实现思想充电、认知升维。其一，我们持续推出客观、专业、深入的餐饮行业相关报道，不断为餐饮行业发声，于2021年携手国家级主流媒体央广网，达成战略合作，创立“央广网餐饮频道”，成为餐饮行业首个国家级发声平台；其二，红餐网通过“红餐大会”线下活动为餐饮行业赋能，于2021年与世界中餐业联合会联合主办了对行业意义重大的“第三届中国餐饮营销力峰会”“第二届中国餐饮品牌节”等活动；其三，红餐网旗下的红餐品牌研究院依托于餐饮大数据体系，持续为餐饮行业产出专业的调研报告和数据服务，并推出“红餐大数据”线上产品。

2022年，红餐网经过一年多的深度调研，重磅推出《中国餐饮发展报告2022》。本书在海量数据和最新案例的基础上，从市场规模、竞争格局、区域分布特色、人均消费等多个维度剖析了二十余个餐饮品类的发展情况，同时对重点品牌进行跟踪研究，力求以精练的文字、简明的图表来描绘出餐饮品类以及品牌的发展曲线，继而提炼出行业洞察、趋势研判。此外，为进一步剖析产业生态，红餐网更深入上下游产业进行采访调查，对供应链、调味品、餐饮信息技术服务、物流服务等领域也作出深入浅出的阐述。

我们诚挚地希望《中国餐饮发展报告2022》能够帮助餐饮从业者在新形式下摆正自己，科学规划发展路径，最终助力餐饮行业踏上高质量发展的新征程。本书内容体系庞大，涉及品类和品牌众多，难免有疏漏失准之处，欢迎广大读者批评指正，帮助我们继续进步。

多难兴邦精诚志，同心同德显担当。我们将始终与坚韧不拔的中国餐饮人共克时艰，一起期待更加美好的明天！

陈洪波

红餐网创始人

2022年8月

包子
供应链
中央厨房
复合调味品
餐饮SaaS服务
私域流量
沉浸式体验
数字化
融合菜
新疆菜
疫情常态化
第二曲线
热卤
冷链物流
麻辣烫
植物基
烤鱼
粤菜
食品安全
茶饮
中式米饭快餐
西式快餐
差异化
业态融合
酸菜鱼
中式烘焙
IPO
明星餐饮
产业生态化
自助餐
现金流
北京菜
湘菜
徽菜
川菜
零售化
资本化

CONTENTS 目录

Part One

第一章 ｜ 餐饮现状解析

Part TWO

第二章 | 重点品类解读

Part Three

第三章 | 餐饮业态解读

Part Four

第四章 餐饮榜单

包子
供应链
中央厨房
复合调味品
餐饮SaaS服务
私域流量
沉浸式体验
数字化
融合菜
新疆菜
第二曲线
热卤
冷链物流
麻辣烫
植物基
烤鱼
食品安全
茶饮
中式米饭快餐
差异化
业态融合
酸菜鱼
中式烘焙
明星餐饮
产业生态化
IPO
内卷
兰州拉面
食材创新
自助餐
现金流
北京烤鸭
西式快餐
川菜
徽菜
团餐
柠檬茶
烤肉
资本化
中式正餐
预制菜
咖啡

第一章 Part One

餐饮现状解析 »

PART ONE

CHINA CATERING

01

第一节

宏观大环境：

餐饮消费收缩态势明显，多项餐饮纾困政策助力复苏

随着我国经济总量的不断提升，居民人均可支配收入也节节攀升。但近年来由于受到新冠肺炎疫情影响，居民人均消费支出在人均可支配收入中的占比却有所下降，消费收缩态势明显。具体到餐饮业，虽然2021年餐饮收入回升至4.69万亿元水平，但进入2022年后，新冠肺炎疫情在全国呈多点散发频发之势，餐饮行业受到较大影响。国家统计局数据显示，2022年上半年国内餐饮收入同比下滑7.7%。基于此，国家积极出台多项政策扶持餐饮行业复苏，餐饮行业也在积极探索新出路。

一、疫情处于常态化防控阶段，居民人均消费支出增长放缓

1. 新冠肺炎疫情呈多点散发频发之势，我国处于常态化防控阶段

自2019年底新冠肺炎疫情暴发以来，国内餐饮业持续承受经营压力，尤其是2021年下半年以来，国内疫情呈现出高频散发的情况，疫情防控进入常态化阶段。在2022年上半年，我国中高风险地区数量明显远远多于去年同期，可见抗击疫情的任务依然艰巨。

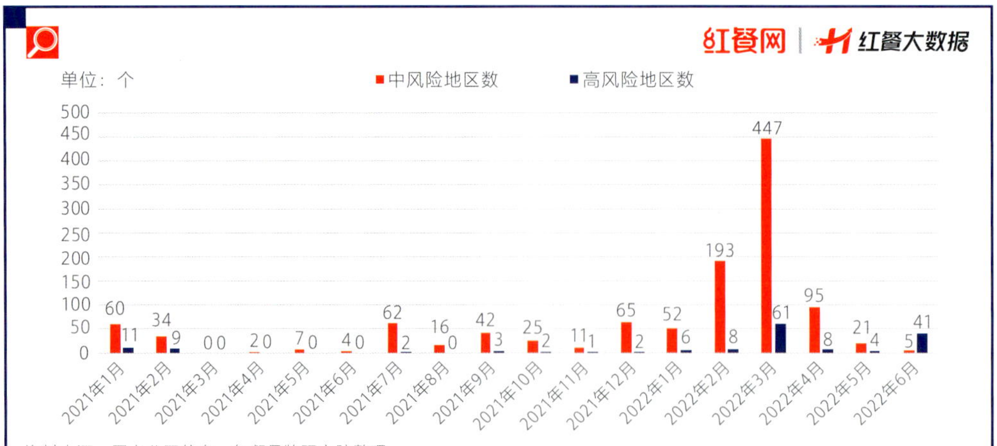

资料来源：网上公开信息，红餐品牌研究院整理。
注：统计的是2021年1月—2022年6月，截至每个月最后一天的我国中高风险地区数量。

图1-1　2021年1月—2022年6月我国中高风险地区统计情况

2. 居民人均消费支出增长放缓，消费者信心指数出现下滑

在复杂的国际环境、新冠肺炎疫情和极端天气等多重挑战的压力下，2021年我国国民经济持续恢复，发展水平再上新台阶。据国家统计局发布的数据，从经济总量上看，2021年我国国内生产总值（以下简称GDP）为114.4万亿元，同比增长了8.1%，稳居世界第二大经济体。从增长速度上看，2021年我国GDP增速较2020年同期上涨了5.9个百分点，两年平均增长速度为5.15%。进入2022年，上半年我国GDP达到56.3万亿元，同比增速为6.3%。

尽管我国人均GDP与发达国家相比仍相距甚远，但已逐年接近高收入国家人均GDP水平的下限。据国家统计局发布的数据，2021年我国人均GDP超过8万元人民币，按照年均汇率折算约为1.25万美元，经初步测算已经超过了2021年世界人均GDP。

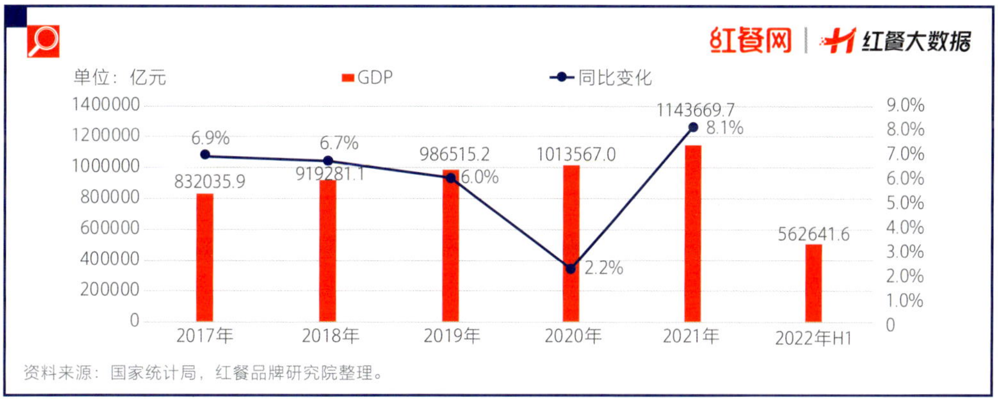

图1-2　2017—2022年上半年我国GDP及其增长速度

在经济总量不断增长的同时，居民人均可支配收入也随之“水涨船高”。2021年我国居民人均可支配收入为3.5万元，比上年名义增长9.1%，扣除价格因素后实际增长8.1%，增长速度较2020年、2019年同期分别上涨了6个百分点和2.3个百分点。近年来，随着人均可支配收入增长，我国居民消费能力也在逐步提高。2021年全国居民人均消费支出2.4万元，比上年名义增长13.6%，扣除价格因素后实际增幅为12.6%。然而2022年初以来，全国多地出现散发频发的新冠肺炎疫情，对国内经济造成一定的冲击，2022年上半年，全国居民人均可支配收入为18463元，扣除价格因素的实际增速为3.0%，而全国居民人均消费支出为11756元，扣除价格因素的实际增速仅有0.8%。

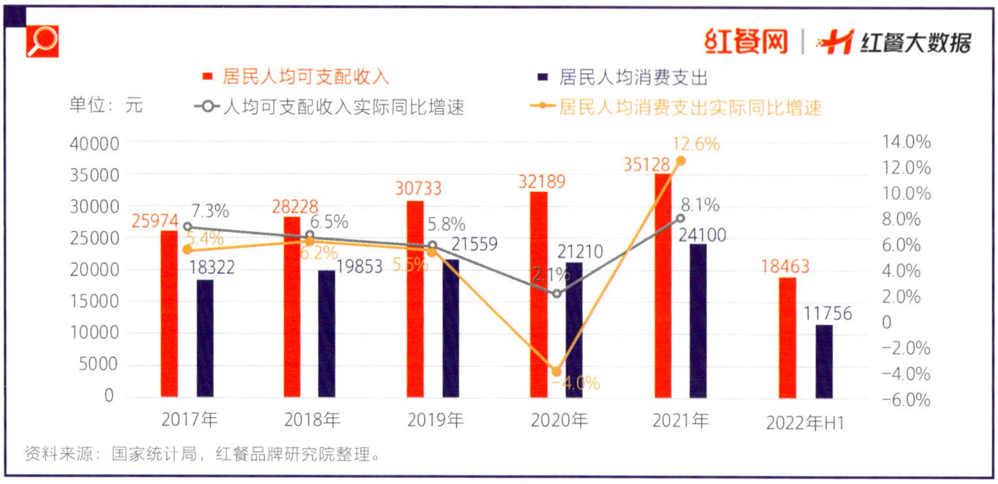

图 1-3　2017 — 2022 年上半年全国居民人均可支配收入、人均消费支出及其增长速度

尽管 2021 年我国居民人均可支配收入和人均消费支出均有所上涨，但居民人均消费支出在人均可支配收入中的占比却呈下降态势。国家统计局数据显示，居民人均消费支出占比从 2017 年的 70.5% 下降至 2020 年的 65.9%。2021 年疫情整体可控之后，居民人均消费支出占比相较上年同期呈现出小幅度上升，上升了 2.7 个百分点。随着 2022 年上半年疫情在全国多地散发频发，2022 年上半年居民人均消费支出占比相较 2021 年有所下滑，仅有 63.7%。

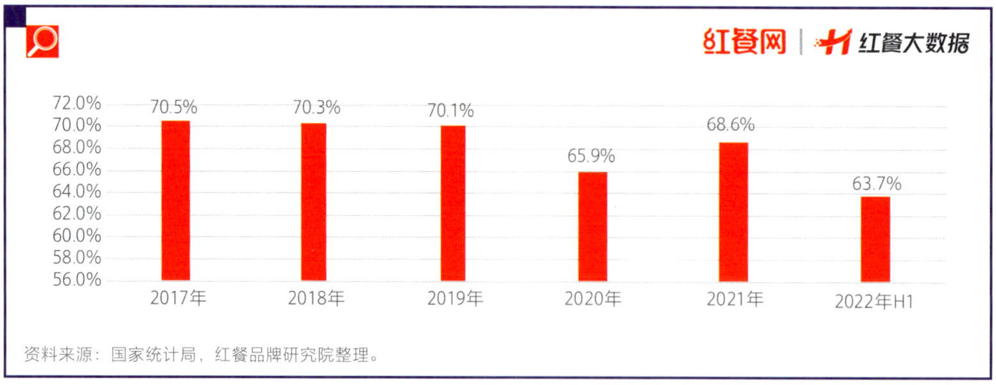

图 1-4　2017 — 2022 年上半年全国居民人均消费支出在居民人均可支配收入中占比

近年来，持续的新冠肺炎疫情、紧张的国际局势等因素使消费者对未来经济走势的判断趋于保守和谨慎。从国家统计局公布的消费者信心指数可以看出，2019 年 1 月至 2022 年 6 月，我国消费者信心指数整体呈现出下降趋势，尤其是在疫情形势相对严峻的 2020 年初以及 2022 年 4 月，消费者信心指数都触及阶段性低点。尽管从 2022 年 4 月至 6 月的数据上看，消费者信心指数在逐月回升，但整体依然处于低位。在疫情持续的背景下，消费行为可能更加趋于谨慎，消费收紧或将成为近期的趋势。

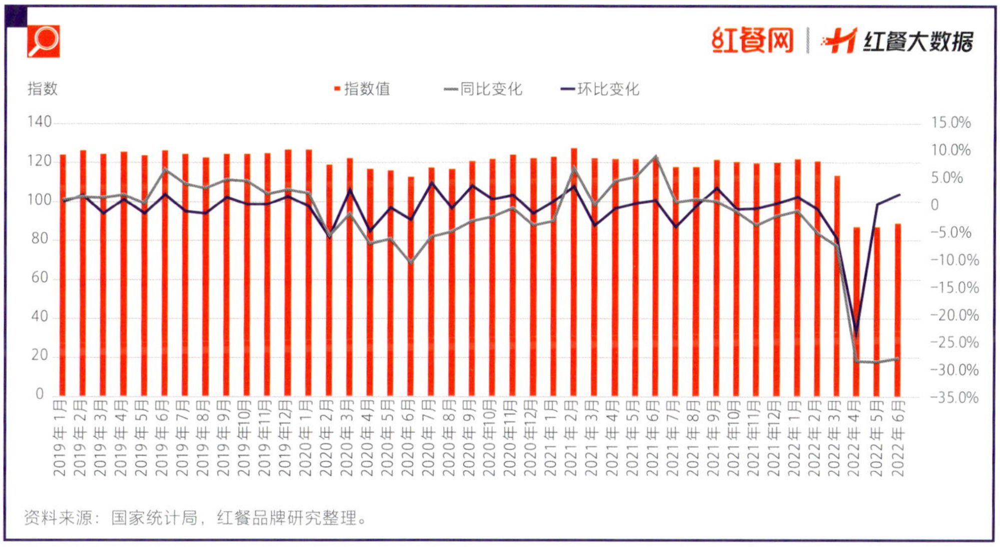

资料来源：国家统计局，红餐品牌研究整理。

图 1-5　2019 — 2022 年上半年全国各月消费者信心指数

二、疫情下餐企经营韧性增强，2022 年上半年餐饮收入收缩

1. 2021 年全年餐饮收入回升，2022 年上半年再度收缩

国家统计局数据显示，2012 年至 2021 年的 10 年间，我国餐饮业复合年均增长率为 8.09%，我国餐饮收入在社会消费品零售总额中的占比在 11.0% 左右浮动。近 10 年以来，与消费者日常生活息息相关的餐饮行业是消费市场的重要组成部分，在整个消费市场中发挥着比较重要的作用。

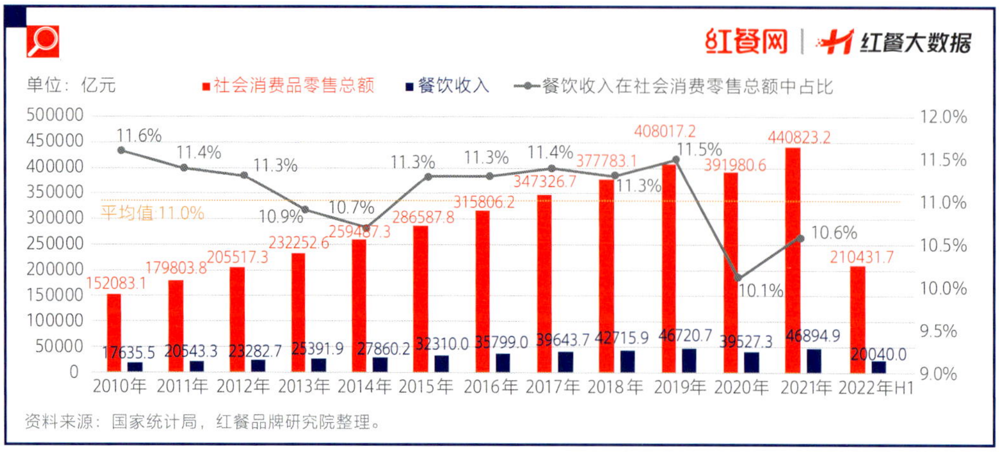

图 1-6　2010 — 2022 年上半年全国餐饮收入情况

新冠肺炎疫情暴发以后，我国经济、社会等多个层面都受到一定的冲击，餐饮行业成为受损较为严重的行业之一。国家统计局数据显示，2020 年我国社会消费品零售总额同比下降了 3.9%，而全国餐饮收入则同比下降了 16.6%，其在社会消费品零售总额中的占比也下降至 10.1%。进入 2021 年，疫情形势有所缓解，我国餐饮行业收入回升至 4.69 万亿元，与 2019 年大体持平。

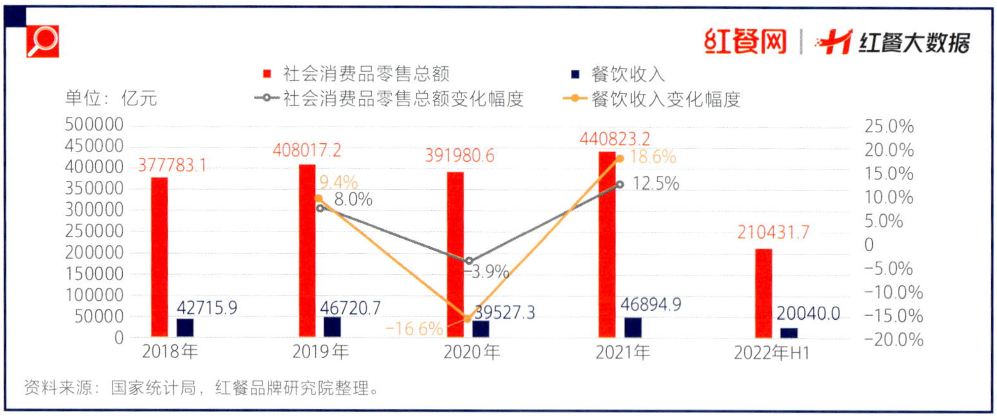

图 1-7　2018 — 2022 年上半年社会消费品零售总额与餐饮收入情况

2022 年初以来，疫情蔓延至我国多个省份，多点散发频发的疫情对中国经济的稳定恢复形成冲击，餐饮业亦受到较大影响。国家统计局数据显示，2022 年 3 月，全国餐饮收入为 2935 亿元，占社会消费品零售总额的 8.6%，同比下降 16.4%；4 月，餐饮收入为 2609 亿元，同比下降 22.7%；6 月以来，随着国内疫情防控形势持续向好，稳经济一揽子政策措施逐步落地生效，全国餐饮收入降幅收窄，6 月餐饮收入同比下降了 4.0%。2022 年 1 月至 6 月，全国餐饮收入为 20040 亿元，同比下降了 7.7%，其在社会消费品零售总额中的占比为 9.5%。

2. 餐企经营韧性增强，头部餐企扩张渐趋谨慎

近年来，持续反复的新冠肺炎疫情给餐饮企业带来较大的冲击，有诸多门店因为经营不善而关门，可是我国餐企注销、吊销的数据并未显著上升。据企查查数据，从 2019 年到 2021 年，我国餐企的注册数量在逐步上升，但是注销、吊销量却变动不大。可见，疫情之下，我国餐企的经营韧性逐渐增强。尤其是一些大型连锁品牌，依托相对充足的资金流和较强的品牌实力，能够在疫情中较快恢复。

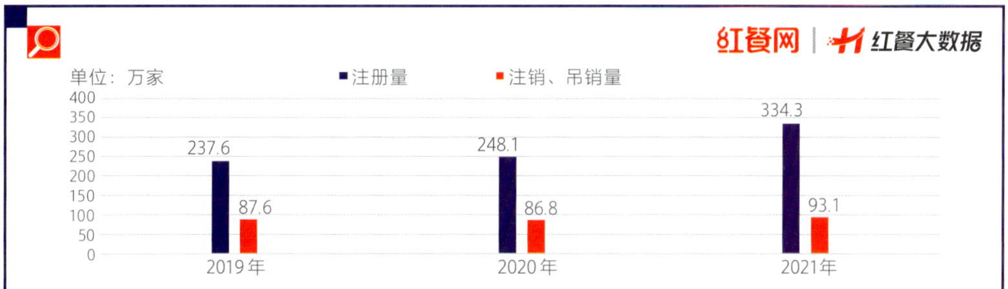

资料来源：企查查，红餐品牌研究院整理。

图 1-8　2019 — 2021 年餐饮相关企业注册量和注销、吊销量

从头部餐企 2019 年至 2021 年的门店净增长数据来看，2020 年有部分大型连锁餐企逆势扩张，门店数呈现不同规模的增长。然而到了 2021 年，疫情影响的周期和强度均超出预判，头部餐企在扩张策略上出现较大的差别，百胜中国、绝味鸭脖、周黑鸭等餐企的门店数净增长超过 1000 家，也有不少餐企放缓了扩张速度，甚至关闭了不少亏损门店，门店数净增长相较 2020 年有较大下滑。以海底捞为例，尽管 2021 年其门店净增长 145 家，但从 2021 年第四季度开始关店近 300 家，以求改善经营状态。呷哺呷哺、煌上煌等餐企亦在 2021 年关闭大量亏损的门店，门店数量出现负增长。

3. 餐饮行业从业人员流动率高，招工难度或不断增加

餐饮行业属于劳动密集型行业，用工需求较大。随着互联网、新零售等新兴行业的崛起，年轻人的职业选择越来越多，餐企在人力市场中的吸引力在消退。据国家统计局数据，中国餐饮业从业人数增速从 2019 年的 7.9% 下跌至 2020 年的 1.9%。而持续的疫情会对餐饮业的稳定就业造成压力，餐饮业从业人数增速低迷的形势恐将延续。

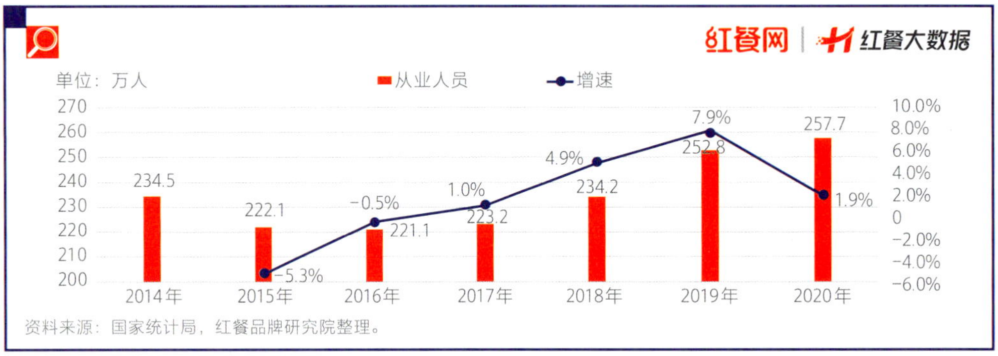

图 1-9　2014 — 2020 年全国餐饮业从业人数及增速情况

另外，员工流动率较高也是餐饮行业用工的一大难题。据赶集直招 2022 年 7 月发布的《餐饮商家经营状况调研报告》，餐饮从业者到岗后工作达 1 年以上的占比不到半数，同时有 64% 的餐饮门店表示存在招聘困难的问题，46.4% 的餐饮门店表示在疫情之下招聘难度有所增加。

餐企持续面临人才缺失、员工流动率大的窘境，而人力管理成本却在不断攀升。由红餐网联合世界中餐业联合会推出的《2022 年疫情背景下餐饮企业调研报告》显示："超过 6 成的受访餐企认为人力成本对比疫情前有不同程度的升高。"对餐企来说，实现对员工的高效管理至关重要，尤其是在疫情影响依然存在较大不确定性的当下，如何在控制用工成本的基础上将员工发挥的价值最大化已经成为餐企的重要议题。

4. 多地出台政策，助力餐饮行业复苏

疫情期间，政府部门一直高度关注餐饮行业的平稳发展和难点诉求，并相继出台了一系列扶持政策。尤其是进入 2022 年以来，面向餐饮行业的各项纾

困政策加速出台，对帮助餐企顺利渡过疫情难关起到了至关重要的作用。

2022 年 2 月 18 日，国家发展改革委等 14 个部门联合发布《关于促进服务业领域困难行业恢复发展的若干政策》。3 月 28 日，国资委办公厅推出《关于做好 2022 年服务业小微企业和个体工商户房租减免工作的通知》，推动央企发挥带头作用，落实 2022 年房租减免工作。4 月 6 日，国务院常务会议决定对餐饮、零售、旅游等 5 个特困行业实行阶段性缓缴养老保险费政策。6 月 14 日，商务部、国家发展改革委等 11 部门办公厅联合印发《关于抓好促进餐饮业恢复发展扶持政策贯彻落实工作的通知》，从六个方面明确要求抓好促进餐饮业恢复发展扶持政策贯彻落实工作。

表 1-1　2021 — 2022 年部分内循环及餐饮纾困政策

名称	时间	主要内容
“十四五”规划	2021.3	坚持扩大内需战略基点，加快培育完整内需体系，把实施扩大内需战略同深化供给侧结构性改革有机结合起来
中央经济工作会议	2021.12	实施扩大内需战略，增强发展内生动力，打通生产、分配、流通、消费各环节
《关于促进服务业领域困难行业恢复发展的若干政策》	2022.2	引导外卖等互联网平台企业进一步下调餐饮业商户服务费标准，降低相关餐饮企业经营成本，拓宽餐饮企业多元化融资渠道
《关于做好 2022 年服务业小微企业和个体工商户房租减免工作的通知》	2022.3	对 2022 年被列为疫情中高风险地区所在县级行政区域内承租中央企业房屋的服务业小微企业和个体工商户减免当年 6 个月租金
国务院常务会议	2022.4	对特困行业实行阶段性缓缴养老保险费政策，加大失业保险支持稳岗和培训力度
《国务院关于印发扎实稳住经济一揽子政策措施的通知》	2022.6	鼓励银行向文化旅游、餐饮住宿等受疫情影响较大行业企业发放贷款
《关于抓好促进餐饮业恢复发展扶持政策贯彻落实工作的通知》	2022.6	从六个方面，明确要求抓好促进餐饮业恢复发展扶持政策贯彻落实工作

资料来源：公开信息，红餐品牌研究院整理。　红餐网 | 红餐大数据

与此同时，地方政府也在积极出台各项举措来缓解餐饮企业的压力。如针对餐饮、零售等困难行业，广东出台了“47 条”措施、黑龙江出台了“64 条”措施、湖南出台了“36 条”措施、安徽出台了“46 条”措施、吉林出台了“22 条”措施、上海出台了“50 条”措施……

大量餐企密切关注政府出台的相关政策，通过充分解读并利用政策扶持，享受到税费减免或延期、租金适当降低、社保返还或延期缴纳等优惠政策，并继续保持与政府积极沟通，以期获取更多的支持。

02

第二节

产业端：

产业进入发展快车道，食材、加工及配送高效配合

一、产业概貌：预制菜持续火热，复合调味品前景广阔

近年来，餐饮产业端发生了新的变化，比如，预制菜迅速走红，调味品渐渐往复合化、定制化的方向发展，冷链物流行业进入高速发展期，数字化渗透餐饮产业的整个链条……

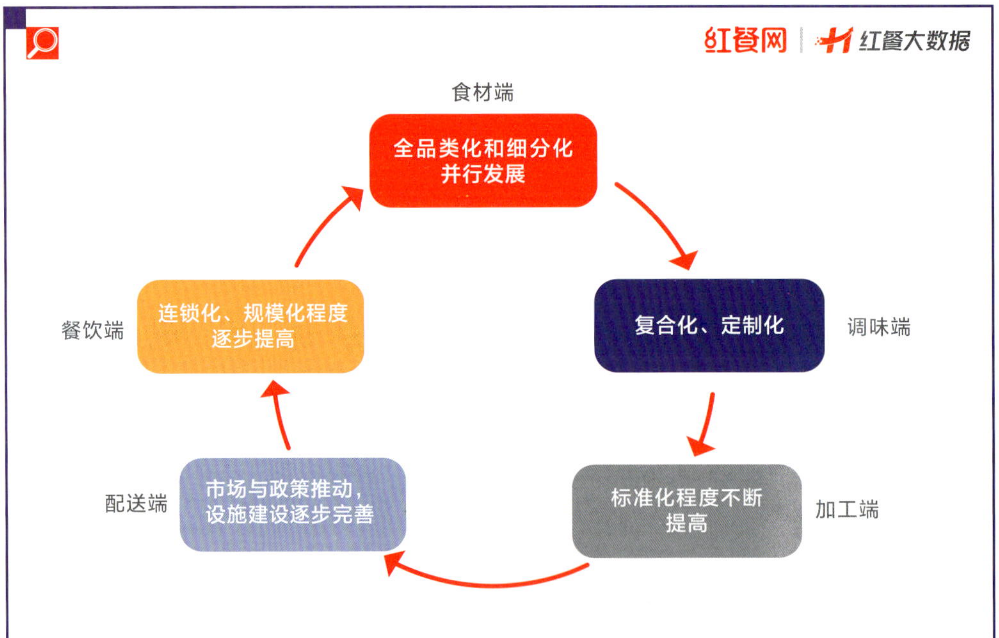

资料来源：红餐产业研究院。

图 1-10　餐饮产业上下游概况

1. 食材供应链：三类企业各有特色，预制菜赛道乘势崛起

食材供应是指食材供应商统一向上游菜农或一级采购商采购食材，经过筛选、清洗、包装等流程，继而供给餐饮企业的过程。食材包括鲜冻肉、海鲜、家禽、蔬菜、水果、面食、干货、调味品等原料，以及原料经分切、腌制、调味而制成的半成品菜。

从企业性质来看，食材供应链主要有三类企业。第一类是垂直类食材供应链企业，这类企业发展多年，在各自的细分领域拥有一定的专业实力。比如团餐食材供应商望家欢，专注于净菜供应的裕农，速冻品供应商千味央厨、安井食品、三全食品、惠发食品，以及主营原料果汁和速冻果蔬的田野股份、聚焦于饮品配料的德馨食品、主营烘焙食品原料和冷冻烘焙食品的立高食品、主营烘焙油脂相关制品的南侨食品等。

第二类是从餐饮企业延展出的供应链企业，这类企业为适配自身发展需要，选择自建供应链，并逐步对外开放，为其他餐饮品牌提供食材供应服务，代表企业有海底捞旗下的蜀海供应链、真功夫旗下的快餐供应链功夫鲜食汇。

第三类是互联网公司主导的 B2B 食材供应链平台，这类平台在食材源头直采，实现食材全品类覆盖，主要为中小型餐饮商家提供食材采购、采购线上化管理、仓储、物流等服务，在农户与餐饮商家之间搭建桥梁，省去了中间的经销环节。代表平台有美团旗下的快驴进货、饿了么旗下的有菜，以及美菜网、宋小菜等。

垂直类供应链平台发展多年，拥有一定的专业实力，在近两年受到较大关注，发展势头持续上扬。餐饮企业延展出的供应链企业凭借独有的渠道和研发能力占有一定的市场份额。B2B 食材供应链平台则处于起步期，发展不甚平稳，美菜网、快驴进货的业务均在 2021 年有所收缩。

从整体发展趋势来看，食材供应链有着全品类化与市场细分化的趋势。一方面，食材供应链覆盖的食材品类越来越丰富；另一方面，不少垂直类食材供应链企业都在细分领域掘金，且已取得了一定的成绩。比如专注于烘焙领域的立高食品和南侨食品已经成功上市，聚焦于茶饮领域的田野股份、德馨食品等企业均在 2022 年向 IPO 发起冲击。

另外，近年来，食材供应链市场中涌现出了一个超级赛道——预制菜，以标准化加工的方式提升食材原料的价值，以方便快捷的半成品菜赋能餐饮行业。餐饮商家仅需对预制菜进行炒制或加热的处理即可出餐，有利于降本增效。目前，垂直类食材供应链企业与餐饮企业，甚至跨界企业均在积极布局预制菜赛道。

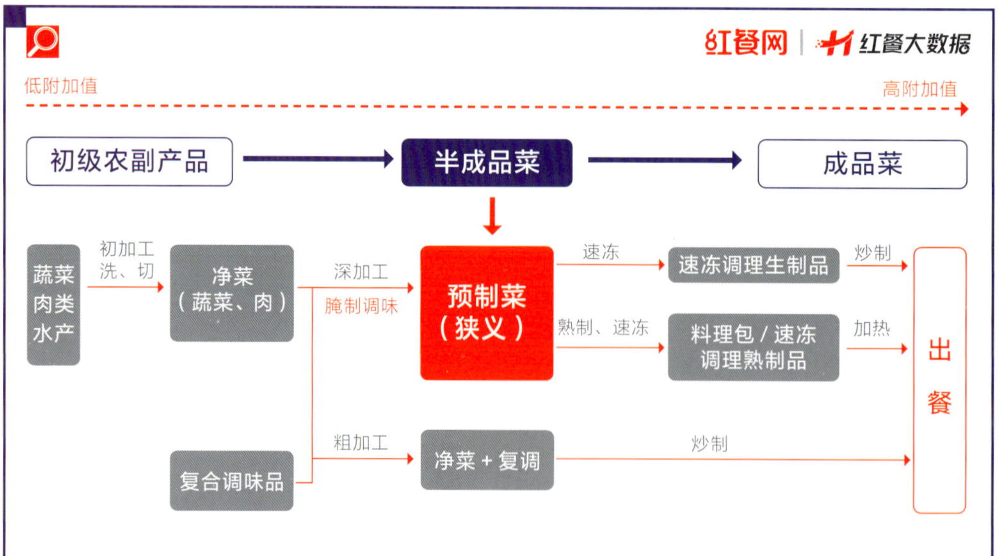

资料来源：招商证券，红餐产业研究院整理。

图 1-11　食材价值提升逻辑

- 预制菜行业起步较晚，加速进入发展快车道

从行业整体的发展进程来看，我国半成品菜在 20 世纪八九十年代萌芽发展，在 21 世纪初进入成长期。近年来，随着餐饮业的连锁化发展，品质稳定、出餐效率高的半成品菜受到越来越多餐企的追捧。B 端市场对半成品菜的需求庞大，并带动了 C 端预制菜市场的发展，我国预制菜行业进入了发展快车道。据艾媒咨询数据，2021 年我国预制菜行业的市场规模约为 3459 亿元，预计未来 5 年有望继续保持高速增长。另据国海证券数据，全国预制菜企业 To B 和 To C 的市场占比约为 8∶2，由此可推算出 2021 年 To B 的预制菜市场规模约为 2767 亿元。

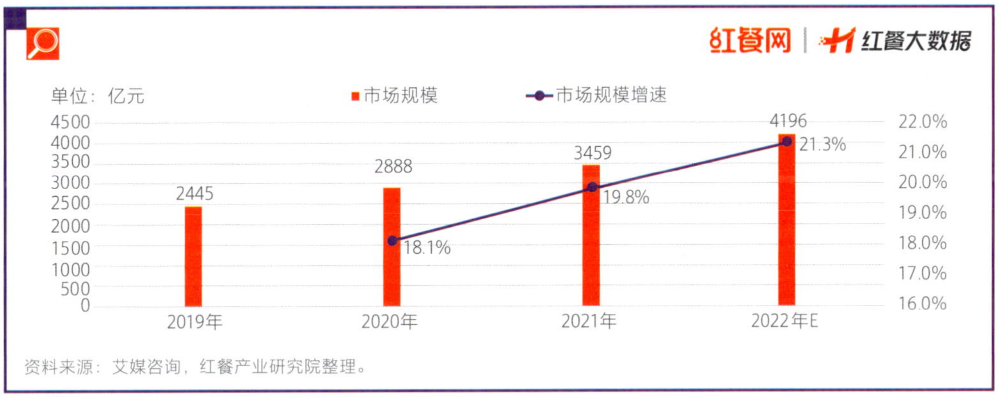

图 1-12 2019 — 2022 年我国预制菜市场规模情况

随着预制菜的热度一路走高，资本也在加速入场。据红餐大数据，2021 年至 2022 年上半年预制菜领域共计发生 40 余起融资事件。2021 年 4 月，味知香在 A 股挂牌上市，成为“预制菜第一股”。

表 1-2　2021 — 2022 年上半年全国预制菜相关企业融资情况

企业名称	披露时间	融资轮次	融资金额	投资方
一船小鲜	2021.1	A 轮	数千万元	上海弘昌晟
COOOOK 轻烹烹	2021.1	天使轮	数千万元	青山资本、猎聘网
	2021.6	A 轮	数千万元	月恒资本
阳际山野	2021.2	Pre-A 轮	数千万元	三七互娱
牛痴餐饮	2021.2	天使轮	数千万元	IDG 资本
懒熊火锅	2021.2	A 轮	近亿元	星陀资本、虢盛资本、字节跳动
福迪宝	2021.2	天使轮	千万元	远镜创投
日日煮	2021.2	C 轮	2500 万美元	恒基地产、私人投资基金
	2021.8	C+ 轮	未披露	璞瑞资本
王家渡食品	2021.3	A 轮	近亿元	复星星元、番茄资本
物满鲜	2022.3	天使轮	数千万元	富能投资
乐肴居	2021.3	未披露	数千万元	兴旺投资
	2022.6	B 轮	约亿元	良润基金
黄小猪	2021.3	种子轮	约千万元	壹叁资本
	2021.6	Pre-A 轮	数千万元	金沙江创投、泽盛创投、德迅投资
	2021.11	Pre-A+ 轮	未披露	清流资本
饭乎	2021.3	天使轮	约千万元	昕先资本
	2021.6	A 轮	数千万元	联想之星、拙朴投资
	2021.12	A+ 轮	约亿元	海纳亚洲、联想之星
锅圈食汇	2021.3	D 轮	3 亿美元	招银国际、天图投资、超限
	2021.8	D+ 轮	近亿美元	茅台建信、物美
珍味小梅园	2021.3	A 轮	数千万元	虢盛资本
	2021.10	B 轮	数千万元	星陀资本、清科资管、虢盛资本、零一创投、德聚兄弟
	2022.1	B+ 轮	数千万元	百度、鼎翔资本、零一创投
	2022.5	战略融资	未披露	德聚兄弟
味知香	2021.4	IPO	未披露	公开发行
咚吃	2021.5	A+ 轮	5000 万元	三七互娱
展程控股	2021.6	战略融资	1.16 亿港元	佳源
三餐有料	2021.6	A+ 轮	数千万元	众海投资、梅花创投
寻味狮	2021.7	天使轮	数千万元	天图投资、源码资本
猴爷餐饮	2021.7	A 轮	未披露	湖南希言私募股权基金管理有限公司
小牛凯西	2021.8	A 轮	近亿元	广发信德、福州禹广
春雪食品	2021.10	IPO	未披露	公开发行
麦子妈	2021.10	战略融资	未披露	元气森林（北京）食品科技集团有限公司
新和盛农牧	2022.2	B 轮	数千万元	上海普维投资管理有限公司
联舌工坊	2022.4	天使轮	千万元	个人投资者
烹烹袋	2022.4	Pre-A 轮	数千万元	Ventech China
恩喜村	2022.4	B 轮	数亿元	绝味旗下的基金、麦星投资、嘉御基金、申夏金融
冻品码头	2022.4	A 轮	数千万元	元昆创投
舌尖英雄	—	B 轮	16 亿元	未披露

资料来源：红餐大数据。

红餐网 | 红餐大数据

但从预制菜整体的发展进程来看，与发达国家相比，国内的预制菜起步较晚，产业建设尚处于初级阶段，产业园、冷链网络等基础设施还有待加强，且目前行业龙头企业较少，市场集中度偏低。

我国的预制菜赛道虽然尚处于初级阶段，但发展前景广阔，国家与地方政府陆续出台文件助力产业健康发展。如 2021 年 6 月，农业农村部发布了《关于加快农业全产业链培育发展的指导意见》；2022 年 3 月，广东省政府发布了《关于加快推进广东预制菜产业高质量发展十条措施》；2022 年 5 月，山东省发布了《预制菜通用设计实施指南》团体标准，并把多项支持预制菜发展政策列入《2022 年“稳中求进”高质量发展政策清单（第三批）》……此外，湛江、肇庆、寿光、诸城、梁平、莱阳、原阳、大同、温州等城市都在加大政策扶持力度，推出地方性的预制菜发展政策，将预制菜作为地方特色产业重点布局。

另外，一些地方政府还开始着手预制菜相关产业的建设投入。如广东省率先启动建设大湾区预制菜产业园，打造食品安全溯源体系、预制菜多品类加工体系和智慧冷链综合服务体系；重庆推出中国西南（重庆）食品科技城，建设预制菜产业园；珠海市斗门区规划 1250 亩预制菜产业园，推动产业集群发展……

部分地方政府还设立了预制菜产业基金，为预制菜企业提供融资、发展上的支持。比如，广东省成立 50 亿元预制菜产业投资基金；广东省肇庆市设立 10 亿元预制菜产业基金；河南省引导成立 100 亿元产业母基金，下设预制菜子基金；山东省设立 10 亿元预制菜产业基金……

• 预制菜入局者各有优势，C 端市场潜力巨大

从行业的竞争格局来看，目前除了专业预制菜企业，上游的农牧水产企业、速冻食品，以及下游的餐企、生鲜电商等企业均在积极拓展预制菜业务。

农牧水产企业拥有原材料优势，产业链建设较为完善。以圣农发展为例，公司主打白羽肉鸡产品，业务涵盖肉鸡研发饲养、种蛋孵化、原种培育等环节。得益于自繁、自孵、自养的白羽肉鸡产业链闭环，圣农发展建立起食品可溯源体系，其生产的预制菜品有着稳定供应的特点，能够较好地满足大型连锁餐企、超市等 B 端客户的需求。

速冻食品企业做预制菜的优势在于先进的冷冻技术，以及较为全面的经销网络。以安井食品为例，其建有国家级企业技术中心、农业农村部冷冻调理水产品加工重点实验室等，拥有较多的经销商以及稳定的商超、电商等渠道。安井食品凭借自有的技术、渠道优势掘金预制菜领域，取得了较好的业绩。财报显示，2021 年，安井食品菜肴制品营业收入 14.29 亿元，同比增长了 112.4%，这主要归功于菜肴制品、冻品先生菜肴、新宏业小龙虾制品等预制菜产品的销售量大幅增加。

专业预制菜企业在行业深耕多年，产品体系比较完善，在 B 端、C 端市场均有一定的消费者基础。味知香便是其中的代表企业，旗下有“味知香”和“馔玉”两个品牌，分别面向 C 端和 B 端客户，可满足不同客户的差异化需求。

而知名餐企如广州酒家、眉州东坡自带品牌效应，其预制产品在品质与味道上对 C 端消费者有较强吸引力。但餐企布局预制菜需建设供应链、仓储物流等体系，还需铺设零售销售渠道，这对中小型餐企来说门槛较高。生鲜电商平台布局预制菜的优势是完善的前置仓建设与物流配送体系，能以自有渠道触及消费者，其预制菜产品能够与生鲜到家场景相结合。目前，以盒马、美团、叮咚买菜为代表的生鲜电商平台在预制菜市场均有亮眼表现。比如，叮咚买菜发布的《2021 年度消费趋势报告》显示，2021 年其预制菜的销量超 1 亿份，同比增长了 300%；盒马负责人在接受媒体采访时表示，盒马预制菜 2021 年销售额同比增长超 70%。

从供给端看，专业预制菜企业、餐企、生鲜电商平台大多专注于 C 端客群，具有品牌影响力与渠道资源。农牧水产企业和速冻食品企业以 B 端客群为主，有产品研发、规模生产、销售网络方面的优势，但在品牌力打造与 C 端消费者触达方面则相对弱势。

从需求端看，B 端市场布局较早，目标客群对于预制菜的接受度较高，市场容量巨大，但仍有进一步扩张的空间；而 C 端市场尚处于起步期，如今在疫情和“宅经济”的影响下迎来发展风口，未来或将有较大的发展潜力。

预制菜行业有望在多方协作下高速发展，消费者认知、行业规范以及产业链完善度将进一步提高。

表 1-3　我国预制菜企业的类型及特点

企业类型	客户群体	特点	代表品牌
专业预制菜企业	B 端与 C 端客群	产品聚焦 1~2 个菜系，菜品种类较为丰富；对不同渠道特点更为了解；产品打造上更贴近客户需求	味知香、珍味小梅园、信良记、彭记坊、盘点美味
餐饮企业	B 端与 C 端客群	具备线下门店品牌影响力优势，产品上主要为自家招牌菜，产品还原度较好	广州酒家、海底捞、眉州东坡、西贝、陶陶居、小龙坎、大龙燚火锅
生鲜电商平台	以 C 端客群为主	主营业务的消费人群与预制菜 C 端消费者重合度高，能通过积淀的大数据洞察消费偏好，进行精准营销；其铺设的前置仓也为预制菜销售打下了较好的物流基础	盒马旗下的盒马工坊、美团旗下的象大厨、叮咚买菜、锅圈食汇、三餐有料
农牧水产企业	以 B 端客群为主	拥有上游原材料优势以及成本优势，盈利水平较高；主要沿自身原有供应链向下游延伸，生产调理制品以及料理包类产品；对于原材料的特性更为了解，研发能力较强；以出口起家的企业对于品控的把关较严格；有工业化生产基础	望家欢、圣农发展、国联水产、龙大美食、新希望六和、泰森食品、温氏股份、正大食品、亚洲渔港
速冻食品企业	以 B 端客群为主	标准化产品打造路径清晰；具备规模化生产优势；渠道分销能力强；冷链物流能力强于其他类型企业	安井食品、三全食品、海欣食品、立高食品

资料来源：国海证券，红餐产业研究院整理。　　红餐网 | 红餐大数据

2. 调味品：基础调味品价格上涨，复合化、定制化成趋势

近年来，随着我国居民的饮食需求越来越多元化，调味品行业得到了较快发展。艾媒咨询数据显示，我国调味品行业的市场规模从 2014 年的 2595 亿元增长至 2021 年的 4594 亿元，预计 2022 年市场规模有望达到 5133 亿元。

红餐网 | 红餐大数据

资料来源：艾媒咨询，红餐产业研究院整理。

图 1-13　2014 — 2022 年中国调味品市场规模情况

经过多年的发展，调味品行业已形成了众多细分品类并存的市场格局。按照成分不同，调味品可分为基础调味品与复合调味品。基础调味品是指主要以相对单一原材料组成，或主要提供单一味型的调料，主要有盐、糖、味精、酱油、醋等产品；复合调味品是以两种或两种以上的基础调味品为原材料，经相应工艺加工而成的调味品，包括中式复合调味品、西式复合调味品、鸡精等。

• 基础调味品发展趋向稳定，复合调味品热度上涨

从发展现状来看，基础调味品发展趋向稳定。酱油类型的调味品发展最为成熟，已跑出数个头部品牌，市场持续向头部集中，代表品牌有海天、李锦记、东古等。食醋、蚝油、料酒、味精、食盐作为传统调味品，占据着一定的市场份额，知名品牌有海天味业、李锦记、恒顺醋业、千禾味业、中炬高新、加加食品等。2021 年，受原材料上涨影响，海天味业、恒顺醋业、雪天盐业、李锦记、仲景食品等调味品企业纷纷对其产品进行了价格上调。

表 1-4　2021 年我国调味品龙头企业调价情况

企业名称	提价情况
海天味业	酱油、蚝油、酱料等产品提价 3%~7%
李锦记	主要产品提价 6%~10%
恒顺醋业	部分产品提价 5%~15%
中炬高新	大包装产品提价 1%~5%

资料来源：公开信息，红餐产业研究院整理。

复合调味品具有精简后厨、保持味型稳定、降低烹饪成本的优势，虽然我国复合调味品市场仍处于初级发展阶段，市场渗透率相对较低，但增长空间较为可观。

• 复合调味品市场规模超千亿元，中式复合调味品增速最高

据艾媒咨询数据，我国复合调味品市场规模持续增长，从 2014 年的 654 亿元增长至 2021 年的 1588 亿元，预计 2022 年市场规模可达 1786 亿元。

图 1-14　2014 — 2022 年全国复合调味品市场规模情况

近年来，资本对复合调味品赛道也颇为热情，据红餐大数据，2021 年至 2022 年上半年，该领域共计发生 15 起融资事件。

表 1-5　2021 — 2022 年上半年全国复合调味品相关企业融资情况

企业名称	披露时间	融资轮次	融资金额	投资方
加点滋味	2021.2	天使 + 轮	近千万美元	高瓴创投、青山资本、翊翎资本、IDG 资本
	2021.11	A 轮	约亿元	QY Capital、杭州复林创业投资合伙企业（有限合伙）、3W Venture Investment
禧宝制研	2021.3	天使轮	近千万元	梅花创投
	2021.8	天使 + 轮	数千万元	金沙江创投、洪泰基金
	2021.1	Pre-A 轮	数千万元	不二资本
味远红芳	2021.4	战略融资	未披露	华润润湘联和基金、番茄资本
口味全	2021.4	Pre-A 轮	近 5000 万元	经纬中国、险峰长青、42Capital
美鑫食品	2021.6	A 轮	数千万元	金鼎资本
仟味汤品	2021.6	A 轮	未披露	伍壹柒基金
仙味爷爷	2021.7	Pre-A 轮	6000 万元	高瓴资本、源码资本
朝天门码头	2021.8	Pre-A 轮	近亿元	高榕资本、熊猫资本、展泽投资、弘晖资本、ACE Redpoint China Ⅱ（HK）Limited
澄明食品	2021.9	战略融资	未披露	招银国际、红树成长
川娃子	2021.12	A 轮	约 3 亿元	高榕资本、建发新兴投资、三亚兆恩翰思企业管理合伙企业（有限合伙）、成都安杰川企业管理咨询服务合伙企业（有限合伙）
伊品生物	2022.6	并购	53.76 亿元	星湖科技
独凤轩	2022.4	首轮融资	1 亿元	中国农垦产业发展基金、天味食品

资料来源：红餐大数据。 红餐网 | 红餐大数据

据艾媒咨询统计，在我国复合调味品赛道中，中式复合调味品占据的市场份额最大，占比在 70% 以上，其中，火锅底料和川菜调味品占中式复合调味品市场份额的 40% 以上。由于近年来火锅、中餐尤其是川菜的热度持续上涨，中式复合调味品颇受消费者欢迎，市场规模实现快速增长。

从市场竞争格局来看，颐海国际、天味食品、日辰股份均为上市公司，品牌力、渠道、产能等方面均位于行业前列。其中，颐海国际和天味食品主推火锅底料与川味复合调味品，分别有数十种复合调味品产品，针对的客群包括餐饮企业与 C 端消费者。日辰股份则专注于禽肉类加工产品辅料、风味汤等产品，面向食品企业以及餐饮企业提供定制化产品与标准化产品，合作的餐企客户主要有味千拉面、永和大王等。

丁点儿、幺麻子、宝立食品自 2021 年以来陆续发出上市申请，它们在产品研发、原材料采购、客户渠道上都有各自的优势。

幺麻子专注于藤椒油这一细分品类，在产品研发方面拥有技术、品牌、渠道优势，客户包括 B 端餐企和 C 端消费者。

丁点儿则主打川味复合调味品，客户以餐饮企业为主，但与“海天”“恒顺”等全国性品牌相比，其产品知名度和品牌影响力仍有较大提升空间。

宝立食品的主营业务有复合调味品、轻烹解决方案和饮品甜点配料等，合作客户主要包括百胜中国、喜茶、达美乐等知名餐企，但生产规模以及在C端市场上的品牌影响力有待提升。

主打火锅调料、烧烤调料的草原红太阳，专注于火锅调料、川味复合调味品的聚慧餐调和川娃子，主推辣椒调味品的翠宏食品等均为复合调味品赛道中的有力竞争者。仟味汤品专注于高汤调味品的研发、生产和销售，于广东、河南建有高汤生产基地，以细分赛道突围市场。此外，基础调味品头部企业如海天味业、恒顺醋业也在纷纷布局复合调味品市场。

表 1-6　已上市、正在冲击 IPO 的复合调味品相关企业

企业名称	企业简介	复合调味料产品数量（截至 2021 年 12 月 31 日）
颐海国际	主营火锅底料、中式复合调味品等产品，是火锅头部企业海底捞的独家内部供应商，同时也向第三方客户供应调味品，品牌知名度与市场渗透率位于行业前列	超 50 种
天味食品	主营火锅调料和中式复合调味品的研发、生产和销售，产品包括火锅底料、川味复合调味品、香肠腊肉调料、香辣酱等	超 100 种（不含定制餐调）
日辰股份	主营禽肉类加工产品辅料、拉面汤、调味汁，合作客户包括圣农食品、味千中国、日盈食品等	超 1000 种
丁点儿	川味特色调味品企业，以川味复合调味料、川味特色花椒油为主导产品	200 余种
幺麻子	专注于麻系味型特色调味品的研发、生产和销售，主要产品分为调味油、复合调味品、蔬菜制品、休闲食品四个系列	超 20 种
宝立食品	主要产品包括复合调味品、轻烹解决方案和饮品甜点配料等，产品涉及裹粉、面包糠、腌料、撒粉、调味酱、沙拉酱等十余个细分品类，是肯德基、喜茶、必胜客等企业的供应商	超 20 种

资料来源：公开信息，红餐产业研究院整理。

红餐网 | 红餐大数据

随着入局者增多，竞争越发激烈，复合调味品的市场渗透率也将进一步提高。值得注意的是，上述企业均提供定制化复合调味品产品，以满足连锁餐企的差异化需求。随着餐饮市场竞争加剧，餐企对差异化产品的需求增大，定制化或成为调味品行业的一大发展趋势。

3. 餐饮信息技术：SaaS 成行业主流，收银等业务渗透率较高

餐饮信息技术服务主要是指服务商为餐饮企业提供的信息化技术，包含 ERP、CRM、SaaS 等服务软件以及配套硬件，帮助其实现全流程数字化经营和管理。目前，餐饮 SaaS 服务由于操作简易、覆盖面广等特性，已经成为餐饮行业渗透率较高的信息技术服务。餐饮 SaaS 覆盖的前端环节有顾客预定、点餐、支付、外卖等，后端环节有会员维护、员工管理、供应链以及数据中台等。

随着疫情防控的常态化，餐饮经营成本不断上涨，种种压力倒逼餐饮从业者使用信息技术手段降本提效，使得餐饮 SaaS 的应用日益普遍。

- **打通产业链上下游，推进全业务一体化**

餐饮行业品类众多，经营环节繁杂，且各个品牌对 SaaS 软硬件有着不同的需求，如何在产品标准化与定制化之间找到平衡，一直是餐饮 SaaS 服务商的难点。

过去，部分 SaaS 企业选择专攻收银、库存管理或供应链等环节中的某一领域，但这类企业往往发展空间有限，且产品服务同质化高，难以占据较大的市场份额。对于餐企而言，在这种服务模式下，点单、结账、库存管理与供应链等模块相互孤立，数据互不联通，容易形成“信息孤岛”，无法充分高效地利用大数据来指导经营。美团、阿里等巨头入局 SaaS 赛道后，凭借着庞大的资源与较强的研发实力，在软件系统方面加强原材料采购、门店运营、客户服务等多个环节的串联，使得餐企能够在一体化系统中实现业务、资金等数据的统一管理，有效提升经营效率。

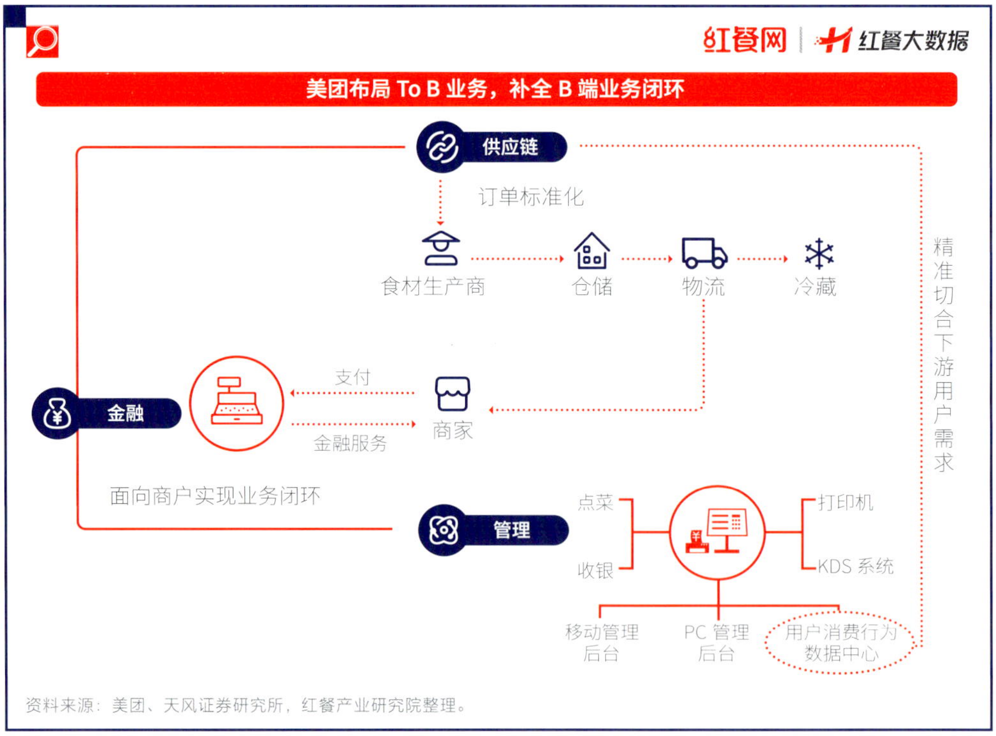

图 1-15　美团 To B SaaS 业务概览

目前，餐饮 SaaS 服务商对全业务一体化的发展趋势已有一定共识，微盟、慧运营、客如云等餐饮 SaaS 服务商在接受红餐网采访时均认为餐饮 SaaS 领域生态化的趋势明显加强，产品和服务开始往多场景延伸。

随着餐企规模的扩大、连锁化率提升，全业务化的餐饮 SaaS 将有望在餐企运营中占据重要的战略位置。

- 行业格局趋向稳定，市场向数家头部企业集中

2021 年以来，餐饮业迎来资本热潮，餐饮 SaaS 企业也获得了资本的关注。据红餐大数据，2021 年至 2022 年上半年，餐饮 SaaS 领域共计发生 12 起融资和并购事件。

表 1-7　2021—2022 年上半年全国餐饮 SaaS 服务商融资、并购情况

企业名称	披露时间	融资轮次	融资金额	投资方
美味不用等	2021.1	并购	未透露	阿里巴巴
菜么么	2021.11	并购	未透露	美团
科脉	2021.2	未披露	亿元级	腾讯
思迅软件	2021.4	战略融资	4.5 亿元	蚂蚁金服
观麦科技	2022.5	C 轮	数亿元	哗啦啦
奥琦玮	2021.6	D 轮	数亿元	北创投、盛宇投资、千合资本、广发信德
轩亚科技	2021.11	A+ 轮	约亿元	杭州趣链科技有限公司
金柚网	2021.11	C 轮	1.7 亿元	清控银杏、上海瑞夏投资管理有限公司
FLIPOS 科技	2021.12	A 轮	1.6 亿元	高瓴资本、腾讯投资
哗啦啦	2022.1	战略融资	未透露	高瓴资本
靠谱数科	2022.1	Pre-A 轮	未披露	个人投资者
	2022.4	Pre-A+ 轮	约千万元	财神投资

资料来源：红餐大数据。

经历了 2018 年的“价格战”后，餐饮 SaaS 的行业格局趋向稳定，市场向数家头部企业集中。美团、阿里两大互联网巨头主打平台战略，把餐饮 SaaS 产品与主营业务相结合，形成战略协同效应。同时，微盟也是餐饮 SaaS 领域的另一实力竞争者，主打“SaaS 产品 + 运营服务”，在提供 SaaS 产品的基础上，根据餐企的实际需求提供私域运营定制服务。

餐饮 SaaS 头部企业已通过投资、并购、自建等方式完成布局，快速抢占市场份额。公开资料显示，近年来，美味不用等、二维火、哗啦啦、天子星、奥琦玮等知名服务商背后均有美团、阿里的身影。除了上述代表企业以外，客如云、合阔智云、科脉等中型服务商亦以差异化定位立足市场：客如云和合阔智云主打全渠道餐饮解决方案，与物流、供应商等无缝集成，打通门店前端与后端服务；科脉专注于线下企业服务，针对性地为企业提供 SaaS 服务。

表 1-8　美团、阿里两大平台在餐饮 SaaS 领域的布局

平台	企业名称	入股方式
美团	奥琦玮	投资
	哗啦啦	投资
	天财商龙	投资
	屏芯科技	收购
	菜么么	收购
阿里	二维火	投资
	美味不用等	收购

资料来源：公开信息，红餐产业研究院整理。

另外，从 SaaS 业务领域上看，收银业务和营销业务目前发展得较为成熟，而税务、人力资源等领域尚未广泛布局，这些未被深度开发的领域或将成为 SaaS 厂商积极开拓的新蓝海。

如今，已有企业试水这类新业务。原海底捞旗下的微海咨询专注于人力资源及财税管理，为餐饮、零售等连锁企业提供相关的 SaaS 产品。美团则与财务管理平台金蝶达成了战略合作，为商家提供财务核算、发票管理和税务申报等 SaaS 服务。

4. 冷链物流配送：进入高速发展期，资本纷纷涌入

冷链物流是指利用温控、保鲜等技术，以及冷库、冷藏车、冷藏箱等设施，确保原材料在储存、运输、配送等过程中始终处于一定的温度，从而减少食材耗损，较大限度地保障食材新鲜的物流模式。

国内冷链物流由于起步较慢，目前存在覆盖率低、地域分布不均、城乡差异大、设施布局不完善等短板。近年来，在市场推动与政策指引下，冷链物流得到了快速发展。

• 处于起步阶段，政策、资本助力发展

我国冷链物流行业始于 20 世纪 60 年代，晚于发达国家，仍处于起步阶段。据国务院办公厅印发的《“十四五”冷链物流发展规划》，我国冷链物流行业的运输设施建设滞后，冷链物流企业的专业化、规模化、网络化程度有待提升，尚未建成全国骨干冷链物流网络。在地域分布上，我国冷链物流企业分布不均，主要集中在山东、广东、江苏、辽宁等东部沿海地区，西部地区则分布较少。

从需求侧来看，据美团发布的《2022 新餐饮行业研究报告》，国内餐饮行业的连锁化率仅为 15%，行业仍以中小型餐饮企业居多，使得冷链物流尚未大范围普及，在一定程度上制约了冷链物流的发展，行业发展尚需一段市场培育期。

近年来，餐饮业的连锁化发展加速，预制菜、生鲜电商兴起，且消费者对于食物品质的要求大幅提升，加上政府出台专项政策扶持，促进了我国冷链物流行业快速发展。中物联冷链委数据显示，2015 年至 2019 年我国冷链物流市场规模逐年递增，年均复合增长率约为 17%，2021 年市场规模为 4585 亿元，同比增长了 19.7%。

与此同时，资本对于冷链物流赛道也极富热情，有效地推动了冷链物流的发展。据红餐大数据，2021 年到 2022 年上半年共计发生 9 起餐饮冷链相关的融资事件，其中 6 起金额超亿元。

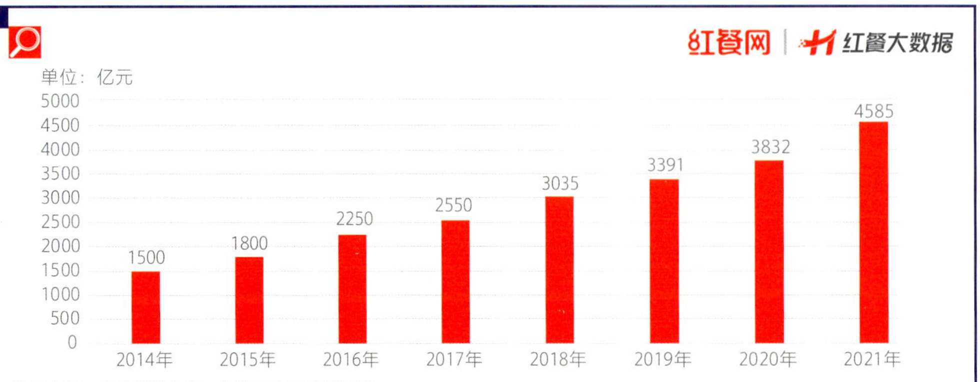

资料来源：中物联冷链委，红餐产业研究院整理。

图 1-16　2014 — 2021 年全国冷链物流市场规模情况

表 1-9　2021 — 2022 年上半年全国餐饮冷链相关企业融资情况（不完全统计）

企业名称	披露时间	融资轮次	融资金额	投资方
鲜生活	2021.1	A 轮	6 亿元	Longfor Capital、中金启泓基金、周济同历等
	2022.1	战略融资	未披露	网聚资本
	2022.3	B 轮	数亿元	中信建投、贵阳创投、东创云、远东宏信等
达达集团	2021.3	战略融资	8 亿美元	京东
瑞云冷链	2021.5	天使轮	1.2 亿元	招商局创投、磐霖资本、青松基金、斯道资本
	2021.8	Pre-A 轮	亿元	斯道资本、青松基金、磐霖资本、招商局创投
Zeek	2021.9	战略融资	700 万美元	马来西亚地产集团太平洋地产、爱点击互动亚洲集团有限公司、远东发展
前海粤十	2021.12	A 轮	3.9 亿元	创业工场、启赋资本、紫金港投资、湾兴创投、金证股份、长禾资本、拓华资本、个人投资者等
	2022.5	战略融资	未披露	深圳高新投

资料来源：红餐大数据。

红餐网 | 红餐大数据

- 三类冷链物流服务企业特色各异

冷链物流服务企业大体分为三类：第一类是主营冷链物流配送的服务商，拥有干线运输、城市配送、仓储等服务能力，代表企业有鲜生活、新夏晖。第二类是食材供应链企业提供的冷链物流服务，这类企业可为餐企提供原材料供应、物流配送等一站式服务，代表企业有望家欢、裕农。第三类是餐企自建冷链物流体系，由于头部餐企对于食材质量、配送时限有着较高要求，且门店跨地域分布，整体采购规模较大，自建物流有利于提升运营效率和产品品质，蜜雪冰城、眉州东坡便是其中的代表。

表 1-10　可提供冷链物流服务的企业

类别	特点	代表企业
主营冷链物流配送的服务商	拥有干线运输、城市配送、仓储等服务能力	鲜生活、新夏晖、瑞云冷链等
食材供应链企业提供的冷链物流服务	可提供原材料供应、物流配送等一站式服务	望家欢、裕农、餐北斗、快行天下等
餐企自建冷链物流体系	有效匹配餐企自身的需求，灵活性较高	蜜雪冰城、眉州东坡等

资料来源：公开信息，红餐产业研究院整理。

前两类冷链服务均属于第三方服务，餐企对于运输过程的把控度相对低。而自建物流体系能够有效匹配餐企自身的需求，灵活性较高，但由于冷库、冷藏车属于重资产，这会对餐企造成较大的成本压力。

因此，在实际应用中，一些餐企选择自建冷库，并与第三方冷链物流商合作，使用其冷藏车、冷链物流网络等资源。以呷哺呷哺为例，其设有全国总仓—区域分仓—运转中心三级网络架构，全国总仓负责食材的收货、验货、分拣作业，随后交由第三方冷链物流商配送到分仓或转运中心。

而大部分餐企会选择与多家冷链物流企业合作，以匹配不同的运输需求，分散采购风险。以奈雪的茶为例，其原材料采购量大、种类多。企业通过与300余家供应商、约30家具有冷链物流能力的物流企业合作，以此保证全国多家门店有及时新鲜的产品售卖。

总体来看，建立有效的冷链物流网络，对于提升供应链协同效应，引导餐饮上下游产业集聚发展意义重大。

二、发展趋势：产业生态化趋势渐显，资本化方兴未艾

随着餐饮市场规模的不断扩大，餐饮产业的生态化、资本化趋势也将进一步加强，产业链协同效应越发明显，这或将为行业带来新的发展机遇。

1. 产业上下游协同升级，生态化进程加速

近年来，不少餐饮产业上下游企业一改过去专注于单一领域的发展思路，朝着多元化的方向发展，显现出生态化发展趋势。

头部餐企不仅践行多品牌战略，还开始尝试在产业链上不同的生态位中探索机会。例如，以喜茶、奈雪的茶、九毛九为代表的餐企通过创立子品牌、并购、投资等方式，完善自身的品牌矩阵，涉足多种餐饮业态；海底捞、正新集团则以设立子公司或合资公司的模式，布局供应链、物流运输、人力资源管理、餐饮科技等产业领域。

食材供应企业、餐饮服务企业也在不断延展经营领域。肉鸡龙头企业如圣农发展、凤祥股份，在冷冻鸡肉生产的基础上切入预制菜领域。美团、阿里打造一站式平台，从收银业务发展至原材料采购、活动营销等领域，全方位助力餐企进行数字化转型。

餐饮产业上下游企业的生态化布局有助于释放产能，提升协同效应，夯实竞争壁垒。随着餐饮市场发展日益成熟，企业之间早已不仅是产品、价格方面的竞争，而是更多地处于能否长远发展的经营战略层面的竞争。

2. 资本加速入场布局，产业潜力广受认可

餐饮标准化、规模化和数字化程度的不断加深，让资本对餐饮产业的未来持续看涨，向越来越多的目标企业抛去“橄榄枝”。据红餐大数据，2021 年至 2022 年上半年，餐饮领域的融资事件共计 450 余起，其中供应链、餐饮服务商、调味品、植物基、物流配送的融资事件共计占比 43.4%，单次金额最高达 8 亿美元。其中，供应链端的融资事件 70 余起，餐饮服务端的融资事件 50 余起，投资方中不乏美团龙珠、腾讯、IDG 资本、高瓴资本等知名机构。

与此同时，餐饮产业端的相关企业加速拥抱资本谋求上市。2021 年 4 月，主营半成品预制菜的味知香在 A 股市场挂牌上市，成为国内首个具有典型意义的预制菜上市企业。烘焙食品供应商立高食品和南侨食品、速冻面米企业千味央厨均在 2021 年陆续挂牌上市。

进入 2022 年，水产品预制菜企业鲜美来、纸制和塑料餐具企业恒鑫生活、调味品企业宝立食品、原料果汁企业田野股份、饮品配料企业德鑫食品也先后递交招股说明书。

表 1-11 2022 年 1 — 7 月全国餐饮产业上游相关企业 IPO 概况（不完全统计）

企业名称	主营业务	递交招股说明书时间
鲜美来	水产预制菜的研发、生产与销售	2022.5
恒鑫生活	纸制、塑料餐饮具的研发、生产和销售	2022.5
宝立食品	食品调味料的研发、生产和技术服务	2022.7
田野股份	原料果汁、速冻果蔬生产、加工	2022.7
德馨食品	现制饮品配料的研发、生产和销售	2022.7

资料来源：公开信息，红餐产业研究院整理。

红餐网 | 红餐大数据

3. 植物基市场发展遇冷，前景有待观察

与动物蛋白相比，植物基是主要以大豆、豌豆、小麦等作物中提取的植物蛋白作为原料，含有更多的膳食纤维、更少的脂肪，且不含胆固醇，以环保、健康的特性为消费者所知。在国内，植物基目前主要应用于饮料、肉制品中，比较常见的是植物奶、植物肉。

随着人民群众生活水平和健康意识的提升，尤其从 2020 年以来，植物基逐渐受到更多的关注。燕麦奶（植物奶的一种）品牌 OATLY 陆续与星巴克、瑞幸咖啡、Manner Coffee、喜茶、奈雪的茶等咖啡和茶饮头部品牌达成合作，使得燕麦奶在国内餐饮圈被广泛关注。另外，肯德基、德克士、麦当劳、星巴克、喜茶等品牌也接连推出各自的植物肉产品。

但进入 2021 年，植物基的增长态势有所放缓，燕麦奶品牌 OATLY、国外“人造肉第一股”Beyond Meat、国内植物肉概念股双塔食品出现大额亏损，陷入市值下跌的窘境，电商平台与餐饮品牌的植物基相关产品销量也不甚理想。据媒体报道，北京、南京等城市的星巴克门店已下线了植物肉产品。

有专业人士认为，植物基在消费市场的认知度不足，且价格相对较高，口感与动物蛋白有一定差距，未来发展前景有待观察。

CHINA CATERING

03

第三节 餐企端：

餐饮零售化浪潮澎湃，社区餐饮成红利高地

疫情之下，消费收缩、堂食受限，餐饮企业普遍遭遇经营困境，但危机中也蕴藏着机会，餐饮外卖和新零售市场的持续增长，为餐饮企业带来转型升级的契机。与此同时，线上业务的蓬勃发展也倒逼传统餐饮企业加速进行数字化改造。由于餐饮企业面对的市场环境发生了很大变化，因此为了生存下去并持续发展，餐饮人需要不断拥抱变化、顺应趋势。

一、餐饮行业持续洗牌，餐企连锁化程度不断提高

虽然 2021 年我国餐饮行业的总收入已恢复至 4.69 万亿元，但是近年来餐饮总营收增速放缓已经是不争的事实。2022 年开年以来，受国际环境更加复杂严峻和国内疫情反复冲击的影响，我国国内经济的下行压力进一步加大，整体消费趋于低迷。在这样的背景下，餐饮行业面临更加严酷的优胜劣汰，具有一定经营韧性的餐企迎来发展契机，甚至逆势扩张，而抗风险能力较弱的餐企则可能面临淘汰。在餐饮市场的持续洗牌下，餐企的连锁化进程在逐渐加快。

红餐大数据显示，2021 年餐饮品牌平均门店数量整体有上升趋势。具体来看，门店数量在 50~100 家的品牌占比为 16.2%，较 2020 年上涨了 2.5 个百分点；门店数量在 101~200 家的品牌占比为 8.4%，上升了 1.3 个百分点；而门店数量在 50 家以下的品牌占比为 68.7%，较 2020 年下降了 4.2 个百分点。造成以上比例波动的原因，一方面可能是部分品牌本身的品牌力不强而被淘汰出局，另一方面或是部分品牌逆势扩张实现了门店数量的进一步增长。此外，2021 年门店数量在 1000 家以上的品牌占比相比 2020 年有所降低，或是由于一些大型餐企受疫情影响较大，门店总数有所缩水。

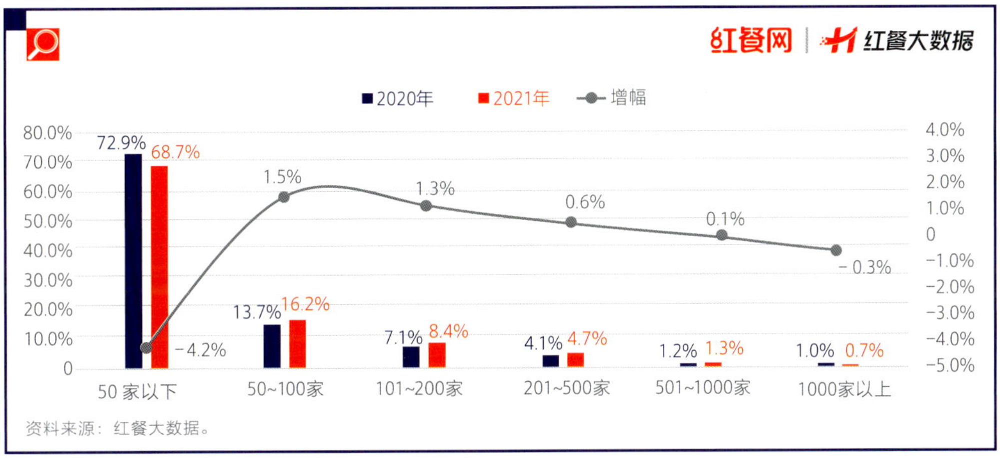

图 1-17 2020 — 2021 年全国餐饮样本品牌门店数区间占比分布

随着餐饮市场规模的不断壮大以及餐企的不断扩张，未来行业的规模化程度有望进一步得到提升。

二、经营成本高企，餐饮企业生存压力剧增

2022 年，餐企经营依然面临着较大的压力。一方面，国内多点散发频发的新冠肺炎疫情以及复杂多变的国际局势加大了国内经济增速下行的压力，消费者的餐饮消费渐趋谨慎，餐饮营收受到一定的影响；另一方面，房租、人工和食材等各项经营成本高居不下，还出现了进一步加重的势头，更是加剧了餐企的压力。在多方承压的背景下，餐企较难维持稳定经营，不少中小餐企选择闭店。

1. 疫情下餐企整体承压，诸多龙头餐企归母净利润不甚乐观

红餐品牌研究院调研了 22 家国内的上市餐企的营收数据后发现，大多数上市餐企在 2021 年的营收呈微弱上涨，但归母净利润不甚乐观。海底捞、呷哺呷哺、海伦司等餐企的归母净利润均在逐年下滑。具体来看，海底捞的归母净利润从 2019 年的 23.45 亿元下跌到 2021 年的亏损 41.63 亿元，呷哺呷哺从

2019 年的 2.88 亿元下滑至 2021 年的亏损 2.93 亿元，海伦司从 2019 年的 0.79 亿元下跌至 2021 年的亏损 2.3 亿元。上述餐企目前的盈利能力与 2019 年相比存在很大差距，短期内或难以恢复。

与此同时，以同庆楼为代表的部分上市餐企的营收虽然处于增长态势，但其 2021 年归母净利润增速却为负数，出现了增收不增利的现象。此外，煌上煌、大家乐等上市餐企的营收则在 2021 年均出现负增长，萎缩态势明显。

疫情之下，上市龙头餐企的营收状况尚且不甚乐观，其余中小型餐企或要承受更大的压力。

表 1-12　部分上市餐饮企业近 3 年营收同比

营收同比增速 年份 / 企业名称	2019 年	2020 年	2021 年
九毛九	42.0%	1.0%	54.0%
巴比食品	7.5%	-8.4%	41.1%
周黑鸭	-0.8%	-31.5%	31.6%
西安饮食	0.9%	-17.9%	26.4%
绝味食品	18.4%	2.0%	24.1%
同庆楼	-1.8%	-11.4%	24.1%
唐宫（中国）	0.2%	-26.1%	23.2%
全聚德	-11.9%	-50.0%	21.0%
百胜中国	4.3%	-5.9%	19.2%
稻香控股	-3.5%	-42.5%	15.3%
望湘园	-15.0%	-41.3%	17.0%
味千（中国）	7.9%	-29.0%	9.6%
上海小南国	-17.9%	-47.6%	7.3%
海伦司	392.0%	44.8%	124.4%
海底捞	56.5%	7.8%	43.7%
奈雪的茶	130.2%	22.2%	40.5%
广州酒家	19.4%	8.5%	18.3%
呷哺呷哺	27.4%	-9.5%	12.7%
煌上煌	11.6%	15.1%	-4.0%
大快活集团	12.0%	8.7%	-19.2%
大家乐	8.0%	-0.1%	-22.0%
翠华控股	-4.0%	-17.6%	-36.0%

资料来源：企业财报，红餐品牌研究院整理。

注 1：大家乐、大快活集团、翠华控股的财年统计时间为上一年的 3 月 31 日至本年度的 3 月 31 日。
注 2：粉红色为 2021 年营收增速大于 2019 年的企业，灰色为 2021 年营收增速小于 2019 年的企业，浅紫色为 2021 年营收增速为负的企业。

红餐网 | 红餐大数据

2. 疫情下三大成本高企，餐企面临较大经营压力

食材（原材料）成本、人力成本以及租金成本向来是餐饮经营成本中占比最高的三项，据艾瑞研究发布的《2022年中国餐饮经营参数蓝皮书》，在餐企的各项成本中，食材（原材料）成本占比最高，占营收的 30%~40%；其次是人力成本，占营收的 15%~20%；再次是租金成本，占营收的 10%~15%。近年来，食材（原材料）成本、人力成本以及租金成本整体呈上涨趋势。红餐网联合世界中餐业联合会发起《2022 年疫情背景下餐饮企业调研报告》，就疫情期间餐饮经营的成本压力进行了专项调研。

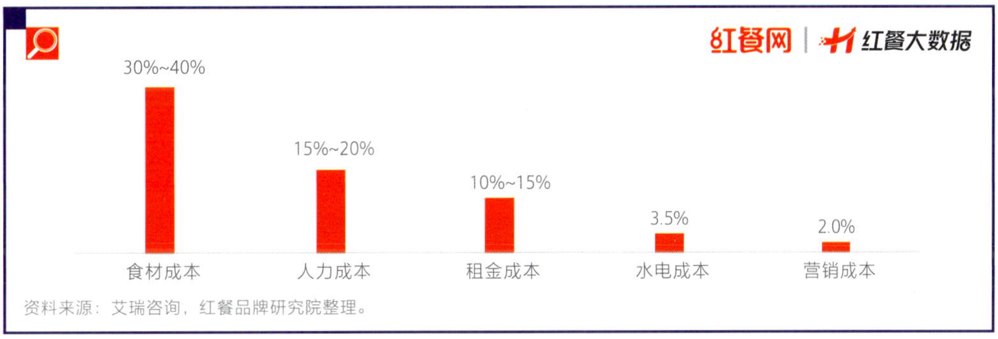

图 1-18　2021 年中国餐饮行业主要成本营收占比情况

调研显示，约有 81.7% 的受访餐企认为原材料成本对比疫情前上涨了。2021 年，国内的肉类、蔬菜等食材价格呈现出较明显的上浮趋势。与此同时，调味品的价格也在上涨，海天味业、李锦记、加加食品、恒顺醋业等企业均对旗下调味品的价格进行了上调，提价幅度在 3%~15% 不等。

另外，超过六成的受访餐企认为自家企业的人力成本对比疫情前有不同程度的升高。近年来，人才缺失、员工流动率大、人力成本相对较高是餐饮企业普遍面临的难题，餐饮企业亟须通过提升人员素质、用人效率来实现降本增效。

表 1-13　受访餐企营业成本变化情况

成本	大幅下降	略微下降	基本不变	略微上涨	大幅上涨
人力成本	7.5%	12.9%	15.0%	36.6%	28.0%
租金成本	2.2%	7.5%	40.9%	33.3%	16.1%
原材料成本	2.2%	4.3%	11.8%	33.3%	48.4%

资料来源：《2022 年疫情背景下餐饮企业调研报告》，红餐品牌研究院整理。

从调研结果还可以看出，超五成受访餐企认为近年来租金呈上涨趋势。中国指数研究院数据显示，从 2019 年上半年到 2021 年下半年，15 个重点城市商圈购物中心的平均租金环比变化呈“V”形反弹的走势。2021 年平均租金环比增速由负转正，虽未达到疫情前的增长水平，但相比 2020 年同期呈微弱上涨趋势。在疫情冲击的大背景下，颇具刚性的租金成本会给餐企造成一定程度的经营压力。所幸进入 2022 年以来，各地房租减免政策在陆续出台，一些商业地产商也给出了租金减免方案，或能为部分餐企减轻一定的租金压力。

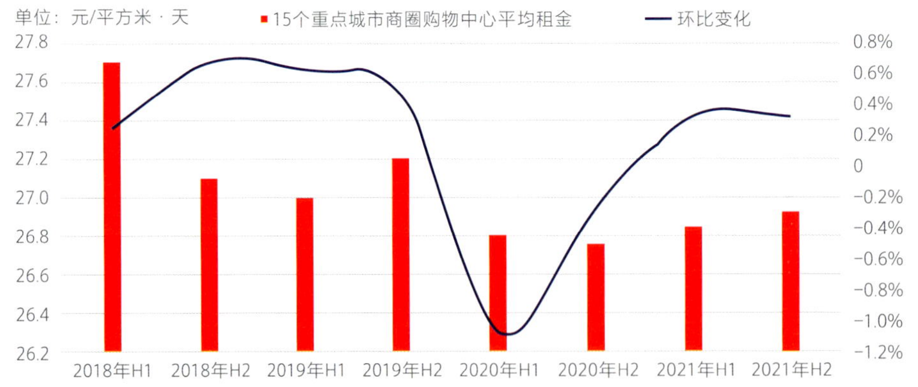

资料来源：中国指数研究院，红餐品牌研究院整理。
注：商圈购物中心平均租金是指商圈中典型购物中心首层商铺的平均租金，15 个重点城市包括北京、上海、广州、深圳、天津、武汉、重庆、南京、杭州、成都、苏州、青岛、南昌、长沙、海口。

图 1-19　2018 — 2021 年我国 15 个重点城市商圈购物中心平均租金情况

目前，国内疫情处于常态化防控阶段，多地散发频发的疫情会对餐饮行业的正常经营造成较大影响。在原材料、人工、租金等成本日益走高的生存压力下，餐饮企业不得不迎难而上、积极进取，客观上也激发了行业的新一轮调整升级。

三、餐饮市场区域发展不平衡，一、二线城市依然为竞争高地

从不同线级城市餐饮门店的占比来看，2021 年二线及以上城市的餐饮门店占比较 2020 年均有上涨，其中新一线城市门店数增长最为明显，而三线及以下城市的餐饮门店占比则有不同程度下滑，其中五线城市占比下滑幅度最大，达到了 5.1 个百分点。

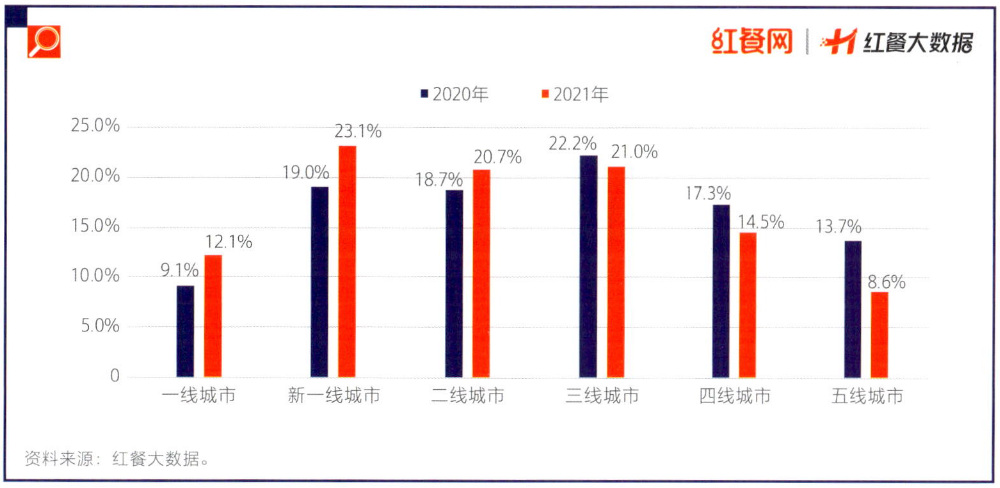

图 1-20　2020 — 2021 年全国各线级城市餐饮样本门店数占比分布

由此可见，一、二线城市依然是餐饮品牌的竞争高地。疫情之前，一线城市、新一线城市餐饮市场竞争激烈，而“小镇青年”的消费需求被逐步释放，下沉市场一度成为众多餐饮品牌的热门选择。进入 2021 年以来，在疫情以及整体经济大环境下行压力的影响下，下沉市场消费能力有限等不利因素被放大，诸多品牌的下沉策略逐渐失灵，不得不把发展重心放回一线城市、新一线城市和二线城市。

从餐饮门店的分布区域看，我国餐饮市场存在着区域发展不均衡的特征。红餐大数据显示，华东地区餐饮门店数远高于其他区域，占比达到 37.0%；其次，处于第二阶梯的华南、华中、华北以及西南地区，餐饮门店数占比均处于 10.0% 及以上；而东北和西北地区餐饮门店数占比分别仅有 6.4% 和 6.0%。

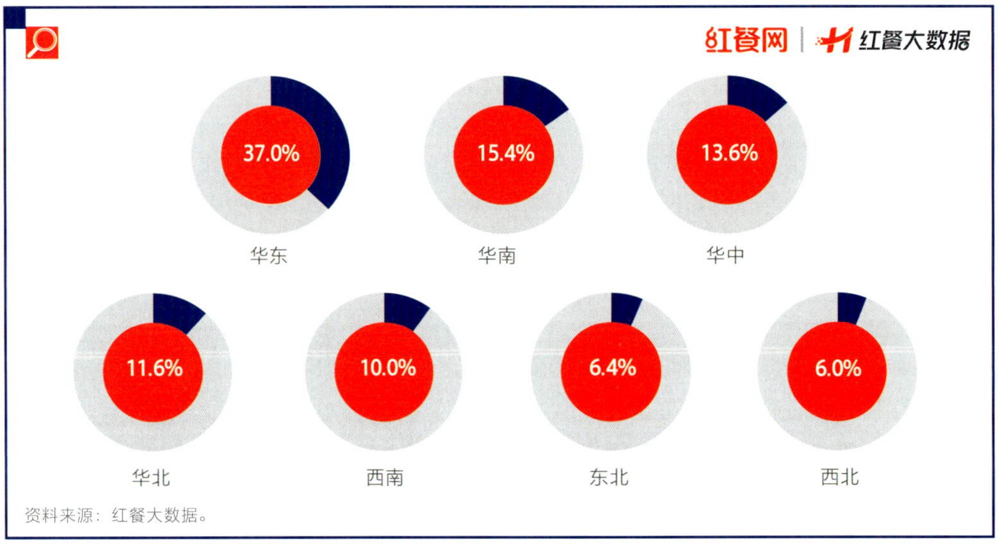

图 1-21　2021 年全国各区域样本门店数占比分布

根据第一财经旗下新一线城市研究所发布的《城市商业魅力排行榜》，在中国内地一线到五线城市的名单中，一线城市、新一线城市以及二线城市共计 50 余个，将近一半城市坐落于华东地区。因为华东地区的城市化水平和居民消费能力相对较高，不少欲打造品牌影响力的餐饮品牌纷纷进驻该区域，使得华东区域的餐饮门店分布较为集中。

四、外卖市场持续扩大，餐饮零售化成效初显

疫情给餐饮行业带来了巨大的挑战，同时也给行业带来了发展的机遇，诸多餐饮企业抓住这一机会顺势完成了多方面的转型升级，比如进一步增强在外卖业务上的能力，以及试水新零售业务，餐饮行业开启了线上线下全渠道运营的新时代。

疫情暴发以来，餐饮堂食受到较大影响，一定程度助推了全国线上外卖用户规模的扩大。中国互联网信息中心数据显示，从 2020 年 3 月到 2021 年 12 月，全国线上外卖用户规模快速上升。截至 2021 年底，全国线上外卖用户规模已经超过了 5 亿人，外卖的网民渗透率在 2021 年也迅速提升至 52.7%，仅次于网络游戏。不过与网络视频、网络购物等互联网应用相比，外卖网民渗透率仍有很大的提升空间。

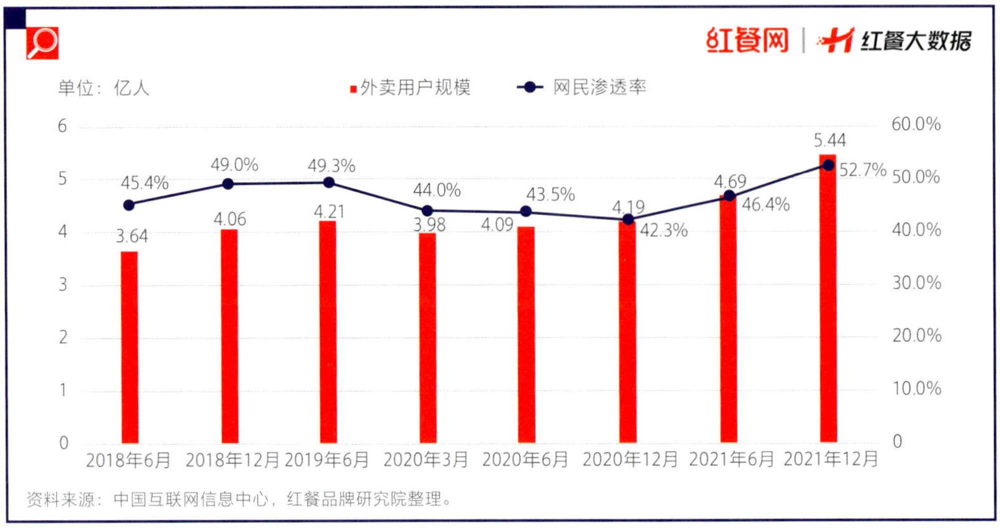

图 1-22　2018 — 2021 年全国外卖用户规模和网民渗透率

近年来，外卖平台的服务费率也在不断调整，2021 年美团外卖在部分国内城市推行了费率透明化试点。根据极光大数据发布的《2021 餐饮外卖商户研究报告》，在已更换新费率的餐饮外卖商户中，超过九成商户缴纳的佣金（即技术服务费）低于 8%，佣金在 6% 到 8% 的商户占比达到了 66.3%。

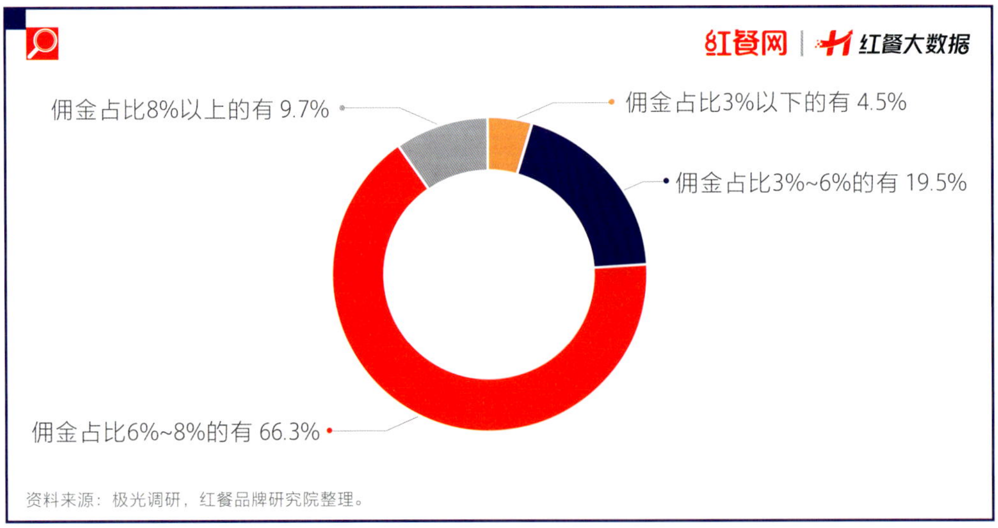

图 1-23　更换新费率后餐饮商户交纳的外卖佣金

此外，一些新出台的政策也在为餐企的外卖服务提供保障。2022 年 2 月 18 日，国家发展改革委等 14 个部门联合印发了《关于促进服务业领域困难行业恢复发展的若干政策》，要求引导外卖等互联网平台企业进一步下调餐饮业商户服务费标准，从而降低相关餐饮企业经营成本。

在这样的背景下，外卖成为众多餐饮企业服务消费者的重要方式，一些原本仅做堂食的餐饮企业也纷纷开通了外卖服务，国内的餐饮线上外卖收入持续上涨。中国互联网信息中心数据显示，2020 年线上外卖收入在全国餐饮收入中的占比提升至 16.9%，同比增长了 4.1 个百分点；2021 年餐饮线上外卖收入占比提升至 21.4%，同比增长了 4.5 个百分点。

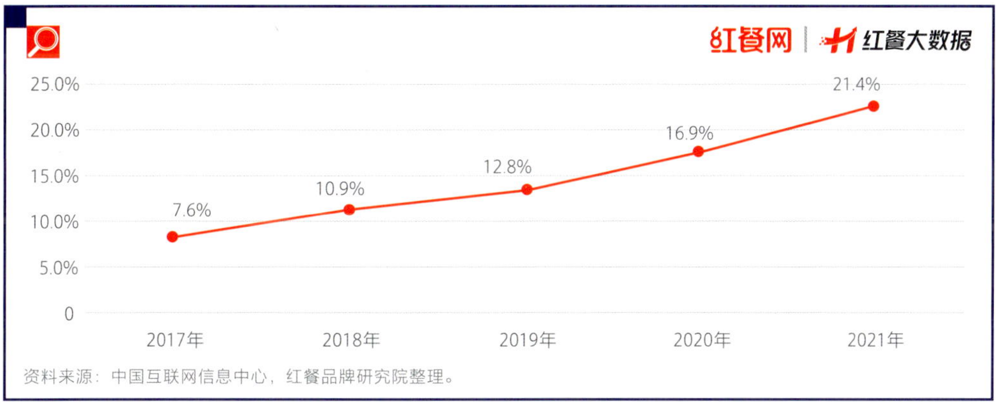

图 1-24　2017 — 2021 年全国线上外卖收入在全国餐饮收入的占比

疫情下，在餐饮堂食消费受限的情况下，消费者居家做饭及囤货的需求亦在快速上涨，带火了预制菜等餐饮零售赛道。

同时，越来越多的餐饮企业意识到了餐饮零售化的价值与重要性，纷纷推出预制菜等零售产品以触达更多的消费者，开辟了堂食之外更多元化的就餐场景，创造了新的增收空间。

西贝莜面村、眉州东坡、同庆楼等中式正餐企业都进入了预制菜赛道，尤其是眉州东坡很早就开始了布局，目前其旗下的全资子公司王家渡已经启动了上市计划。快餐巨头也在积极进入预制菜零售赛道，比如肯德基打造出“自在厨房”系列产品，并推出“微波主食家族”“预制生鲜家族”等方便食品；必胜客也在 2022 年 4 月正式上线了社区团购系统，消费者可以在团购群内购买西冷牛排、意面等预制菜品。火锅企业是餐饮跨界零售的先锋队，海底捞、大龙燚等火锅品牌的零售业务都已初具规模。茶饮品牌也在深耕零售产品的布局，喜茶、奈雪的茶等头部品牌早已推出了瓶装饮料产品……

在堂食、外卖业务之外，开拓零售业务能够有助于餐企发展新的增长曲线。但需要注意的是，餐饮与零售属于两种不同的业态，运营逻辑并不相同，技术、渠道、管理等多方面存在错位，餐企需结合自身实际情况而定，避免盲目跟风。

五、餐饮业数字化转型加速，开启精细化运营新时代

在新形势下，餐饮行业正在加速与数字科技融合，诸多餐饮企业以数字技术赋能业务，推动企业及行业升级发展。红餐网与世界中餐业联合发布的《2022年疫情背景下餐饮企业调研报告》显示，约有 28.0% 的受访企业表示采取了数字化手段来应对疫情带来的影响。

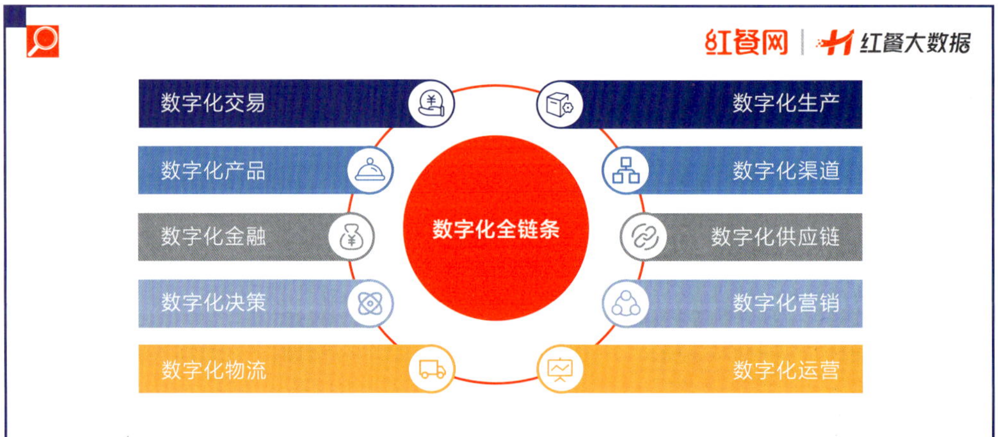

资料来源：毕马威分析，红餐品牌研究院整理。

图 1-25　大数据在餐饮业中的应用

1. 餐企亟须数字化转型，以实现精细化运营

总体来看，移动互联网的普及、疫情导致的消费环境的不确定性以及消费者习惯偏好的改变，是驱动餐企进行数字化转型的重要外因。一方面，越来越多的消费者习惯于进行线上消费。Quest Mobile 研究院发布的《Quest

Mobile 2022 全面数字化发展下的消费市场洞察》显示，2020 年至今，网络用户规模持续增长，人均单日使用时长接近 7 小时，消费者养成了线上购物的消费习惯。另一方面，在疫情的持续影响下，越来越多的餐企开始布局线上业务，餐饮外卖、预制菜等业务增长迅速，促使餐企对于线上营销、进驻外卖平台或电商平台的需求激增，从而开始深刻思考自身的数字化转型问题。

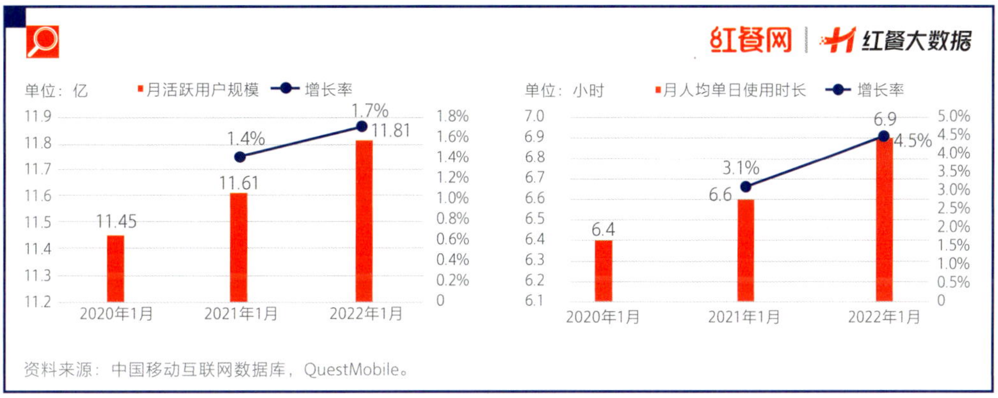

图 1-26　2020 — 2022 年全网用户规模及行为特征

餐企进行数字化转型的内因，是传统管理体系造成的供应链、门店运营管理等经营痛点较大地制约了其良性发展，这些经营难题均可借助数字化手段进行改善，甚至彻底解决。数字化是餐企实现精细化运营的前提，也是接轨现代管理体系的必然路径。

2. 数字化转型有 5 个方向，头部品牌走在转型前列

在餐饮领域，餐企进行数字化转型主要有 5 个重要的方向。根据腾讯智慧零售、网聚资本、AMT 企源和红餐产业研究院联合推出的《食品与餐饮连锁企业数字化增长指引参考》，数字化转型的方向包括数字化运营、数字化决策、数字化供应链、数字化扩张和数字化营销。

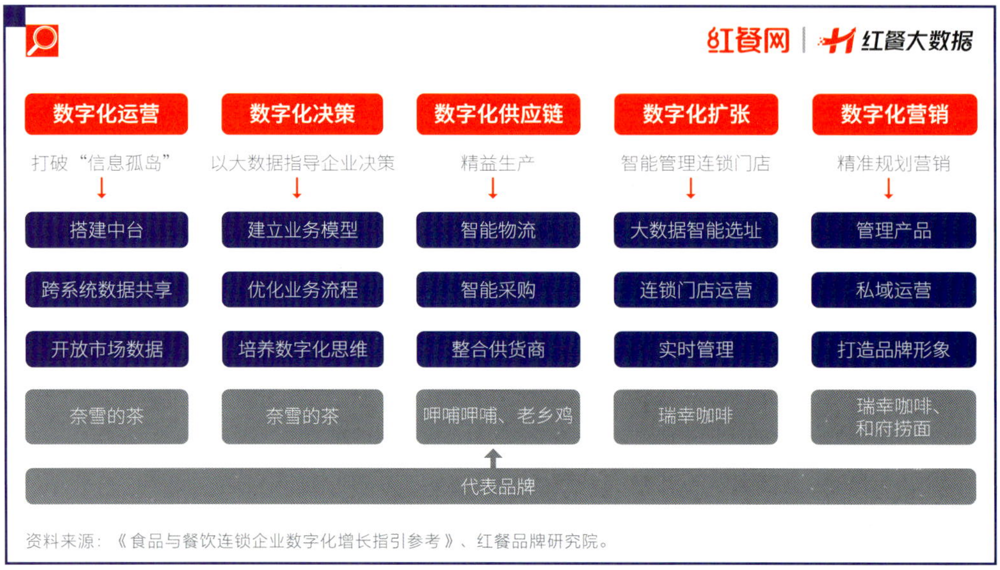

图 1-27　数字化转型的 5 个核心方向

头部餐饮品牌走在了数字化转型的前列。比如，奈雪的茶在数字化转型层面就有亮眼的表现，早在 2020 年，奈雪的茶就积极组建技术团队，自行研发出集成信息平台 Teacore。通过该平台，奈雪的茶实现了不同管理板块信息的互通，简化了业务流程、改善了运营效率。同时，Teacore 集成的大数据也帮助奈雪的茶更好地洞察消费习惯，从而优化及开发产品，还能有针对性地制订销售及营销计划。

除了在数字化运营层面进行探索之外，对供应链环节进行数字化改造也是众多头部餐企的转型重点。比如火锅头部品牌呷哺呷哺建立了智能供应链平台，打造出"全国一区域一运转中心"的三级网络架构配送体系，从而有效地提高了食材流动效率；中式快餐品牌老乡鸡则引入了 WMS 仓储管理系统，上线电子标签分拣项目，提升冷链生鲜的分拣效率，从而实现降本增效。

近年来，进行数字化扩张和数字化营销的尝试也是诸多头部餐企的共同举措。数字化扩张主要针对餐企开闭店、连锁门店管理的环节，餐饮企业通过建立大数据智能选址平台、门店运营平台等来实现跨区域快速地复制门店。瑞幸咖啡设有数据分析系统，不断积累消费数据和门店数据，并结合外部数据生成外卖热力图，实现智能选址；在门店管理上，瑞幸咖啡在门店设备上接入物联网，以实现实时管理。数字化营销则是指品牌以数字技术追踪消费者的购物流程，分析其消费行为，并通过广告投放、私域运营的方式促进消费者决策与转化。和府捞面就通过微信小程序打通堂食、外卖、电商三种业态，集成了线上线下数据，以数据反哺营销，精准规划了全域新人礼活动和全方位信息流营销，使得会员招募量得以大幅提升。截至 2021 年 12 月，和府捞面的注册会员数已突破 600 万人。

数字化转型的本质是精细化运营，是餐饮企业增长的原动力，也是餐饮产业升级的基础。可以预见，在头部餐企的带领下，越来越多的餐企将走上技术驱动的发展路线，经营效率有望得到进一步提升。

六、食品安全问题曝光频次增加，餐企重视度有待提高

一直以来，食品安全都是餐饮企业安身立命之本。近年来，餐饮行业的食安问题呈现增长趋势。据红餐大数据，2019 年至 2021 年餐饮行业食品安全问题曝光频次逐年递增，2021 年曝光频次达到了 4123 次，较 2020 年增长了 8.7%。

餐饮行业的食品安全问题频发，内在原因主要是餐饮企业自身对食品安全重视度不足，以及对于人员的管理不善；外在原因则是消费者的食品安全意识和维权意识不断提高，加上各类短视频等社交媒体平台的崛起，各种食品安全问题较以往更加容易被曝光。

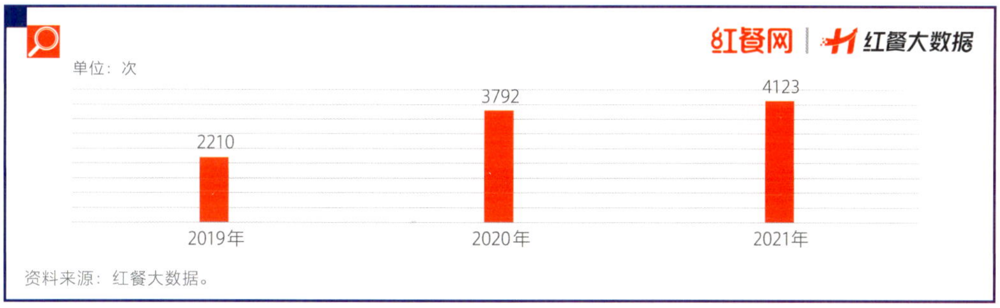

图 1-28　2019 — 2021 年全国餐饮行业食品安全问题曝光情况

具体到不同的餐饮品类，红餐大数据显示，2021 年食品安全问题曝光频次最高的品类是小吃快餐，在整个餐饮行业中其食品安全问题曝光频次的占比达到了 35.1%；饮品、中式正餐、火锅次之，占比分别是 13.6%、12.4% 和 12.0%。小吃快餐品类因为门店和品牌基数较大，是食品安全问题较为高发的品类。

相比 2020 年的食品安全问题曝光情况，2021 年小吃快餐、饮品和火锅品类的食品安全问题曝光频次均有不同程度的上升，而中式正餐、烘焙甜品、烧烤、亚洲料理和西餐等品类的食品安全问题曝光频次则均有所下降。

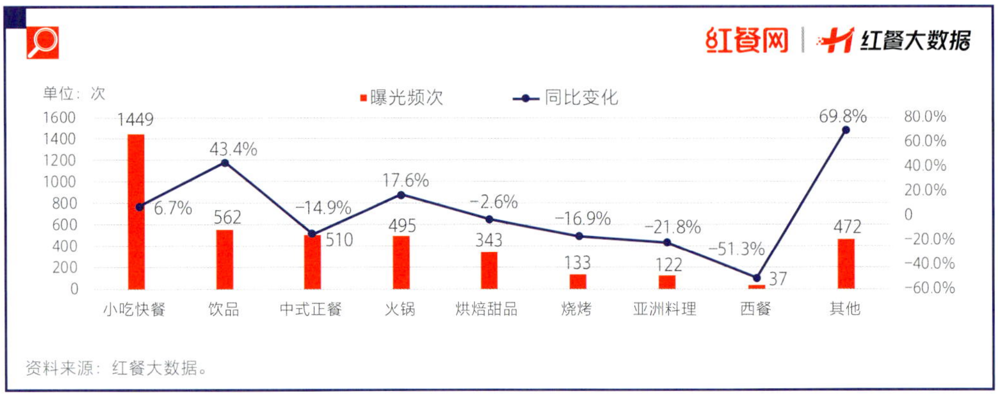

图 1-29　2021 年全国各品类餐饮品牌食品安全问题曝光情况

餐饮食品安全问题不仅关乎餐企的生死，更会牵连到整个品类甚至行业。如 2022 年央视“3 · 15”晚会曝光了“土坑酸菜”乱象后，不少消费者“谈酸菜色变”，统一、康师傅等食品企业销量大跌，而不少主营菜品与酸菜有关的餐饮品牌都也受到了波及。因此，餐饮企业要保持良性健康发展，必须将食品安全事项提升到战略层面来把控。

七、商场红利渐退，社区门店成选址新方向

疫情之下，各地购物中心的客流受影响较大。汇客云数据显示，2020 年至 2021 年全国购物中心客流量分别恢复至 2019 年的 64% 和 75%，2021 年下半年受疫情的反复、居民消费意愿不足等因素影响，全国购物中心客流恢复程度反而不及 2020 年水平。

进入 2022 年，全国购物中心的日均客流总体水平仍呈下降趋势。据赢商大数据，自 2021 年第二季度以来，全国购物中心日均客流从 2021 年第二季度的 1.7 万人的峰值降至 2022 年第一季度的 1.36 万人。此外，全国购物中心日均客流量的环比降幅不断扩大，2022 年第一季度环比降幅达到了 13.0%。

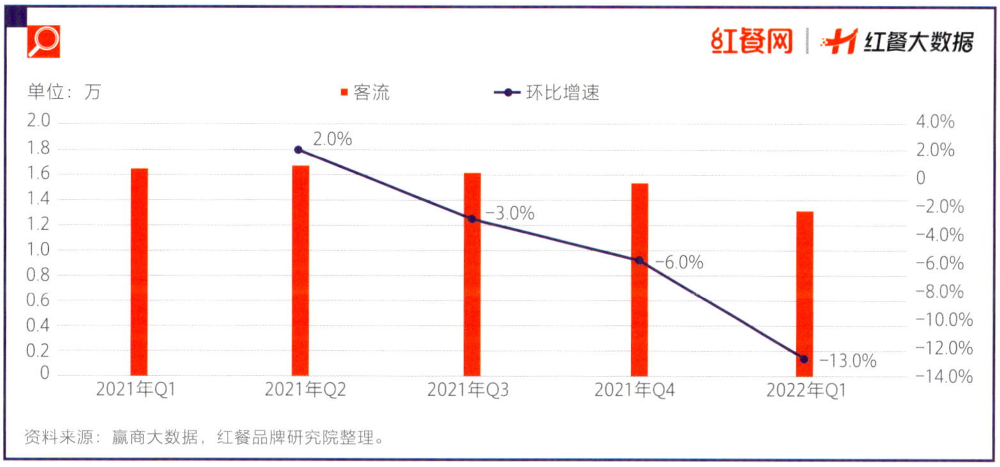

图 1-30　2021 年第一季度至 2022 年第一季度全国购物中心日均客流及环比增速

由于购物中心客流量呈下滑趋势，不少专注在商场发展的餐饮品牌受到较大影响，纷纷寻找新的渠道布局，开辟社区店是广受青睐的新策略之一。在疫情的影响下，消费者的社交圈、生活半径在缩短，宅家时间增多，分布在社区附近的餐饮店得以迅速崛起。社区餐饮店不仅距离消费者近，消费人群也相对稳定，而且租金等经营成本也相对低廉，已经成为诸多餐饮品牌的重点拓店选址方向。

比如喜家德在 2021 年 5 月推出了定位社区的生鲜零售副牌“吉真”，以“现包现卖”为特色，门店模型以档口为主，截至 2022 年 6 月，已经拓展出了超 10 家门店。松哥油焖大虾在 2021 年 11 月也开出了第一家社区小店，受到当地消费者喜爱。北京的南城香也是社区型餐饮的典型代表，除了采取小店模型、24 小时全时段运营等策略之外，南城香特别注重维护社区店与顾客之间的黏性，拥有较好的消费者口碑。物只卤鹅也主打社区型门店，在疫情下逆势扩张。

除了上述餐饮品牌之外，2021 年熊大爷、袁记云饺等社区餐饮也实现了较快的门店扩张速度，分别新开门店 100 余家、850 余家。此外，紫光园、红荔村鲜虾肠粉、牛大吉牛肉工坊、吴茂兴亦是重点发力社区餐饮的典型。

表 1-14　2022 年侧重于社区开店的餐饮品牌概览

品牌名称	品类	门店数（家）	门店主要分布区域
袁记云饺	饺子	1990+	广东、江苏、浙江、上海等
熊大爷	饺子	220+	北京、四川、江苏、广东
物只卤鹅	卤味	200+	广东、广西
紫光园	中式正餐	140+	北京
南城香	中式米饭快餐	120+	北京
吴茂兴	快餐	120+	上海
红荔村鲜虾肠粉	小吃	80+	广东
一心一味	热卤	40+	广东
牛大吉牛肉工坊	生鲜	40+	广东
吉真	饺子	10+	上海、辽宁

资料来源：红餐大数据。

八、明星餐饮热潮退却，网红品牌陷负面争议

近年来，除了美妆、服装等行业以外，不少明星将目光投到了餐饮行业。对于餐企而言，明星自带的吸睛效应能为餐饮品牌带来巨大流量，有助于初创品牌在短时间内获取较高的知名度。而对于明星而言，餐饮业现金流充沛，是变现较快的创业赛道。

“明星 + 餐饮”的模式一度火爆。据红餐大数据，2020 年到 2021 年的两年时间内，就有超过十位明星进军餐饮行业，品类覆盖了火锅、茶饮、中式正餐、烧烤等。

表 1-15 部分与明星相关的餐饮品牌概况

品牌名称	所属品类	首店时间
斗鎏火锅	火锅	2021 年 1 月
辣叁成烧菜火锅	火锅	2021 年 3 月
贤合庄卤味火锅	火锅	2015 年 5 月
鲜乐门	火锅	2021 年 5 月
灶门坎	烧烤	2020 年 5 月
蛙二爷	火锅	2021 年 6 月
火凤祥	火锅	2020 年 7 月
烧江南烤肉	烤肉	2020 年 11 月
辣斗辣	火锅	2020 年 12 月
天然呆	茶饮	2020 年 12 月

资料来源：红餐大数据。

红餐网 | 红餐大数据

目前，明星餐饮的热潮正在逐渐退去，很多明星入股的餐饮品牌陷入负面争议。一方面，为餐饮品牌站台的明星一般是以投资人的角色参与其中，大多不参与实际经营，而是由第三方企业经营。这类企业的扩张策略多为利用明星效应开放加盟来实现快速盈利和扩张，其产品、服务等基本功不够扎实，品牌实力不足以留存消费者，致使品牌后续的发展较为乏力。

另一方面，加盟商对待明星餐饮更趋理性。无论是因为消费者复购不足导致的门店生意冷淡，还是突发的食品安全问题被媒体关注并迅速传播，个别加盟商经营失败的案例很容易被媒体广泛关注，导致品牌形象受损，越来越多的加盟商渐渐意识到明星餐饮的口碑较难维护。过去一年，加盟商质疑明星餐饮品牌“割韭菜”的事件屡见不鲜。

如今餐饮行业已进入存量竞争时代，餐饮品牌要想良性发展，还是需要在产品、服务等基本功上下功夫，因为内功是衡量其能否走得更远的重要指标。

CHINA CATERING

04

第四节

资本端：

餐企竞相扎堆 IPO，餐饮业较受资本青睐继 2015 年到 2016 年的融资热潮之后，我国餐饮领域于 2021 年再度迎来资本热潮，全年披露的融资事件共有 340 余起，不过相比“事件次数多，总融资金额少”的上一轮融资热潮，此轮资本热潮呈现出新特点：“事件次数少，单笔金额创下新高”。

一、2021 年餐饮业迎资本热潮，餐企竞相扎堆 IPO

红餐大数据显示，2011 年至 2022 年上半年，我国餐饮领域融资事件一共 2950 余起，披露的融资总金额超 5200 亿元。从数据上看，2015 年至 2016 年达到了我国餐饮领域的第一波融资高潮，总金额和融资事件数均逐年上涨。但是进入 2017 年以后，餐饮领域融资事件数呈现出明显的下降趋势，2018 年披露的融资总金额达到峰值后急速下滑，餐饮赛道的热度逐渐降温，2019 年融资事件数仅为 190 余起，总金额不到 200 亿元。

进入 2020 年，餐饮领域的投资热开始有回暖迹象。随着新冠肺炎疫情的暴发，诸多餐企的现金流状态趋于紧张，对于资本的需求变得强烈，投资机构亦在寻求合适的投资标的，由此促成了餐饮领域融资热的回潮。2020 年披露的融资金额达到了 886.4 亿元，单笔平均融资金额高达 5 亿元。

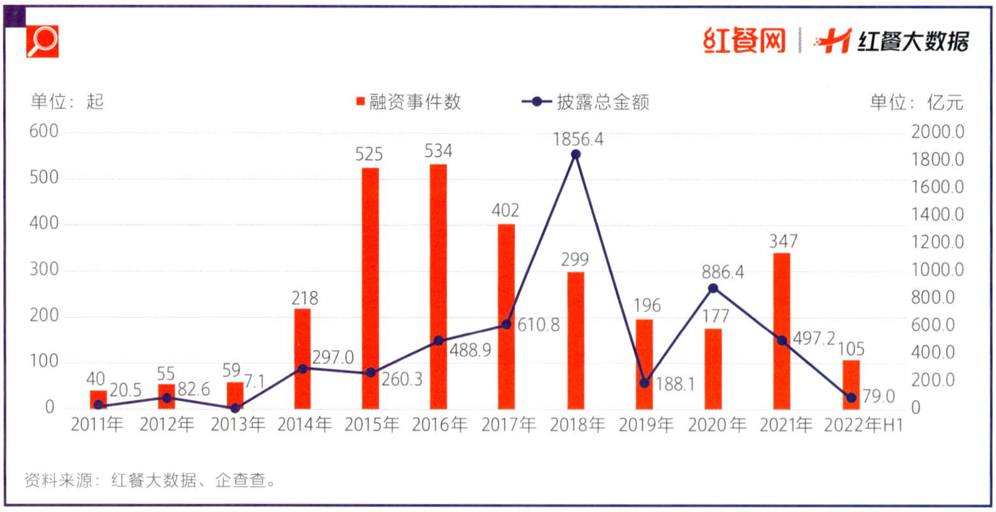

图 1-31　2011 — 2022 年上半年全国餐饮相关领域融资情况

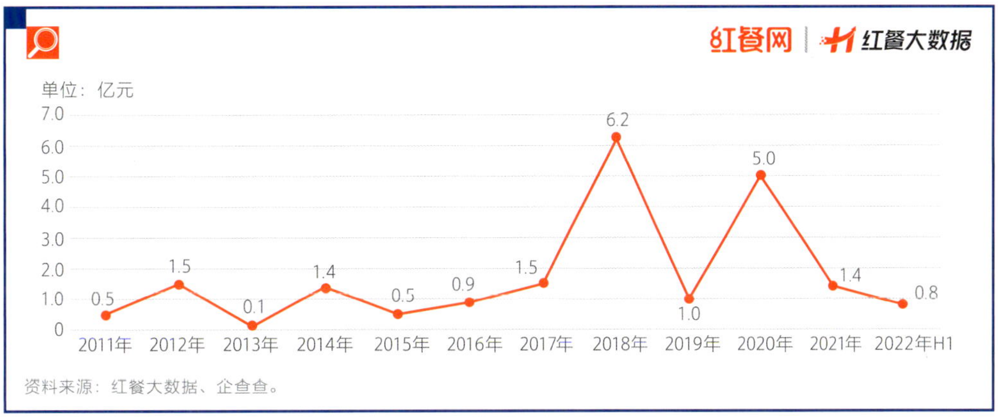

图 1-32　2011 — 2022 年上半年全国餐饮相关领域平均单笔融资金额

2021 年，我国餐饮领域再次迎来了一波融资高潮，全年共有 340 余起事件披露，是继 2017 年后事件数量首次突破 300 起的一个年份，这一年披露的融资金额近 500 亿元。2021 年融资需求高涨或有以下两方面的原因：一方面，在疫情反复之下，餐饮经营者面临着复杂的经营大环境，越发意识到资本的重要性；另一方面，得益于餐饮连锁化的高速发展，餐饮业日益成熟、规范、透明，为资本的进入提供了一定的客观条件。

2022 年上半年，随着疫情在全国呈多点散发频发之势，餐饮领域融资热潮又稍有降温，披露总事件数为 100

余起，仅约为 2021 年上半年事件数的三分之二，融资总金额亦远低于 2021 年同期。

在企业经营中，上市融资不仅可以提高餐饮企业在消费群体中的知名度和认可度，还能帮助企业应对不确定的诸多经营风险，因此近年来不少头部餐企上市的意愿更强了，纷纷开启了 IPO 进程。红餐大数据显示，2020 年以来，共有 23 家餐饮企业冲击 IPO，捞王、绿茶、老乡鸡、乡村基、杨国福、上井等多家餐企纷纷提出了上市申请，并且已经诞生了巴比食品、九毛九、奈雪的茶、同庆楼、海伦司、百胜中国、一鸣真鲜奶吧共 7 家上市餐饮企业。

表 1-16　2020 — 2022 年 7 月冲击 IPO 的餐饮品牌

品牌名称	成立时间（年）	所属品类	上市进程
九毛九	1995	西北菜	2020 年 1 月于港交所挂牌上市
同庆楼	2005	徽菜	2020 年 7 月于上交所挂牌上市
百胜中国	1987	西式快餐	2020 年 9 月于港交所挂牌上市
巴比食品	2003	包点	2020 年 10 月于上交所挂牌上市
一鸣真鲜奶吧	2002	乳饮	2020 年 12 月于上交所挂牌上市
奈雪的茶	2014	茶饮	2021 年 6 月于港交所挂牌上市
海伦司	2009	酒馆	2021 年 9 月于港交所挂牌上市
蜜雪冰城	1997	茶饮	2021 年 9 月完成辅导备案
Tims 咖啡	—	咖啡	2021 年 12 月完成 PIPE 投资
五芳斋	1921	其他	2022 年 1 月过会，拟在上交所上市
乡村基	1996	米饭快餐	2022 年 1 月向港交所递交招股说明书
七欣天	2006	海鲜火锅	2022 年 1 月向港交所递交招股说明书
杨国福	2003	麻辣烫	2022 年 2 月向港交所递交招股说明书
捞王	2009	粤式火锅	2022 年 3 月二次向港交所递表
达美乐	1960	比萨	2022 年 3 月向港交所提交上市申请书
上井	2004	日式料理	2022 年 4 月向港交所提交上市申请书
绿茶	2008	江浙菜	2022 年 4 月第三次向港交所递交招股说明书
老乡鸡	2003	米饭快餐	2022 年 5 月向上交所递交招股说明书
紫燕百味鸡	1989	卤味	2022 年 7 月过会，拟 A 股主板上市
老娘舅	2000	米饭快餐	2022 年 7 月向上交所递交招股说明书
德州扒鸡	1953	卤味	2022 年 7 月向上交所递交招股说明书
特海国际	2022	火锅	2022 年 7 月向港交所递交上市申请
和府捞面	2012	粉面	改制阶段（公司重组）拟境外 IPO

资料来源：红餐大数据。

从冲击 IPO 的餐企所属品类来看，不仅有火锅、茶饮、中式正餐，还有麻辣烫、米饭快餐，有上市意愿的餐企涵盖的品类范围愈来愈广泛。未来，随着我国餐饮行业的基础设施逐步完善，供应链、食品工业、线上线下渠道、数字化等板块发展得日益成熟，优秀餐企成功上市的概率或将变得越来越高，我国餐饮行业的资本化进程也有望得到进一步加速。

二、餐饮企业加速资本化，预制菜成热门融资赛道

从 2021 年到 2022 年上半年的一年半时间里，餐饮相关领域融资事件主要集中在餐饮企业层面，其事件总数占比达到了 55.8%；其次是食材供应商，其事件总数占比为 19.7%；餐饮服务商和其他餐饮相关企业在融资事件总数占比分别为 13.8%、10.7%。

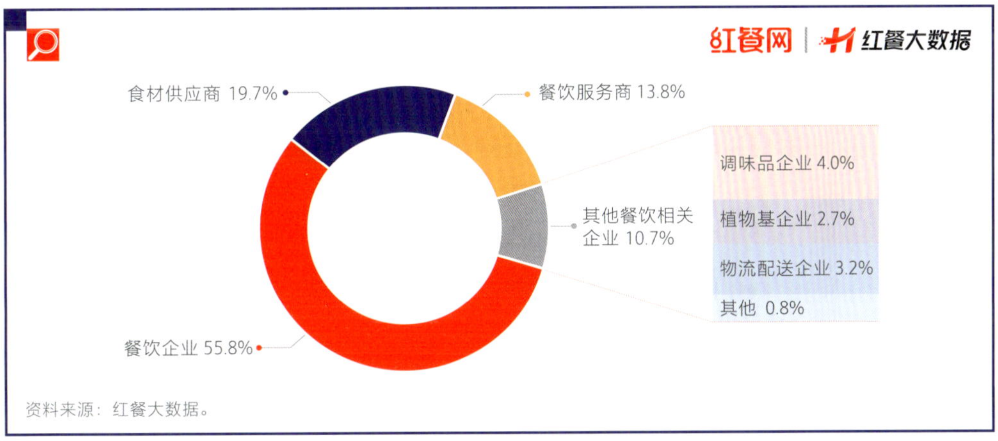

图 1-33　2021 — 2022 年上半年餐饮相关领域融资事件数占比分布

近年来，餐饮业连锁化、品牌化进程加快，带动了餐饮产业链上各个板块的发展。在资本的标的中，以堂食经营为主的餐饮企业仍最受青睐，但速冻食品、预制菜、餐饮第三方服务、上游供应链等细分领域也均取得了较快发展，不少优秀企业也受到了资本的关注。

2020 年，预制菜、食材供应相关企业获得资本青睐，迎来了黄金发展期，相关的融资事件达到 14 起。尤其是随着“宅经济”的盛行，预制菜火热的

态势延续至 2022 年，相关企业在资本市场备受追捧。2021 年到 2022 年上半年，预制菜相关企业共获得了 40 余起融资，典型代表如珍味小梅园、日日煮，均在一年里各自完成了多轮融资。

同时期，餐饮服务商领域共计发生了 50 余起融资事件，主要集中在餐饮机器人、SaaS 服务、餐饮平台等领域，比如专注于餐饮智能机器人研发的普渡科技、擎朗智能均在此期间内分别完成了两轮融资。在 SaaS 服务领域中，思迅软件、轩亚科技等均在 2021 年拿到了融资。

三、小吃快餐最受关注，饮品和烘焙热度最高

从融资餐企所属的细分品类来看，2021 年到 2022 年上半年，小吃快餐和饮品两个品类最受资本关注，融资事件数占比分别是 35.2%、31.9%；烘焙甜品崭露头角，融资事件数占比为 8.1%；火锅、中式正餐和西餐则位于第三梯队，融资事件数占比分别是 5.2%、3.3% 和 1.9%。

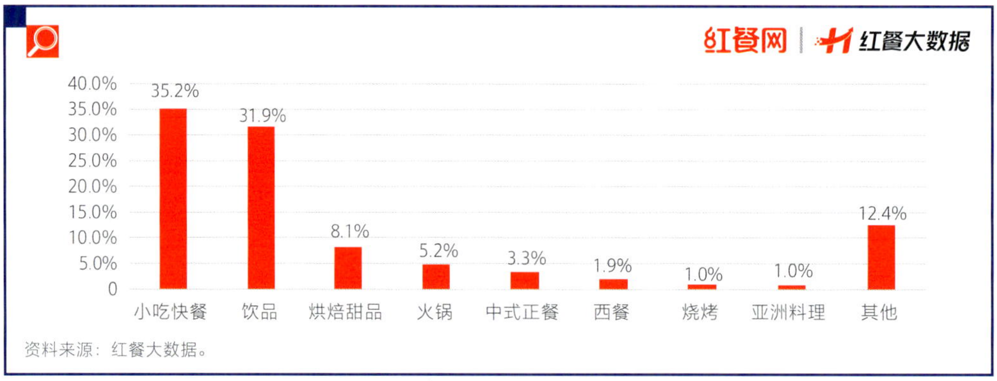

图 1-34　2021 — 2022 年上半年各餐饮品类融资事件数占比分布

具体到饮品领域，同时期茶饮品类共发生融资事件 40 余起，披露总金额超 150 亿元。其中 2021 年披露的融资事件有 30 余起，总金额达到了 140 亿元。

另外，近年咖啡品类也备受资本追捧，同时期咖啡赛道的融资事件一

共有 30 余起，其中较为典型的品牌有 Manner Coffee 和鹰集咖啡：Manner Coffee 在 6 个月内完成 4 轮融资，而鹰集咖啡亦在 6 个月内完成 3 轮融资。

在小吃快餐领域，最为火热的赛道非粉面莫属。该期间内粉面品类的融资事件有 30 余起，披露金额超过了 30 亿元。五爷拌面、和府捞面、遇见小面、陈香贵、张拉拉等都是资本追逐的品牌。从融资轮次上看，粉面品类大部分融资事件发生在天使轮、A 轮和 A+ 轮等早期阶段。

2021 年是“烘焙新势力”的崛起之年，年轻人和资本方都对新式烘焙青睐有加。2021 年烘焙品类总共发生了 10 余起融资，披露的总金额超过 10 亿元，其中有 7 笔金额过亿。墨茉点心局在 2021 年 4 月到 9 月近半年的时间内完成 3 轮融资，其中两轮融资金额过亿元，为近年来资本方在烘焙赛道下注金额最大的一个品牌。在 A 轮融资过后，墨茉点心局估值也一度被抬升至 50 亿元。此外，虎头局渣打饼行、祥禾饽饽铺等烘焙品牌均拿到了融资。2022 年上半年，烘焙品类的融资热潮稍有降温，仅有两起披露的融资事件。

四、A 轮后融资事件超四成，互联网巨头加码餐饮业

从 2021 年到 2022 年上半年，获得投资的餐企以初创和成长型企业居多。从融资轮次上看，2021 年餐饮行业融资事件主要分布在较早期阶段，其中天使轮占比最高，事件数占比达到了 27.7%，Pre-A 轮及其以前轮次的融资事件数占比将近四成，而 A 轮及以后轮次的融资事件数占比超过四成，说明资本方除了偏好处于早期发展阶段的餐饮品牌之外，对于发展相对成熟的餐饮品牌也比较感兴趣。

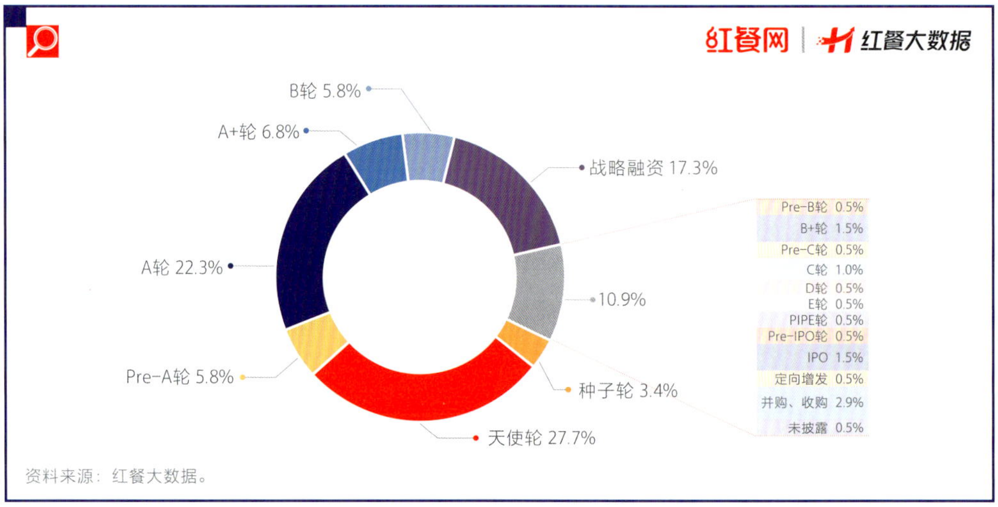

图 1-35　2021 — 2022 年上半年餐饮相关领域融资事件的轮次分布

具体到投资机构的类型上，深耕资本市场的私募机构和风投机构向来是餐饮行业的主要投资主体，但一些餐饮企业和互联网巨头亦在不断加入投资队列，投资主体的类型变得更加多元化。

2021 年，诸多互联网巨头在餐饮一级市场持续加码，如腾讯投资参与了和府捞面 8 亿元的 E 轮融资和喜茶 5 亿美元的 D 轮融资；茶饮品牌柠季获得了字节跳动投资的 A 轮融资；bilibili 投资了鹰集咖啡……多种类型的 CVC 投资机构一拥而入，是近年来餐饮资本潮流中较为突出的新趋势。

餐饮投融资方面还出现了另外的新趋势，即创而优则投。拥有实操运营经验的餐饮集团或企业，通过投资创业品牌以进行资源整合，完善自身的产业链布局，从而夯实产品壁垒，于是很多餐企的角色从单纯的经营方演变为投资方。创而优则投成为不少头部餐企的通用做法，如绝味食品、九毛九、喜茶、蜜雪冰城、西贝餐饮均有此类举措，绝味食品更是走在了投资队伍的前列。红餐品牌研究院统计发现，通过旗下 2014 年成立的网聚资本和担任 LP 的多支基金，绝味食品在短短七八年的时间里，参与了 50 余起餐饮领域的融资事件。

疫情之下，餐企上市的意愿更强烈了，资本和餐饮的结合变得越发紧密，餐饮行业的资本化进程正在加速推进。

中式烘焙

IPO

明星餐饮

柠檬茶

产业生态化

零售化

资本化

火锅

中式正餐

第二曲线

食品安全

热卤

茶饮

粤菜

酸菜鱼

麻辣烫

北京烧烤

自助餐

现金流

地方菜

直播带货

团餐

下沉市场

上市

外卖

数字化

私域流量

沉浸式体验

复合调味品

中央厨房

供应链

冷链物流

植物基

中式米饭快餐

西式快餐

业态融合

融合菜

新疆菜

第二章
Part TWO
重点品类解读 》

PART TWO

CHINA CATERING

01

第一节
中式正餐：
地方菜系大融合，预制菜带来发展新机遇

在餐饮行业中，相对于火锅、茶饮等热门赛道，中式正餐包含的菜系众多，品类的关注度较为分散。作为更为传统的餐饮品类，中式正餐也是烤鱼、酸菜鱼、牛蛙等诸多特色品类的本源，在整个餐饮市场中占据的规模体量最大。

受疫情反复的影响，中式正餐作为相对重资产运营的品类，在 2022 年承受着比其他品类更大的压力。但危机中也蕴含着转型契机，尤其是预制菜概念的兴起，更为中式正餐带来了发展机遇和新的变数。

一、总体规模缩水，疫情下迎发展契机

1. 占据餐饮业半壁江山，增速稳健

由于大部分菜品需要现制以及门店面积较大的特性，中式正餐受疫情的影响相对较大。红餐大数据显示，2020 年中式正餐的市场规模约为 0.95 万亿元，较 2019 年下降 12.6%。

2021 年随着疫情防控的常态化，中式正餐的市场规模逐渐反弹。数据显示，2021 年中式正餐的市场规模达到 1.04 万亿元，较 2020 年增长 9.0%，但仍未达到疫情之前 2019 年的水平。

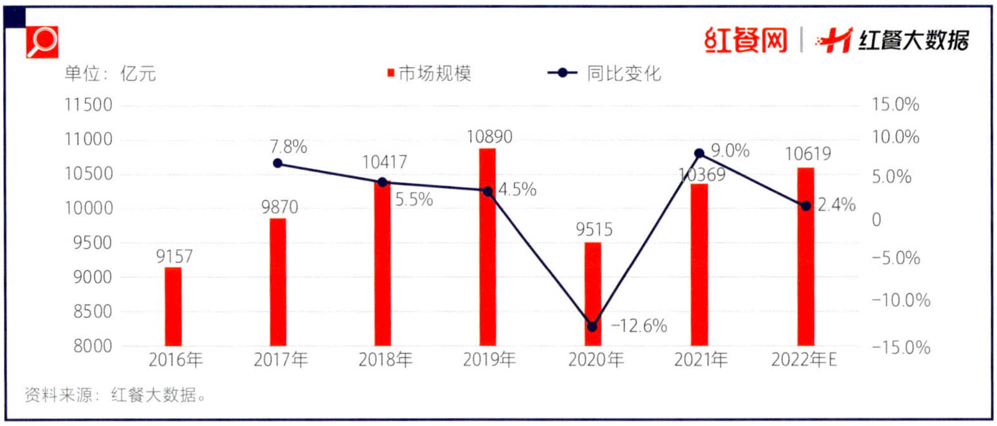

图 2-1　2016 — 2022 年全国中式正餐市场规模情况

进入 2022 年，国内的疫情形势呈现多点散发频发的态势，中式正餐或将受到一定影响，但其整体向上发展的趋势是可预见的，因此红餐品牌研究院预估 2022 年全国中式正餐的市场规模或将较 2021 年微弱上涨。

红餐大数据显示，目前中式正餐的

上市餐企有11家，分别是九毛九、广州酒家、同庆楼、望湘园、上海小南国、唐宫（中国）、全聚德、西安饮食、利宝阁集团、稻香控股、翠华控股，数量约占上市餐企总数的三分之一。以上餐企从成立到上市大都用了超十年时间，运营体系相对成熟、完善，也更有实力接受资本市场的检验。除此之外，绿茶餐厅亦递交了招股说明书，西贝莜面村也对外表示有上市计划。反观较为热门的火锅赛道，虽然也有捞王、七欣天等餐企冲击IPO，但目前仅有海底捞、呷哺呷哺两家上市餐企。由此可见，中式正餐是上市企业较为集中的餐饮赛道。

表2-1 主营地在大陆的中国餐饮企业上市（曾经上市）情况

企业名称	品牌创立时间（年）	所属品类	上市时间（年）	上市交易所
西安饮食	1898	中式正餐	1997	深交所
合兴集团	1932	日式料理	1988	港交所（2022年退市）
味千（中国）	1968	面食	2007	港交所
全聚德	1864	中式正餐	2007	深交所
稻香控股	1991	中式正餐	2007	港交所
小肥羊	1999	火锅	2008	港交所（2012年退市）
乡村基	1996	中式米饭快餐	2010	纽交所（2015年退市）
龙辉国际控股	2009	火锅	2010	港交所
唐宫（中国）	1992	中式正餐	2011	港交所
上海小南国	1987	中式正餐	2012	港交所
煌上煌	1993	卤味	2012	深交所
翠华控股	1967	中式正餐	2012	港交所
克莉丝汀	1993	面包烘焙	2012	港交所
呷哺呷哺	1998	火锅	2014	港交所
望湘园	2002	中式正餐	2015	新三板
狗不理	2005（转制）	包点	2015	新三板（2020年退市）
华鼎团膳	2004	团餐	2015	新三板
百富餐饮	1996	西式快餐	2015	新三板
周黑鸭	1997	卤味	2016	港交所
利宝阁集团	1998	中式正餐	2016	港交所
红鼎豆捞	2007	火锅	2016	新三板
伊秀股份	2009	日式料理	2016	新三板
绝味食品	2005	卤味	2017	上交所
广州酒家	1935	中式正餐	2017	上交所
新丰小吃	1958	包点	2017	新三板
小六饮食	1994	包点	2017	新三板
海底捞	1994	火锅	2018	港交所
快乐番薯	2008	茶饮	2018	新三板
九毛九	1995	中式正餐	2020	港交所
同庆楼	1925	中式正餐	2020	上交所
巴比食品	2003	包点	2020	上交所
一鸣食品	2002	饮品	2020	上交所
海伦司	2009	酒馆	2021	港交所
奈雪的茶	2015	茶饮	2021	港交所
百胜中国	1987	西式快餐	2016（纽交所）、2020（港交所）	纽交所、港交所

资料来源：公开信息，红餐品牌研究院整理。

红餐网 | 红餐大数据

2. 中式正餐标准化难度较大，品牌连锁化扩张受制约

中式正餐对就餐环境、服务体验、餐品口感的要求比较多元化，对应的门店选址、员工培训、供应链管理的难度也较大，再加上地方菜系的口味差异，导致其标准化难度远大于快餐、茶饮等品类，这在一定程度上制约了中式正餐品牌的规模化发展。

另外，中式正餐侧重于满足商务接待、社交聚会等需求，单体门店的规模通常较大，增加了品牌连锁扩张的难度。红餐大数据显示，2021 年中式正餐品类中拥有 5~50 家门店的品牌数占比近六成，门店数在 101~500 家的品牌凤毛麟角，占比仅为 3.4%。

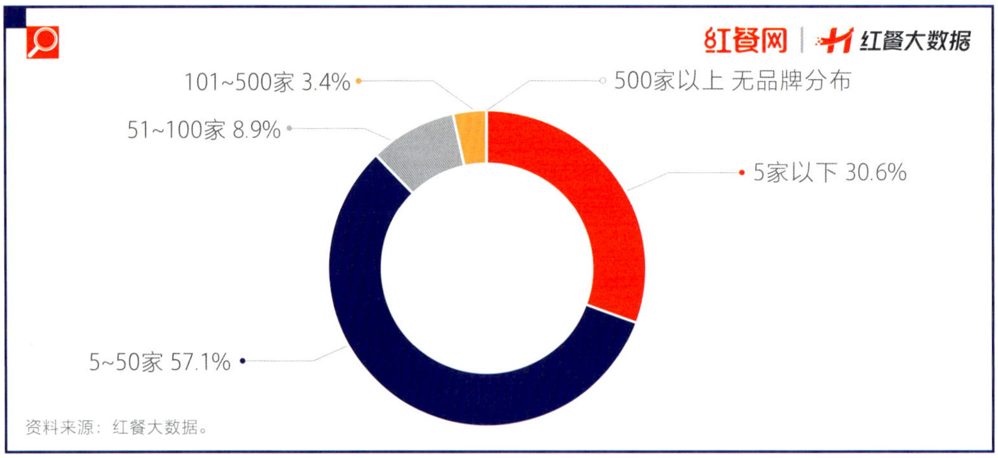

图 2-2　2021 年全国中式正餐样本品牌门店数区间占比分布

具体来看，西北菜代表品牌西贝莜面村共有 360 余家直营店，在中式正餐中已处于领先位置；同处西北菜赛道的九毛九，目前有 80 余家门店；采用“直营 + 加盟”模式扩张的彭厨，以 260 余家门店成为湘菜中门店数量最多的品牌。

3. 老牌中式正餐企业陷增长瓶颈，疫情危机下迎转型契机

过去，很多老牌的中式正餐品牌给消费者留下了“传统”的印象。虽然部分品牌开始转变经营思维，但多数品牌仍处于相对保守的状态，发展陷入瓶颈。早在 2019 年之前，该品类就已出现增长乏力的苗头。而近年来，在疫情的冲击之下，中式正餐更是发展得步履蹒跚。

从中式正餐上市餐企的表现可窥豹一斑，除了业务重心转移至食品板块的广州酒家、通过副牌发力多个品类的九毛九一直处于增长态势外，其余餐企的营收增幅都不太乐观。

表 2-2 主营地在大陆的中式正餐上市餐企近 5 年营收同比增幅情况

企业名称	2017 年	2018 年	2019 年	2020 年	2021 年
广州酒家	13.1%	15.9%	19.4%	8.5%	18.3%
九毛九	26.2%	28.9%	42.0%	1.0%	54.0%
全聚德	0.7%	-4.5%	-11.9%	-50.0%	21.0%
上海小南国	-4.5%	-21.7%	-17.9%	-47.6%	7.3%
同庆楼	12.9%	3.7%	-1.8%	-11.4%	24.1%
西安饮食	-1.4%	0.5%	0.9%	-17.9%	26.4%
望湘园	6.8%	5.1%	-15.0%	-41.3%	17.0%
唐宫（中国）	8.6%	10.0%	0.2%	-26.1%	23.2%
翠华控股	5.3%	-10.0%	4.0%	-17.6%	-36.0%
利宝阁集团	3.0%	23.1%	0.1%	-37.1%	12.8%
稻香控股	-12.2%	7.7%	-3.5%	-42.5%	15.3%

资料来源：企业财报，红餐品牌研究院整理。
注：翠华控股的财年统计时间为上一年的 3 月 31 日至本年度的 3 月 31 日。

红餐网 | 红餐大数据

譬如，全聚德 2021 年的营收同比增长了 21%，但是其门店总数却由 2020 年的 107 家下滑至 2021 年的 99 家；上海小南国在 2020 年归母净利润亏损 3 亿多元，是上述上市餐企里亏损额度最大的一家，不过 2021 年其亏损幅度有所收窄；发源于安徽芜湖的徽菜百年老字号同庆楼，其净利率也在逐年下滑，从 2019 年的 13.51% 降至 2021 年的 8.96%；作为西安饭庄、德发长、春发生等西安当地老字号餐企的总公司，西安饮食在 2021 年也出现归母净利润下滑的情况。

表 2-3　主营地在大陆的中式正餐上市餐企近 5 年归母净利润情况

单位：亿元

企业名称	2017 年	2018 年	2019 年	2020 年	2021 年
广州酒家	3.40	3.84	3.84	4.64	5.58
九毛九	0.67	0.70	1.64	1.24	3.40
全聚德	1.36	0.73	0.45	-2.62	-1.57
上海小南国	1.02	-0.76	-1.64	-3.19	-0.82
同庆楼	1.59	2.00	1.98	1.85	1.44
西安饮食	-0.11	0.09	-0.48	0.09	-1.69
望湘园	0.35	0.17	-0.40	-0.44	0.15
唐宫（中国）	1.31	1.15	0.91	0.04	0.40
翠华控股	0.80	0.64	0.04	-2.90	-1.05
利宝阁集团	0.19	0.02	-0.53	-0.34	-0.76
稻香控股	0.74	1.02	1.12	-0.49	-0.17

资料来源：企业年报，红餐品牌研究院整理。

注：翠华控股的财年统计时间为上一年的 3 月 31 日至本年度的 3 月 31 日。

红餐网 | 红餐大数据

很多老牌中式正餐企业陷入增长瓶颈，虽在菜品、环境、营销等方面推进了一些革新，但总体效果不尽如人意，没能在市场上引起太大反应。在这样的背景下，诸多中式正餐头部餐企开始重视补足短板，在外卖、预制菜、线上运营等领域谋求多样化的变革。

眉州东坡在疫情暴发后不久便开通在社交媒体上的直播带货，开启预制菜产品的直播售卖渠道；云海肴、西贝莜面村等品牌的大厨走到镜头前，把后厨变成直播间，教消费者做各自餐厅的特色菜，同时也为自家的半成品菜带货；大董、陶陶居等品牌均在抖音、快手、美团、淘宝等各大平台开设账号，拓展线上售卖渠道。

表 2-4　疫情后部分中式正餐品牌的变革举措

举措	中式正餐代表品牌
外卖 / 外带 / 外摆	紫光园、东来顺、同庆楼
电商零售	西贝莜面村、云海肴、知味观、上海小南国、旺顺阁、点都德、大董、楼外楼
直播	眉州东坡、徐记海鲜
预制菜	眉州东坡、西贝莜面村、陶陶居、全聚德、望湘园、同庆楼、松鹤楼、避风塘

资料来源：网上公开信息，红餐品牌研究院整理。

红餐网 | 红餐大数据

整体上，中式正餐品类正在摆脱过去相对传统、固化的经营方式，逐渐接受并拥抱新时代的餐饮运营逻辑，以求激发历久弥新的增长潜力。

二、中式正餐大融合趋势渐显，餐厅菜式越来越丰富

随着互联网、物联网等新技术的成熟，中式正餐品牌纷纷借势进行全国布局。同时，餐饮消费者有了更多机会接触和尝试不同地域的流行菜品，消费欲被进一步放大。

1. 一线城市包容度高，小众菜系也有一席之地

从菜系的地域分布来看，目前大多数区域的中式正餐仍以当地菜系为主，但各菜系门店比例的差距正在缩小。尤其是在外来人口众多的一线城市，餐饮需求相对多元，餐饮市场展现出较高的菜系包容度。而一线城市作为餐饮市场高地，更是很多头部品牌争相攻占的重点目标。

红餐大数据显示，在北京，川菜的门店数最多，占比为 28.0%；北京菜的门店数次之，占比为 17.1%；其后是湘菜，占比为 12.9%；东北菜、粤菜的占比分别为 7.2%、6.7%。

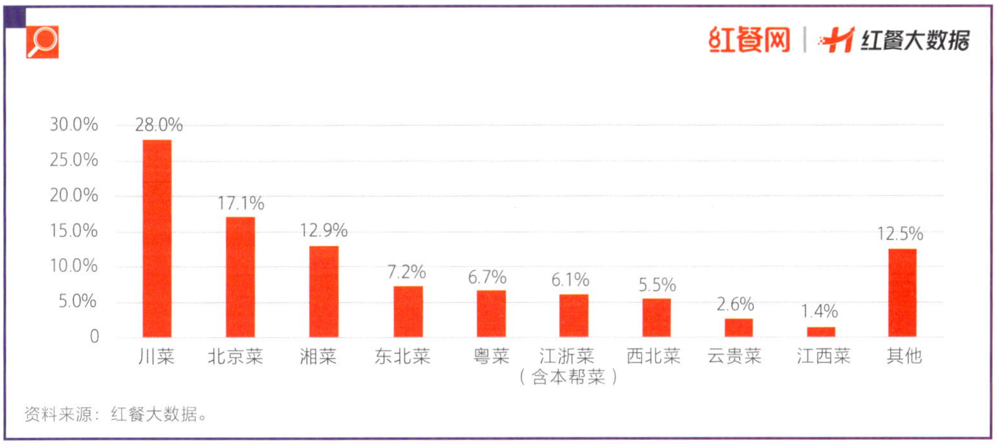

图 2-3　2021 年北京市中式正餐各菜系样本门店数占比分布

2021 年上海的江浙菜（含本帮菜）门店数占当地中式正餐门店总数的 20.1%，川菜、湘菜和粤菜的占比分别为 24.5%、16.3% 和 11.4%，差距不算悬殊。

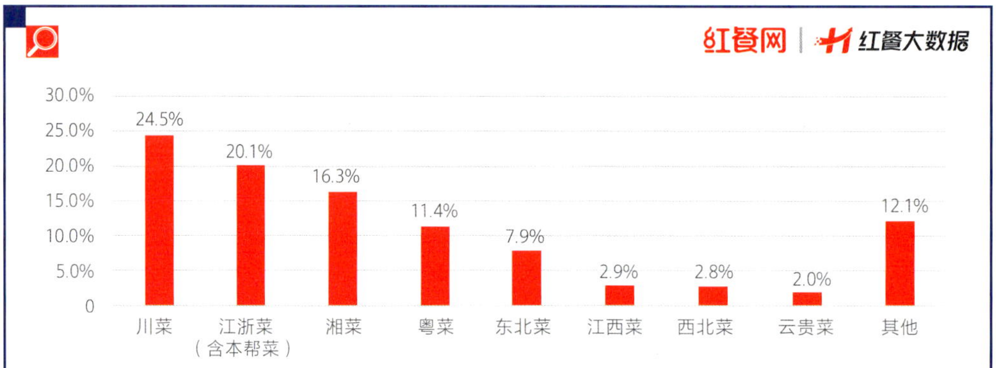

资料来源：红餐大数据。

图 2-4　2021 年上海市中式正餐各菜系样本门店数占比

广州、深圳的餐饮市场也存在上述的品类结构特点。在广州，粤菜的门店数最多，占比为 34.2%；其次是较重口味的川菜和湘菜，占比分别为 23.2% 和 14.1%，二者的占比之和几乎能与粤菜分庭抗礼。这也从侧面说明，当地消费者对重口味菜品的接受度较高。

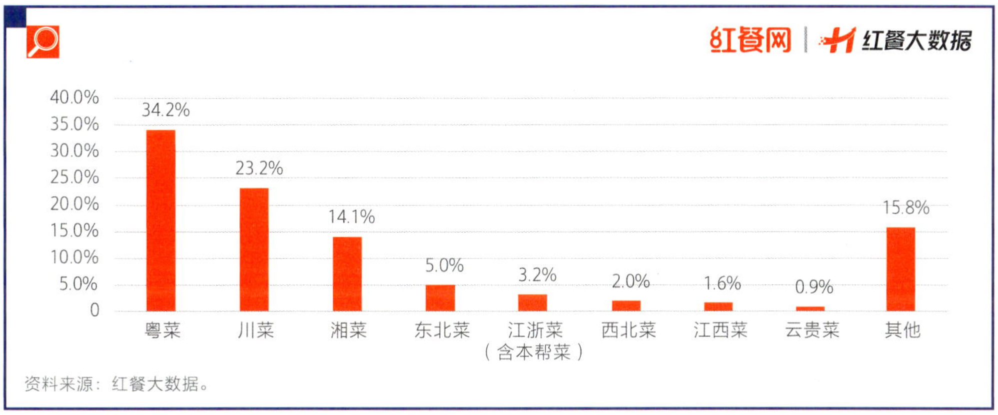

图 2-5　2021 年广州市中式正餐各菜系样本门店数占比分布

在深圳，粤菜、川菜和湘菜的占比也是最高的，分别为 28.8%、23.8% 和 16.0%，其他诸如东北菜、江西菜、江浙菜（含本帮菜）等亦有分布，品类结构和广州高度相似。

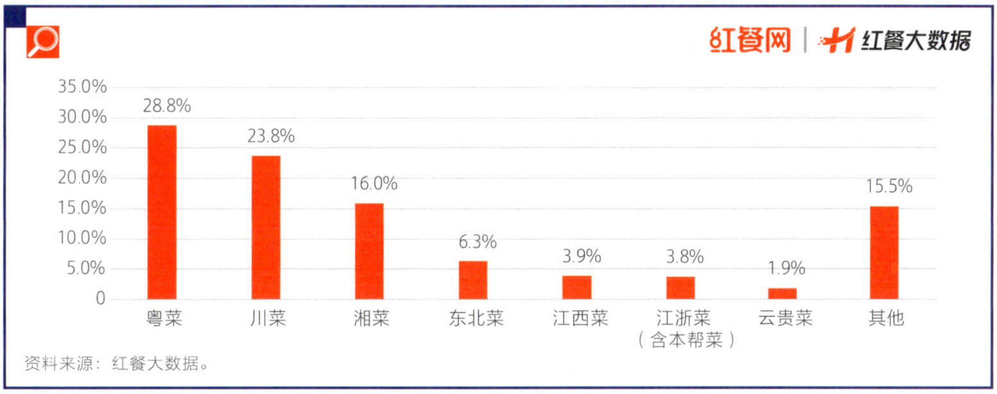

图 2-6　2021 年深圳市中式正餐各菜系样本门店数占比分布

可见，在一线城市中，其本土特色菜系依然强势，但是并没有出现一家独大的情况，来自全国的强势地方菜系，乃至相对小众的地方菜系在一线城市也有各自的生存空间，共同维系着更加多样化的餐饮竞争生态。

2. 融合菜餐厅越来越多，菜品 SKU 日趋多样化

近年来，地方菜系渐渐呈现出与流行口味融合的发展趋势，不少餐厅的菜品结构开始不再局限于单一的菜系，增加了很多融合创新菜品。

粤菜品牌稻香酒家，其菜单中增加了巴蜀风情单元，有毛血旺、剁椒蒸鱼头、川式回锅肉等经典川菜。创立于香港的太兴餐厅，推出了融入粤菜风情的创新川菜，比如将粤菜常用食材大虾加入麻婆豆腐中，创新出麻婆虾仁豆腐。2021 年，太兴餐厅还推出了干锅大虾、剁椒鱼头等偏湘菜特色的新品。

在川渝和湖南等以重口味为主的川菜和湘菜餐厅中，其菜单结构中清淡菜品的比重同样在增加。主打重庆菜的九锅一堂的菜品中，清淡咸鲜菜品占比超过 20%；重庆江湖菜品牌杨记隆府亦有不少清淡不辣的菜品；川菜品牌马旺子川小馆在麻和辣系列菜品之外，也设置了甜烧白、酥圆等一系列的清淡菜品。

起源于长沙的徐记海鲜实现了清淡海鲜和重口味湘菜的融合，目前正在向全国拓展，在上海、武汉、西安等城市均开设有门店；湘菜品牌炊烟的主打菜品中，既有辣椒炒肉这类典型湘菜，也有香芋排骨、蒜香水晶虾这类不辣的菜品。

可见，中式正餐品牌注重清淡口味和重口味菜品的搭配渐成趋势，菜式和味型都正在变得越来越丰富。

三、川菜、湘菜、粤菜继续保持领先发展势头

从中式正餐细分菜系的门店数量来看，川、湘、粤三大菜系保持着统治地位。红餐大数据显示，2021 年湘菜餐厅的门店数占全国中式正餐总门店数的 16.4%，川菜餐厅门店数占比为 15.6%，粤菜餐厅门店数占比为 14.4%，以上三大菜系的门店数之和占整个中式正餐门店总数的 46.4%，几乎占去半壁江山。

从近两年的数据来看，湘菜的门店数占比虽然最大，但其领先于川菜的门店占比优势有所缩窄，从 3.4 个百分点缩小到了 0.8 个百分点；粤菜的门店数占比被川菜反超，从高于川菜 2.6 个百分点，降到低于川菜 1.2 个百分点。

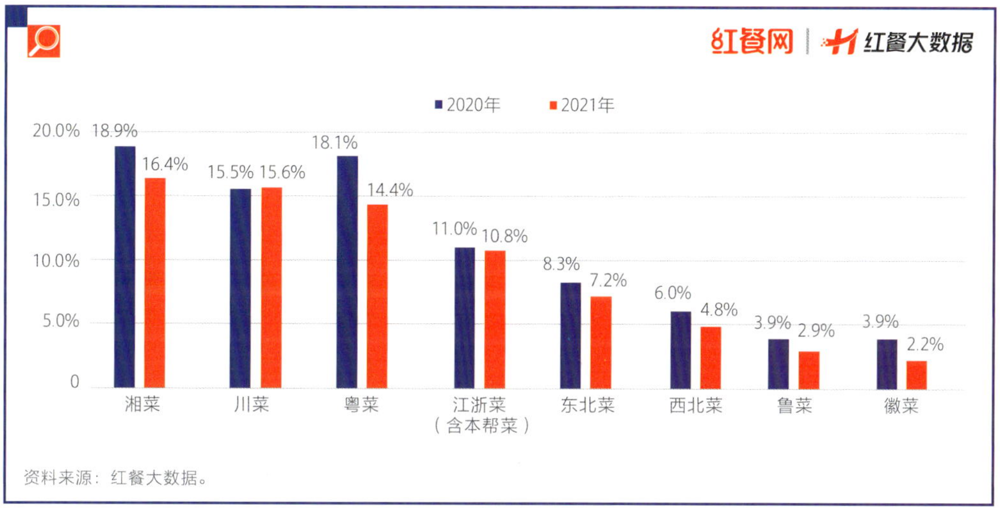

图 2-7　2020 — 2021 年中式正餐部分细分菜系样本门店数占比分布

1. 新锐川菜品牌冒头，川菜细分化趋势延续

川菜是中式正餐品类中规模较大的菜系，在多个省份的中式正餐门店比例中都占据领先位置，但是却呈现出“大而不强”的发展态势，在全国拓展的大型川菜连锁品牌也并不多见。从北京起家、目前门店数近 70 家的眉州东坡，以及在全国拥有近 50 家门店的大蓉和等品牌算是川菜的典型。

近年来，川菜的整体发展有所改变，一些新锐的川菜正餐品牌正在崛起。比如 2022 年 1 月米其林发布的首版《成都米其林榜单》，一批优秀川菜品牌榜上有名，玉芝兰、柴门荟、马旺子川小馆等川菜品牌开始被更多的消费者了解。

比如摘得“米其林一星”的马旺子川小馆，以其亲民的人均消费价位广受消费者青睐。成都知名餐饮品牌成都映象围绕“成都本味”打造出成都映象、崇德里、转转会等品牌，其中转转会还登上了“2022 年米其林必比登推介餐厅”榜单。杨记隆府不拘泥于重麻重辣、多酱料的传统做法，探索重庆江湖菜的新形式，近年来品牌的发展势头迅猛，截至 2022 年 6 月在全国已有 20 余家门店，其中 10 余家开在重庆之外。以“民间菜”为招牌的徐鼎盛民间菜集合了各式家常菜，截至 2022 年 6 月已在全国发展出了百余家门店。

表 2-5　2022 年全国部分川菜品牌概况

品牌名称	门店数（家）	人均消费（元）	门店主要分布区域
周麻婆	190+	42	福建
徐鼎盛民间菜	110+	67	重庆
肖四女乐山跷脚牛肉	100+	73	江苏、浙江、上海
椒爱 · 水煮鱼川菜	100+	93	辽宁
杨三孃跷脚牛肉	100+	45	四川
九锅一堂	100+	65	重庆、四川
焖菜青年	90+	29	河南
一把骨	80+	65	四川
蜀都丰手工水煮活鱼	60+	83	福建
眉州东坡	60+	102	北京
大蓉和	40+	106	四川
杨记隆府	20+	90	重庆
陶然居	20+	80	重庆
转转会	7	116	成都
马旺子川小馆	3	125	四川

资料来源：红餐大数据，数据统计时间截至 2022 年 6 月 30 日。

红餐网 | 红餐大数据

此外，川菜细分化的发展态势仍在延续。川菜作为许多特色品类的源头，此前就已经孕育出酸菜鱼、冒菜、烤鱼、串串香等细分品类，如今细分化还在继续，又涌现出跷脚牛肉、砂锅菜等单品，催生出一批连锁品牌。

跷脚牛肉原是川菜中的一道经典名菜，如今被一些品牌打造为爆品单品。在这些品牌门店中，跷脚牛肉用清汤锅的形式呈现，兼具“正餐 + 火锅”的跨界属性，既可清淡也可重口味，人均消费在 40~60 元。代表品牌肖四女乐山跷脚牛肉，截至 2022 年 6 月在江浙沪等地开出了 100 余家门店，另一个品牌杨三嬢跷脚牛肉也已发展出了 100 余家门店。

另外，主打砂锅菜的陶德砂锅改良了川渝两地流行的路边店经营模式，近年来也发展较快，目前已有 10 余家直营店，在成都带动起不少主营砂锅菜的门店集体冒头。

2. 湘菜品牌快速崛起，发展后劲十足

与川菜类似，湘菜也一度面临着“较大连锁品牌”缺失的尴尬境地。近年来湘菜发展颇为迅速，越来越多的湘菜品牌摸索出各具特色的成长路径，纷纷突破区域市场，开始走向全国。

炊烟、费大厨辣椒炒肉均是用经典单品去建立消费者认知，再不断结合品牌升级策略树立起品牌形象。具体来看，炊烟的小炒黄牛肉升级了一道传统的湘菜，以爆品走红市场；费大厨辣椒炒肉则依靠大厨现炒的方式提升消费者体验。这两个品牌近年来的发展势头都比较好，目前炊烟已开出 30 余家门店，费大厨辣椒炒肉开出 60 余家门店。作为起源于湖南本地的湘菜品牌，它们走出湖南市场后纷纷选择入驻一线城市深圳，随后又于 2021 年成功进驻上海，费大厨辣椒炒肉还在 2022 年 6 月开出了北京首店。

此外，还有一批崛起于上海的湘菜品牌，比如望湘园、巡湘记等，主打湖南本味，在华东市场拥有较高知名度。以饭湘许、回家湘、佬麻雀等品牌则在当地拥有较高的认知度。

表 2-6　2022 年全国部分湘菜品牌概况

品牌名称	门店数（家）	人均消费（元）	门店主要分布区域
彭厨	260+	74	广东、湖北、湖南、山西
厨嫂当家	210+	67	广东
毛家饭店	180+	65	广东、湖南、山东
阿瓦山寨	140+	66	山东、山西、河南
兰湘子	90+	59	陕西
湘阁里辣	80+	60	广东
费大厨辣椒炒肉	60+	73	湖南、广东
农耕记	50+	90	广东
饭菜真湘	40+	51	广东
望湘园	40+	105	上海
吃饭皇帝大	40+	81	湖南
俏九州	30+	77	广东
炊烟	30+	84	湖南
回家湘	30+	68	广东
老湘村 · 湖南土菜	30+	72	广东
巡湘记	20+	97	上海
佬麻雀	20+	84	广东
水墨田塬	20+	70	广东
以饭湘许	20+	63	广东
遇见湘	10+	69	广东

资料来源：红餐大数据，数据统计时间截至 2022 年 6 月 30 日。

近年来，湘菜的崛起有目共睹，或有赖于以下两方面的原因：一方面是头部品牌在菜品、环境、服务等方面均融入了湖南文化，较好地挖掘出湘菜的特色，在全国掀起一波乡土餐饮风潮，获得了广大消费者的青睐。另一方面是部分湘菜品牌非常懂得借势和营销，采用新潮的玩法来迎合消费者，比如炊烟屡次出现在《天天向上》《向往的生活》等综艺节目中，将餐饮与娱乐文化结合来打造品牌影响力。

通过品质升级、场景营造、文化输出，以及巧妙的品牌营销，一众湘菜品牌得以快速突围。这些品牌以湘菜本色为依托，塑造出独特的品牌气质，建立起清晰的品牌认知，非常值得餐饮同行深度学习。

3. 粤菜品牌积极创新，走出广东、迈向全国

粤菜继续领军咸鲜口味的中式正餐菜系。2021 年全国粤菜门店数占比高于江浙菜等其他主打咸鲜口味的菜系，其中有近半数粤菜门店分布在广东省内。近年来，粤菜品牌也在顺应消费需求做一些变革尝试，通过在产品和运营层面上不断创新，积极走出广东，迈向全国市场。

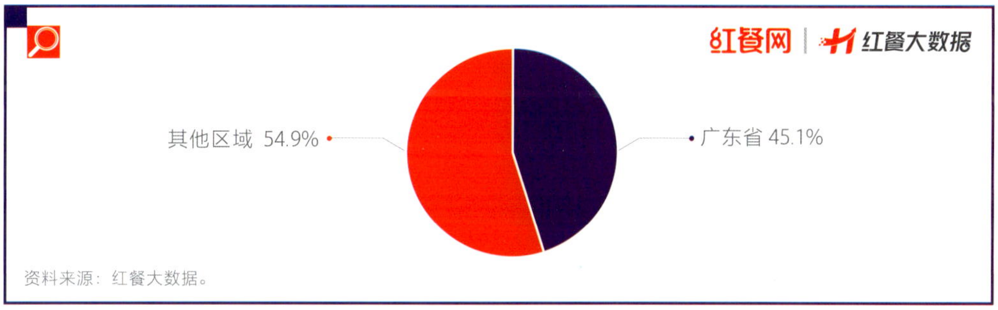

图 2-8　2021 年全国粤菜样本门店数占比分布

比如粤菜老字号陶陶居，从 2015 年走出西关开启商场店模式后，又相继开出了高端商务店、宴会店等店型，店型模式日益丰富。陶陶居还在探索零售化，通过直播、线上售卖等方式将菜品卖向全国。此外，陶陶居也在做外拓尝试，已经走出广东，将门店开到了上海、北京等城市，共开出了近 30 家门店。

另一粤菜品牌点都德以标志性、风格化的用餐场景著称，截至 2022 年 6 月其门店数达到了近 70 家。蔡澜港式点心店作为近年来异军突起的粤式餐厅，倡导纯手工制作点心，用明档的形式展示手工制作过程，目前总门店数也有 40 余家。除了广东之外，其在北京、上海、杭州等地均有门店分布。从大排档起家的炳胜集团，采用多品牌发展策略，旗下拥有小炳胜、炳胜品味等多个品牌，是粤菜中高端消费的代表品牌。

表 2-7　2022 年全国部分粤菜品牌概况

品牌名称	门店数（家）	人均消费（元）	门店主要分布区域
太兴餐厅	80+	71	广东、北京
避风塘	70+	95	上海、江苏、浙江
点都德	60+	89	广东
翠华餐厅	60+	69	广东
客语	50+	75	广东
敏华冰厅	50+	58	广东
蔡澜港式点心	40+	96	广东
合兴发茶冰室	40+	74	江苏、上海
金戈戈香港豉油鸡	30+	73	广东
唐宫（中国）	20+	165	广东、上海、北京
陶陶居	20+	122	广东
利苑酒家	10+	311	广东、北京
广州酒家	20+	127	广州
炳胜品味	7	250	广东

资料来源：红餐大数据，数据统计时间截至 2022 年 6 月 30 日。

粤菜品牌正在积极尝试逐步走出广东，向其他区域拓展，但整体步伐仍偏谨慎，目前仍未出现布局全国的头部品牌。

4. 江浙菜品牌发展趋缓，其他菜系品牌积极破圈

红餐大数据显示，2021 年，江浙菜（含本帮菜）是中式正餐中除了川、湘、粤菜之外门店数最多的一个细分菜系，占中式正餐总门店数的 10.8%。随着绿茶餐厅冲击上市，江浙菜迎来较多关注。从全国范围来看，江浙菜在其发源地江浙沪地区的门店数占其总体门店数的三成左右，说明有七成左右的江浙菜门店分布在江浙沪以外的地区，体现出江浙菜较强的市场开拓能力。

这或要归功于此前已经在全国大幅扩张的江浙菜代表品牌，比如绿茶餐厅、外婆家、南京大牌档等，这些餐厅起步较早，一度在国内掀起江浙菜快时尚餐厅风潮，也将江浙菜的品类认知带到全国各地。

近年来，众多江浙菜品牌发展趋缓，发展势头弱于前些年，但是也有一些江浙菜品牌在积极进取，谋求新出路。比如，近两年绿茶餐厅连续 3 次递交招股说明书欲冲击港股 IPO，其拓展速度尚可，门店总数在江浙菜连锁品牌中居于首位，达到约 240 家门店，一旦成功上市，其全国化布局或有望加速。

表 2-8　2022 年全国部分江浙菜品牌概况

品牌名称	门店数（家）	人均消费（元）	门店主要分布区域
绿茶餐厅	240+	76	广东、浙江、北京
外婆家	100+	74	浙江、北京
南京大牌档	80+	72	江苏、北京
知味观	50+	41	浙江
丰收日	40+	139	上海
小厨娘淮扬菜	40+	133	江苏
新白鹿	40+	66	浙江
新发现	40+	70	浙江
老鸭集	30+	110	浙江
上海小南国	30+	208	上海
外婆印象	30+	60	陕西
涌上外婆桥	30+	68	浙江
桂满陇	30+	97	上海、江苏
楼外楼	30+	94	浙江
弄堂里	30+	71	浙江
老头儿油爆虾	20+	87	浙江
新荣记	10+	853	浙江、上海、北京
苏浙汇	10+	208	上海
新梅华	10+	90	江苏
荣小馆	10+	177	浙江
松鹤楼	10+	174	江苏、北京
江南厨子	10+	149	广东
宴江南	8	76	广东
珍宝舫	3	225	江苏

资料来源：红餐大数据，数据统计时间截至 2022 年 6 月 30 日。

外婆家自疫情暴发以来扩张略有放缓，近两年新开门店数不及 2019 年的七成，其旗下的子品牌老鸭集则表现得较为亮眼，2021 年新开门店 20 余家。苏州老字号松鹤楼面对疫情积极求变，推出子品牌松鹤楼面馆向北京、深圳、武汉等地的商圈地标扩张，2021 年新开约 60 家门店。

除了前文分析的中式正餐主要菜系，其他菜系也有其各自不同的发展现状。

红餐大数据显示，2021 年鲁菜在中式正餐里的门店数占比有所下滑，仅为 2.9%。鲁菜号称“八大菜系之首”，相比川菜、湘菜、粤菜等菜系，其在发源地之外开拓能力更弱一些，近半数门店集中在山东省内。但是鲁菜中也不乏发展较为迅速的潜力品牌，比如山东凯瑞集团旗下的城南往事济南风味主题餐厅，除了在山东省内布局门店，在上海、杭州、西安等地亦有开拓门店；以精品鲁菜为基础、融合南北风味的山东老家，目前在广东拥有 10 余家门店。

表 2-9　2022 年全国部分其他菜系品牌概况

菜系	品牌名称	门店数(家)	人均消费(元)	门店主要分布区域
鲁菜	城南往事济南风味主题餐厅	30+	91	山东
	山东老家	10+	113	广东
	老牌坊鲁菜名店	10+	84	山东
	老济南四合院	10+	113	山东
	渔家灯火	9	96	山东
	鲁采	6	646	北京
北京菜	紫光园	140+	50	北京
	旺顺阁	30+	148	北京
	便宜坊	30+	120	北京
	那家小馆	20+	123	北京
	小大董	10+	144	北京
	花家怡园	10+	180	北京
	局气	10+	108	北京
东北菜	山河屯铁锅炖	160+	78	黑龙江
	奉天小馆	10+	101	辽宁
云南菜	云海肴	110+	102	北京、上海
	外婆味道	50+	57	云南
	甘思咪哚	9	88	广东
	老滇山寨	8	75	云南
	福照楼	8	83	云南
徽菜	小菜园	390+	78	江苏、安徽
	同庆楼	40+	138	江苏、安徽
	杨记兴臭鳜鱼	10+	120	北京
	徽商故里	10+	159	北京、安徽
	刀板香	10+	84	安徽
	皖厨	8	99	广东
	庐州太太美食厨房	7	66	安徽
	披云徽府菜	6	97	安徽
闽菜	莆田餐厅	30+	146	北京、上海、广东
	聚春园	5	290	福建
	八闽小聚	3	142	福建

资料来源：红餐大数据，数据统计时间截至 2022 年 6 月 30 日。

另据红餐大数据，2021 年北京菜在中式正餐的门店数占比为 5.3%。近年来，市场上涌现出一批在全国拥有较高知名度的北京菜品牌，比如大董、旺顺阁、紫光园、花家怡园等。其中，紫光园主打清真北京菜，兼做正餐和小吃档口，疫情期间通过私域流量运营获得较好的收益，品牌影响力得到了大幅提升。

近年来徽菜发展势头较好，众多徽菜品牌积极进行全国扩张，致力于在全国推广徽菜文化，比如小菜园目前已经在江苏、安徽、上海等省市开出了近 400 家直营门店。此外，电商平台上也出现了臭鳜鱼、刀板香等一系列特色徽菜食材和预制菜，徽菜的认知度得到了进一步的提高。

闽菜是八大菜系中较为低调的一个菜系。红餐大数据显示，闽菜门店数占比在八大菜系中最低，门店多集中于福建省内，但是其也有知名度较高的代表品牌。譬如起源于新加坡的莆田餐厅，目前在北京、上海、广东等地开出了 30 余家门店。

5. 小众地方菜多点开花，地域特色活力凸显

随着网络社交媒体日益发达，很多“养在闺中”的小众菜系获得了更多的曝光机会，消费者口味和需求越发多元化，对新菜式、新口味的接受度也越来越高，在这样的背景下，新疆菜、贵州菜等一系列小众菜系得以走红。

西北菜在头部品牌的带动下曾有较快发展，但近年来有发展放缓的趋势。红餐大数据显示，西北菜在中式正餐中的门店数占比从 2020 年的 6.0% 下降到 2021 年的 4.8%。代表品牌西贝莜面村、九毛九的业务重心均有变化。西贝莜面村着力推广主打半成品菜的贾国龙功夫菜，并将其定为未来的核心战略；九毛九的发展重心已经从西北菜转移到其他品类上，比如其子品牌“太二”主打酸菜鱼 、“怂重庆火锅厂”主打火锅、“赖美丽眉山藤椒烤鱼”主打烤鱼等。

作为西北菜的细分品类，新疆菜近年的表现较为亮眼。一方面，新疆主题餐厅迎来发展机遇，如楼兰新疆主题餐厅、北疆饭店在疫情这两年稳步扩张。另一方面，新疆菜也开启了细分趋势，已经跑出一些主打新疆炒米粉的快餐品牌，如花小小新疆炒米粉、疆小骆等。其中，花小小 2021 年新开了超 200 家门店，疆小骆在 2022 年完成了种子 + 轮融资。

表 2-10 2022 年全国西北菜部分品牌概览

品牌名称	门店数（家）	人均消费（元）	门店主要分布区域
西贝莜面村	360+	99	北京、上海、广东
九毛九	80+	63	广东
北疆饭店	60+	75	江苏、上海
楼兰新疆主题餐厅	30+	80	江苏、重庆、四川
晋家门	30+	76	江苏
西安饭庄	20+	109	陕西
耶里夏丽	10+	94	上海
遇见长安	10+	66	陕西

资料来源：红餐大数据，数据统计时间截至 2022 年 6 月 30 日。

贵州菜也被越来越多的消费者喜爱，一些起源于贵州的品牌逐渐受到关注，比如老凯俚酸汤鱼和丝恋红汤丝娃娃。与此同时，贵州以外的其他地区也出现了诸多贵州菜餐厅，比如创立于北京的贵凤凰贵州羊肉粉，其在 2021 年连续获得 A 轮、A+ 轮两轮千万元级别的融资。

小众菜系看似小众，风味特色却更加明显，经营者若能利用好小众菜系的特色优势并塑造出优质的品牌形象，也能获得很多出圈的机会，创出一片独特的天地。

四、个性化特色正餐兴起，中高端正餐消费需求尚在

近年来，能提供特别的食材、味型、就餐氛围的私房创意餐厅受到了消费者的追捧，一些主打满足个性化需求的品牌开始崭露头角。另外，尽管疫情期间消费意愿普遍低迷，但中高端餐饮品牌并没有出现整体遇阻的困境，反倒有部分中高端餐饮品牌开始加速发展。

1. 个性化需求不断增长，特色餐厅颇具潜力

有别于连锁化中式正餐门店对购物中心的选址偏好，相对小众的私房创意餐厅或选址于隐蔽的楼宇间，或在远离市区的农家小院，大多走精致、匠心的特色发展路线，其食材选择和烹饪技法强调个性化和定制化。对于消费者而言，选择这样的餐厅除了可以满足口腹之欲外，也是生活态度的一种自我表达。

目前，很多城市均有属于自己的私房菜、创意菜品牌。比如 2022 年 1 月获得米其林一星的成都餐饮品牌芳香景，主打创意融合菜的郑州餐饮品牌曼玉，广州的私房菜品牌跃现代粤菜料理、怀德私厨等，以及北京的泸州幺妹私房菜、蘇饭等品牌。

表 2-11　全国部分私房菜餐厅盘点

城市	私房菜餐厅
北京	泸州幺妹私房菜、蘇饭、ITB 趣餐厅、宴锦堂
上海	Archies 餐厅、Lunar、930 私房菜、南馨、维园悦谱 · 洋房餐厅
广州	怀德私厨、跃现代粤菜料理
深圳	蟹咏虾海新私房菜、半饱半醉、栖园 · 半亩空间 · 茶馆
成都	芳香景、匠油师傅、怀臻 · 精致料理面、不二山房、鹅煮管火宫私家食府、隐谷
杭州	如野私宴 · 玻璃房子、素描餐厅、大头隐食小馆、花小宝 · 家藏私宴菜肴
长沙	山也 · 私厨、胜哥家厨、我家小院饭店、高记食堂、觅 · 墅
武汉	东篱 · 访湖上、和玖 · 餐酒屋、十里 · 东湖院子、七香书院
郑州	曼玉、阿妍小馆私房菜、寻味小馆、庆泰顺、云归处私房菜、梁家铺子

资料来源：红餐大数据。

2. 消费分级趋势明朗，中高端正餐发展平稳

受疫情反复和经济增长乏力的双重影响，国内餐饮消费一度出现收缩。依此推测，消费者对中高端餐饮的消费意愿和频次可能降低，中高端定位的餐饮品牌可能面临阶段性的发展困境，但从实际的市场反馈来看，中高端餐饮消费并未出现明显颓势，一些中高端餐饮品牌甚至逆势加速发展。

新荣记就是其中的佼佼者。其主要品牌的人均消费达到 800 多元，凭借稳定上乘的出品、优质的环境和服务获得极高人气，其旗下多家餐厅登上了米其林榜单。

致力于打造新派高端川菜的柴门餐饮在成都拥有较高的知名度，已经形成覆盖多个价格区间的品牌矩阵。其中，获得米其林一星的柴门荟人均消费 1000 元左右，而柴门鱼鲜馆、柴门公馆的人均消费都在 500 元左右。株洲的上橙小院和在长沙、株洲等地拥有多家门店的晴溪庄园，定位为庭院式餐厅，也都是中高端湘菜的代表。立足于淮扬菜的苏州品牌江南雅厨，定位为中高端正餐，在当地拥有较好的口碑。

五、头部品牌积极布局预制菜，降本提效是核心需求

预制菜具有方便、快捷、品类多样等特点，在餐饮市场上的接受度与认可度不断提高。尤其是在疫情的特殊背景下，“宅经济”快速发展，预制菜的市场供给呈现出爆发式增长，近期资本纷纷入局预制菜赛道，将预制菜推上发展的快车道。

同时，在业内人士看来，预制菜的发展，本质是餐饮工业化和标准化进程的一个体现，不仅仅是当前短线的风口，而且会成为餐饮非常重要的长线发展趋势。对于中式正餐品牌来说，预制菜不仅可以降本提效，帮助品牌抵御疫情等不确定因素的冲击，进而提升营收天花板，还是赋能品牌实现食品化、零售化转型的重要机遇。

在这样的背景下，急于寻求新增长曲线的中式正餐品牌纷纷发力布局预制菜赛道。九毛九、西贝莜面村、眉州东坡、广州酒家、紫光园、同庆楼等品牌都推出半成品菜，通过线上电商平台、线下商超、直播带货等多种渠道售卖。

表 2-12　已布局预制菜赛道的部分中式正餐品牌

品牌名称	预制菜产品
眉州东坡	低温肉肠及以梅菜扣肉、东坡肉等方便菜
西贝莜面村	蒙古大骨头、羊蝎子等产品，加热即食，单价 160~200 元不等
广州酒家	在盆菜、年夜饭等传统产品基础上，推出了“大厨驾到”系列，糖醋生炒骨、咕噜肉等 4 款预制菜品，单价 20~30 元
紫光园	小黄鱼、油炸糕等小吃，包子、馒头等主食，手撕鸡、酱牛肉等卤味的特色档口小吃
陶陶居	干蒸、烧卖、虾饺等各种早餐冷冻产品，广式腊味，粽子
知味观	酱板鸭、叫花鸡、东坡肉等预制菜；杭州小笼包、八宝饭甜点等小吃；年夜饭套餐
杏花楼	早餐包点速食，酸菜鱼、咕咾肉、鱼香肉丝等快手菜，粽子等甜点
松鹤楼	苏氏浇头面，手剥虾仁、红烧肉等半成品菜
和苑酒家	鲍鱼、海参、花胶、盆菜等家宴套餐预制菜
同庆楼	速冻面点、自热饭、臭鳜鱼、腊味、预制菜五大系列

资料来源：公开信息，红餐品牌研究院整理。

中式正餐品牌布局预制菜有一定的先天优势，包括沉淀多年的品牌影响力、相对完善的供应链管理等，并且已经取得了一定的成绩。据天猫商城统计数据，2022 年年货节期间，“天猫预制菜销售额前十大企业”中老字号中式正餐品牌知味观、松鹤楼、杏花楼、新雅等均有上榜。据央广网报道，贾国龙功夫菜从 2019 年底推出至 2022 年春节的 3 年时间内，零售业务销售额达到了 3 亿元。2022 年初上海疫情较严峻的时候，杏花楼、新雅等老字号纷纷入局社区团购，短时间内打通了线上线下渠道，不仅使营收状况有所好转，也由此收获了老字号的转型经验。

随着疫情的持续和餐饮行业竞争的日趋激烈，未来或将有越来越多的中式正餐品牌入局预制菜赛道。据同庆楼 2021 年年报，其将全面推动公司进入“餐饮 + 食品”双轮驱动的发展新格局。全聚德 2021 年年报中提到，要在研发预制菜上加大投入，并希望凭借老字号品牌优势进入预制菜市场。陶陶居也曾公开表示，品牌未来的发展思路是“餐饮做品牌、食品做规模”，即餐饮与食品业务双线并行，通过餐饮门店来树立品牌，以食品工业扩大品牌规模。

总体来说，虽然预制菜行业前景广阔，但在食品安全、菜品研发、储存运输等环节上还需要更多的时间来成熟完善，面向消费端的市场教育还有很长的路要走。而预制菜市场上有较多中式正餐的相关菜品，中式正餐品牌在预制菜赛道中有近水楼台的优势，未来有望迎来较大的发展机遇。

02

第二节

小吃快餐：

抗压韧性凸显品类优势，疫情期间依旧亮点频出

一、中式米饭快餐：进入发展快车道，多个品牌冲击 IPO

2021 年以来，随着乡村基、老乡鸡、老娘舅等品牌冲刺 IPO，中式米饭快餐呈现出明显的崛起之势。在这个过程中，区域头部品牌开始向全国市场发起冲锋；数字化改造日益加深，门店运营效率不断提高；新零售、智能小站等新模式逐渐兴起，为品类发展提供更多的想象空间，中式米饭快餐进入了发展的快车道。

1. 市场规模占比较高，连锁化程度有待提升

近年来，随着国内城镇化水平不断提高，消费者生活节奏不断加快，快餐市场需求也逐步扩大。据红餐大数据，2021 年我国快餐的市场规模达到了 9086 亿元，其中中式快餐的市场规模为 6426 亿元，占比达到了 70.7%；2022 年我国中式快餐的市场规模预计超过 7000 亿元。

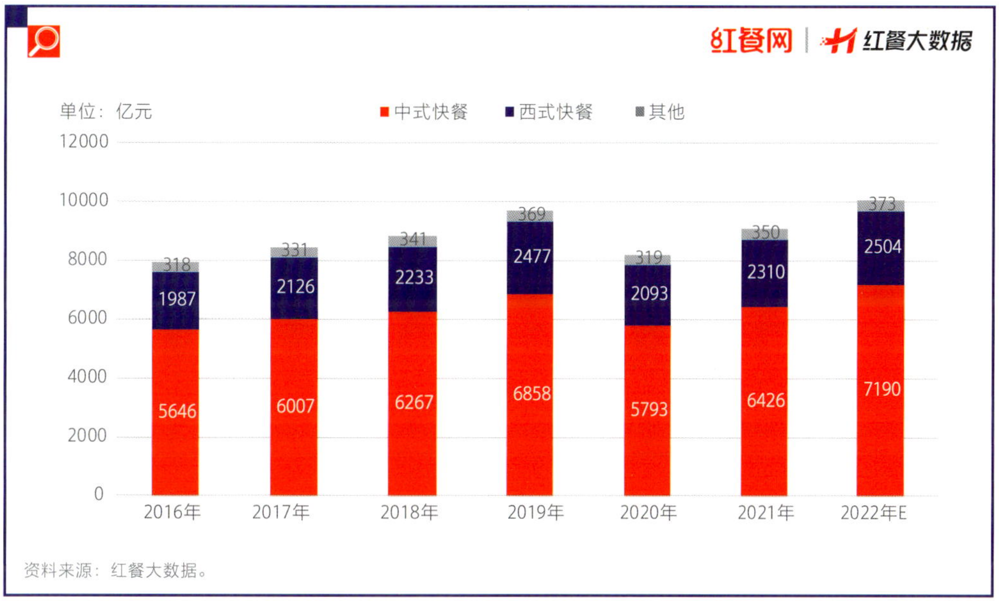

图 2-9　2016 — 2022 年全国快餐行业市场规模情况

作为受众广泛的刚需品类，中式米饭快餐在中式快餐中占据着重要位置，是中式快餐的第二大赛道。据红餐大数据，在中式快餐样本门店中，中式米饭快餐的品牌数占比为 21.4%，门店数占比为 18.4%，均仅次于粉面品类。

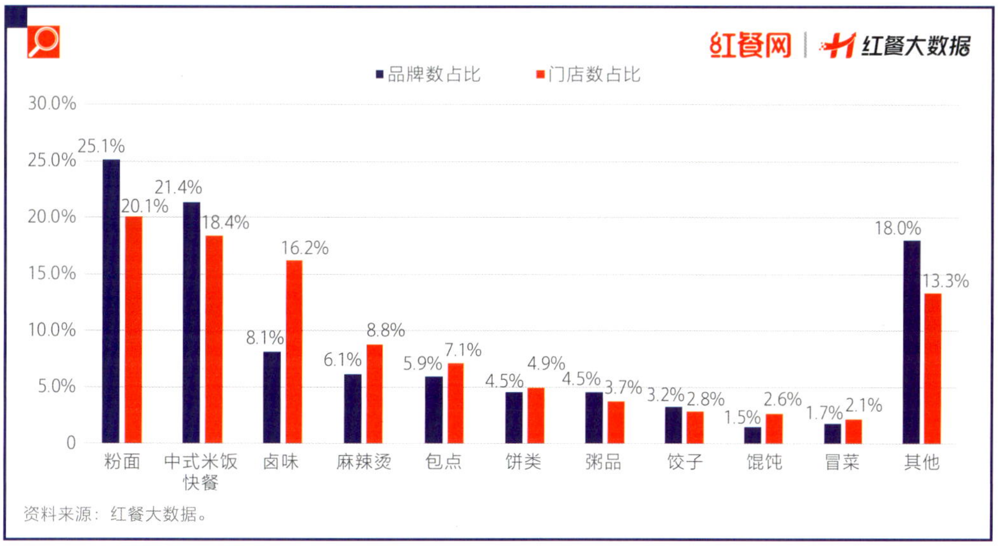

图 2-10　2021 年中式快餐各细分品类样本门店数及品牌数占比分布

从中式米饭快餐的品牌门店规模看，2021 年 69.3% 的品牌门店数在 50 家及以下；门店数 51~100 家的品牌占比为 17.6%；超过 500 家的品牌较少，占比仅为 1.3%。

对比 2020 年的数据可知，2021 年中式米饭快餐门店数在 50 家及以下的品牌占比有所减少，门店数在 51~100 家、101~500 家的品牌占比均有所增加。这或许是因为受疫情影响，规模较小、抗风险能力弱的品牌更容易被市场淘汰，而具有一定规模、根基较好的品牌有较强的生存能力。

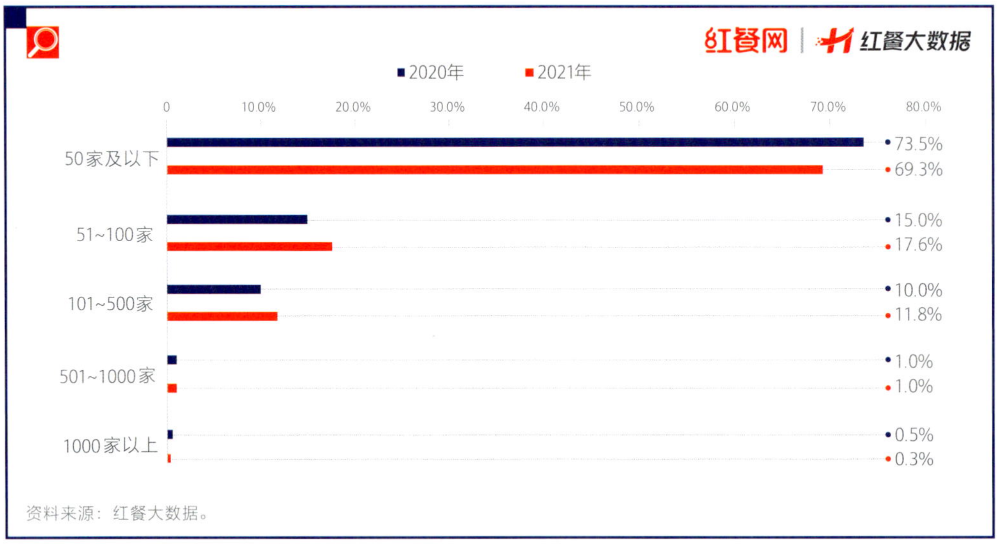

图 2-11　2020 — 2021 年全国中式米饭快餐样本品牌门店数区间占比分布

红餐大数据显示，中式米饭快餐门店数最多的前三位品牌分别是：杨铭宇黄焖鸡米饭、张秀梅张姐烤肉拌饭和老乡鸡。受疫情及自身发展遇挫等多重因素影响，很多中式米饭快餐品牌 2022 年的门店总量相比上一年出现了缩减，比如杨铭宇黄焖鸡从 3200 多家缩水至如今的 2600 多家，张秀梅张姐烤肉拌饭从 1600 多家缩水到 1200 多家，真功夫的门店减少了近百家。

但是也有部分中式米饭快餐品牌实现了逆势扩张，比如大米先生、老乡鸡等。大米先生发展迅速，截至 2022 年 6 月，其门店数近 600 家；老乡鸡亦加快了拓店步伐，先后入驻了深圳、北京等城市，截至 2022 年 6 月门店约 1100 家。

表 2-13 2022 年全国部分中式米饭快餐品牌概况

品牌名称	创立时间（年）	门店数（家）
杨铭宇黄焖鸡米饭	2011	2600+
张秀梅张姐烤肉拌饭	2003	1280+
老乡鸡	2003	1100+
晨曦炖品	1996	720+
大米先生	2011	580+
乡村基	1996	560+
真功夫	1990	540+
超意兴	1993	530+
香他她煲仔饭	2013	530+
犟骨头排骨饭	2015	500+
永和豆浆	1982	480+
永和大王	1995	400+
老娘舅	2000	400+
米多面多	2005	380+
大家乐	1968	340+
和合谷	2003	170+
南城香	1998	120+

资料来源：红餐大数据，数据统计时间截至 2022 年 6 月 30 日。

随着快餐市场的不断发展，中式米饭快餐的连锁化程度也在不断提高，但因其整体连锁化起步较晚，目前连锁化程度仍不及西式快餐。从两者门店数据的对比看，在 5~50 家的门店规模区间中，中式米饭快餐的品牌占比较西式快餐高出 4.3 个百分点；而在 100 家以上的各个门店规模区间中，西式快餐的品牌占比均高于中式米饭快餐；1000 家以上门店规模的品牌占比差距最大，多个西式快餐品牌的门店数已经超过了 1000 家，如华莱士的门店数甚至超过了 2 万家，但中式米饭快餐品类里门店数过千的品牌还较少。

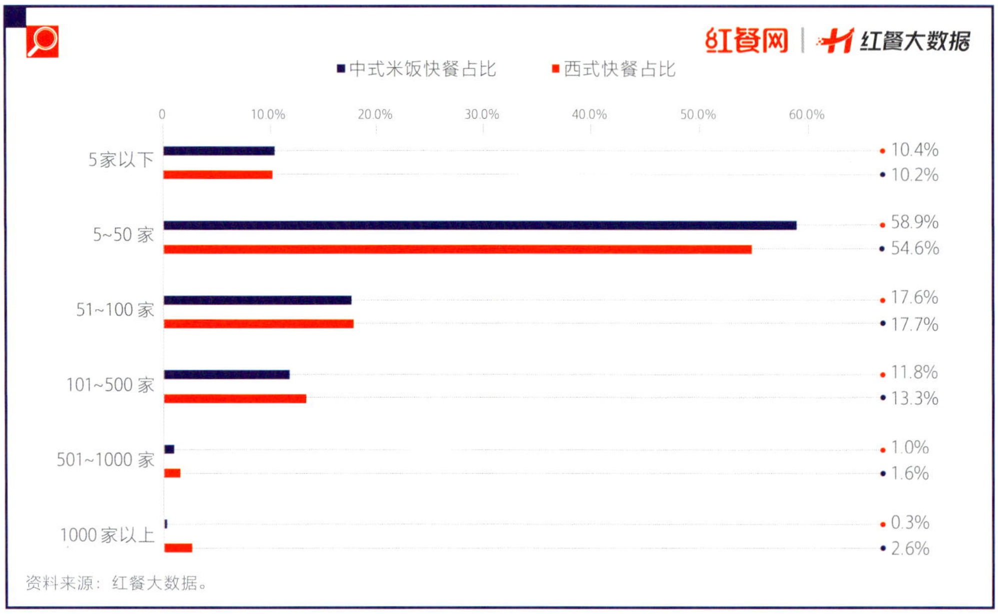

资料来源：红餐大数据。

图 2-12　2021 年全国中式米饭快餐和西式快餐样本品牌门店数区间占比分布

2. 头部品牌扩张提速，多个品牌纷纷冲击 IPO

据红餐大数据，2021 年至 2022 年上半年，中式米饭快餐的投融资事件共计 6 起。2021 年获得融资的中式米饭快餐品牌一般以聚焦单品或者较易实现规模化的品牌为主，比如主打煲仔饭的煲仔皇、主打猪脚饭的猪角和主打汤配饭的汤先生。

表 2-14　2021 — 2022 年上半年全国中式米饭快餐品牌融资情况

品牌名称	门店数（家）	披露时间	融资轮次	融资金额	投资方
汤先生 SoupMaster	60+	2021.3	B 轮	数千万元	五源资本、IDG 资本
猪角 · 闽南猪脚饭	340+	2021.8	A 轮	1.5 亿元	不惑创投、锅圈食汇
煲仔皇	110+	2021.8	战略融资	超千万元	西藏元昆
滋啦米香	6	2021.8	A 轮	5000 万元	未披露
维小饭	60+	2021.12	A 轮	近亿元	天图投资
老乡鸡	1100+	2022.1	Pre-IPO 轮	未披露	广发乾和、麦星投资

资料来源：红餐大数据，门店数统计时间截至 2022 年 6 月 30 日。

近年来，中式米饭快餐头部品牌均在产品标准化方面增加投入并积极扩张版图，开始冲击上市。2022 年新年之际，乡村基向港交所递交招股说明书，开启了 IPO 进程，并于 2022 年 7 月底再次递表；老乡鸡也于 2022 年 5 月向上交所递交招股说明书，拟于主板上市；2021 年 10 月，老娘舅在浙江证监局披露辅导备案公示文件，并于 2022 年 7 月递交招股说明书，计划在国内 A 股主板上市。

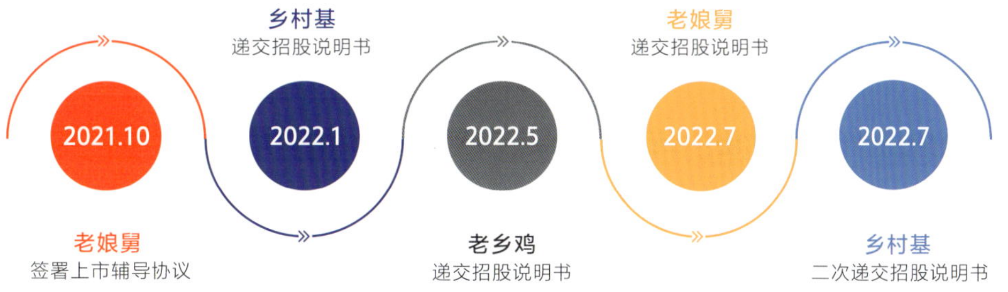

资料来源：公开信息，红餐品牌研究院整理。

图 2-13　2021 — 2022 年 7 月中式米饭快餐头部品牌冲击 IPO 时间轴

在三家冲刺上市的品牌中，老娘舅门店数较少，截至 2022 年 6 月约有 400 家门店，且分布较为集中。同时期老乡鸡已经突破千店，乡村基以及其旗下的大米先生门店总数也已破千。

表 2-15　老乡鸡、大米先生、乡村基、老娘舅品牌概况

品牌名称	门店数（家）	创立时间（年）	连锁模式	门店主要分布区域
老乡鸡	1100+	2003	直营 + 加盟	安徽、江苏、湖北
大米先生	580+	2011	直营	四川、湖北、湖南、重庆
乡村基	560+	1996	直营	四川、重庆
老娘舅	400+	2000	直营	浙江、江苏、上海

资料来源：红餐大数据，数据统计时间截至 2022 年 6 月 30 日。

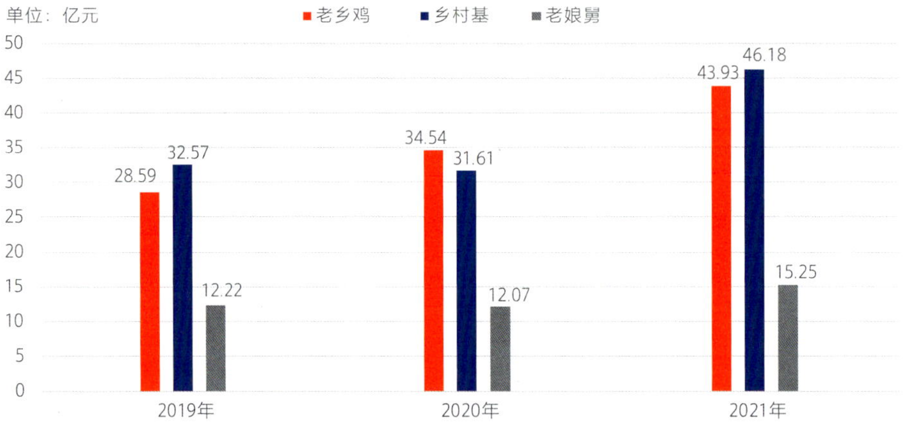

资料来源：企业招股说明书，红餐品牌研究院整理。

图 2-14　2019 — 2021 年老乡鸡、乡村基、老娘舅营收情况

据乡村基招股说明书，2020 年受新冠肺炎疫情影响乡村基出现净利润触底，全年亏损 242.4 万元，2021 年营收逆势反弹，全年营收总额较 2019 年、2020 年大幅度上升，达到了 46.18 亿元，2021 年净利润也达到了 1.09 亿元。

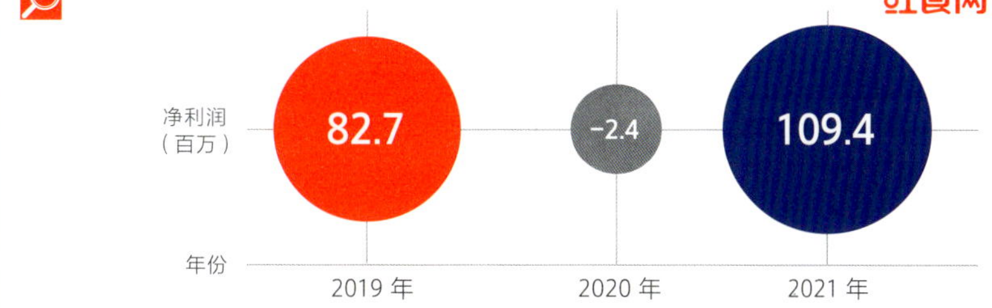

资料来源：企业招股说明书，红餐品牌研究院整理。

图 2-15 2019—2021 年乡村基经营情况

据老乡鸡招股说明书，2019 年至 2021 年其总营收逐年攀升，分别是 28.59 亿元、34.54 亿元和 43.93 亿元，2019 年至 2021 年的复合年均增长率为 15.4%。尽管总营收逐年递增，但受到新冠肺炎疫情等因素的影响，其经营成本也在同步上涨，综合毛利率逐年递减。

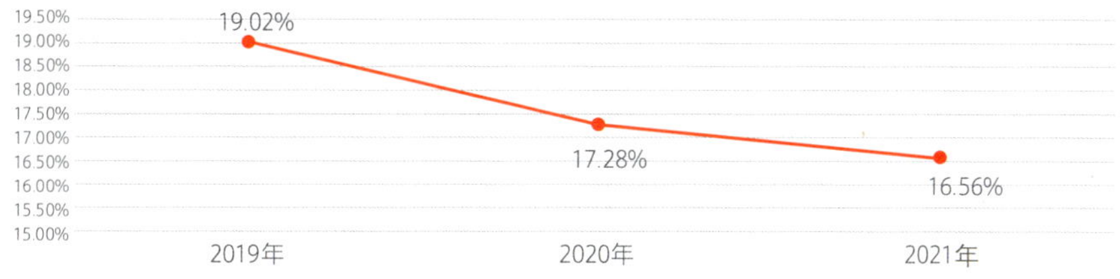

资料来源：企业招股说明书，红餐品牌研究院整理。

图 2-16 2019—2021 年老乡鸡综合毛利率情况

据老娘舅招股说明书，2019 年至 2021 年的营收分别为 12.22 亿元、12.07 亿元和 15.25 亿元。同样因为受到疫情的影响，老娘舅 2020 年全年营收略有下滑，然而其在 2021 年逆势反弹，全年营收同比涨幅达到了 26.3%。尽管如此，门店规模仍然是老娘舅的劣势，据其招股说明书，本次 IPO 募集的资金也将用于连锁门店建设、供应链综合基地建设、信息化系统升级和品牌推广。

越来越多的餐饮企业选择拥抱资本，通过融资或上市的方式来缓解经营压力，以谋求更好的发展。以上 3 个头部品牌争相冲击 IPO 的背后，一方面固然有保障企业长期稳定发展的诉求；另一方面也是为了应对疫情带来的不确定性。最终谁将率先成功上市，尚有待观察。

3. 新一线城市成品牌聚集高地，区域霸主迈向全国

作为重要的国民主食之一，米饭有着庞大的消费基础，得益于此，中式米饭快餐门店在全国各地均有分布。据红餐大数据，2021 年一线、新一线城市的中式米饭快餐门店数占比相较 2020 年均有所提高，其中新一线城市门店数占比超过四分之一，较 2020 年增长了 7.3%，三线及以下城市门店数占比相较 2020 年均有所下降。整体来看，2021 年中式米饭快餐的门店分布有向一线、新一线城市聚集的趋势，新一线城市的门店占比最高，其或将成为中式米饭快餐品牌争夺的主战场。

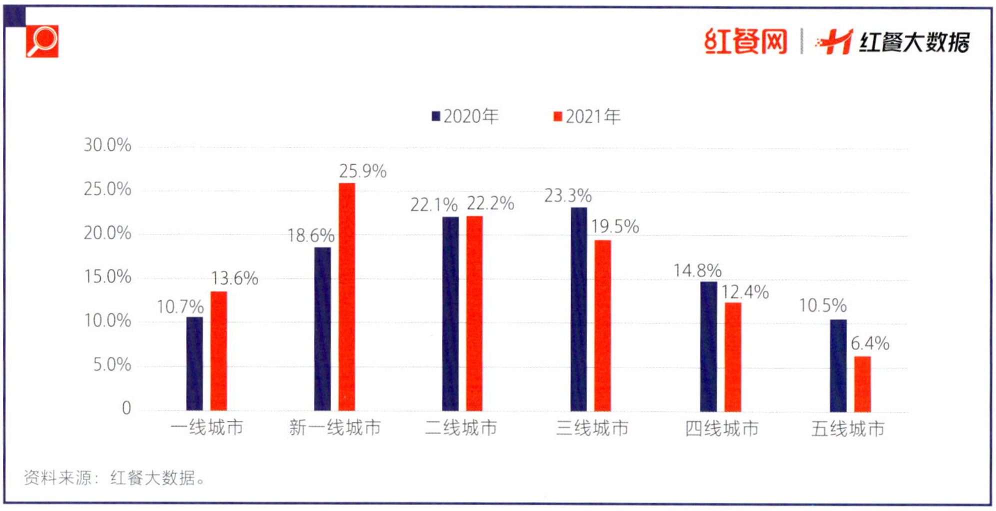

图 2-17　2020—2021 年全国各线级城市中式米饭快餐样本门店数占比分布

从门店布局集中情况来看，中式米饭快餐大多以区域性品牌为主，少有全国性品牌，其门店大多集中于部分省份，较少实现跨多个区域的门店布局。与其他品类略有不同的是，在中式米饭快餐品类中，除了腰部以下品牌，门店总数超过 500 家的头部品牌的门店布局也相对集中，如老乡鸡、大米先生、乡村基、超意兴、真功夫等。

中式米饭快餐品牌多以区域发展为主，较少进行全国扩张：一方面是由于不同地区消费者拥有不同口味偏好，品牌要打破不同地域消费者的口味壁垒并非易事；另一方面则是出于打造供应链体系和直营门店管理的成本考量，由于中式快餐的菜品较丰富且工艺相对复杂，跨区域开店需要过硬的组织管理、物流配送、原料供给等方面的能力，对

应的成本也更加高昂，品牌需要慎重作出决策。

近年来，随着中式米饭快餐赛道的快速发展，部分头部品牌积攒实力，开始尝试跨区域布局。如老乡鸡进行南北双向扩张，2021 年相继进驻深圳和北京市场；乡村基走出西南市场，挺进江浙沪等沿海地区；犟骨头排骨饭也开始在全国多个省市地区布局。

4. 现炒快餐赛道持续火热，规模化难度较大

中式米饭快餐走过了标准化萌芽期的 1.0 时代和工业化发展的 2.0 时代，正在开启品质制胜的 3.0 时代。在 3.0 时代中，单纯的“快”已较难满足消费者对米饭快餐的需求，消费者更在乎品质和体验。在这样的背景之下，现炒快餐趁势崛起，涌现出了诸多实力品牌，如大米先生、小女当家、吾虎将等，老乡鸡也在深圳首店试水了现炒模式。据乡村基招股说明书，其旗下品牌大米先生在 2021 年前三个季度的营收占比达到了 45.9%，翻台率高达 4.2 次 / 天，高于乡村基的 2.8 次 / 天。

现炒快餐显然不同于以往单店或者夫妻店提供的现炒服务，而是一种体现“快餐正餐化”的融合创新模式，其流行有以下两方面原因。

一是现炒快餐更具品质感和差异化竞争力。随着中式米饭快餐市场的不断壮大，产品和经营模式同质化问题也越发突出，而新鲜现制的菜品能更好地满足消费者对品质的需求，自带的烟火气息也能提供更好的体验。

二是升级后的现炒快餐商业想象空间更大。现炒快餐并非新鲜物种，曾多存在于街边小店中，受限于出餐慢、口味不稳、人工成本高等因素而无法规模化复制。近年来一些品牌在用餐模式、门店动线，以及供应链等方面做出创新，提升了现炒快餐的产能和效率，使得这一模式有机会实现连锁化、规模化发展。

表 2-16　2022 年全国部分现炒快餐品牌概况

品牌名称	门店数（家）	创立时间（年）	门店主要分布区域
大米先生	580+	2011	四川、湖北、湖南、重庆
湘口福	90+	2017	江苏、浙江、上海
宴小碗 · 超级现炒	60+	2018	江苏、北京
吾虎将	30+	2006	广东
饱李李现炒	30+	2019	湖南
小女当家	20+	2017	广东、江西
两餐秀自助简餐	9	2014	广东
义泰昌	8	2014	广东

资料来源：红餐大数据，数据统计时间截至 2022 年 6 月 30 日。

红餐网 | 红餐大数据

据红餐大数据，在整个中式米饭快餐赛道中，主打现炒快餐或提供现炒服务的品牌数占比约为 3.7%，门店数占比约为 4.8%。现炒快餐品牌较少，体量也偏小。作为近年来比较受关注的出餐模式，现炒快餐呈现出自身的发展特征。

一方面，从目前的发展情况来看，现炒快餐模式比较依赖后端实力。具有一定影响力的现炒快餐连锁品牌均有较强的后端实力，比如大米先生拥有乡村基集团的强大背书，小女当家也有西贝莜面村的资本扶持。

另一方面，现炒快餐门店的区域分布很不均匀。首先，华南地区是现炒快餐的第一大本营，门店数占全国门店总数的近四成，其次是华东地区，门店数占比也达到近三成。从城市分布来看，现炒快餐门店主要集中于深圳、广州、上海等一线城市。快节奏的都市生活和追求高性价比的消费特征，为现炒快餐门店提供了较好的生长环境。

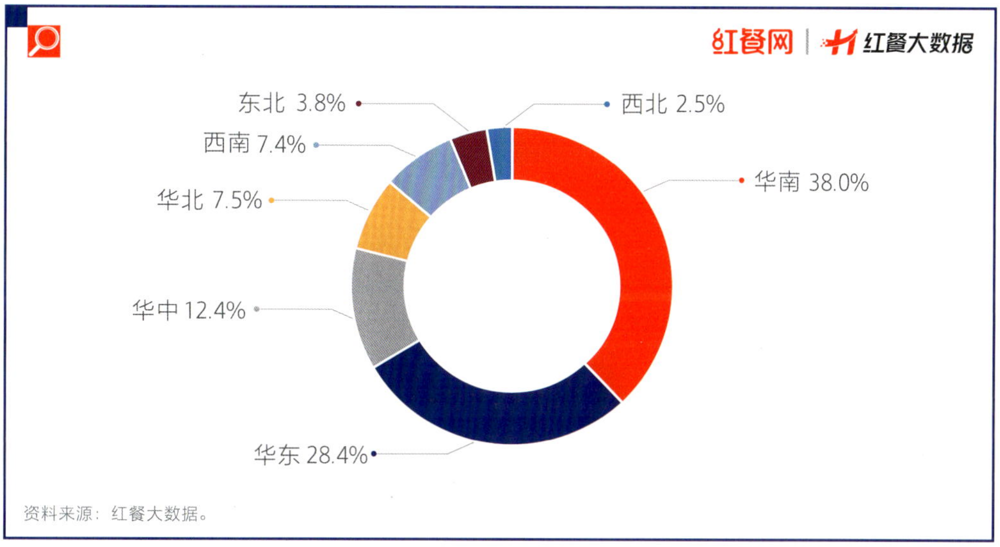

图 2-18 2021 年全国各区域现炒快餐样本门店数占比分布

尽管未成规模，但可以预见的是，现炒快餐能够更好地满足消费者对用餐品质和综合体验的追求，未来有望持续流行，并孕育更多的突围品牌。

5. 米饭快餐新模式出现，数字化成升级重点

疫情背景下，中式米饭快餐竞争渐趋激烈，房租、原材料等经营成本不断上升。面对种种压力，中式米饭快餐品牌纷纷探索新模式以谋求增长。

“全产业链 + 新零售”模式是其中的一种尝试。据老乡鸡招股说明书披露，除了餐饮门店经营以外，老乡鸡还涉足母鸡养殖、食品加工等领域，经营范围覆盖三大产业。依托于完整的供应链体系，老乡鸡得以入局新零售赛道，通过会员商城销售冰鲜鸡、鸡蛋等食材。

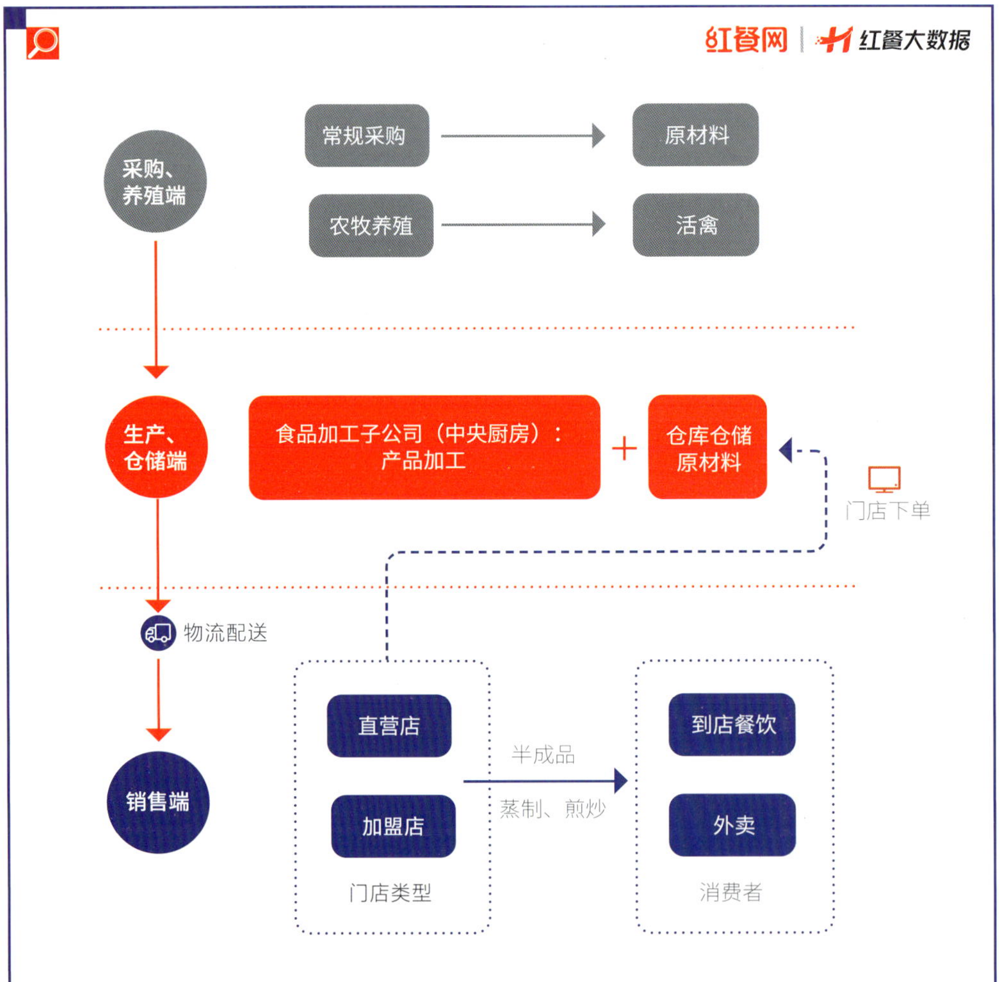

资料来源：老乡鸡招股说明书，红餐品牌研究院整理。

图 2-19　老乡鸡供应链体系

同时，还有一些品牌探索“大央厨＋自提／外卖”的快餐模式。如维小饭改变了传统米饭快餐在店内生产销售的模式，顾客通过线上（自建小程序或第三方平台）下单，中央厨房烹饪配餐，再由冷链配送至各终端小站，最后以外卖配送或自提的形式完成交付。因为标准化程度较高、运营模式较简单、易于复制和扩张快速，维小饭受到了资本青睐。2021 年 12 月，维小饭获得天图投资亿元级别的 A 轮融资。截至 2022 年 6 月，其已发展出了 60 多家小站，主要聚焦于广州和深圳市场。

此外，不少品牌在数字化的建设上也取得了一定的成绩。拥有 500 余家直营门店的超意兴，因为高性价比广受消费者追捧，而这一竞争力背后正是数字化改造的结果，具体表现在其不断对采购、生产、仓储、配送等整个供应体系进行信息化升级，进一步提升了供应环节的效率从而使成本得以压缩；大米先生之所以能打破现炒快餐的品类发展局限实现快速扩张，主要依托于其科学的后厨生产系统，该系统可通过测算和执行后厨生产计划有效消除供应链和后厨的信息隔阂，最终在确保终端门店菜品品控稳定的同时又提高出餐效率。除了在后端供应和厨房生产方面加强数字化建设，消费端也是品牌进行数字化布局的核心地带，比如谷田稻香通过打造会员商城小程序来实现私域流量的精准运营。

随着各项运营成本不断上升，增效降本成为每个餐企的必修课，中式米饭快餐企业也不例外。头部品牌在供应链标准化、经营数字化、产品零售化方面的探索已初有成效，在这些头部品牌的带动下，中式米饭快餐未来还将持续升级发展。

二、粉面：受资本青睐，迎来发展黄金期

作为小吃快餐的第一大细分品类，粉面在2021年受到了较高的关注，融资事件和融资金额均创新高。粉面头部品牌的拓店速度也在加快，并出现了数个破千店的粉面品牌。

但由于细分品类众多，地域性强，粉面市场整体仍较分散，品牌跨区域发展有难度。随着资本的不断涌入，新兴品牌的快速崛起，粉面市场的格局正在渐渐生变。

1. 粉面赛道迎来融资热，诞生首个面馆千店品牌

粉面自古以来便是中国人的主食之一，刚需性强，是一个长期稳定的大市场。而随着餐饮供应链不断革新和发展，粉面品牌快速扩张的能力不断提高，粉面赛道的规模化效应逐渐显现，成为中餐品类中少有的带有“万店基因”的赛道之一，因此其备受资本市场追捧。

从2021年到2022年上半年的一年半时间内，粉面赛道受到了资本的青睐，投融资事件总数超过了30起，其中2021年的融资事件数尤其多，达到了23起，约为2020年的5倍。

近年来，面品类的资本关注度高涨，资本集中押注面品类的头部品牌，五爷拌面、陈香贵、马记永、张拉拉、霸蛮、遇见小面等品牌都完成了两轮及以上融资。融资金额也屡创新高，亿元级别的A轮融资不再鲜见，和府捞面单笔融资金额高达8亿元。与此同时，米粉赛道的融资热度亦较高，多集中在湖南米粉以及其他细分米粉品类中，且获取融资的品牌多为创立不到3年的新锐品牌。

表 2-17 2021 — 2022 年上半年全国粉面品牌融资情况

品牌名称	披露时间	融资轮次	融资金额	投资方
谭仔米线	2021.1	IPO	11.16 亿港币	公开发行
霸蛮湖南米粉	2021.1	B+ 轮	未披露	IMO Ventures 、番茄资本 、豪客来
	2021.3	C 轮	超亿元	IDG 资本、沣途资本、森马投资
遇见小面	2021.3	战略融资	数千万元	碧桂园创投、百福控股 、大连喜家德水饺餐饮管理有限公司
	2021.7	战略融资	1 亿元	碧桂园创投、大连喜家德水饺餐饮管理有限公司
张拉拉手撕牛肉面	2021.5	Pre-A 轮	未披露	金沙江创投、顺为资本
	2021.10	A 轮	未披露	盛景嘉成
	2021.12	B 轮	数亿元	中金文化消费基金、金沙江创投、盛景嘉成
马记永	2021.5	天使轮	未披露	红杉基金、凯辉基金、高榕资本、险峰长青、挑战者资本
	2022.2	Pre-A 轮	未披露	ABI Asia Holdings I Limited、Times Taurus HK Investment Limited 、腾讯投资、挑战者资本
五爷拌面	2021.6	A 轮	3 亿元	鼎晖创新与成长基金、B 资本
	2021.7	A+ 轮	未披露	高瓴创投
陈香贵	2021.7	A 轮	超亿元	正心谷资本、云九资本、源码资本、个人投资者
	2021.11	A+ 轮	约 2 亿元	华晟基金、水滴资产、上海巧厨商贸有限公司
	2021.12	B 轮	超亿元	正心谷资本、云九资本、源码资本、个人投资者
和府捞面	2021.7	E 轮	近 8 亿元	CMC 资本、众为资本 、龙湖资本、腾讯投资
贵凤凰贵州羊肉粉	2021.7	A 轮	数千万元	丰厚基金、贵众合伙人企业
	2021.11	A + 轮	千万元级	番茄资本
肥汁米蘭香港米线	2021.7	天使轮	未披露	红点创投
	2021.11	A 轮	超亿元	红点创投、不二资本、三角资本
大师兄	2021.8	天使轮	数千万元	源来资本
	2022.6	战略融资	未披露	美味恒新（广州）创业投资合伙企业（有限合伙）
卤虎将 · 热卤拌粉	2021.9	天使轮	近千万元	内向基金、窄门集团 · 零拾孵化
耍羊气	2021.11	天使轮	未披露	通融天使、稷祥嘉资本
	2022.3	天使 + 轮	近千万元	通融天使、梅花创投、才趣播、统领创投、汉唐控股
小柒对粉面卤	2021.12	天使轮	数百万元	山竹资本、嘉禾资本
甘食记成都肥肠粉	2022.1	A 轮	5000 万元	由 2 个大中华区头部的餐饮 / 食品集团联合投资
十分湘米粉	2022.1	天使轮	1000 万元	B 资本
马香远牛肉面	2022.3	天使轮	数千万元	合鲸资本、德迅投资、德太资本
疆小骆	2022.3	种子 + 轮	未披露	锐峰资本、德聚资本
五味小面	2022.6	天使轮	百万元	一埕实业、亚洲吃面公司、信联控股

资料来源：红餐大数据。

在资本的加持下，获得融资的面品牌纷纷加速跑马圈地。比如五爷拌面在疫情中加速拓店，截至 2022 年 6 月已经开出了 1200 余家门店，成为面赛道中的首个千店连锁品牌；和府捞面也在逆势扩张，2021 年全年开店 110 余家，截至 2022 年 6 月，总门店数接近 400 家；马记永、陈香贵等新式拉面品牌在 2021 年的新开门店数也均在百家以上。

从全国的门店分布来看，华东地区的粉面馆最多，占全国粉面馆门店总数的 32.8%。由于华东地区经济较发达，城市白领相对较多，对粉面快餐的需求大，因而粉面品牌的连锁化、品牌化程度也较高。其次是华中、华南地区，占比分别为 16.2% 和 15.1%。从城市分布来看，粉面馆数量最多的前五名城市依次是上海、深圳、武汉、郑州、广州。

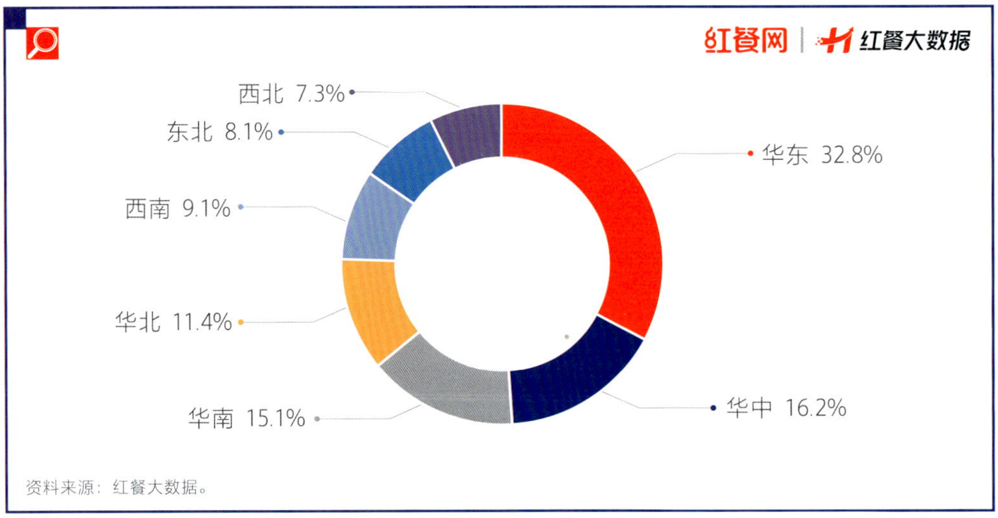

图 2-20　2021 年全国各区域粉面样本门店数占比分布

受人口密集、生活节奏快等方面的因素影响，一线城市、新一线城市的消费者对于对粉面快餐的需求量大。与此同时，这些城市也是潜力粉面新品牌的首选创立地，最近几年发展较快且关注度较高的品牌多诞生于一线城市、新一线城市。比如霸蛮湖南米粉的第一家店开在北京，遇见小面诞生于广州，马记永、陈香贵等新兴兰州拉面品牌创立于上海。

2. 品类分支庞杂，区域特色尤为鲜明

随着一批粉面品牌的崛起和加速扩张，粉面赛道的市场规模得以进一步扩大。据红餐大数据，2021 年，粉面类快餐的市场规模约为 2195 亿元，2018 年到 2021 年市场规模的复合年均增长率达到了 19.5%，并预计 2022 年粉面类快餐的市场规模将达到 2719 亿元。

虽然粉面市场规模巨大，但其连锁化率仍然有待加强。在粉面品类中，中小型连锁以及街边小店、夫妻店仍然占据较大的市场份额。国信证券研报显示，粉面所在的小吃快餐类目连锁化率为 16%，低于饮品（36%）和火锅（19%）。

与此同时，在红餐大数据收录的粉面品牌中，鲜有门店超过 500 家的品牌，门店数在 1000 家以上的品牌占比约为 0.3%，而门店数在 50 家及以下的品牌占比超过 70%。

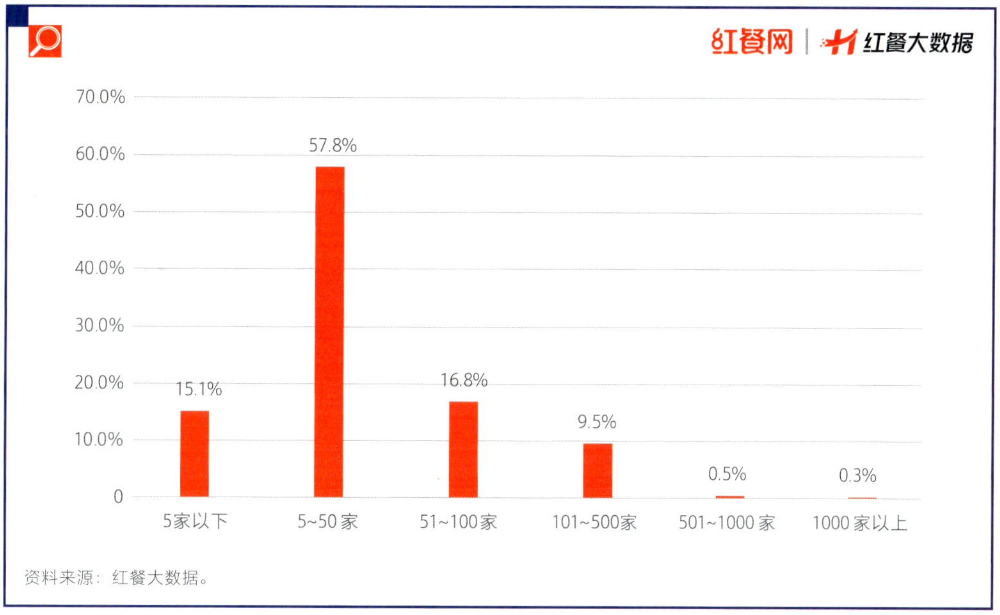

图 2-21　2021 年全国粉面样本品牌门店数区间占比分布

全国各地不同饮食习惯催生出了不同种类的粉面品类。细分种类多、分支庞杂、地域性强是粉面市场的一大特征。以 2021 年获得融资的品牌为例，面食品类涵盖的细分品类包括拌面、捞面、重庆小面、兰州牛肉面等，除此之外，还有河南烩面、陕西油泼面、武汉热干面、北京炸酱面、山西刀削面、四川担

担面等细分赛道; 粉品类中也有螺蛳粉、酸辣粉、湖南米粉、新疆米粉、贵州米粉、桂林米粉等细分赛道。

正因为全国多个地域都有自己独特的面口味，所以很多面类品牌的发展局限于区域市场，较难实现全国性扩张。目前在全国大规模扩张的面类品牌不多，比较典型的代表是五爷拌面，“拉面第一股”味千拉面，以及拥有 900 多家门店的李先生牛肉面大王，其余则多为区域性品牌。比如热干面代表品牌常青麦香园，门店超过 700 家，但几乎全都集中在湖北区域；河南烩面的代表品牌阿利茄汁面，创立多年以来仍主要在河南拓店；浙江苏式面品牌东吴面馆，超过 95% 的门店都分布在江浙沪市场。

这种现象亦存在于粉类赛道，虽然有较多米粉品牌拥有数百家门店，但是除了无名缘、五谷渔粉、阿香米线、蒙自源等品牌之外，其他品牌多聚焦于区域发展且知名度不高。比如河南的姐弟俩土豆粉大部分门店集中于河南省内。

表 2-18　2022 年全国部分面品类品牌概况

品牌名称	细分品类	门店数（家）	创立时间（年）	发源地	门店主要分布区域
五爷拌面	拌面	1200+	2018	哈尔滨	辽宁、黑龙江、吉林等
李先生牛肉面大王	牛肉面	970+	1972	北京	辽宁、山东、吉林等
常青麦香园	热干面	760+	1993	武汉	湖北
味千拉面	日式拉面	720+	1968	日本	广东、江苏、浙江、山东
牛家人大碗牛肉面	牛肉面	460+	2019	杭州	广东、浙江、江苏
和府捞面	捞面	390+	2012	如皋	上海、江苏、北京
阿利茄汁面	烩面	390+	2005	郑州	河南
蔡明纬武汉名小吃	热干面	370+	2015	武汉	湖北
渝味重庆小面	重庆小面	330+	2012	上海	浙江、江苏
吉妈妈打卤面	打卤面	250+	2012	长春	吉林、辽宁
东吴面馆	苏氏面	210+	1995	苏州	江苏
陈香贵	牛肉面	200+	2020	上海	上海
马记永	牛肉面	180+	2019	上海	上海、江苏
蔡林记	热干面	180+	1928	武汉	湖北
遇见小面	重庆小面	150+	2014	广州	广东
东方宫	兰州拉面	150+	2000	兰州	北京、甘肃
陕味食族油泼面	油泼面	120+	2011	北京	北京
张拉拉手撕牛肉面	牛肉面	70+	2020	上海	上海
康师傅私房牛肉面	牛肉面	70+	2006	北京	广东、北京、上海

资料来源：红餐大数据，数据统计时间截至 2022 年 6 月 30 日。

由此可见，粉面天生的地域属性，增加了连锁品牌跨地域的难度。而不同地域特色的粉面品种，在跨地域扩张时表现出的适应力也有较大的差别。

对比口味清淡的江浙沪粉面，偏向咸辣口味的地域粉面，如兰州拉面、湖南米粉、重庆小面、贵州米粉等，更具跨地域扩张能力，这或是源于辣味的普适性及上瘾性。资本方在粉面赛道的投资风向也恰好反映了这一点，2021 年受资本青睐的粉面品牌基本都聚焦上述数个偏向咸辣口味的细分品类上。

值得一提的是，五爷拌面开创了拌面新玩法，在创立不到 4 年门店数就突破千家。业内人士认为，其能高速发展的原因之一是其“拌面集合店”的定位，集全国特色拌面于一体，一定程度上扫除了跨地域扩张的障碍，给品牌的快速发展提供了基础。

除此以外，如果企业的供应链实力足够强，也能较好地实现跨地域扩张。比如云南米线品牌蒙自源，经过 20 多年的发展沉淀，已经形成了完整的商业系统闭环。公司自建原料生产工厂，大部分核心原料由自家工厂供应，严格保障质量；同时设立总仓加 6 大分仓联动的物流配送系统，实现高效快速的原料、物料配送。目前，蒙自源的门店正加速从广东向外辐射，已覆盖福建、上海、云南、浙江等全国 20 多个省、市、自治区。

综上所述，粉面品牌要进一步提升连锁化和规模化程度，需要综合考虑口味普适性及供应链建设。

3. 面馆：品类升级进行时，新中式面馆崛起

大量新兴面馆品牌之所以能在 2021 年迅速崛起，很大程度上是因为其“重做”了品类，升级了市场原有的做法，从而让面条赛道有了更大的想象空间。这种“重做”具体表现在品牌化、连锁化、零售化三个方面。

品牌化意识增强。相比传统面馆，新中式面馆在选址、用餐环境、产品结构、服务体验、人均价格等方面，均一定程度上体现了消费升级的趋势，可满足消费者更多样化的消费需求。2021 年兴起的新式兰州拉面尤为突出，清一色选址核心商圈，门店装修明亮、时尚、有特色，强调中式风格，人均价格也从街边店的一二十元提升至三十多元。

表 2-19　传统兰州拉面馆和新式兰州拉面馆的对比

细分品类	代表品牌	人均消费（元）	产品特点	店面形象环境	选址偏好	模式
传统兰州拉面馆	兰州拉面、东方宫	10~20	•主食 SKU 较多，不仅有各种牛肉面，还有炒拉条、盖浇面 / 饭等； •特色小吃较少，无记忆点。	•门头几乎无差别的黄底红字招牌，千店一面； •环境较为普通； •厨房半开放或不开放。	街边店为主	夫妻店、个体店居多
新式兰州拉面馆	马记永、陈香贵、张拉拉手撕牛肉面	30~40	•单品拉面为爆品； •特色风味小吃较多； •整体 SKU 较少。	•门头有品牌特色，辨识度高； •环境明亮时尚，干净卫生； •全开放厨房。	商场店为主	连锁店

资料来源：公开信息，红餐品牌研究院整理。

红餐网 | 红餐大数据

连锁经营能力增强。相比传统面馆的商业模式，新中式面馆强化快餐属性，提升了大规模复制和快速扩张的能力。比如和府捞面在首家门店开业前，就着手搭建供应链，为规模化发展打下了根基。

零售化拓宽面条品类天花板。相比传统面馆过于依赖堂食，新式面馆布局“线上 + 线下”双渠道，抗风险能力和营收空间均能得到提升。比如五爷拌面在创立之初就考虑到了外卖和零售化渠道，其主打产品拌面在研发时就做了相应改进，保证产品在外卖配送中不容易出现软烂、断、坨等情况。同时，五爷

拌面还研发出了速食产品，在线上商城和线下商超同步售卖。

很显然，新中式面馆品牌们对标的不是街边的传统面馆，而是麦当劳、肯德基这样的连锁快餐品牌，所以它们更加重视品牌化经营。在资本的助推下，中式面馆迎来了升级发展的黄金期。

4. 米粉：融资热度渐涨，地方特色米粉崭露头角

近年来，在面条赛道热度高涨的时候，米粉赛道的热度也在渐起，米粉作为刚需品类的优势在逐步释放，亦吸引不少创业者涌入。

企查查数据显示，从 2017 年到 2021 年这 5 年间，新注册的米粉餐饮企业总数近 5.7 万家，每年进入这个赛道的米粉企业不低于 1.6 万家。

目前，整个米粉市场大体可以划分为三个阵营。第一类是新锐米粉品牌，比如三两粉 · 湖南手工米粉、小满手工粉等。第二类是小有成就的传统地方米粉品牌。比如盘踞湖南的统桶发卤粉王，目前拥有 400 余家门店。广东区域品牌李大叔南昌拌粉，门店有 300 余家。还有新疆的啊臻味道米粉、浙江的子固路老南昌拌粉、广西的三品王，门店都在二三百家。

第三类是通过加盟模式发展了数千家门店的米粉老牌，比如五谷渔粉，目前是米粉赛道门店规模的第一名，拥有 4000 余家门店；无名缘米粉以 2500 多家门店紧跟其后。这类品牌提供的米粉种类丰富，人均消费不高，主要依靠加盟模式扩张，所以门店得以遍布全国，以三、四线等下沉城市居多。

表 2-20　2022 年全国部分米粉品牌概况

品牌名称	细分品类	门店数（家）	创立时间（年）	发源地	门店主要分布区域
五谷渔粉	鱼粉	4170+	2010	长沙	广东、河南、湖北
无名缘米粉	—	2500+	2009	哈尔滨	黑龙江、辽宁
统桶发卤粉王	卤粉	410+	2015	长沙	湖南
姐弟俩土豆粉	土豆粉	400+	2001	郑州	河南、陕西
李大叔南昌拌粉	拌粉	320+	2017	东莞	广东、浙江
啊臻味道米粉	新疆米粉	280+	2016	新疆	新疆
子固路老南昌拌粉	拌粉	270+	2016	杭州	浙江
吴佳拌米粉	拌粉	260+	2015	新疆	新疆
三品王	原汤牛肉粉	230+	1999	南宁	广西
霸蛮湖南米粉	湖南米粉	150+	2014	北京	北京
三两粉 · 湖南手工米粉	湖南手工粉	约 80	2017	东莞	广东
小满手工粉	手工米粉	70+	2018	上海	上海
大弗兰	湖南米粉	30+	2016	深圳	广东
四有青年米粉	湖南米粉	20+	2016	北京	北京

资料来源：红餐大数据，数据统计时间截至 2022 年 6 月 30 日。

从细分品类的角度看，柳州螺蛳粉、重庆酸辣粉近两年在线上持续火爆，孕育出了好欢螺、李子柒、我的天呐、食族人等新消费品牌，且餐企巨头如海底捞、小龙坎也纷纷入局。桂林米粉虽声名在外，但大多为夫妻小店，规模化的连锁黑马品牌较少见。在以“辣”为品类卖点和记忆点的湖南米粉赛道中，知名度较高的线下品牌较多，比如霸蛮湖南米粉、大弗兰、四有青年米粉等。

2021 年，米粉赛道也获得了不少资本的关注。除了霸蛮湖南米粉因开创了“线上电商 + 新零售 + 外卖 O2O+ 线下连锁体验店”的无界餐饮模式而备受资本追捧之外，资本又看上了具有地方特色的新兴品牌，比如主打新疆粉的疆小骆，聚焦贵州米粉的贵凤凰，以聚焦牛肉汤粉的十分湘，还有做肥肠粉的甘食记。它们中有的品牌仅成立 4 个月或只有 1 家店时便拿到了融资。

另外，一些新锐品牌虽没获得融资，但发展势头也值得关注。比如主打湖南手工米粉的三两粉，2017 年创立于广东东莞，以“手工现磨现蒸现做”的匠心卖点成功打开市场，目前发展出了约 80 家门店，在区域市场小有名气。此外，2019 年创立于长沙的卤大姐卤粉，从湖南米粉的细分卤粉切入，主打“卤粉 + 卤味”，以小店模式铺开了 10 余家门店。

上述获得资本或市场认可的品牌，

或正在引领米粉品类升级的方向，具体体现在三个方面。第一，深挖地方特色米粉的差异化机会点，产品结构基本以“爆品米粉 + 当地特色小吃”的组合形式呈现；第二，升级为手工粉，同时升级门店环境，注重品牌化运营；第三，布局新零售渠道。

总的来说，米粉市场参与者大部分仍相对传统，区域品牌居多，全国性品牌还未显现。过去一年，继湖南米粉之后，新疆米粉、南昌拌粉、贵州米粉等地方特色米粉开始崭露头角，每个细分赛道都有孕育头部品牌的机会，“大而不强”的米粉品类迎来了发展契机。

5. 米线：港式米线兴起，细分品类融合成趋势

米线作为粉面赛道的一大细分品类，在疫情期间出现了逆势而上的趋势。企查查数据显示，2021 年米线相关企业的注册量，相比 2019 年有了明显增长，目前全国在业 / 存续的米线企业有 11.7 万家。

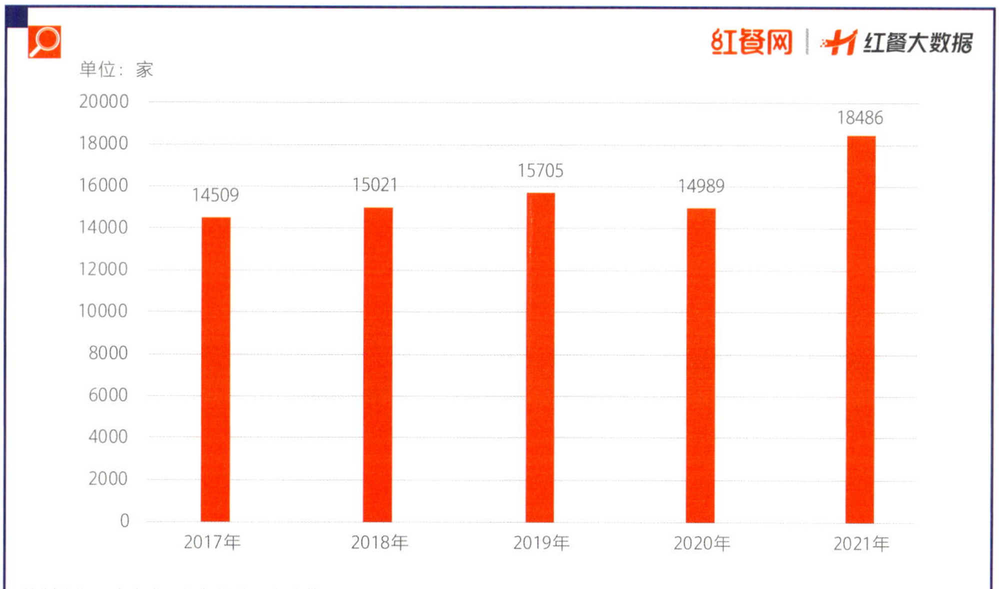

资料来源：企查查，红餐品牌研究院整理。
注：统计的是国标行业“餐饮业”中企业名称、品牌产品、经营范围内含关键词“米线”的企业数据。

图 2-22　2017 — 2021 年全国米线相关企业注册量

经过几十年的发展，米线赛道已涌现出一批优秀的连锁品牌，比如阿香米线、蒙自源、大鼓米线等。以跻身“2021中国餐饮品牌力百强”的蒙自源为例，始终专注云南米线，20 多年来一直坚持“现熬原汤”，“每天开店的第一件事情就是熬好一锅汤”的品牌认知深入人心，由此实现了疫情之下的逆势扩张。2021 年蒙自源新开门店 280 家，截至 2022 年 6 月在国内市场已经发展出了 800 余家分店。企业长青的秘密在于不断升级，2021 年蒙自源进行了品牌的全面升级，进入拥抱“年轻化”的新发展阶段。

米线品牌多深耕区域市场，进行全国化扩张的连锁品牌较少，整个市场呈现出“群雄割据”的竞争格局。譬如大鼓米线大部分门店位于江浙沪，桥香园、建新园深耕云南地区，老妈米线聚焦于江苏区域。相比面类和米粉赛道，米线品类的千店品牌暂未出现，这也意味着米线品牌们尚有拼搏的机会。

表 2-21　2022 年全国部分米线品牌概况

品牌名称	门店数（家）	创立时间（年）	发源地	门店主要分布区域
阿香米线	760+	2000	淄博	山东、江苏、浙江等
蒙自源	800+	2001	东莞	广东、福建
大鼓米线	350+	2010	上海	江苏、浙江、上海
十秒到过桥米线	210+	2014	杭州	浙江、天津
桥香园云南过桥米线	100+	1988	昆明	云南
建新园	30+	1906	昆明	云南
谭仔米线	80+	1996	香港	香港、深圳
云味馆米线	70+	2014	深圳	广东
哚哚米线	80+	2018	上海	山东、江苏、甘肃
王仁和米线	40+	2006	合肥	安徽
老妈米线	50+	1985	苏州	江苏
肥汁米蘭香港米线	20+	2017	上海	上海
灵芝妹子海鲜米线	50+	2004	大连	辽宁
青和小锅米线	20+	2015	昆明	云南

资料来源：红餐大数据，数据统计时间截至 2022 年 6 月 30 日。

过去的一年，米线赛道也发生了不少变化。2021 年 10 月，香港谭仔国际上市，“中国米线第一股”诞生。主打港式米线的肥汁米蘭香港米线，不到半年就拿下了两轮融资，品牌估值一度近 10 亿元。米线老牌阿香米线开始卖米饭、刀削面、土豆粉，由米线专门店变成了多元快餐店。总体来看，米线品类呈现出两个明显的发展趋势。

一是“港式米线”越来越流行。港式米线是云南小锅米线和港式风味二者的结合体，以单底多浇复合味型为特色。肥汁米蘭香港米线获得融资之后，在市场上引发了一波跟风创业潮。港式米线代表品牌谭仔国际的成功上市，也进一步助推了这个细分品类的热度。

二是“米线 +”成品类进化趋势。阿香米线在2021年跨品类增加了米饭、刀削面和土豆粉等品类。而在此之前，为了突破单品的局限，不少米线头部品牌都开启了跨品类经营，对产品结构实行多元化升级。比如蒙自源很早就推出了饭食，2022 年不仅升级了饭食，还研发出了酸菜鱼煲等各种煲类，在一些大店还将推出水煮肉片、酸辣肥肠、干锅牛蛙、烤鱼等正餐爆品，在丰富菜品的同时把价格降下来，满足 1~2 人的轻正餐消费需求。

细分品类融合和产品结构多元化成了米线品类升级的两个大方向。随着关注度升温，米线市场有望焕发出新的生机。

三、包点：新锐品牌崛起，明档现包成为品类升级突破口

作为中国传统美食，包点种类丰富、易标准化，并且消费场景多样，在我国有着稳定的消费市场。发展至今，包点品类孕育出了狗不理包子、庆丰包子铺这样的老字号品牌，也成就了不少包点连锁品牌，如已成功登陆资本市场的巴比馒头。

进入 2021 年，包点赛道出现了一批以“包馔夜包子”为代表的新锐品牌，通过创新消费场景、重构门店模型等策略迅速崛起，也顺势提升了包点赛道的关注度。

1. 市场规模庞大，门店以街边店居多

包子的历史源远流长，受众广泛，全国多地消费者都有吃包子的习惯。作为人们喜闻乐见的食物，包子较常出现在早餐时段，因此有着较强的刚需属性；同时，包子既可当主食，亦可作小吃，消费场景广泛。另外，包子不受堂食局限、更易标准化，零售属性明显。

基于以上种种特性，包点的市场需求庞大，催生出了一个规模巨大的包点赛道。红餐大数据显示，2021 年全国包点门店数超过 15 万家，全国包点品类的市场规模超过了 600 亿元。

虽然市场规模庞大，但是在品牌化、连锁化的建设上，包点品类尚有很大的发展空间。据红餐大数据，在包点品类中，门店数 5~50 家的品牌最多，占 47.9%；门店数 51~100 家、101~500 家的品牌占比不高，分别为 20.0%、17.1%；门店数在 500 家以上的占比较低，仅为 1.8%。

由此来看，接近半数的包点品牌尚处于连锁化的初级阶段，仅有不到五分之一的包点品牌拥有百家以上的门店，已经布局全国且实现规模化的头部品牌较为欠缺，而夫妻店、街边店等比较初级的门店模式较为常见。目前，包点品类整体连锁化程度不高，呈现出“大市场、小品牌”的特点。

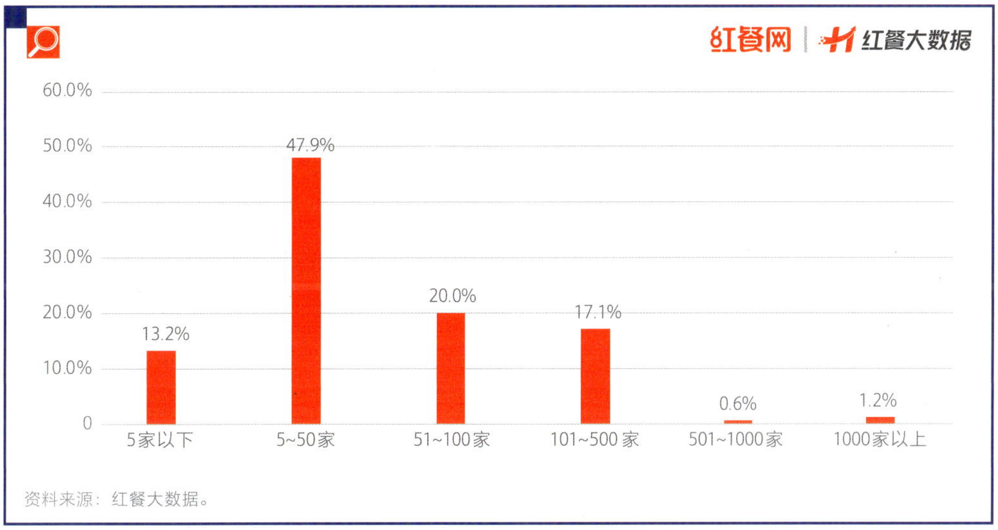

图 2-23　2021 年全国包点样本品牌门店数区间占比分布

2. 区域特性强，口味、供应链成跨区域发展壁垒

就门店的区域分布来看，包点在全国的分布并不均匀。包点门店在华东、华南两个区域分布较多，门店数合计占比超六成，这两大区域的经济相对发达，城市人口众多，市场需求大。而华中、华北、东北、西北、西南 5 个区域的门店占比均在 5% 到 10% 之间，与华东和华南相比有较大差距。

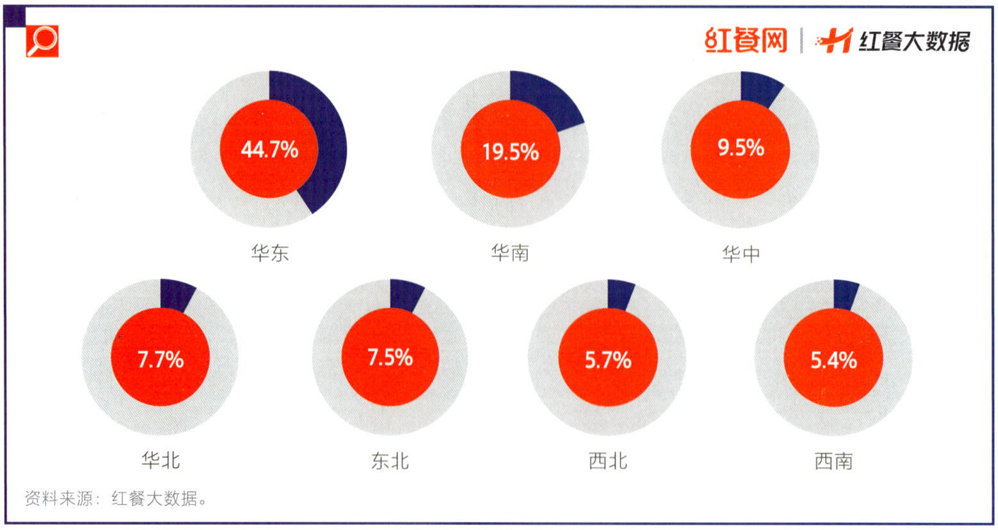

图 2-24　2021 年全国各区域包点样本门店数占比分布

此外，包点赛道的全国性品牌较少，区域品牌居多。红餐大数据显示，在全国包点代表品牌中，除老台门汤包、早阳肉包外，其他品牌门店大多高度集中在某几个省份里，分布区域集中。比如巴比馒头虽在全国拥有近4000家门店，但主要集中于江浙沪、广东、北京、湖北等地；三津汤包和包道深耕广东地区；和善园和青露馒头均发源于南京，门店主要分布于江苏省；沈老头包子门店主要分布于辽宁、吉林、新疆等地区；东坡肉包则深耕黑龙江、辽宁；小杨生煎、庆丰包子铺则分别深耕江浙沪和北京。

表 2-22 2022 年全国部分包点品牌概况

品牌名称	门店数（家）	发源地	门店主要分布区域
巴比馒头	3800+	上海	上海、浙江、江苏、广东、北京
老台门汤包	1400+	绍兴	山东、浙江、陕西、广西、河南
三津汤包	1200+	深圳	广东、湖南
早阳肉包	1000+	上海	浙江、广东、江苏、上海
和善园	900+	南京	江苏、湖北
沈老头包子	730+	哈尔滨	辽宁、吉林、新疆
蜀食一家五馅包	600+	成都	四川、重庆
东坡肉包	450+	黑龙江	黑龙江、辽宁
包道	400+	广州	广东、广西
青露馒头	400+	南京	江苏
蒸旺手工包点	420+	广州	广东、湖南
包馔夜包子	300+	成都	上海、浙江、江苏、广东
小杨生煎	260+	上海	上海、浙江、江苏
庆丰包子铺	250+	北京	北京
老盛昌汤包	180+	上海	上海

资料来源：红餐大数据，数据统计时间截至 2022 年 6 月 30 日。

红餐网 | 红餐大数据

限制包点品牌跨区域发展的障碍，一方面在于口味壁垒。我国疆域辽阔，各地风土人情迥异，饮食习惯各有不同，几乎每个区域都形成了其独有的特色包点：广东有叉烧包，天津以狗不理闻名，上海小笼包名气远播，开封灌汤包、新疆烤包子深受当地人欢迎。因此，包点有较强的地域消费属性，很难有某种风味的包点能够打通全国市场，跨区域发展涉及的消费者口味教育成本很高。

另一方面，供应链能力也在一定程度上制约了包点品牌的跨区域发展。包子虽然标准化程度高，馅料和面皮都可以在中央工厂完工，但门店销售一般要求日配保鲜，这就意味着品牌要发展连锁需具备完备的配送体系。若要跨区域发展，还要针对进入区域的口味做多样性备货，非常考验包点品牌的供应链能力。

在以上两种因素的合力作用之下，包点品牌呈现出了以区域发展为主的特点。

3. 老字号发展现颓势，新锐品牌成功破局

实际上，多个餐饮品类的老字号品牌都呈现出了发展颓势，在包点品类中这一趋势表现得更加明显。天津的狗不理包子是国家商务部认定的首批中华老字号，但近年来一直发展缓慢，其线下门店不断缩减。2021 年，狗不理北京门店全数关闭，只能退守天津，仅剩 10 余家门店。而庆丰包子铺、鼎泰丰等老字号也呈现出不同程度的品牌形象老化、扩张乏力、发展缓慢等问题。虽然这些老字号也做出过寻找第二增长曲线的尝试，如狗不理开咖啡店，鼎泰丰试水“小笼包配酒”，但大都反响平平。

值得关注的是，包点品类的新锐品牌正在崛起。比如起步于成都的包馔夜包子另辟蹊径地在夜宵时段卖包子，发展非常迅速。包馔夜包子创立于 2020 年，两年时间内拓店超过 300 家；同样创立于 2020 年的李与白包子铺，也是开出了近百家门店；优客工场创始人兼董事长毛大庆推出的毛大庆包子铺，主打“包子 + 咖啡”组合，也受到了业内的大量关注。

这些新锐包点品牌快速发展，带动了整个品类的关注度持续走高。抖音指数趋势显示，从 2020 年 10 月开始，包点品类的抖音指数相较 2019 年上升明显，呈现出比较鲜明的“网红”气质。

不过这些新锐包点品牌仍处在探索期，在根基不稳的情况下快速扩张潜藏着风险，例如部分“网红”包点品牌就被质疑极度依赖新媒体营销与排队造势，产品质量并不稳定。虽然这些“网红”品牌开店速度快，但大部分加盟店并未能复制“排队热潮”，对于创业者而言，跟风入局做包点铺还需谨慎。

4. 明档现包改善消费体验，寻求标准化和烟火气的平衡点

在新锐包点品牌崛起之前，包点市场上主要存在三种门店形态。第一种是依靠标准化供应链推进发展的连锁门店，包点在中央工厂制作，包点门店只需简单蒸制一下即可售卖；第二种是夫妻小店，包点依赖手工现包现蒸，但产品的安全性不足，工艺、口味不稳定；第三种是专注现包现蒸的特色包点铺，通过过硬的人工培训和操作流水线，保证较高品质且稳定的出品，主打手工和味道，这类品牌大多以直营为主，门店规模不大，包点老字号多属于这类。

近两年崛起的新锐包点品牌打破了以上格局。与传统包子铺相比，新锐品牌大多对门店模型进行了升级，以手工现包作为卖点的同时，着力改善门店环境和运营效率，显著增强了品牌化建设以及连锁化发展能力，在消费体验与门店效率之间找到了更合理的平衡点。例如主打“明档手工现制”的李与白包子铺，其肉包采用中央工厂配制的标准化馅料，门店只负责简单的蔬菜拌配和现包。

在餐饮消费不断升级和新冠肺炎疫情持续存在的双重大背景下，消费者对包点消费提出了更高的要求，既要安全卫生、新鲜好吃的高品质，还要有烟火气的市井体验。这些新锐包点品牌满足了以上需求，抓住了发展机遇才得以快速崛起。

但值得注意的是，兼顾匠心和标准化的难度相当大。受人工成本、食品安全风险等因素的制约，手工现包有着相应的弊端。未来包点品类的突围方向，应该是借助技术升级、管理创新，不断在匠心和标准化之间寻找或者制造动态的平衡点。而要做到这一点，需要所有具有使命感的包点品牌积极摸索和共同努力。

5. 供应链是核心竞争力，团餐市场潜力巨大

包点的即食性较强，消费者对包点产品的需求主要聚焦在安全卫生、价格实惠以及购买便利等层面。包点企业要想把生意做大，一方面要尽可能多开店，覆盖更多人流，另一方面可以尝试开拓团餐渠道。但不管采用哪种方式，供应链体系建设都是品牌连锁化、规模化发展的大前提，头部品牌巴比馒头的成功就是典型案例。

早在 2004 年，巴比馒头就建立了第一个中央工厂，以确保产品品质统一和提升门店的制作效率。随即在第二年，巴比馒头开启加盟战略，力求扩大终端门店规模，以反哺供应链。

目前，巴比馒头已经构建了一个“紧邻门店、统一管理、快捷供应、最大化保质保鲜”的全方位供应链体系，以其上海、广州、天津 3 大生产基地为中心，对本地及周边城市的特许加盟店的食材进行统一采购、加工、储存、配送。据了解，巴比馒头的面点系列产品、馅料系列产品等均采取自主生产模式，标准化程度在行业中首屈一指。

得益于强大的供应链体系，巴比馒头 2021 年的业绩情况亮眼：年内拓店超 700 家，营业收入达到了 13.75 亿元，同比增长 41.06%；归属于上市公司股东的净利润 3.14 亿元，同比增长 78.92%。

此外，由于包点门店数众多，市场竞争相对激烈，很多包点企业逐渐把发力点瞄向团餐市场。据红餐大数据，2021 年我国团餐市场规模达到 1.56 万亿元，并预计 2022 年达到 1.6 万亿元。包点因口味多样、标准化程度高、刚需性强，是较合适团餐的产品。学校食堂、单位食堂等机构，则是早餐包点的需求大户。

以巴比馒头为例，至今其已为数百家企事业单位、学校、医院等机构供餐。其年报显示，2021 年巴比馒头团餐渠道销售收入占其主营收的 15.62%，同比增长 61.21%。同时，巴比馒头 2022 年上半年年报显示，公司团餐业务实现超预期发展，同比增长 108.06%。包点餐企依靠自身成熟供应链切入团餐市场，从而扩大销售规模、开辟第二增长曲线，已经成为包点品牌比较典型的发展模型。

四、西式快餐：市场增长乏力，平价产品成主流

西式快餐在中国有着数十年的发展历史。20 世纪八九十年代，以肯德基、麦当劳为首的西方快餐连锁品牌率先进入内地市场，凭借着“洋气”“高端”的品牌形象大受欢迎。随着国民收入水平不断提高，以及改革开放的深入推进，市场上的餐饮品类在不断丰富，人们开始追求更加健康的饮食习惯，高热量、低营养的西式快餐日趋平民化。

在这个过程中，必胜客、萨莉亚、赛百味等外来品牌相继进入内地市场；华莱士、德克士等主打平价的本土品牌陆续崛起；近年来，Shake Shack、Five Guys 等高端汉堡品牌也纷纷亮相国内商圈……随着入局者不断增多，西式快餐赛道的竞争日趋激烈。

1. 增长空间受挤压，头部品牌遇经营难题

21 世纪的第一个 10 年，在麦当劳、肯德基等洋品牌的带领下，西式快餐经历了高速发展期。但由于产品种类简单，主要是汉堡、炸鸡、薯片等，创新较为受限，西式快餐品类的同质化问题开始出现，市场规模增长也逐渐乏力。据红餐大数据，自 2017 年至 2019 年，我国西式快餐市场规模增长放缓，2020 年受疫情影响甚至出现了负增长。进入 2021 年，西式快餐市场有所回温，市场规模为 2310 亿元，同比增长 10.4%，预计 2022 年我国西式快餐市场规模约 2500 亿元。

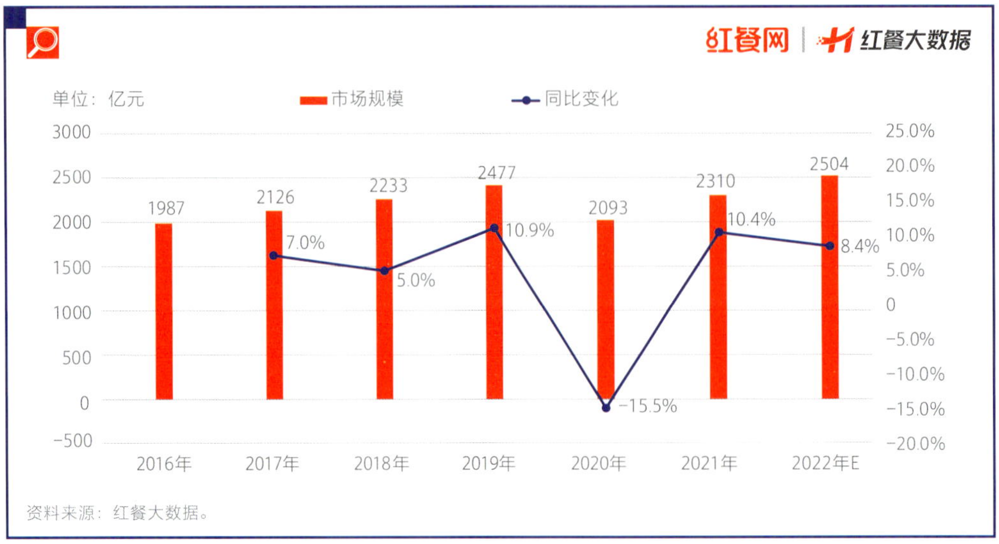

图 2-25　2016 — 2022 年全国西式快餐市场规模情况

近年来，以乡村基、老乡鸡、老娘舅等为代表的中式快餐品牌崛起，中式快餐市场增长迅速。据红餐大数据，2021 年中式快餐市场规模约为 6426 亿元，而同期西式快餐市场规模大约是中式快餐市场规模的三分之一。

可见，对比快速增长的中式快餐赛道，西式快餐品类整体的发展略显疲态，这个趋势在头部品牌的整体表现上亦有体现。根据百胜中国财报，2022 年第二季度不计外币换算的影响，肯德基和必胜客的同店销售额较上年同期分别下降了 16% 和 15%。

拉长时间线来看，2017 年至 2020 年肯德基的利润增长率持续下滑，从最高点的 18.0% 降至 -11.7%，2021 年回升至 10.1%，或与疫情防控常态化以及品牌加强线上运营有关。同样，近年必胜客的利润增长率也持续波动，于 2018 年跌至 -26.0%，在疫情缓和的 2021 年，必胜客餐厅利润仅增长 0.2%。另一个西式快餐品牌萨莉亚的业绩也在波动，其财报显示，萨莉亚在亚洲的销售额增长率从 2018 年至 2020 年持续下降。而 2021 年至今，萨莉亚的业绩稍微有所改善。

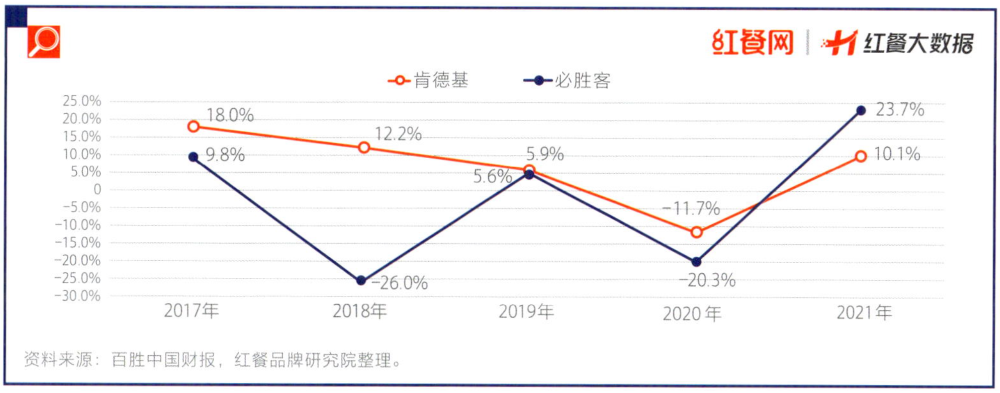

图 2-26　2017 — 2021 年肯德基和必胜客的中国餐厅利润增长率

图 2-27　2017 — 2021 年萨莉亚在亚洲市场的销售额概况

2. 华东门店分布最多，平价西式快餐成主流

据红餐大数据，从西式快餐的区域分布来看，华东地区的西式快餐门店最多，约占西式快餐总门店数的 36.8%。华东地区经济发展水平较高，白领上班族相对多，生活节奏相对快，从而对西式快餐的需求相对较大。此外，华南、华中、华北、西南地区的门店数占比为 10% 到 20%，而东北和西北地区的门店数占比为 4% 到 6%。

具体至省份，西式快餐门店数最多的 5 个省份依次是广东、江苏、浙江、山东和河南，门店数占比分别为 12.7%、8.3%、6.8%、6.5% 和 5.9%。广东、江苏属沿海地区，对外开放程度相对较高，当地消费者对西餐文化的接纳程度也较高，西式快餐市场相对庞大。

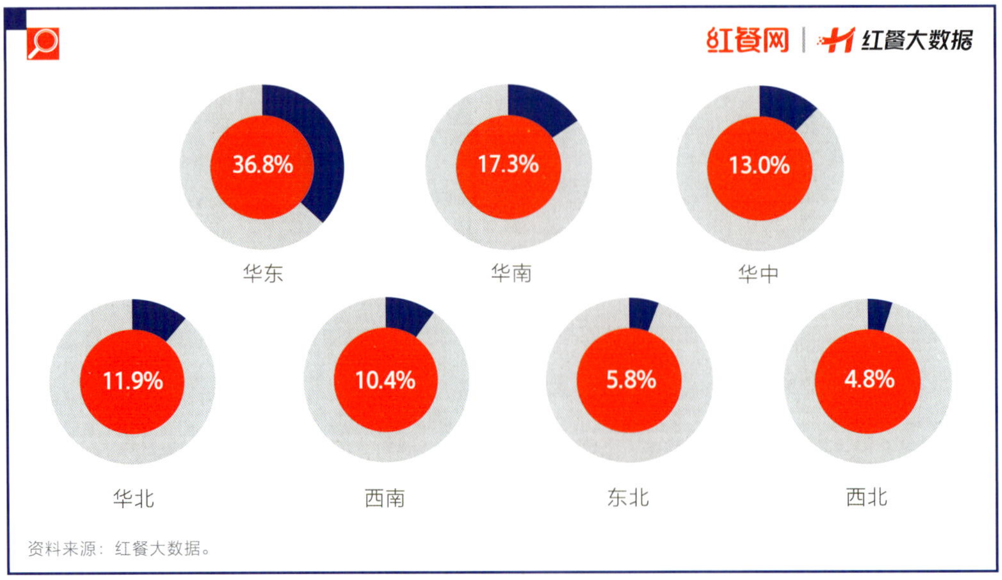

图 2-28　2021 年全国各区域西式快餐样本门店数占比分布

从人均消费来看，平价西式快餐已经成为市场主流。红餐大数据显示，人均消费在 40 元及以下的品牌数占比高达 89.7%，竞争相当激烈；而人均消费在 81 元以上的品牌数仅占 1.5%，可见高端西式快餐赛道较少品牌聚集，或有一定的拓展空间。

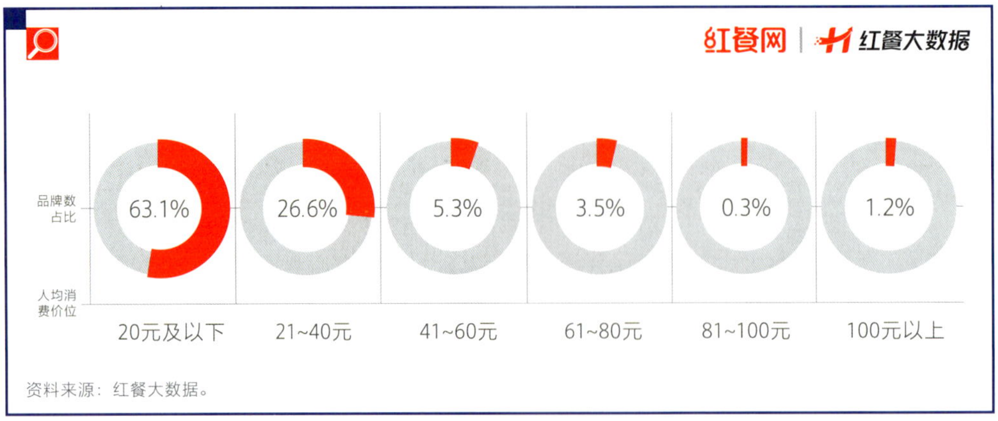

图 2-29　2021 年全国西式快餐样本品牌人均消费价位占比分布

3. 马太效应极为突出，市场被巨头把持

从行业竞争格局来看，相对中式快餐、中式正餐、火锅等中式餐饮品类，西式快餐品牌的连锁化率更高，且头部餐企占据了较大的市场份额。

据红餐大数据，截至 2022 年 6 月，华莱士门店总数已有 20000 余家；肯德基、麦当劳则分别以 8500 余家、4700 余家门店跟随其后；德克士、必胜客、贝克汉堡、派乐汉堡、汉堡王等品牌均超过 1000 家门店。

相较之下，中式快餐麻辣烫赛道中的两大头部品牌杨国福麻辣烫和张亮麻辣烫门店数均在 5000 余家左右；而米饭快餐赛道的头部品牌中，仅有老乡鸡等少数品牌的门店数突破千家，其余头部品牌如乡村基、大米先生、老娘舅门店数均在数百家之列。与此同时，中式正餐、火锅等品类中的头部品牌的门店数亦在千家或数百家。可见，西式快餐头部品牌的门店规模相对较高。

图 2-30　2022 年全国部分西式快餐品牌概况

作为“洋快餐”的代表，麦当劳、肯德基两大巨头凭借强大的品牌势能、庞大的门店数在西式快餐品类里占据绝对优势，必胜客、汉堡王、赛百味、萨莉亚等品牌亦凭借各自的特色占有一定的市场份额。

同时，本土西式快餐品牌也在快速崛起，多个品牌颇具发展活力。华莱士、德克士是第一批崛起的本土西式快餐品牌，规模发展较快，在下沉市场尤其受到欢迎。2014 年之后，派乐汉堡、贝克汉堡迅速扩张。这类本土品牌大多走低价路线，人均消费在 15 到 25 元，主攻平价消费市场，与麦当劳、肯德基形成差异化竞争。

西式快餐头部品牌之所以能发展出更大的门店规模，主要有两方面原因：一是西式快餐的菜单结构相对简单，产品标准化程度较高，主要由供应商或中央厨房制成半成品，通过冷链运送到门店，门店经过简单操作即可出餐；二是作为舶来餐饮业态，西式快餐有较为先进的餐饮经营理念，连锁门店管理体系较为成熟。

4. 洋品牌加速本土化，围猎下沉市场

随着中国餐饮业的不断发展，细分餐饮品类不断涌现，中式餐饮市场逐渐崛起，西式快餐市场持续承压。为了谋求持续增长，更好地迎合中国市场消费习惯，麦当劳、肯德基双巨头纷纷加速本土化改造，不仅推出各式本土化产品，在市场营销层面也做出相应的本土化尝试。

产品创新是麦当劳、肯德基推进本土化策略的重点。自 2000 年起，肯德基就陆续推出皮蛋瘦肉粥、豆浆油条等本土化餐品，麦当劳随后跟进。此外，麦当劳、肯德基还利用中西式美食各自的特点，推出融合产品，如肯德基的小龙虾烤鸡堡、麦当劳的腊味菜菜堡。2021 年，肯德基更是推出了“早安 · 城市味道”计划，针对不同城市的饮食特色，推出对应的热干面、胡辣汤、小笼包等地方早餐美食。2022 年，麦当劳上线了夜宵项目“麦麦夜市”，推出“啤酒 + 鸡架”等夜间专属产品。

在品牌营销上，麦当劳、肯德基借鉴国内流行的“玩梗文化”，以此让品牌更加深入人心。例如，在肯德基“疯狂星期四”活动中，消费者会在社交媒体发布一些戏剧效果十足的文案，并在结尾表示希望别人请吃肯德基的愿望。文案涉及悬疑、都市情感、青春文艺等题材，吸引了诸多年轻人参与加工再创作。“疯狂星期四”活动成为 2021 年

的现象级营销事件，肯德基依靠此活动在收获大量粉丝的同时实现了可观的营收。

在中国发展 30 多年后，麦当劳、肯德基在一、二线城市的门店布局已经相对饱和，近几年开始发力三线及以下城市市场来寻求新的增量。据红餐大数据，在 2021 年肯德基新开的 1800 余家门店中，超过一半位于三线及以下城市。据麦当劳中国发布的“愿景 2022”，2022 年麦当劳要在中国内地新开约 500 家门店，其中约 45% 的门店将设立在下沉市场。

截至 2022 年 6 月，红餐大数据显示，肯德基和麦当劳分别约有 36.4%、24.0% 的门店位于三线及以下城市，二者还在持续拉近与下沉市场消费者之间的距离。

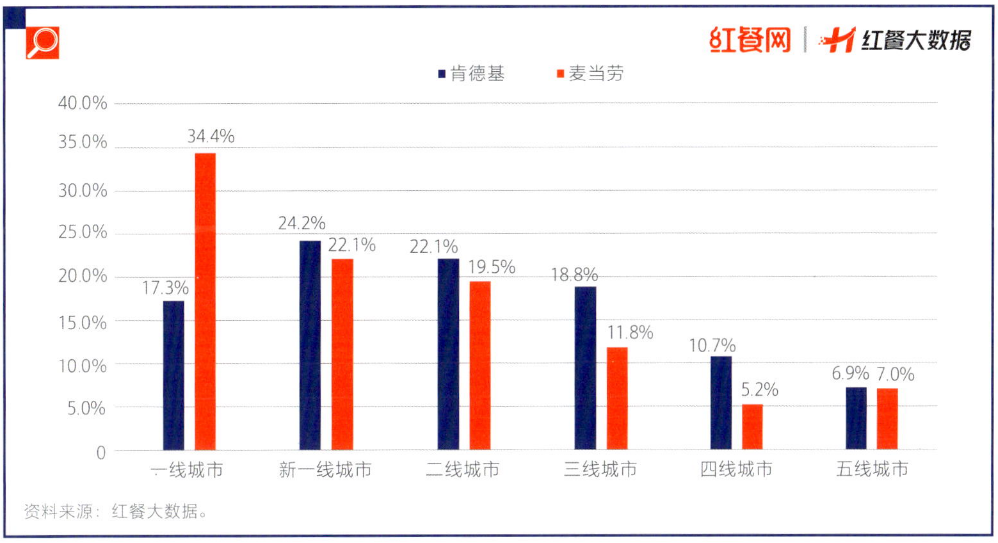

图 2-31　2022 年全国各线级城市肯德基、麦当劳门店数占比分布

但是下沉城市并非蓝海市场，实际竞争也非常激烈。据红餐大数据，2022 年全国约有 48.5% 的西式快餐门店分布于三线及以下城市。华莱士、贝克汉堡、德克士、派乐汉堡等平价品牌在三线及以下城市都有大量的门店布局，且这部分门店数基本上均超过各品牌门店总数的一半。比如华莱士、德克士分别有 52.4%、59.8% 的门店分布于三线及以下城市。下沉市场中西式快餐品牌强手众多，麦当劳、肯德基虽然有较强的品牌实力，但其下沉举措依然面临较大的挑战。

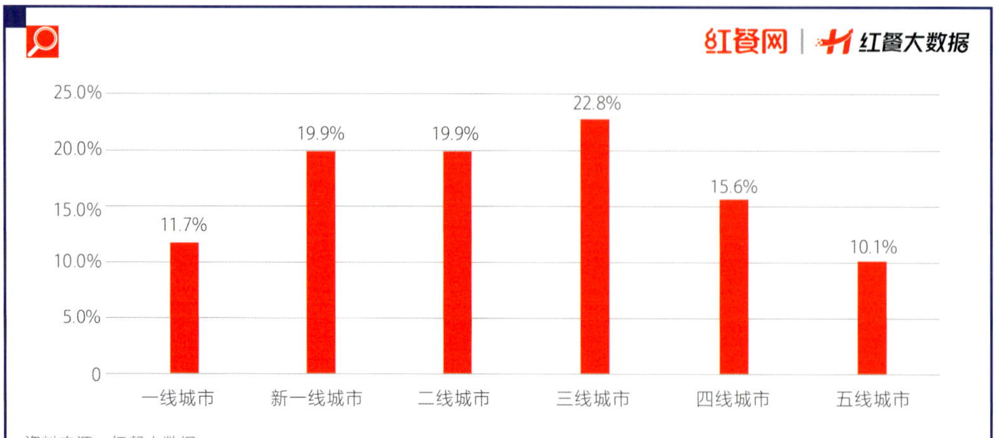

资料来源：红餐大数据。

图 2-32　2021 年全国各线级城市西式快餐样本门店数占比分布

5. 高端汉堡走红，引领快餐高端化风潮

近几年，西式快餐市场朝着品质升级的方向发展。自 2019 年起，海外高端汉堡品牌 Shake Shack、Five Guys 等陆续开出内地首店，在各地引发了排队热潮。而国内多个定位高品质的西式快餐品牌最近一年也均获得了资本青睐。据红餐大数据，2021 年至 2022 年上半年有 6 个西式快餐品牌获得融资，其中包括了 2 个高端汉堡品牌，分别是 Charlie's 粉红汉堡、爱氏热狗。

表 2-23　2021 — 2022 年上半年全国西式快餐品牌融资情况

品牌名称	披露时间	融资金额	融资轮次	投资方
Charlie's 粉红汉堡	2021.7	数千万元	A 轮	哔哩哔哩 bilibili
派乐汉堡	2021.11	数亿元	战略融资	绝了基金
顾思特汉堡炸鸡	2021.12	3000 万元	天使轮	红杉资本中国、腾讯投资、美团龙珠、光伟资本
	2022.3	未披露	A 轮	光伟资本
德吉仕汉堡	2022.2	3500 万元	天使轮	凡华科技（香港）有限公司
爱氏热狗	2022.4	千万元级	天使轮	险峰长青
琨雅餐饮	2022.4	5000 万元	A 轮	翔音基金

资料来源：红餐大数据。　红餐网 | 红餐大数据

相比麦当劳、肯德基等经典西式快餐品牌，以及华莱士、德克士等更为平价的西式快餐品牌，高端西式快餐品牌在食材、服务、环境、价格等方面均进行了升级，并且强调社交空间属性。

在价格上，这类品牌的人均消费大都定位在 80 到 100 元，聚焦西式快餐的高端市场，以实现错位竞争。在产品方面，这类品牌以健康、有机、环保为卖点，并提供酒水饮品，打破了人们对西式快餐的固有认知。比如 Shake Shack 主推 100% 安格斯牛肉，以零添加的产品调性立足市场；Five Guys 则以手工制作、自由定制汉堡为特色，易给消费者留下鲜明的记忆点。

品质升级还体现在消费场景的创新上，这类高端品牌的门店装潢强调个性，能满足消费者打卡社交的需求。比如，Shake Shack 主打混合材质金属棚屋，并提供纽约最新的流行音乐；Five Guys 以红白色调为主，营造出强烈的美式街头风格；Charlie's 粉红汉堡则以粉色为主色调，品牌特性凸显。

整体而言，高端西式快餐品牌提供的产品和服务倾向于向正餐看齐，门店主要布局在一线城市及新一线城市，迎合年轻群体对于时尚、健康的消费需求。截至 2022 年 6 月，Shake Shack 已在国内开出 20 余家门店，Five Guys 合计有 6 家中国门店，爱氏热狗已开出 30 家门店，Charlie's 粉红汉堡在上海开出了 10 余家门店。

西式快餐在中国发展至今，从最初的“洋气高端”定位逐渐向平价化发展，如今走向再次转换，渐有向品质化方向升级的趋势，已基本形成了高中低端均有品牌覆盖的品类发展现状。随着城市居民的生活节奏变快，西式快餐在中国或仍有较大的发展空间和潜力。与此同时，随着平价西式快餐的竞争越发激烈，高端品牌或将迎来发展机会。

五、“麻辣烫第一股”或将诞生，微创新助力品类升级

经过了前几年的门店爆发式增长后，麻辣烫市场形成了杨国福麻辣烫和张亮麻辣烫“双雄”争霸的竞争格局，马太效应下中腰部品牌较难突围。2021年下半年，随着以麻辣、干拌、盘盘装为特色的川式麻辣烫品牌崛起，这一格局有被消融甚至打破的趋势。

2022 年 2 月，杨国福麻辣烫向港交所递交了招股说明书，如果成功上市，杨国福麻辣烫将会成为“麻辣烫第一股”。种种迹象表明，麻辣烫品类正在释放出新的发展活力。

1. 高频、高性价比优势突出，创业热情有所回升

得益于“高频、高性价比”的品类优势，近年来麻辣烫门店遍布于全国各地，市场规模进一步扩大。据红餐大数据，全国麻辣烫市场规模由 2016 的约 968 亿元，增加至 2019 年的约 1306 亿元。受疫情影响，2020 年麻辣烫市场规模缩小至 1142 亿元；随着疫情逐渐受控，2021 年麻辣烫市场规模回升至 1291 亿元，同比增速为 13.0%；预期 2022 年麻辣烫市场规模将进一步增长，达到 1404 亿元人民币。

图 2-33　2016 — 2022 年全国麻辣烫市场规模情况

企查查数据显示，2021 年我国麻辣烫相关企业注册量为 3.46 万家，同比增长 5.8%。在此之前的 2017 年至 2019 年，麻辣烫年新增相关企业分别为 3.75 万家、4.02 万家、4.15 万家，为近 10 年以来注册量最多的 3 年；进入 2020 年，麻辣烫注册企业数量则下降了 21.2%，总数量为 3.27 万家；而到了 2021 年，新增企业数量又开始逐渐增长，说明了 2021 年麻辣烫创业者的创业热情有所回升。

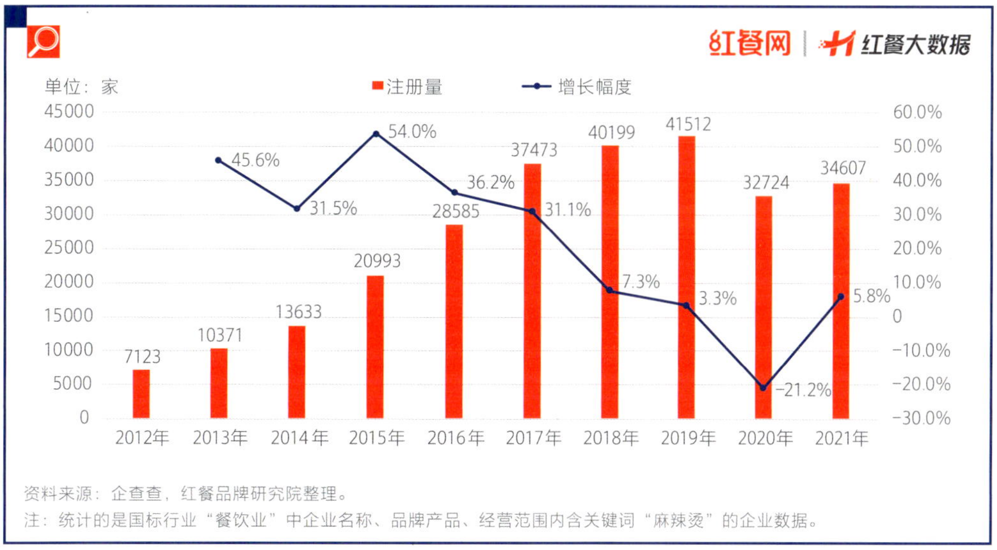

图 2-34　2012 — 2021 年全国麻辣烫相关企业注册量及增长幅度

在麻辣烫品类创业热情回升的同时，麻辣烫相关企业的吊销、注销量也呈下降趋势。企查查数据显示，从 2019 年到 2021 年，麻辣烫相关企业的注销、吊销量持续下降，2021 年麻辣烫相关企业的吊销、注销量为 1.70 万家，相较疫情前的 2019 年减少了 3000 多家，这或可从侧面印证麻辣烫企业的生命力在逐渐变强。

资料来源：企查查，红餐品牌研究院整理。

注：统计的是国标行业“餐饮业”中企业名称、品牌产品、经营范围内含关键词“麻辣烫”的企业数据。

图 2-35　2017 — 2021 年全国麻辣烫相关企业吊销、注销量及增长幅度

此外，麻辣烫在同时期的话题热度也在不断升温。作为网络热门话题的风向标，抖音指数是餐饮品类“群众基础”的重要参数。根据抖音指数显示，从 2021 年 7 月至 2022 年 5 月，麻辣烫的抖音指数呈上升趋势，或能在一定程度上表现出消费者对麻辣烫的关注度在提升。

2. 连锁化程度较高，头部品牌领先优势明显

麻辣烫相对容易标准化，也更容易产生规模效益，从业者倾向于采用连锁模式来实现品牌扩张。红餐大数据显示，2021 年全国麻辣烫市场的餐厅连锁化率约为 23%，高于同年全国餐饮市场约 15% 的餐厅连锁化率。

此外，连锁麻辣烫品牌的市场前景也比较广阔。据红餐大数据，2021 年连锁麻辣烫市场规模为 243 亿元，预计 2022 年同比增长约 8.6%，达到 264 亿元。

虽然麻辣烫品类连锁化率较高且市场前景广阔，但是目前市场上具备品牌号召力的麻辣烫连锁品牌并不多。除了杨国福麻辣烫和张亮麻辣烫这两个头部品牌，至今还没有出现第三个门店超过 1000 家的麻辣烫品牌。整个品类的金字塔特征明显，两大头部品牌之下是门店数量在 200~800 家的腰部品牌，以及为数众多的街头麻辣烫。

表 2-24　2022 年全国麻辣烫门店数 TOP10 品牌

序号	品牌名称	门店数（家）	发源地	门店主要分布区域
1	杨国福麻辣烫	5500+	哈尔滨	全国布局
2	张亮麻辣烫	5200+	哈尔滨	全国布局
3	觅姐	760+	上海	江苏、浙江、上海、广东
4	小谷姐姐麻辣拌 · 麻辣烫	730+	天津	北京、河北、广东
5	吉阿婆麻辣烫	710+	杭州	浙江、江苏、山东
6	刁四藤椒麻辣烫	640+	石家庄	河北、山东、河南等
7	川天椒麻辣烫	640+	长春	吉林、黑龙江、辽宁等
8	老街称盘麻辣烫	590+	成都	四川
9	刘文祥麻辣烫	550+	哈尔滨	黑龙江、辽宁
10	马玉涛麻辣烫	500+	哈尔滨	黑龙江

资料来源：红餐大数据，数据统计时间截至 2022 年 6 月 30 日。

红餐网 | 红餐大数据

疫情暴发以来，麻辣烫腰部品牌的扩张速度明显加快。比如觅姐的门店数已经超过 760 家，紧随其后的小谷姐姐麻辣拌 · 麻辣烫、吉阿婆麻辣烫门店均超过 700 家。仅小谷姐姐麻辣拌 · 麻辣烫在 2021 年新增了 300 多家门店。

即便如此，门店数超过 500 家的麻辣烫品牌也寥寥无几。红餐大数据显示，2021 年麻辣烫品类中门店数在 501~1000 家的品牌占比仅有 1.8%，门店数在 1000 家以上的品牌占比仅有 0.3%。绝大部分品牌的门店数都在 500 家以下，83.8% 的麻辣烫品牌门店数不超过 100 家，门店数在 101~500 家的品牌占比也仅为 14.1%。

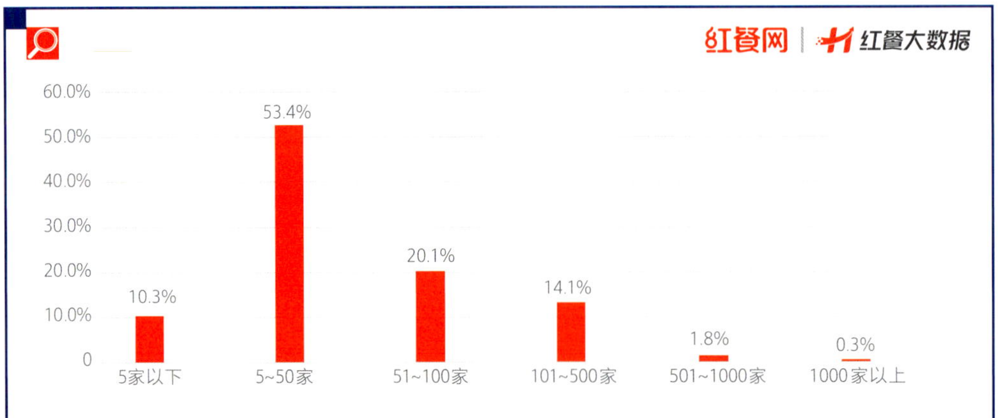

资料来源：红餐大数据。

图 2-36　2021 年全国麻辣烫样本品牌门店数区间占比分布

这也印证了麻辣烫品类本身存在的发展瓶颈：看似标准化程度高、门槛低，事实上后续经营难度大，对供应链的要求比较高，品质化的连锁品牌较难铸造。以上制约因素造成了麻辣烫自创品牌或单店生存艰难。再加上头部品牌早已占据绝对优势，马太效应下，腰部以下品牌很难突围。

3. 麻辣烫外卖增速迅猛，下沉市场或成增长动力源

麻辣烫具有口味丰富、性价比高等特性，已经成为小吃快餐的热门外卖品类。尤其是疫情之下，出于健康安全因素的考量，外卖成了很多消费者的居家

用餐选择，这也助长了麻辣烫外卖市场的火爆。

据红餐大数据，中国麻辣烫外卖市场规模由2016年的约55亿元急速上升至2021年的438亿元，复合年均增长率为51.4%，并预计2022年达到450亿元。

除了外卖这一增长渠道，据红餐大数据，头部麻辣烫品牌在中国一线城市和二线城市已经形成了广泛的布局，一、二线城市麻辣烫的市场规模由2016年的约356亿元增加至2021年的约472亿元，2016年至2021年的复合年均增长率约为5.8%。而三、四线城市的增长潜力明显更大，2021年我国三线及以下城市的麻辣烫市场规模约为819亿元，并预计2022年增加至约900亿元。同时，据红餐大数据，三线及以下城市的麻辣烫门店数量较多，占比达到了50.3%，一线城市的门店数量仅占8.8%。以上数据表明，三线及以下城市的麻辣烫市场具有较大增长潜力。

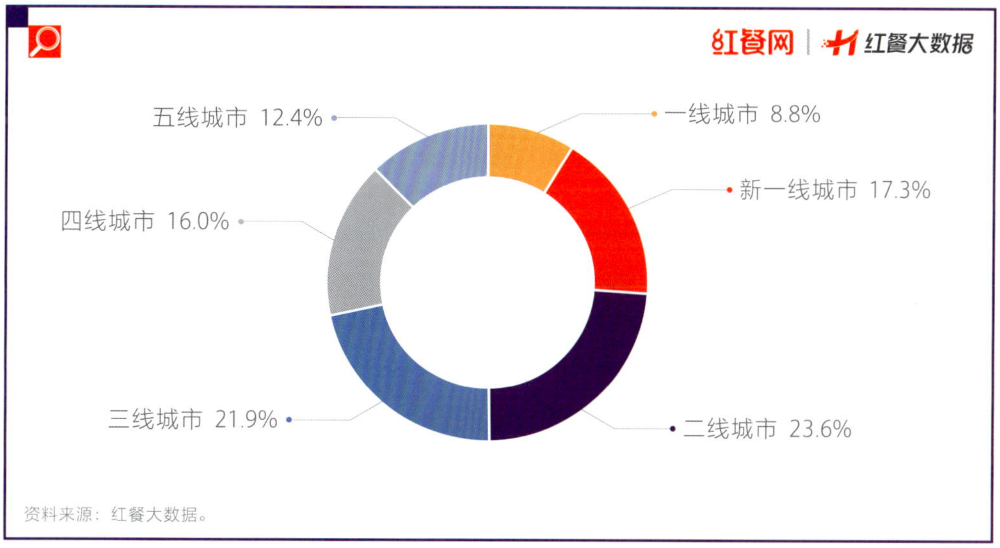

图2-37　2021年全国各线级城市麻辣烫样本门店数占比分布

4. 人均消费价位提升，品质麻辣烫受欢迎

作为小吃快餐的热门品类，很多消费者对于麻辣烫的认知大多局限为“食材丰富、好吃实惠”，人均消费总体偏低。这是品类基因使然，麻辣烫品类食材溢价难度相对较高，但是仍有具备创新意识的品牌尝试突破这一认知。

创立于2008年的福客FOOOK是号称“第一个推行高价模式”的麻辣

烫品牌，福客 FOOOK 从升级食材入手，把人均消费提升到了 60 元左右。从市场反馈来看，有不少顾客认可福客 FOOOK 的高质高价定位，个别门店也有排队现象。这种升级也被资本看好，弘毅旗下百福控股曾向福客 FOOOK 投资数千万元。创立至今十余年，福客 FOOOK 并没有大幅增长，至今只开出了近 40 家门店，一定程度上证明了高价麻辣烫这条路并没有想象中好走。

不过，这并不意味着麻辣烫的人均消费没有上升空间。红餐大数据显示，人均消费 20 元及以下的麻辣烫品牌占据了 49.1%，相比 2020 年下降了 5.3 个百分点；人均消费 26~35 元的占比从 2020 年的 10.8% 升至 16.1%。从以上数据看，麻辣烫品类整体的人均消费在缓慢提升。

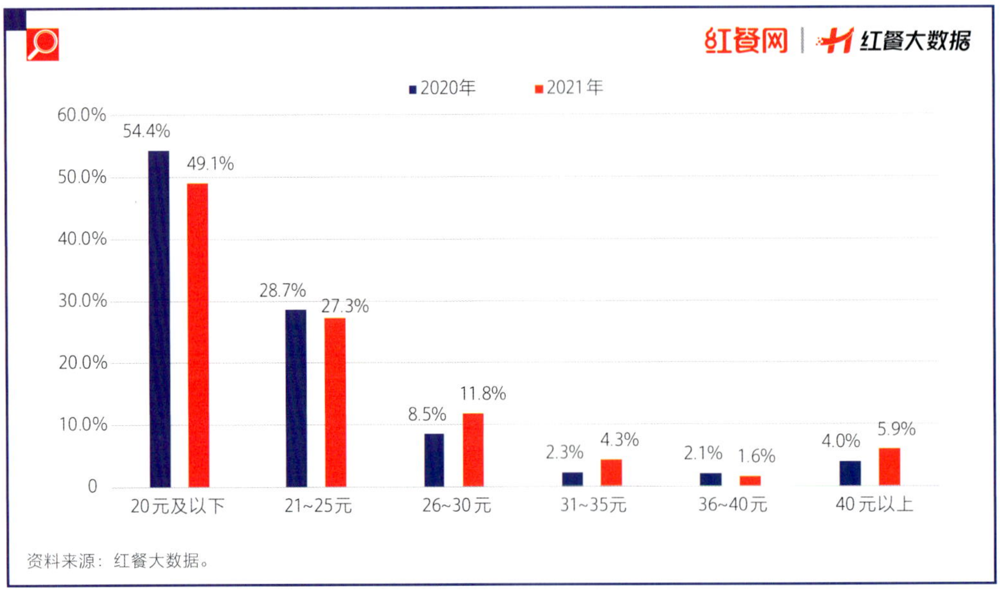

图 2-38　2020 — 2021 年全国麻辣烫样本品牌人均消费价位占比分布

在消费升级的引导下，麻辣烫的品质也在逐步升级。在麻辣烫消费者的消费评价词频中，“味道赞”“性价比”“服务”“菜品”“新鲜”“环境”等都排在前面，可见，除了食材品质和口感，消费者也对服务和环境提出了更高要求，说明消费者越来越重视体验感。可以预见，未来将有更多的麻辣烫品牌选择在门店装潢、食材品质上主打差异化策略。

资料来源：红餐大数据。

图 2-39　2021 年麻辣烫点评关键词词云图

值得思考的是，品类和品牌升级并不一定要走高端路线。因为食材品质未必与高端食材画等号，安全健康更重要。消费体验也未必意味着“宾至如归”，营造餐厅氛围的舒适感，恰到好处的服务更得人心。麻辣烫头部品牌大多从供应链端加强管控，建立起自己的仓配体系，再去加强门店的统一管理，包括门店端产品和服务的把控，或许这才是麻辣烫品牌升级进化的正确路径。

5. 干拌麻辣烫兴起，细分融合开启差异化新思路

2021 年麻辣烫品类另一个值得关注的现象是以麻辣、干拌、盘盘装为特色的川式麻辣烫异军突起。代表品牌老街称盘麻辣烫 2021 年新开了 300 余家门店。2021 年成立于成都的辣盘盘麻辣烫，已于 2022 年 3 月完成了千万元级别的 A 轮融资。同时，全国多地也涌现出各种“盘盘麻辣烫”品牌。

目前在很多一、二线城市的麻辣烫市场都能发现这个“新品种”的踪影。比如成都的都可以盘盘麻辣烫、北京的文立新秤盘麻辣烫、重庆的颜小蛮盘盘麻辣烫、南京的李炮称盘麻辣烫，以及陈盘盘麻辣烫等众多品牌。企查查数据显示，仅 2021 年全国就新增了 1400 多家“盘盘麻辣烫”相关企业。

和市面上的东北麻辣烫相比，川式盘盘麻辣烫的差异点在于：口味口感以麻辣、干拌为主；菜品接近川式火锅食材，比如贡菜、酥肉；成品用大盘盛放，并配上火锅干碟蘸料；价格比传统麻辣烫高一些，人均消费在 40 元以上。

有业内人士认为，“盘盘麻辣烫”之所以能火速出圈，一个非常重要的原因是其比脸还大的盘子出片率高，使其得以在小红书等社交媒体上被广泛传播。此外，“盘盘麻辣烫”还踩中了麻辣烫品类升级的风口。在此之前，市场上普遍流行的是“可以喝汤的麻辣烫”，比如专注于外卖渠道的觅姐，其打出的口号也是“可以喝汤”。

近几年，以小谷姐姐麻辣拌 · 麻辣烫为代表的干拌麻辣烫开始在市场上流行，干拌麻辣烫由此进入发展快车道，但并没有在行业掀起创业热潮。而如今的“盘盘麻辣烫”则从食材、味型、出品形式、就餐环境、价格等全方位升级，可以说盘盘麻辣烫打了一套升级的组合拳。

盘盘麻辣烫能流行多久？是否会成为一个独立的细分品类？还是只能作为“网红单品”而昙花一现？目前下结论为时过早，但可以确定的是，主打差异化、细分融合或将成为麻辣烫品类进化的另一条路径。

梳理麻辣烫品类的迭代历程可以发现，这是一个充满活力和创新基因的品类。觅姐的崛起是借助外卖渠道的力量和“可以喝汤”的全新定位；小谷姐姐麻辣拌 · 麻辣烫是创新性地把麻辣烫做成麻辣拌，聚焦细分领域；小蛮椒的出圈则是把麻辣烫产品多元化，开创了“麻辣烫 +”的新模式；如今正在崛起的以“盘盘麻辣烫”为标签的区域特色麻辣烫品牌，则进行了产品的组合创新，从本质上升级了原有的麻辣烫出餐模式。

有业内专家表示，在麻辣烫赛道上，杨国福麻辣烫、张亮麻辣烫的门店数量规模已几乎触及市场容量的天花板，后入局者的机会并不在于跟随和学习，而在于去做升级和创新。在这个“不破不立”的追赶过程中，供应链管理能力是决定麻辣烫品类连锁化和品牌化的核心要素。

六、卤味：市场规模持续扩大，新式热卤崛起

2021 年，资本在卤味赛道持续加码，多个新兴品牌获得投资并加速扩张，其中新式热卤和卤味零食品牌表现亮眼。随着卤味赛道的入局者越来越多，卤味市场越来越细分，竞争日益加剧。

1. “三大阵营”鼎立，市场相对成熟

随着我国居民生活水平和消费能力的逐步提高，消费者对于休闲餐饮的需求逐步增强，加上我国冷链物流基础设施建设逐步完备，食物保鲜技术也取得了突破。在这样的背景之下，卤味市场发展迅速，市场规模进一步扩大。据红餐大数据，2021 年我国卤味市场规模约 3140 亿元，同比增长了 9.5%。2022 年，卤味的市场规模有望继续扩大到 3526 亿元。

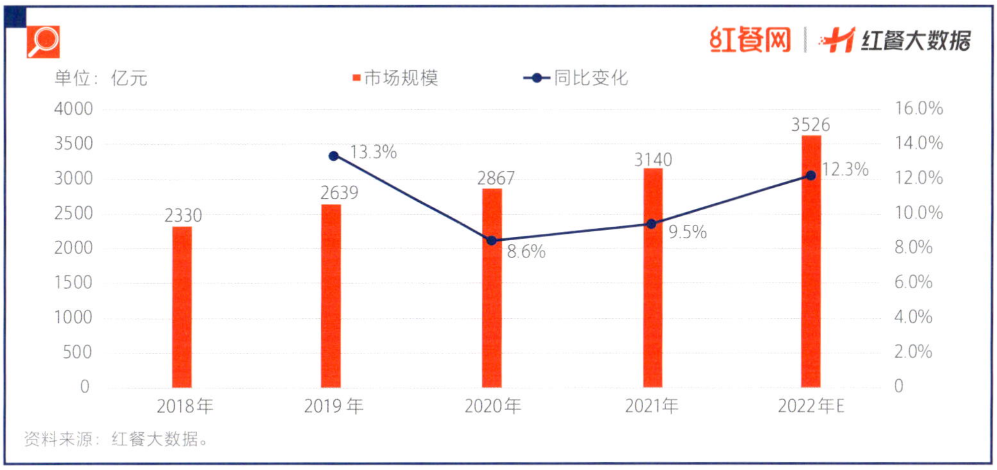

图 2-40　2018 — 2022 年全国卤味市场规模情况

在规模日益增长的同时，卤味市场整体呈现出细分化趋势。根据产品保存温度、制作工艺和售卖方式的不同，卤味产品可被划分为短保冷卤、新式热卤和长保常温卤味三种不同的产品形态。

短保冷卤指的是保质期较短、可供低温保存数天的卤味食品，分为短保休闲冷卤和短保佐餐冷卤两种产品形态，主要通过门店外带、外卖的方式进行售卖，近年来亦有品牌尝试在线上电商平台进行销售。短保休闲冷卤以消费者较为熟知的鸭脖冷卤制品为主，一般由中央厨房预制好，配送到门店直接零售，代表品牌有绝味鸭脖、周黑鸭、煌上煌等。而短保佐餐冷卤一般是指在中央工厂统一制作、配送到店销售，主要供应餐桌消费的佐餐食品，保质期通常较短，代表品牌有紫燕百味鸡、廖记棒棒鸡等。

新式热卤是近年来兴起的一种卤味产品形态，以热气腾腾的现卤为最大卖点，既可堂食也可外带外卖，代表品牌有盛香亭热卤、研卤堂等。

长保常温卤味的保质期相对较长，具有开袋即食的零食属性，主要在线上、线下的零售渠道售卖，代表品牌有王小卤、卤味觉醒等。

表 2-25　卤味的三大产品形态

产品形态	特点	消费场景	代表品牌
短保冷卤	中央厨房预制，门店分销，低温保存数天，可作佐餐菜品和休闲零食	外带、外卖	绝味鸭脖、周黑鸭、煌上煌、紫燕百味鸡、廖记棒棒鸡、物只卤鹅
新式热卤	菜品温热，现点即做，菜品丰富，搭配主食可作为正餐	堂食、外带、外卖	盛香亭热卤、研卤堂、热卤食光
长保常温卤味	食品工厂制作，常温保存，保质期较长，开袋即食，常作为休闲零食	商超零售、电商平台	王小卤、卤味觉醒、小鲜卤

资料来源：公开信息，红餐品牌研究院整理。

红餐网 | 红餐大数据

红餐大数据显示，不同门店规模的卤味品牌数量存在显著差异。门店规模在 21~100 家的卤味品牌最多，占比达到 48.6%；门店规模在 100 家以上的品牌比例也较高，达到 22.1%。相较于其他餐饮品类，卤味标准化程度高、零售属性强，品类整体的连锁化、规模化程度更高。

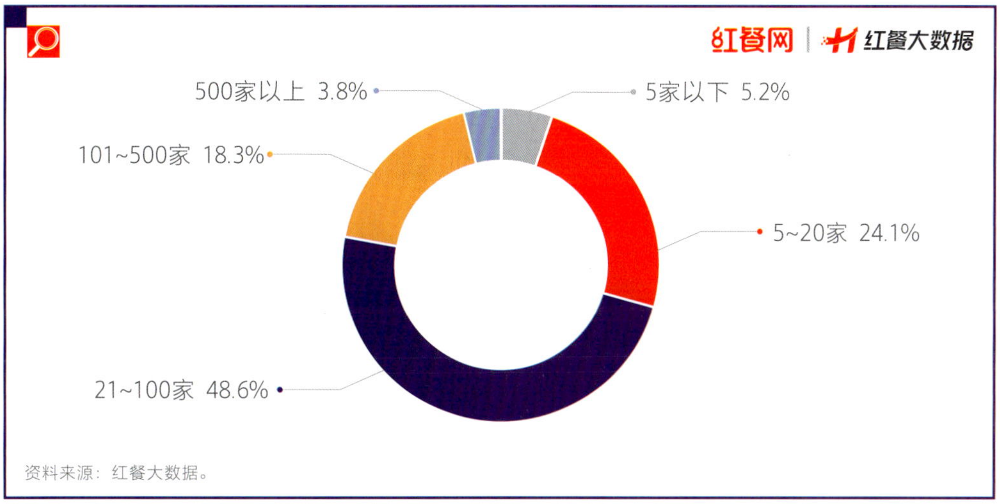

图 2-41　2021 年全国卤味样本品牌门店数区间占比分布

2. 短保冷卤孕育“四巨头”，头部品牌各有优势

在卤味赛道中，短保冷卤的发展历史较长，孕育出的知名品牌较多，已经上市的绝味鸭脖、煌上煌和周黑鸭就是其中的代表品牌。门店规模榜上排第一的绝味鸭脖，早在 2019 年就突破了万店。截至 2022 年 6 月，绝味鸭脖的门店数为 13700 余家，煌上煌和周黑鸭的门店数分别是 3800 余家和 2700 余家。

近年来，卤味赛道“三足鼎立”的局面被打破。2021 年 7 月，上海紫燕食品股份有限公司向上交所提交招股说明书，并于 2022 年 7 月过会，将在主板上市。该公司旗下的紫燕百味鸡主打佐餐卤味，产品主要包括夫妻肺片、藤椒鸡、猪蹄以及各类凉素菜等。截至 2022 年 6 月，其总门店数超过了 5600 家。紫燕百味鸡招股说明书显示，2021 年上半年其营收为 14.05 亿元，对比同时期煌上煌（14.07 亿元）和周黑鸭（14.53 亿元）的营收，相差不大。

卤味赛道已经正式进入“四巨头”时代，四大头部品牌都出身于短保冷卤。目前，紫燕食品已成功过会，若通过审核将成功上市，或将成为卤味赛道第四家上市公司。具体来看，卤味“四巨头”各有所长。

得益于完善的供应链管理和加盟管理体系，绝味鸭脖实现了既快又稳的扩张，门店规模遥遥领先于其他 3 个品牌。同时，绝味鸭脖近年来的营收也一直处于增长态势，2019 年至 2021 年的营收分别是 51.72 亿元、52.76 亿元和 65.49 亿元，远超其他 3 个品牌。

按 2021 年营收计，周黑鸭在卤味赛道排名第二。早期专注直营模式发展的周黑鸭在 2019 年开放了特许经营模式，随后门店扩张步伐一度加速。但进入 2020 年，周黑鸭的扩张开始放缓，营收也出现下滑。虽然其 2021 年的整体营收有所恢复，达到了 28.70 亿元，但仍未恢复到疫情前水平，较 2019 年仍下降了 9.9%。

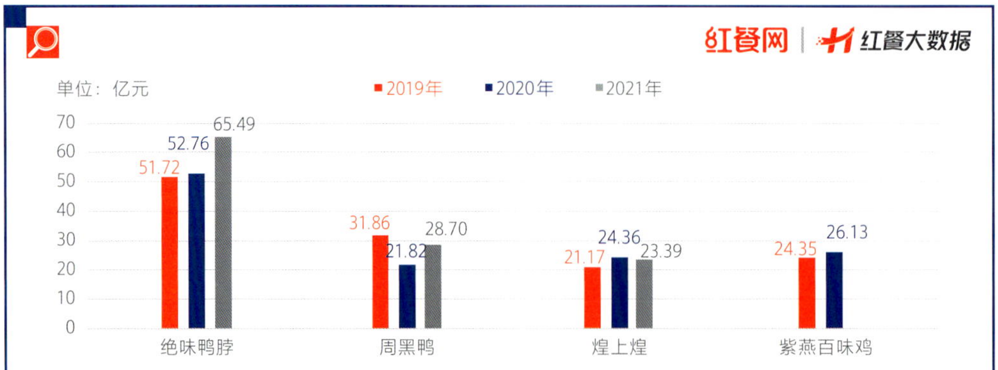

资料来源：企业财报和招股说明书，红餐品牌研究院整理。

注：紫燕百味鸡尚未披露 2021 年全年的营收数据。

图 2-42　2019 — 2021 年卤味头部品牌营收情况

近年来，煌上煌的业绩表现不太稳定。其在 2020 年实现了营收增长，但 2021 年营收和净利润相比 2020 年均有所下降，分别下降 4.01% 和 48.76%，2021 年总门店数同比净减少了 346 家，是 3 家上市卤味巨头中唯一一个上述 3 项关键指标均有下滑的企业。

紫燕百味鸡在产品定位上主攻佐餐卤味，与上述三巨头专注的休闲卤味相比具有一定的差异化竞争优势。紫燕百味鸡招股说明书显示，2020 年紫燕食品在国内佐餐卤制食品市场零售端的占有率达到了 2.82%，在国内佐餐卤制食品行业排名第一。

尽管头部品牌在门店规模上占据绝对优势，但短保冷卤赛道中众多中腰部品牌近年来的发展也在提速，发展潜力不可小觑。比如位于佐餐卤味第二梯队的留夫鸭，以土鸭为特色，定位为“家庭温度”的卤味熟食，截至 2022 年 6 月，有将近千家门店，仅 2021 年就新开了 500 余家门店，可见其发展势头较猛。廖记棒棒鸡作为川味辣卤的代表品牌，在西南地区有较高知名度，疫情这两年实现了逆势拓店，每年新开门店 200 多家，截至 2022 年 6 月，在全国也发展出了 850 余家门店。创立于安徽的卤三国，跨区发展实力较强，目前 500 多家门店覆盖了全国约 30 个省、市、自治区。洪濑鸡爪、降龙爪爪则通过聚焦鸡爪这一细分爆品，以差异化定位在市场立足，分别拓展出了 430 余家、250 余家门店。创立于上海的久久丫，走出了江浙沪市场，在北京和广东布局了数百家门店。有着近 700 家门店的辣小鸭，则主攻黑龙江、吉林、辽宁东北三省……

表 2-26 2022 年全国部分短保冷卤品牌概况

品牌名称	门店数（家）	创立时间（年）	门店主要分布区域
绝味鸭脖	13700+	2005	广东、江苏、浙江
紫燕百味鸡	5600+	1989	江苏、安徽、上海
煌上煌	3800+	1993	江西、广东、福建
周黑鸭	2700+	2006	湖北、广东、湖南
久久丫	2170+	2002	江苏、浙江、上海
留夫鸭	990+	2008	浙江、上海、江苏
廖记棒棒鸡	850+	1993	四川、湖北、重庆
辣小鸭	690+	2008	吉林、辽宁、黑龙江
卤三国	530+	2008	江苏、河南、山东
洪濑鸡爪	430+	2009	福建、江西、广东
哈哈镜	390+	2003	北京、黑龙江、广东
降龙爪爪	250+	2015	四川、湖北、山东
物只卤鹅	200+	2016	广东、广西

资料来源：红餐大数据，数据统计时间截至 2022 年 6 月 30 日。

红餐网 | 红餐大数据

短保冷卤赛道强手如云、竞争激烈，同质化问题和增长难题也随之而来，无论是头部品牌还是中腰部品牌均纷纷在寻求新的突破。比如绝味鸭脖跳出了卤味赛道，采用“深耕鸭脖主业、构建美食生态”的长期战略，通过“直接投资＋孵化探索”的形式进行布局。但是总体上，大多数卤味品牌仍然困在增长瓶颈中，而卤味赛道已发展得相对成熟，品牌实现升级进化、势能跃迁的难度很大。

3. 新式热卤快速崛起，引得资本频下注

在短保冷卤寻求新的增长曲线的同时，新式热卤一跃成为广受关注的卤味细分赛道，具有独特、鲜明的品类特色。

一是在产品呈现形式上，新式热卤主打热气腾腾的“现捞现卤”，烟火气十足，满足消费者对于新鲜卤味的要求。二是在经营模式上，新式热卤门店一般提供卤味、粉面类的主食以及冰凉粉等产品，得以打通休闲零食、佐餐小菜和简便快餐三大消费场景。这既能够满足年轻消费者的多元化需求，同时又能提高门店的经营坪效。三是在选址上另辟蹊径，进驻首选商超。比如盛香亭热卤、研卤堂都以商场门店为主。新式热卤门店更像是以往的卤味熟食店的升级版，更加精准地面向年轻消费群体。

新式热卤尚处于起步阶段，在规模超 3000 亿元的卤味市场里占比较小，但其后续增长潜力巨大。企查查数据显示，近 10 年来热卤相关企业数量持续增长，其中 2021 年同比增幅达到 105.2%，因此 2021 年被业内誉为“新式热卤元年”。

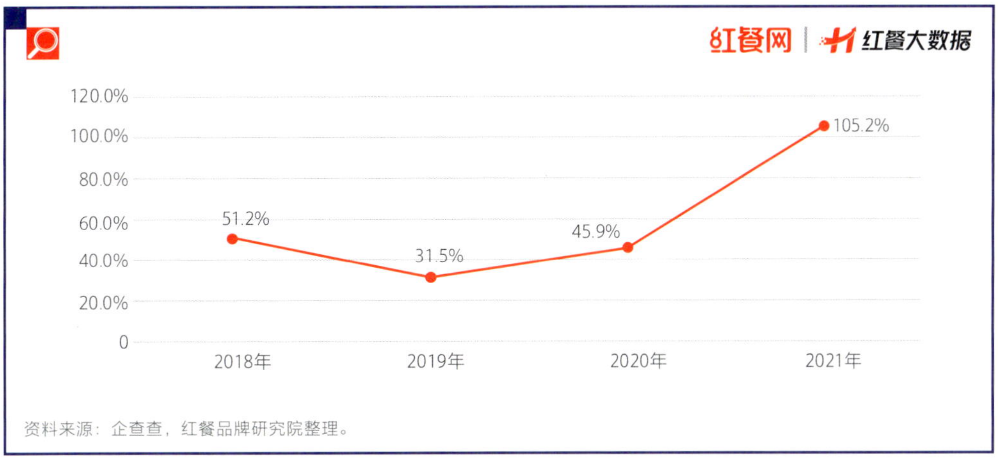

图 2-43　2018 — 2021 年热卤相关企业注册量增长幅度

高速发展的新式热卤赛道也受到了资本的关注。红餐大数据显示，2021 年热卤赛道的投资事件共计 6 起，占卤味全品类融资事件数的三成。从投资方资质看，同属卤味赛道的头部品牌绝味、互联网巨头腾讯，以及众多国际知名投资机构均在出资方名单中，可见新式热卤赛道对资本的独特吸引力。

表 2-27　2021 年全国卤味品牌融资情况

品牌名称	分类	门店数（家）	披露时间	融资轮次	融资金额	投资方
馋匪	长保常温卤味零食	—	2021.2	种子轮	未披露	道生资本
			2021.4	天使轮	近千万元	远镜投资
			2021.7	Pre-A 轮	未披露	今日资本
盛香亭热卤	热卤	360+	2021.3	战略融资	未披露	腾讯投资
			2021.6	A 轮	1 亿元	腾讯投资、伍壹柒基金
五香居	短保冷卤	50+	2021.4	Pre-A 轮	1500 万元	武汉惟实
菊花开手撕藤椒鸡	短保冷卤	710+	2021.5	B 轮	1 亿元	万物资本、众源资本、不惑创投、浅石创投
热卤食光	热卤	40+	2021.7	天使轮	千万元级	红杉资本中国
王小卤	长保常温卤味零食	—	2021.7	B 轮	未披露	祥峰投资、挑战者资本、源码资本
卤林传奇	短保冷卤	20+	2021.8	A 轮	超千万美元	星纳赫资本、高榕资本
卤大妈	热卤	150+	2021.8	天使轮	近千万元	华盛人和资本
舞爪	短保冷卤	230+	2021.9	A 轮	数千万元	星陀资本、黑马工厂
卤虎将 · 热卤拌粉	热卤	5	2021.9	天使轮	近千万元	内向基金、窄门集团 · 零拾孵化
麻爪爪	短保冷卤	320+	2021.10	A 轮	数千万元	大望资本
研卤堂	热卤	160+	2021.10	A 轮	数千万元	华映资本
九多肉多	短保冷卤	1040+	2021.10	A 轮	数亿元	光大控股消费基金
卤味觉醒	长保常温卤味零食	—	2021.11	A 轮	5000 万元	经纬创投

资料来源：红餐大数据，门店数统计时间截至 2022 年 6 月 30 日。　红餐网 | 红餐大数据

在资本的助力下，新式热卤品牌加速跑马圈地。比如盛香亭热卤在 2021 年获得了两次融资，疫情期间逆势开店，截至 2022 年 6 月总门店数达到了 360 余家，成为热卤赛道门店数量最多的品牌。创立于深圳的卤大妈亦在 2021 年获得天使轮融资，截至 2022 年 6 月门店数共有 150 余家。于 2021 年获得融资的热卤食光开店步伐也在加快，2021 年新增了 40 余家门店。

新式热卤赛道虽然处于起步阶段，但是竞争的激烈程度并不亚于成熟品类，很多业内人士认为新式热卤赛道实际上处于“内外夹击”的状态。

首先，脱胎于传统卤味的新式热卤在烹饪技法上无较大革新，口味相对固定，产品同质化问题突出；其次，新兴

热卤品牌在门店、包装等方面设计延续了卤味门店的主流风格，认知差异辨识度不强；最后，新式热卤作为非刚需类型的小吃，与其并肩竞争的不仅有传统卤味，还有其他类型的小吃快餐。可见，处于“内外夹击”状态的新式热卤品牌内外承压。不过随着新式热卤的高速发展，代表品牌有机会不断迭代进化，该品类亦存在一定的增长空间。

4. 赛道竞争加剧，卤味零食化趋势明显

随着新式热卤的崛起，卤味赛道的竞争更加激烈。短保冷卤和新式热卤赛道存在增长天花板。品牌除了在原有的赛道继续深耕和精细化运作之外，基于卤味产品先天的零售和休闲属性，向长保常温卤味方向拓展或许是一个可行之策。

新冠肺炎疫情改变了人们的生活方式和消费习惯，伴随着“宅经济”的兴起，休闲零食市场进一步扩大。根据弗若特斯沙利文统计，2020 年休闲食品行业的市场规模近 1.3 万亿元，2021 年持续增长，预计超过 1.3 万亿元。在此背景下，卤味品类出现了食品化、零食化、电商化的趋势，如绝味鸭脖、周黑鸭、煌上煌、紫燕百味鸡等品牌均在电商平台售卖长保常温卤味产品。

在长保常温卤味赛道中，除了传统卤味巨头，还有很多零食品牌，例如三只松鼠、百草味、良品铺子等，近几年都相继推出鸭脖、鸭爪、鸭舌、鸭翅等多款产品。

此外，该领域也孕育了一批聚焦卤味零食产品的新兴品牌，例如王小卤、卤味觉醒、小鲜卤等。王小卤以单品爆款“虎皮凤爪”为突破口成功切入市场，近年来销量增长迅速；成立于 2020 年底的卤味觉醒聚焦肉类零食，并成功获得 A 轮融资；小鲜卤则锁定成品菜，聚焦线上家庭餐桌消费场景。资本对卤味零食赛道也青睐有加，纷纷出手投资多个新兴卤味品牌，除了卤味觉醒之外，王小卤、馋匪等也均拿到了融资。

卤味行业中多方势力云集，短保冷卤、长保常温卤味、热卤等赛道均有实力品牌崛起，竞争将日趋激烈，品牌进行多赛道布局或是破局之道。

03

第三节

火锅：
特色火锅增长快，有料火锅持续流行

受新冠肺炎疫情影响，重社交属性的火锅品类受到较强冲击，加上品类竞争日趋激烈，近年来火锅市场呈现出“冰火两重天”的竞争局面。一方面，以海底捞、呷哺呷哺为代表的火锅巨头们遭遇经营瓶颈，陷入亏损窘境；另一方面，资本市场却表现火热，捞王、七欣天争夺火锅“第三股”，巴奴毛肚火锅、珮姐重庆火锅、周师兄重庆火锅等纷纷获得亿元融资。

一、品类势能依旧强势，资本化稳步推进

1. 市场规模率先反弹，增长潜力大

得益于食材、汤底选择丰富多样，能够迎合个性化口味偏好和国内消费者偏重社交的聚餐需求，火锅一度成为最受欢迎的中餐品类之一。

近年来，火锅市场规模的增长节奏基本与我国餐饮市场整体增长的节奏保持一致。红餐大数据显示，2016 年至 2019 年火锅市场规模持续增长；受新冠肺炎疫情影响，我国火锅市场规模于 2020 年减少至 5268 亿元；随着 2021 年国内的疫情得到缓解，火锅市场迎来反弹，达到了 5630 亿元。2022 年初以来，新冠肺炎疫情在全国多点散发频发，给火锅市场带来较大影响，增长面临一定的压力。

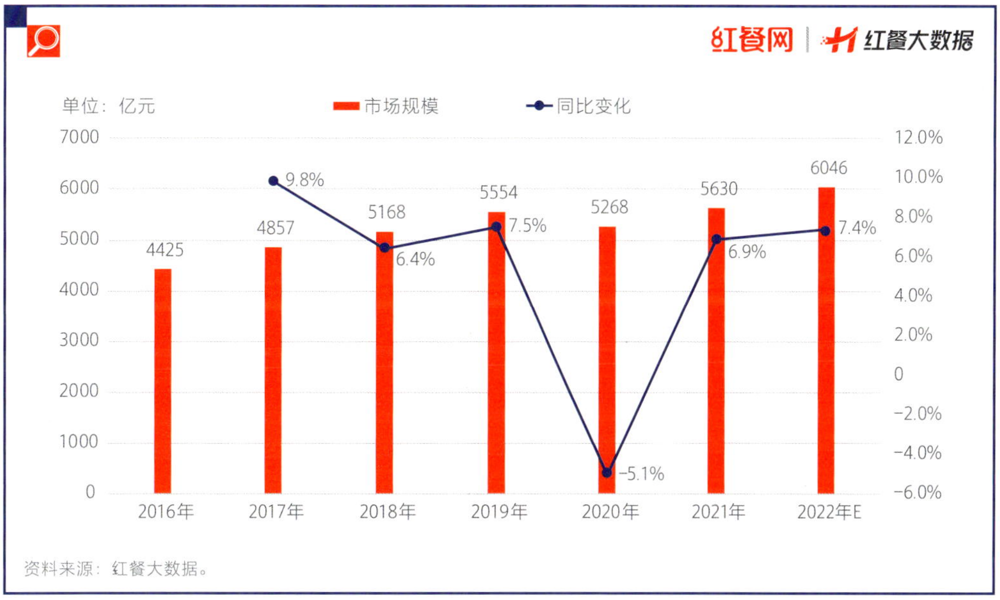

图 2-44　2016 — 2022 年全国火锅市场规模情况

火锅一直是餐饮创业的热门赛道，疫情背景下火锅品类依然吸纳着众多的餐饮企业。据企查查数据，2017 年至 2021 年，全国火锅相关企业的在营、存续数量稳步上升，2021 年增加到约 37.8 万家。

图 2-45　2017 — 2021 年全国火锅相关企业的在营、存续数量

2. 品类连锁化率高，谨慎扩张成为共识

基于火锅品类整体标准化程度较高，火锅品牌大多采取连锁经营的模式。红餐大数据显示，火锅品类中门店数超过 5 家的火锅品牌占比接近 75%，这一比例与其他餐饮品类相比处于较高的水平。

从 2022 年全国火锅头部品牌的门店总数来看，其门店总数呈现出不同程度的缩水。2021 年，火锅巨头海底捞和呷哺呷哺为了止损均关闭了部分门店，目前火锅门店数量超过 1000 家的品牌仅有海底捞。此外，谭鸭血老火锅、贤合庄卤味火锅、德庄火锅等品牌的门店数量相较上一年度也有不同程度的缩水。

表 2-28　2022 年全国部分火锅品牌概况

品牌名称	门店数（家）	创立时间（年）	细分品类
海底捞	1300+	1994	川渝火锅
呷哺呷哺	830+	1998	台式火锅
马路边边	800+	2016	串串火锅
小龙坎	760+	2014	川渝火锅
谭鸭血老火锅	740+	2018	川渝火锅
黄记煌	690+	2004	其他
贤合庄卤味火锅	570+	2019	川渝火锅
虾吃虾涮	550+	2014	其他
德庄火锅	540+	1999	川渝火锅
蜀大侠	480+	2015	川渝火锅
钢管厂五区小郡肝串串香	460+	2013	串串火锅
大斌家串串火锅	400+	2015	串串火锅
朝天门	300+	1935	川渝火锅
刘一手	300+	2012	川渝火锅
楠火锅	290+	1993	川渝火锅
七欣天	250+	2006	其他
季季红	220+	2001	川渝火锅
大龙燚火锅	200+	2013	川渝火锅
东来顺	170+	1903	北派火锅
左庭右院鲜牛肉火锅	100+	2015	粤式火锅
巴奴毛肚火锅	80+	2001	川渝火锅
哥老官美蛙鱼头	70+	2014	其他
珮姐重庆火锅	40+	2013	川渝火锅
润园四季椰子鸡	20+	2009	粤式火锅

资料来源：红餐大数据，数据统计时间截至 2022 年 6 月 30 日。　红餐网 | 红餐大数据

在这样的背景下，头部火锅品牌对于拓店均保持谨慎态度。2022 年初，海底捞相关负责人曾对外表示，2022 年海底捞工作的重点之一就是做好现有

门店的运营管理，不会安排规模化的拓店计划。虽然呷哺呷哺集团对外透露2022年计划新开设门店156家，但对于开店的决策也更趋理性，新店选址更加倾向于市场潜力大、发展基础好的地区。可见，在后疫情时代，火锅赛道竞争激烈，品牌要实现良性的连锁经营并非易事。

3. 区域品牌高调造势，头部品牌尝试下沉

总体来看，国内火锅市场的竞争态势呈现出两个特点：区域火锅品牌为了拔高品牌势能积极进军一线、新一线城市，而已经在中心城市立足的头部品牌则纷纷开拓以二、三线城市为代表的下沉市场来扩大规模。

一方面，一线、新一线城市成为众多区域火锅品牌的必争之地。品牌进军一线、新一线城市通常意味着知名度、美誉度等软实力的总体提升，此举使得一线、新一线城市的竞争更趋激烈。

比如巴奴毛肚火锅用了四五年时间逐步进驻了北京、上海、深圳等一线城市，2022年3月还把总部从郑州迁到了北京；而创立于重庆的珮姐重庆火锅、周师兄重庆火锅、楠火锅、卤校长等品牌，最近两年纷纷进军上海、深圳、北京等城市；发源于宁波的明星火锅品牌火凤祥，早在2020年底就进驻了北京、上海。

另一方面，火锅品类下沉势头也很足。红餐大数据显示，相比上一年度，2021年三线及以下城市的火锅门店数占比均有所提升，尤其是三线城市最为明显，其占比从20.6%升至21.7%；一线和新一线城市则有不同程度的下滑，其占比分别从10.3%降到9.2%、从23.6%降至22.4%。在疫情背景下，下沉市场相对低廉的租金和人工成本对火锅品牌有很强的吸引力。

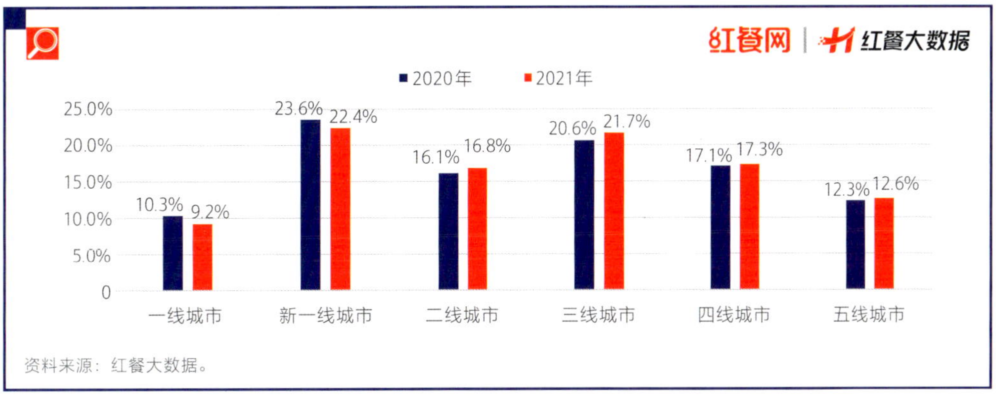

图 2-46　2020 — 2021 年全国各线级城市火锅样本门店数占比分布

4. 资本入场热情不减，新老品牌混战

近年来，火锅品类的资本化正在加速。捞王和七天欣冲击港股，争抢“火锅第三股”；巴奴毛肚火锅、周师兄重庆火锅、珮姐重庆火锅也纷纷拿下亿元级别融资；行运打边炉、熊猫烫火锅也宣布获得千万级别融资。

相比其他品类，火锅因其不依赖厨师、易标准化等特性更受资本青睐，因此孕育出了海底捞、呷哺呷哺这样的上市公司。近两年在疫情的影响下，上市火锅餐企也受到较大冲击。海底捞 2021 年财报显示其全年亏损高达 41.6 亿元，约等于其上市 3 年来的利润总和。呷哺呷哺财报显示，2021 年是其上市以来的首次亏损，亏损金额近 3 亿元。

表 2-29　2021 — 2022 年上半年全国火锅品牌融资情况

品牌名称	披露时间	融资轮次	融资金额	投资方
巴奴毛肚火锅	2021.6	战略融资	超 5 亿元	CPE 源峰、高榕资本、日初资本、番茄资本
	2021.12	战略融资	未披露	GYH L Limited
周师兄重庆火锅	2021.8	A 轮	超亿元	黑蚁资本
行运打边炉	2021.9	Pre-A 轮	数千万元	世欣荣和
谢谢锅	2021.12	天使轮	1.5 亿元	红杉基金
珮姐重庆火锅	2022.1	A 轮	约亿元	正心谷创新资本、壹叁资本、上海麟绮咨询管理合伙企业
熊猫烫火锅	2022.3	种子轮	约千万元	百福控股
魏老香火锅	2022.3	战略融资	未披露	北京鱼你在一起品牌管理有限公司
小涮哥一人锅	2022.4	战略融资	未披露	青岛黑峪股权投资合伙企业（有限合伙）
牛爽爽	2022.6	天使轮	近千万元	梅花创投、智连资本

资料来源：红餐大数据。

捞王招股说明书显示，2019 年至 2021 年其营业收入逐年上升，但同期净利润却逐年下滑，超半数新开设的餐厅处于亏损状态，同时餐厅的翻台率、日均销售额均不断下降。

表 2-30　2019 — 2021 年捞王经营情况

年份	营业收入（亿元）	净利润（万元）	翻台率（次 / 天）	日均销售额（万元）
2019	10.9	7991.5	3.0	3.6
2020	11.2	6744.1	2.5	3.1
2021	13.0	1396.0	2.3	2.7

资料来源：捞王招股说明书，红餐品牌研究院整理。

红餐网 | 红餐大数据

头部火锅品牌尚且如此，腰部以下火锅品牌承受的压力可想而知。基于这种情况，很多火锅品牌接触资本的意愿变得更加强烈，而资本方也比较看好火锅这个充满潜力的赛道。

从 2021 年火锅品类融资的情况来看，获得融资的品牌均有一定的实力与特色，发展势头也相对较好。随着火锅市场竞争日益激烈，火锅品牌要想在日新月异的市场变化中获得更好的发展，雄厚的资金支持必不可少。因此，未来或将有越来越多的火锅品牌与资本“联姻”。在资本的助力下，火锅品类的综合实力也将进一步提升。

5. 明星代言火锅受质疑，流量热度难持久

曾几何时，明星代言或者经营火锅、茶饮等餐饮品牌受到业内外广泛关注，但是近年来，曾经进入火锅品类的明星火锅热度逐渐褪去。尤其是从 2021 年下半年开始，多家明星火锅店陆续关闭北京、深圳、长沙、成都等城市的门店。

火锅一直以来都是明星们偏爱的创业品类，在明星效应的加持下，明星火锅早年快速增长，不断有明星火锅品牌破圈面市，比如贤合庄卤味火锅全国门店曾一度超过 800 家。

表 2-31 全国部分明星火锅品牌概况

品牌名称	首店时间	首店所在城市
鲜乐门美蛙鱼头火锅	2021 年 5 月	武汉
蛙二爷	2021 年 6 月	宁波
辣叁成烧菜火锅	2021 年 3 月	重庆
斗鎏火锅	2021 年 1 月	成都
火凤祥	2020 年 7 月	宁波
辣斗辣	2020 年 12 月	成都
贤合庄卤味火锅	2015 年 5 月	福州

资料来源：红餐大数据。

红餐网 | 红餐大数据

业内人士认为，明星火锅自带流量和话题，但也有其弊端。粉丝多为打卡消费，复购意愿很弱，而一旦发生食品安全等问题，负面影响也会被更加迅速扩大。明星标签只能带来一时流量，而餐厅良性经营靠的是源源不断的客流。因此，火锅品牌的发展本质上还要依赖专业运营团队的科学管理，以及产品、服务等方面的品牌实力。

6. 火锅消费趋向多元化，高品质火锅前景广阔

根据 2021 年度火锅消费者评论数据，火锅消费者普遍更加重视菜品和服务品质。从评论关键词排序中能看出，菜品品质（健康、味道赞）和服务（热情）等相关评论关键词排名靠前，而价格（价格实惠、性价比高）等类别的关键词排名相对较靠后。

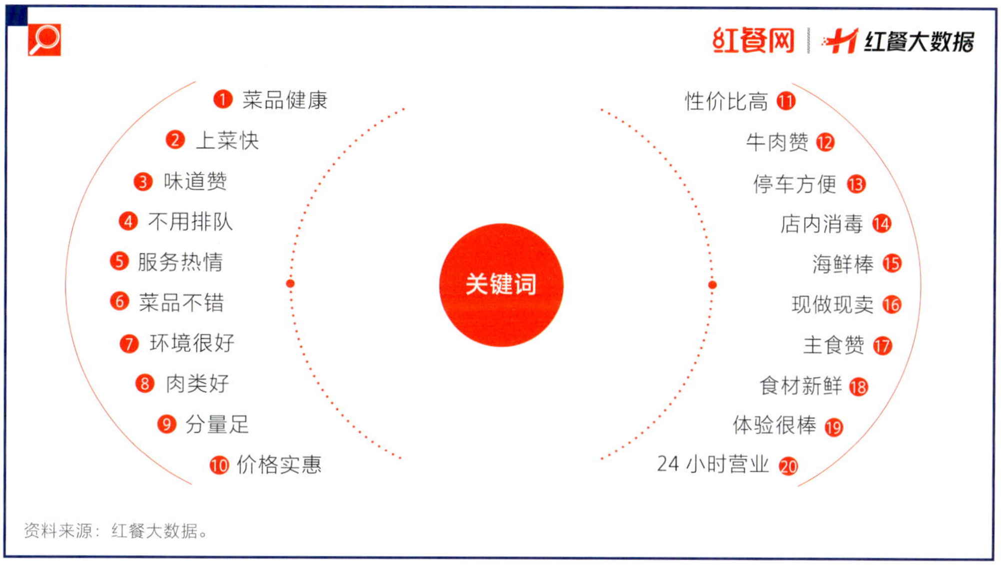

图 2-47　2021 年火锅点评关键词 TOP20

艾媒咨询发布的《2022 年中国火锅行业发展与消费行为监测报告调研数据》显示，有 74.7% 的受访消费者在选择火锅店时首要关注的是口味，其次，65.3% 的受访消费者表示关注的是卫生状况。这表明消费者在选择较多的情况下，会优先选择火锅口味较好、食材卫生条件更优的商铺。火锅品牌或可通过明厨亮灶、主动公布食品新鲜度等方式来提升消费者对品牌的信任度。

上述调研显示，川渝火锅是最受消费者欢迎的火锅细分品类。随着全国各地的饮食口味趋向融合，原本饮食清淡的消费者或会尝试麻辣火锅，而原本习惯吃辣的消费者或也会尝试其他口味的火锅。此外，火锅消费还呈现出越加细分的趋势，不同年龄层偏好不同类型的火锅。《2021 火锅品类数据报告》显示，25 岁以下的年轻人喜欢川渝、串串香等以辣为主的重口味火锅；25~30 岁人群对猪肚鸡火锅、焖锅、泰式火锅、砂锅火锅等新火锅类型更加感兴趣，尝鲜意愿更强。

总体来看，火锅消费者的口味偏好呈现多元化趋势。对火锅品牌来说，最重要的是确定自己的目标人群，精准洞察其口味特征及消费态度，从而满足消费需求。

二、火锅“卷”出新气象，品类潜力再度被激发

1. 有料火锅持续流行，催生更多细分品类

一般来说，无料火锅通常是指锅底无其他吃食的火锅品类，川渝火锅、老北京火锅、潮汕牛肉火锅等均属于此类；有料火锅则指锅底不仅有底汤，还自带部分吃食，后续可以像无料火锅一样不断加入各种菜品进行涮烫的火锅品类，曾经流行的虾火锅、鱼火锅、猪肚鸡、椰子鸡、铁锅炖等都可以囊括其中。可见，有料火锅早已有之，算不上一个新鲜的物种，只是近年来渐有流行之势。

早先是一批川渝火锅品牌在同质化竞争的压力下做出创新，开始给锅底加料：谭鸭血老火锅开创性地把鸭血作为底料，以此建立起独特的品牌认知；贤合庄卤味火锅聚焦卤味火锅，打出“边卤边烫”的口号；湊湊的胡椒猪肚鸡锅、红颜花胶鸡锅等也是有料锅底；海底捞结合不同区域的口味偏好，推出区域限定有料锅底。

与此同时，诸多有料火锅细分品类也焕发出新的活力，猪肚鸡、椰子鸡、美蛙鱼头等火锅开始受到市场追捧。在红餐品牌研究院评选的“2021 中国特色火锅十大品牌”榜中，捞王锅物料理、哥老官美蛙鱼头、润园四季椰子鸡等 5 个品牌均是有料火锅。随着捞王冲刺港股 IPO，有料火锅的关注度又提升了不少。

有料火锅之所以会日渐流行起来，一方面是因为其开辟出了不同的细分品类赛道，跟认知较为广泛的川渝火锅相比，差异化属性较强；另一方面则是其踩准了疫情之下消费者追求性价比的趋势，同样的锅底价格，有料锅底相比无料火锅会显得相对实惠一些。

很多场景下，有料火锅被贴上“特色火锅”的标签，以其差异化的定位迅速抢占市场，同时带动了细分火锅品类的发展，比如 2021 年火锅品类中，牛杂锅、烫皮羊肉火锅、炭锅羊肉、猪油地摊火锅、港式打边炉等细分品类崛起。

烫皮羊肉火锅的做法是将带皮羊肉“焯水烫皮”后，用多种滋补香料长时间熬煮而成，上桌后既能吃肉喝汤，又可以涮菜。按照我国的饮食传统，羊肉在南方常常带皮食用，因此烫皮羊肉火锅目前的阵地主要在南方各城市。代表品牌洞氮胡记羊肉馆有 20 多年的发展历史，而过去两年其拓店步伐明显提速，年均开出 200 多家新店，现有门店 420 余家。

猪油地摊火锅从 2021 年下半年开始受到关注，贵州、长沙、昆明等地区都涌现出不少新品牌。事实上，猪油地摊火锅多年前就已存在，只是最近才开始流行起来。其特色是用猪油现炒锅底，价格实惠，人均消费在 35~60 元。目前该品类已经跑出了一些黑马品牌，比如诞生于长沙的七七地摊火锅，2021 年 3 月才开出第一家门店，截至 2022 年 6 月，已在全国发展出 160 多家门店，目前在持续扩张。

港式打边炉也是疫情后渐火的一个细分火锅品类。其门店呈现的是矮桌矮凳地摊风的装修设计风格，特色菜是牛腩煲、花胶鸡煲、黄金捞饭、牛杂煲等，堪称中高端港式打边炉的“低配版”。港式打边炉品牌的人均消费大多在 80 元左右，门店主要分布于二线及以下城市。代表品牌林记港式地摊打边炉，于 2020 年开出首店，2021 年新增 100 多家门店。

表 2-32　2022 年有料火锅细分品类及代表品牌

细分品类	品牌名称	门店数(家)	人均消费(元)
猪肚鸡火锅	捞王锅物料理	150+	144
	淼鑫猪肚鸡	300+	64
	捞缘猪肚鸡	20+	82
椰子鸡火锅	原味主张	60+	93
	四季椰林	40+	109
	润园四季椰子鸡火锅	20+	116
	椰妹	20+	96
卤味火锅	贤合庄卤味火锅	520+	94
	卤校长	200+	95
港式打边炉	林记港式地摊打边炉	110+	86
	行运打边炉	9	206
虾火锅	虾吃虾涮	550+	70
	李想大虾	410+	60
鱼火锅	李二鲜鱼火锅	230+	59
美蛙鱼头火锅	哥老官美蛙鱼头	70+	138
柴火鸡	寨野柴火鸡	100+	65
烫皮羊肉火锅	洞氮胡记羊肉馆	420+	82
猪油地摊火锅	七七地摊火锅	160+	67
牛杂火锅	古乐牛香牛杂火锅	170+	68

资料来源：红餐大数据，数据统计时间截至 2022 年 6 月 30 日。

红餐网 | 红餐大数据

2. 无辣火锅崛起，有望诞生“粤式火锅第一股”

按地域划分，全国火锅大致可分为川渝火锅、粤式火锅、北派火锅、台式火锅、云贵火锅等大类；按味型划分，则主要分为麻辣火锅和清汤火锅。凭借着麻辣口味的“上瘾性”，川渝火锅门店在全国遍地开花，成为火锅中最大的细分品类。在红餐大数据的火锅样本品牌中，川渝火锅门店占比最高，约为63.4%，随后是占比14.8%的粤式火锅和占比11.7%的北派火锅。可见，川渝火锅的门店占比遥遥领先。

值得一提的是，近年来，随着养生消费潮流的兴起，口味清淡的无辣火锅开始崛起，以猪肚鸡、椰子鸡、潮汕牛肉火锅等为代表的粤式火锅增长势头较猛。

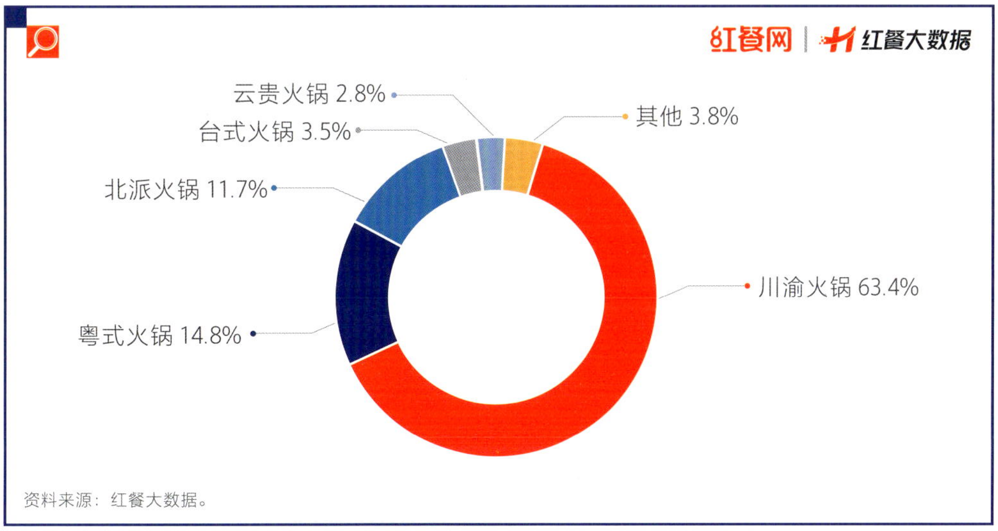

图 2-48　2021 年全国各类型火锅样本门店数占比分布

近年来，粤式火锅持续增长，未来有望获得更大的市场份额。据红餐大数据，2021 年粤式火锅市场规模为 808 亿元，2022 年预计可达到 871 亿元。

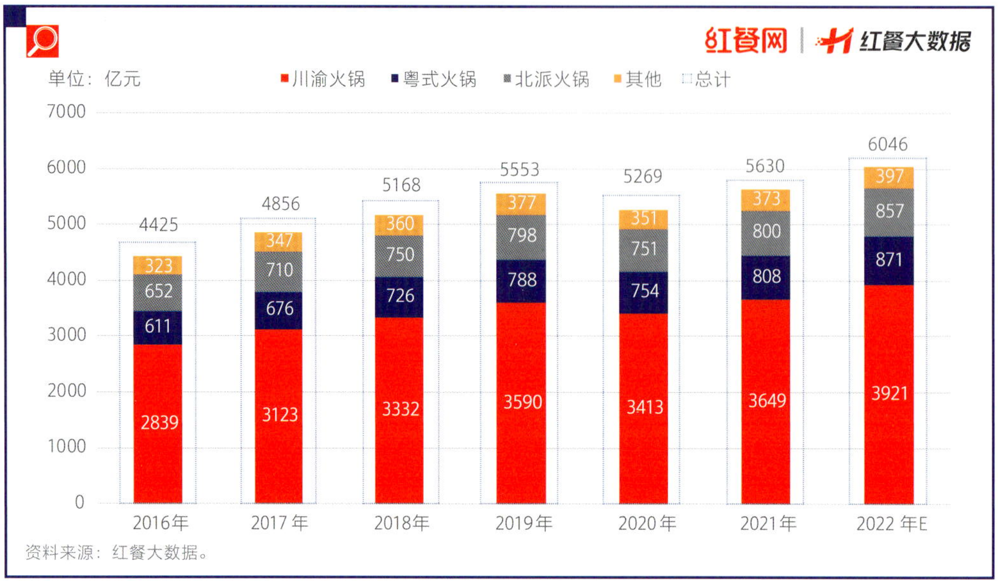

图 2-49　2016 — 2022 年全国火锅细分品类市场规模情况

粤式火锅快速增长或有以下四方面原因：一是近年来川渝火锅市场竞争日趋激烈，细分品类创新难度相对较大，创业热点转向以粤式火锅为代表的其他细分火锅品类；二是粤式火锅的包容度更高，包括海鲜火锅、粥底火锅、豆捞牛肉火锅、潮汕牛肉火锅等多个品类，差异化特性突出；三是餐饮消费者越来越重视健康饮食，口味清淡、食材讲究的粤式火锅正好迎合这一趋势；四是粤式火锅多为有料锅底，性价比较高。

相比川渝火锅，粤式火锅的连锁化、规模化程度还有待加强。据捞王招股说明书，2020 年全国粤式火锅营收排名前五的品牌营收总和仅占火锅总市场规模的约 5.0%。其中，占据粤式火锅市场份额第一的品牌是捞王锅物料理，其占比为 1.7%。截至 2022 年 6 月，捞王共有约 150 家餐厅。捞王目前正在冲刺港股 IPO，如果成功上市，根据其扩张计划 2022 至 2024 年或将新开出 180 余家餐厅，门店总数量将翻倍。

由于粤式火锅对食材种类、品质、新鲜度的要求较高，其人均消费普遍较高。据红餐大数据，粤式火锅品牌人均消费的平均值达到了 113 元，其中人均 90 元以上的品牌约占五成。与之对比，川渝火锅品牌的人均消费为 77 元；台式火锅因为大多数为单人小火锅，人均消费总体偏低，在 65 元左右。可见，粤式火锅是最有潜力向高端定位发展的细分火锅品类。

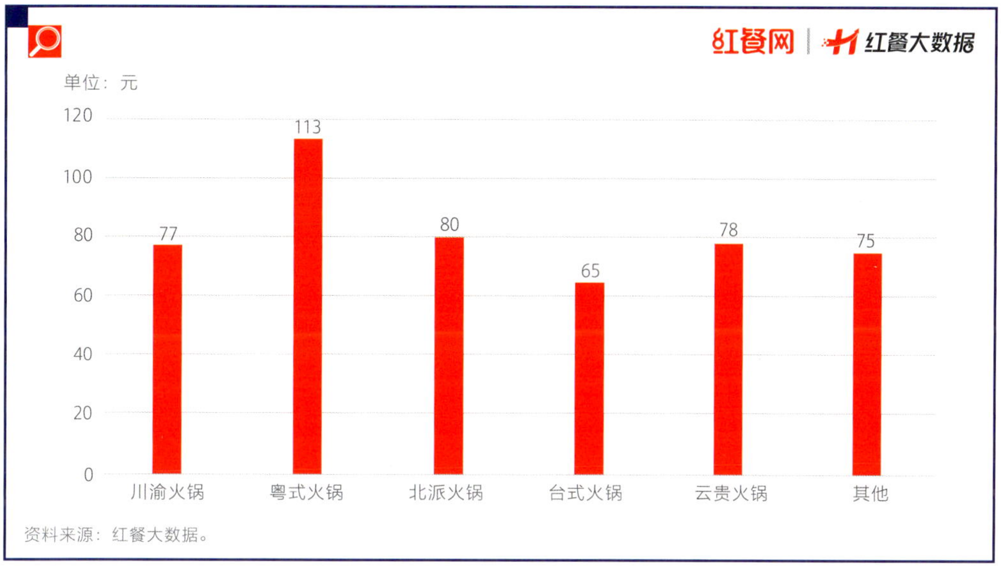

图 2-50　2021 年全国各类型火锅样本品牌人均消费均值

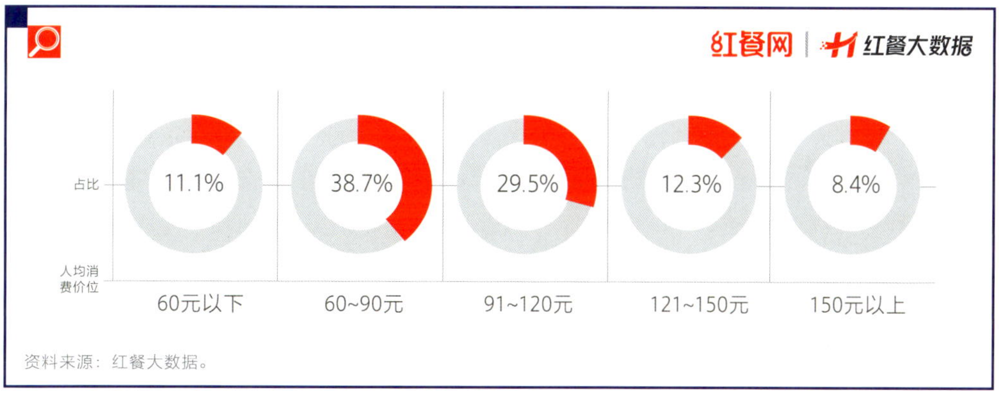

图 2-51　2021 年全国粤式火锅样本品牌人均消费价位占比分布

具体来看，潮汕牛肉火锅、猪肚鸡火锅、椰子鸡火锅、海鲜火锅是粤式火锅赛道中表现相对亮眼的细分品类。

- 潮汕牛肉火锅：品类进入深耕期

目前，潮汕牛肉火锅已经进入了深耕期，市场发展相对平稳。潮汕牛肉火锅的门店多数集中在南方市场，品牌的规模化和连锁化程度有待提升，门店数量超过百家的品牌较少，潮牛道、八合里牛肉火锅、陈记顺和等品牌是较为典型的代表。创立于广东的八合里牛肉火锅目前共有 180 余家门店，在上海、北京等一线城市均有入驻；诞生在上海的左庭右院鲜牛肉火锅门店数也突破了 100 家，且主要分布在江苏和上海；同样来自广东的陈记顺和的门店数也在稳步增长中，其已经把门店开到了江苏、四川等地。

表 2-33　2022 年全国部分潮汕牛肉火锅品牌概况

品牌名称	门店数（家）	门店主要分布区域
潮牛道	300+	四川、重庆
八合里牛肉火锅	180+	广东、上海、北京
左庭右院鲜牛肉火锅	100+	江苏、上海
陈记顺和	70+	广东、江苏、四川
海银海记牛肉火锅	60+	广东、云南
传记潮发牛肉店	30+	广东
潮汕记	30+	河南

资料来源：红餐大数据，数据统计时间截至 2022 年 6 月 30 日。

鲜牛肉的稳定供应、口味的接受度等仍是头部品牌跨区域发展的限制因素。一些新品牌为了争取更大的市场，采取了“去潮汕化”的发展策略，逐渐打破地方饮食的局限性，从潮汕牛肉火锅赛道中跳出来，转而聚焦到更具认知度的牛肉火锅赛道上，迎来了更快的发展。

比如成都的巴蜀大将火锅、九毛九旗下的怂重庆火锅厂开启了在麻辣红汤里涮鲜切牛肉的新鲜吃法，综合了“川渝火锅 + 潮汕牛肉火锅”之所长，用跨界融合的方式走出了一条差异化道路。目前巴蜀大将火锅已发展出了近 80 家门店，怂重庆火锅厂在全国亦开出了 9 家直营门店。潮牛道主打牛肉火锅，开启了用刀叉切牛肉的西餐吃法，同时采用涮烤一体、一桌两锅的就餐形式，近年来发展较迅速，仅 2021 年就新开店 150 余家，目前总门店数有 300 多家。

- **猪肚鸡：正在走出广东，开始全国化扩张**

近年来，凭借着营养滋补、锅底有料等特性，起源于广东的猪肚鸡逐渐走出广东市场，开始向全国其他区域扩张。随着 2021 年主打猪肚鸡火锅的捞王锅物料理冲刺港股上市，该细分品类也受到了较多关注。

猪肚鸡原是广东地区的传统名菜，而捞王八成以上的门店位于江浙沪地区，可见华东区域的消费者对猪肚鸡的接受度比较高。此外，捞王也在进一步向北方和西南川渝地区拓展，分别在北京、重庆开出了数家门店。

与此同时，在猪肚鸡品类深耕多年、低调发展的广东本地品牌亦在向全国加速扩张。比如淼鑫猪肚鸡，门店数已有300余家，最近两年更以每年新增数十家门店的速度扩张。虽然淼鑫猪肚鸡多数门店仍分布在广东省内，但其已经“北上”至河北、陕西、河南等地开店。

近年来，华中地区也孕育出一批猪肚鸡黑马品牌。比如偏爱重口味的长沙诞生了捞缘猪肚鸡和煲大王猪肚鸡。两个品牌同属一家公司且均在购物中心开店，在当地享有一定的认知度，迄今共拥有50多家门店。2017年创立于郑州的广顺兴猪肚鸡深耕河南区域，至今在河南及周边地区已开出120余家门店。同样诞生于郑州的好彩猪肚鸡，至今也在河南发展出了40余家门店。

• 椰子鸡火锅：“健康火锅”优势凸显，等待爆发

椰子鸡火锅取材于两大核心单品：文昌鸡和椰子水。文昌鸡属特殊鸡种，主要产自海南地区，以其鲜嫩的肉质闻名。而椰子水富含多种矿物质，含糖量低，口感香甜。这两大核心单品的结合，使得椰子鸡火锅符合当下消费者追求的健康饮食趋势，也使得近年来椰子鸡的搜索热度持续走高。

椰子鸡火锅配料比较简单，烹制难度不高，这意味着品牌如果要发展壮大，必须对食材本身及上游供应链的要求更高。同时，因为食材相对单一，消费者更加关注门店内的就餐环境、服务体验等要素，这对品牌的经营能力提出了一定的要求。目前，椰子鸡火锅品牌多为区域品牌，且主要分布在广东、广西及海南地区。此品类尚未出现门店数量超过 100 家的连锁品牌。

华南地区的椰子鸡火锅代表品牌相对较多。比如创立于 2009 年的润园四季椰子鸡火锅，深耕广东市场，目前拥有 20 多家门店；创建于 2017 年的椰妹，已经把门店开至成都和重庆，在“红汤”火锅的领地中占领了一席之地；成立于三亚的嗲嗲的椰子鸡在三亚拥有较高的知名度，目前已经开出了 7 家直营店。与此同时，全国其他区域的椰子鸡火锅连锁品牌不多，比如华东地区的椰子鸡火锅品牌门店数只有个位数，而华北地区或由于距离食材的源头较远，椰子鸡火锅品牌更是鲜见。

表 2-34　2022 年全国部分椰子鸡火锅品牌概况

区域	品牌名称	门店数（家）
华南地区	原味主张椰子鸡	60+
	四季椰林	40+
	春润大地	30+
	润园四季椰子鸡火锅	20+
	椰园四季椰子鸡	20+
	椰妹	20+
	椰客	20+
	嗲嗲的椰子鸡	7
华东地区	23 度不太冷	6
	椰子不语	2
	椰庭	5
华北地区	烹然四季椰子鸡	8
	椰思椰子鸡火锅	2

资料来源：红餐大数据，数据统计时间截至 2022 年 6 月 30 日。

据了解，目前业内已有一些品牌通过自建供应链和技术革新等方式，尝试解决文昌鸡和椰子水的保鲜及供应问题。如此一来，椰子鸡火锅或将迎来发展风口，率先掌握供应链优势、具备标准化管理运营能力的椰子鸡火锅品牌更有机会抢占市场。

- **海鲜火锅：市场规模增长或有限**

海鲜火锅由来已久，在东南沿海地区尤为普遍，市场上主要包括“裸烹”海鲜火锅和海鲜蒸汽火锅。2022 年初，七欣天冲击港股 IPO 引发了业内对海鲜火锅赛道的关注。

近年来，海鲜餐厅整体市场规模在上涨。据红餐大数据，2016 年至 2021 年，中国的海鲜餐厅市场规模由 1057 亿元增长至 1389 亿元，复合年均增长率为 5.6%，其涵盖海鲜酒楼、自助餐、火锅等多个维度的品类。

市场上的海鲜火锅餐厅以中高端定位为主，主打新鲜、清淡味型，兼顾香辣、酸辣味型，人均消费较高，大多集中在 110~130 元。在运营模式上，单体店较为常见，连锁品牌相对较少。其中，七欣天和集渔泰式海鲜火锅是门店规模排名前列的连锁品牌。七欣天招股说明书显示，其门店共计 250 余家，是国内规模最大的海鲜餐厅。集渔主打泰式海鲜火锅，目前有 100 余家门店，主要分布于四川区域，近年在开拓其他区域。

3.“火锅 +”风头正盛，品类融合成趋势

随着火锅赛道的竞争加剧，目前其竞争维度已经从产品、服务上升到多场景融合的综合体验层面，品类融合成为火锅行业的一种发展趋势。继“火锅 + 甜品”“火锅 + 奶茶”等融合品类在火锅界出现，“火锅 + 酒（馆）”也渐渐流行起来。从 2020 年开始，各种“+ 酒”的火锅店层出不穷，并且在 2021 年不断升级。

目前，市场上的“火锅 + 酒”基本呈现出三种形态。

第一种是门店仅增加特色酒类产品。比如一些羊肉火锅馆推出了与羊肉搭配的口感清醇的温黄酒，海底捞从 2021 年开始也在门店推出多款低度微醺气泡酒类产品。

第二种是门店增设售酒档口或小酒吧。比如 2021 年 7 月巴奴毛肚火锅在其概念餐厅中推出了“酒水吧”，该酒水吧主打现场操作，向顾客提供现制饮品、现酿啤酒、现榨果汁等酒水服务。坎爷秘制火锅、熊猫老灶火锅等也均有在门店提供此类服务。

第三种是沉浸式“火锅 + 酒吧”。比如凑凑在北京、广州、成都的小酒馆主题店，集火锅、酒吧、演艺、KTV 于一身，给顾客带来全新的用餐体验；重庆的兴火锅，将酒吧场景沉浸于整个就餐空间，主打现调鸡尾酒和精酿啤酒，顾客等位时可点酒水，边喝边等；谢谢锅自 2021 年起探索“火锅 +”新模式，融合“火锅 + 烧烤 + 茶饮 + 酒 + 音乐吧”。在谢谢锅门店里，消费者可以一边吃火锅一边烧烤，自助畅饮奶茶与酒饮，并欣赏现场驻场演出。

除了火锅，2021 年其他餐饮品类也呈现出“+ 酒”的趋势，老乡鸡、木屋烧烤、喜家德等品牌均有做此类探索。“餐 + 酒”模式的流行主要有两方面原因：一方面是追求微醺逐渐成为一些消费者的放松休闲方式，引入酒水可以帮助餐饮门店引流；另一方面是酒水消费可以有效延长消费时间，扩充消费场景，以产生更高的经营效益。比如在凑凑的火锅小酒馆中，中午推火锅产品，下午售卖奶茶，晚上则变身可食可饮、有音乐可以欣赏的餐吧模式。

相比传统火锅店，“火锅 +”的经营成本更高，管理也更加复杂，有一定的运营难度。目前，市场上大多数“火锅 +”门店的融合经营推行得比较生硬，门店生意并没有预想中好。随着跟进者的不断涌入，融合品类，甚至复合业态的火锅店的竞争也将加剧。因此，若要跟风入局“火锅 +”模式，品牌需要谨慎决策。

4. 社交需求继续强化，场景创新增强消费体验

消费者对火锅消费除了注重口味和品质之外，对于环境的要求也较高。随着火锅赛道竞争的加剧，火锅品牌的差异化创新延伸到了场景层面，逐渐脱离传统火锅场景的束缚，更趋个性化。市场上出现了很多主题火锅店，复古风、废墟风、科技风等场景主题层出不穷。

火锅重社交，消费者追求体验感，所以经营者热衷于在场景打造上下功夫。比如吼堂老火锅主打民国复古风，重庆的朱光玉火锅馆则主打废墟风，大渝火锅在重庆开出一家酷炫朋克风的火锅店，周师兄重庆火锅把火锅店开到黄金游轮上，蜀大侠则开出具有江湖气息的“侠客印象店”……

受文和友模式的影响，火锅界也出现了多场景集合店模式，比如把独栋小楼打造成了重庆 20 世纪 90 年代筒子楼的楠火锅，把公路夜市搬到店里的萍姐火锅等。

美团《2021 火锅品类数据报告》显示，在消费者评论中，火锅新品牌评论中谈及环境的比例高于火锅整体。火锅新品牌更注重就餐环境尤其是整体氛围的打造，倾向于在店内装修、菜品装盘、特色服务、摆件设计等方面做出差异化，营造沉浸式就餐体验。

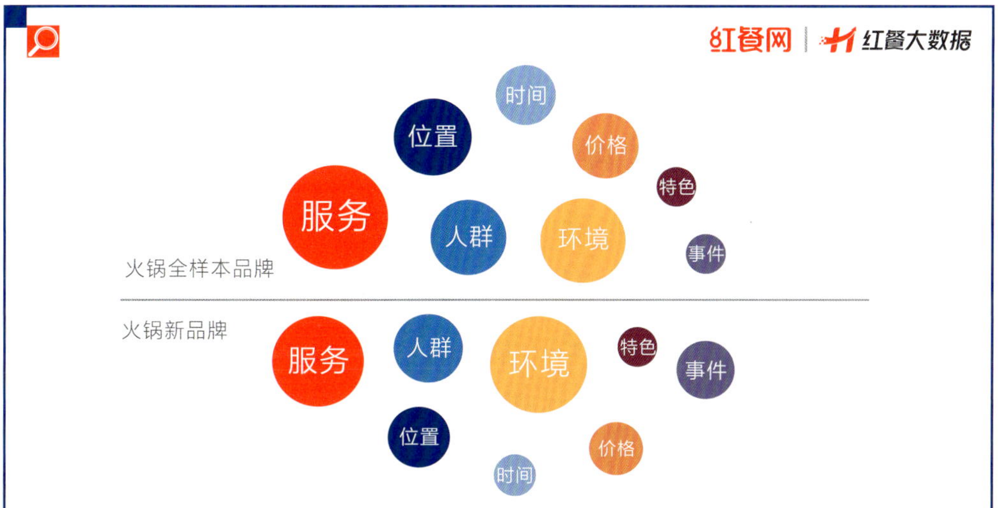

资料来源：美团，红餐品牌研究院整理。
注：统计时间为 2018 年 7 月至 2021 年 6 月。

图 2-52　火锅全样本品牌与火锅新品牌的消费者评论关注点对比

总体来看，独具一格的场景可成为火锅店的引流利器、品牌营销的突破口，但它也只是加分项。场景营造本质上是为经营服务的，品牌切忌过于注重氛围营造而忽视产品和服务等基本要素。

三、火锅外卖热度下降，零售端尝试突破

1. 火锅外卖：增长放缓，天花板明显

2020 年疫情暴发之初，火锅外卖曾被当作保营收底线的“救命稻草”，多家火锅餐企的外卖订单量都迎来较大幅度的增长。随着疫情态势得到缓解，火锅外卖热度急剧下降。根据网络搜索指数，“火锅外卖”关键词在 2020 年 2 月至 3 月达到了一个搜索顶峰，随即快速下滑。尤其是进入 2021 年之后，“火锅外卖”搜索指数更趋疲软，直到 2022 年 4 月，热度才有了小幅的回升。

以火锅外卖业务做得比较好的海底捞为例，2021 年其外卖业务收入为 7.06 亿元，相比 2020 年的 7.18 亿元略有减少。虽然海底捞火锅外卖收入一直在上涨，从 2017 年的 2.19 亿元增长至 2021 年的 7.06 亿元，但是其在总收入中的占比却一直保持在 1.7%~2.5%。近几年，海底捞的外卖业务增长相对有限，为了寻找新的增长点，海底捞在 2022 年 3 月恢复了烧烤外送服务，拓展了火锅以外的外送服务。

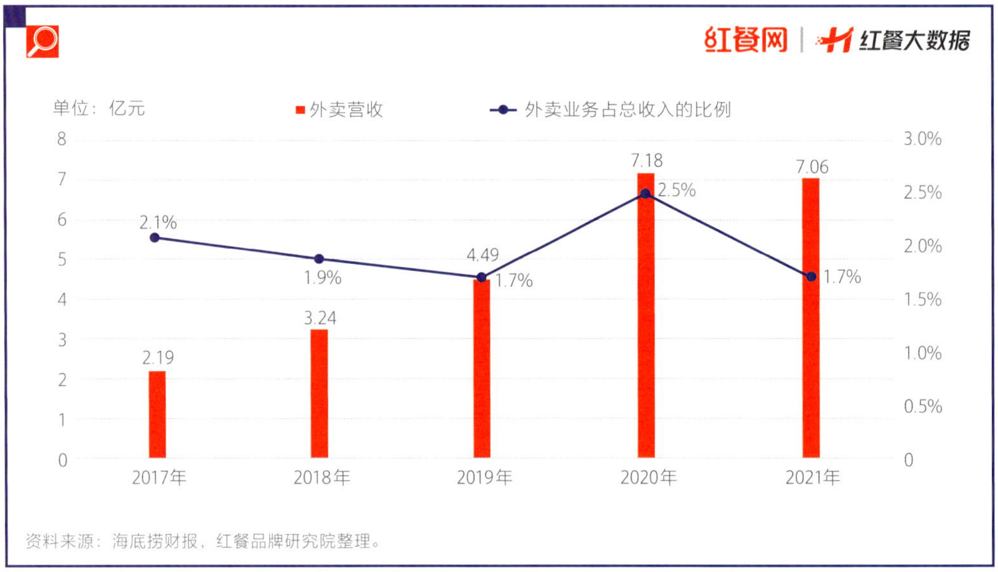

图 2-53　海底捞 2017 — 2021 年火锅外卖营收概况

有专业人士认为，火锅偏重社交属性，消费者追求围炉而坐的团聚氛围，而火锅外卖较难还原这种体验。另外，火锅外卖赛道竞争较为激烈，除了像淘汰郎这种专门做火锅外卖的品牌外，盒马鲜生、锅圈食汇、叮咚买菜这类新零售生鲜供给方都是火锅外卖的潜在对手。盒马鲜生依托集团强大的供应体系，从 2019 年开始布局火锅业务，2021 年 12 月正式推出“盒马鲜火锅”，主打食材新鲜定位，其线上火锅营业收入已达到 3.6 亿元。

火锅外卖对于餐企的运营能力提出了更高的要求。海底捞经过多年深耕才取得如今的成绩，对于很多火锅品牌来说，布局外卖业务会消耗很多资源，在这样的情况下，做外卖反倒成为掣肘。对于以堂食为主的火锅品牌来说，做外卖业务只能锦上添花，需量力而行。

2. 火锅食材超市：门店收缩，面临转型挑战

2020 年疫情暴发伊始，方便、快捷、性价比高的火锅食材超市快速崛起，成为餐饮领域炙手可热的新物种，孕育出锅圈食汇、懒熊火锅等头部品牌，同时还吸引了海底捞、盒马、三全食品、安井食品等巨头争相布局。可是当疫情防控进入常态化之后，“宅家吃火锅”的场景不再高频且刚需，火锅食材超市有陷入发展瓶颈的趋势。

从 2021 年开始，不少地区的火锅食材超市出现了关店现象，甚至开始收缩、转型。比如懒熊火锅、鼎汇丰烧烤火锅超市、川鼎汇、九品锅等，目前在营门店数与高峰期的上千家相差甚远，有的品牌门店数减少了不止一半。

表 2-35　2022 年全国部分火锅食材超市品牌概况

品牌名称	门店数（家）	成立时间（年）	发源地	门店主要分布区域
锅圈食汇	7400+	2017	郑州	河南、江苏、山东等
邹立国火锅煎烤超市	800+	2013	沈阳	辽宁、吉林
鼎汇丰烧烤火锅超市	680+	2015	沈阳	辽宁、吉林、黑龙江
懒熊火锅	480+	2019	天津	河南、山西、江苏
川鼎汇	440+	2019	上海	江苏、湖北、山东、福建
九品锅	390+	2019	北京	江苏、河南
大明火锅超市	240+	2017	长春	吉林
信良记火锅食材	170+	2020	北京	河北、江苏、浙江等

资料来源：红餐大数据，数据统计时间截至 2022 年 6 月 30 日。　红餐网 | 红餐大数据

火锅食材超市之所以会出现门店缩水的情况，主要有以下两方面原因。

其一，作为火锅食材集合店，火锅食材超市的商业模式是整合供应链，依靠薄利多销的方式来赚取利润。在这样的模式下，需要前端大量开店以反向推动上游供应链提升效率。简而言之，品牌之间比拼的实际是供应链效率，像锅圈食汇、懒熊火锅这类供应链起家的企业具备一定的优势，而多数盲目跟风的中小企业后端供应链体系比较薄弱，很难在市场上站稳脚跟。

目前该领域中融资金额最大、门店总数最多的品牌是锅圈食汇，以 7400 余家的门店体量一家独大。门店数仅次于锅圈食汇的是郐立国火锅煎烤超市，目前门店 800 多家。值得一提的是信良记，得益于其对供应链的深耕，成为该领域中少有的仍保持高速增长的品牌，2021 年新开门店约 150 家，目前共有 170 余家门店。

其二，火锅食材超市经过爆发式增长，涌现出众多品牌，市场竞争压力也较大。从 2021 年开始，主流品牌纷纷开始“跨界”突围。锅圈食汇推出了细分品牌“锅圈憨憨一人食系列”，销售自热火锅、自热米饭、螺蛳粉等新零售产品。锅圈食汇在品类上也一直做加法，目前已经从单纯的火锅烧烤食材延伸到卤味、生鲜、一人食、快手菜等预制菜品类。另一头部品牌懒熊火锅，增加了热卤、冷饮等产品，半成品菜也逐渐占据半壁江山，同时还孵化了堂食火锅品牌。

其他火锅食材超市品牌也开始扩张品类。比如安井食品旗下的食材新零售品牌“冻品先生”，从速冻火锅料制品、预制菜赛道，扩张至冰激凌赛道；尚捞汇在店内增加现捞卤味熟食；烟火客的产品线横跨火锅、早餐、烧烤、招牌菜四大类型。

由此来看，火锅食材超市似乎逐渐演变成了“火锅食材+其他品类”的模式，这虽然能在一定程度上提升竞争壁垒，但对供应链整合能力和运营效率也提出了更高要求。

3. 自热火锅：方便速食异军突起，新市场等待发掘

作为火锅一大衍生品类，自热火锅于 2020 年迎来了快速发展期。其后，随着更多大型餐饮企业和食品企业陆续入场，自热火锅市场发展日趋迅猛。艾媒咨询数据显示，2021 年我国自热火锅市场规模为 103.7 亿元，随着自热火锅技术的更迭以及产品的多元化，预计市场将保持年均 20% 左右的增幅持续扩容。

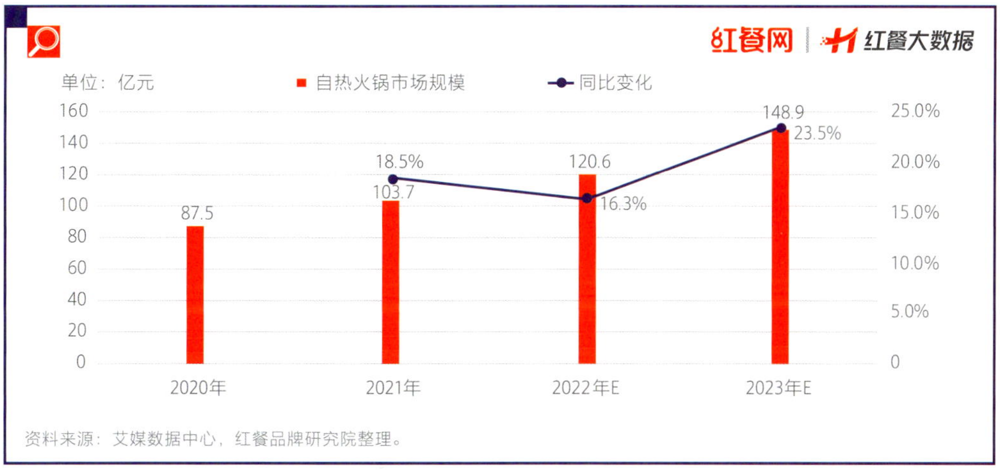

图 2-54　2020 — 2023 年全国自热火锅市场规模情况

综合来看，自热火锅赛道大致有三股势力：第一方是方便食品品牌，既有新兴消费品牌自嗨锅、莫小仙、阿宽等，也有传统食品品牌如统一、今麦郎等；第二方是餐饮领域头部企业，比如海底捞、大龙燚火锅、小龙坎、德庄火锅等，还有具有供应链优势的锅圈食汇等；第三方是跨界而来的休闲食品品牌，比如三只松鼠、良品铺子、老城南、卫龙等。

目前，自热火锅处于快速发展期，领军品牌的竞争格局逐渐明朗。艾媒咨询数据显示，2020 年自热火锅相关企业注册数量爆发式增长，同时行业集中度进一步提升。淘宝排名前五的品牌销量在总销量中的占比达 44.6%，排名前五的品牌销售额占比达 59.1%，海底捞、自嗨锅、莫小仙位居前三。

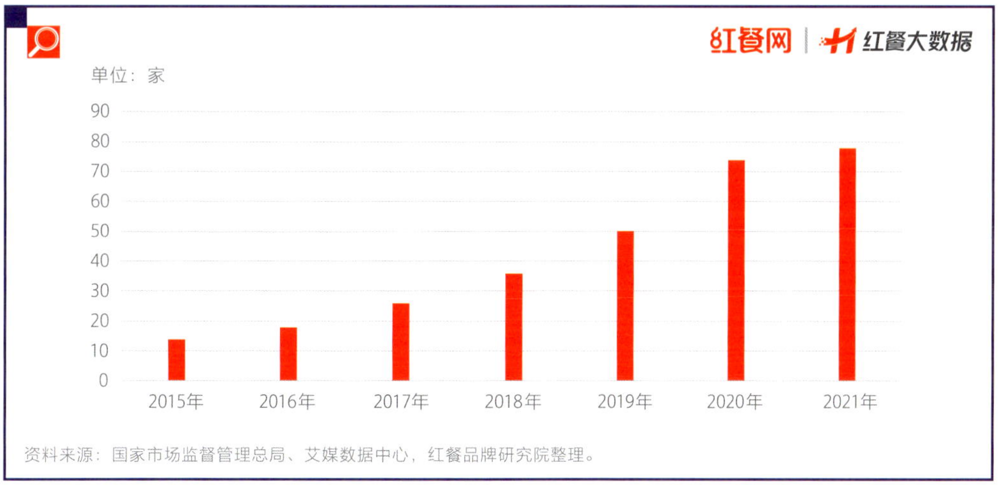

图 2-55　2015 — 2021 年 10 月全国自热火锅相关企业数量情况

自热火锅的门槛相对较低，大部分新兴速食品牌基本上都是选用代工模式降低成本。据媒体报道，部分自热火锅品牌或由同一食品工厂代工，这种代工模式虽能降低生产门槛，却也带来产品同质化的问题。为了抢先占领消费者认知，头部品牌纷纷开始构建专属的全品类产品“护城河”，从自热火锅延伸至自热米饭、自热面、自热麻辣烫、自热酸辣粉（米线、螺蛳粉）等方便速食产品，价格从几元到三四十元不等，以覆盖更广的消费群体。

创立于 2018 年的自嗨锅便是其中的代表品牌。据媒体报道，2019 年其全渠道销售额达近 8 亿元，2020 年年销售额已超过 10 亿元，成为速食赛道中当之无愧的头部品牌。2021 年，其增加了螺蛳粉、复合调味品、冻品、煮面等 4 个新系列，覆盖了早餐、午餐、下午茶、晚餐、夜宵在内的全时段餐饮需求。

与此同时，火锅餐饮品牌也在跟进这股潮流。比如除了原有的火锅底料、调味料，海底捞还推出了自热米饭、酸辣粉、牛肉粉等速食冲泡产品，以及虎皮凤爪等休闲食品；小龙坎推出了自热烧烤、速食酸辣粉、脆口鱼皮、下饭酱等产品。借助方便速食产品，餐企品牌进一步推动了线上市场的布局。据海底捞供应商颐海国际公司年报，2021 年其方便速食营收达 17.0 亿元，同比增长 10.6%。其中，向关联方销售方便速食产品收入增长 182.6%，向第三方销售方便速食产品收入增长 6.0%。

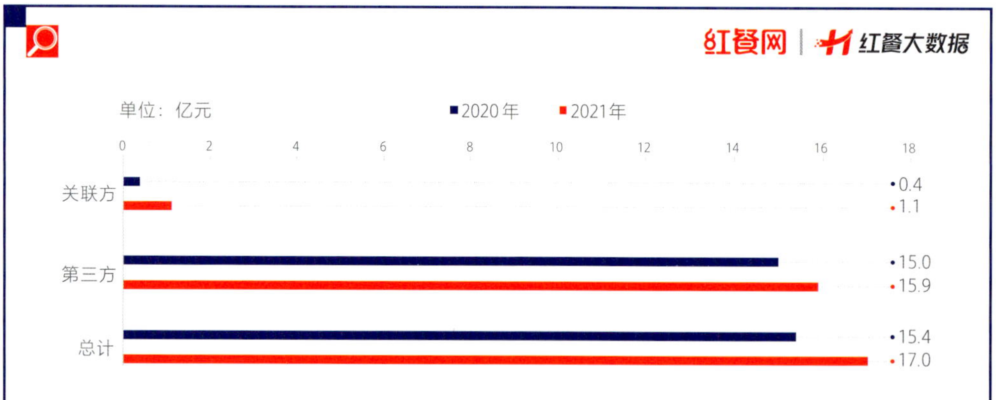

资料来源：颐海国际公司年报，红餐品牌研究院整理。

图 2-56　颐海国际方便速食产品营收情况

未来，自热火锅品牌或倾向慢慢拓展其他方便速食品类，从而覆盖整个方便速食赛道，分享更大的市场发展红利。随着消费升级、线上渠道发展等，方便食品还有更大的市场空间等待挖掘。根据阿宽食品招股说明书，2021 年我国方便食品市场规模已达 5000 亿元，近年有望保持年均 6% 的速度增长。

图 2-57　2016 — 2021 年全国方便食品市场规模情况

对于头部火锅品牌来说，开启方便食品的多元化路线并不是难以跨越的鸿沟，也不会对品牌经营起到根本性的改变，真正的难点是背后的供应链实力。目前，先入局的品牌已经建立了一定的先发优势，未来市场集中度有望进一步提升。

04

第四节

茶饮：

品类发展进入调整期，品牌从做大转向做强

近年来，茶饮市场规模和门店数量一路飞涨，一批茶饮品牌脱颖而出，吸引资本争抢下注。在高速发展的同时，茶饮品类也暴露出不少问题，很多品牌的增长陷入瓶颈。

2021 年起，茶饮头部品牌纷纷降价，下探到中低端价格带抢占市场，使得行业竞争进一步加剧，众多品牌开始寻求第二增长曲线。整体来看，茶饮品类的市场格局已经初步成型，品类发展特征从过往的偏向做大门店规模，开始转向做强品牌力的精细化运营阶段。

一、头部格局基本形成，下沉市场热度持续走高

1. 总体规模持续增长，资本回归理性

近年来，茶饮赛道持续火热，市场规模快速增长。据红餐大数据，2015 年到 2021 年，我国现制茶饮市场规模从 422 亿元增长到 1419 亿元，复合年均增长率为 22.4%，2022 年的市场规模预计可达 1767 亿元。

茶饮市场规模持续攀升，跟资本的助推有一定关系，由于标准化程度高、易复制、门槛低等特点，茶饮一直是资本最青睐的餐饮品类之一。

据红餐大数据，2021 年到 2022 年上半年，茶饮品类共发生了 40 余起投融资，总金额超过 150 亿元，投资方不乏淡马锡、红杉基金、瑞银资产管理、高瓴资本等著名投资机构。喜茶、奈雪的茶、沪上阿姨、柠季柠檬茶专门店、霸王茶姬等品牌均获得了融资。在资本的加持下，品牌加速跑马圈地，门店规模持续增长。

表 2-36　2021 — 2022 年上半年全国茶饮品牌融资情况

品牌名称	披露时间	融资轮次	融资金额	投资方
蜜雪冰城	2021.1	首轮	20 亿元	龙珠资本、高瓴资本
茶生活 tea'stone	2021.1	天使轮	数千万元	同创伟业
	2021.3	A 轮	数千万元	个人投资者、麦星投资
奈雪的茶	2021.1	未披露	1 亿美元	太盟投资
	2021.6	战略融资	58.58 亿港元	瑞银资产管理、广发基金、乾元复兴精选基金、南方基金、汇添富基金
	2021.6	IPO	50.94 亿港元	公开发行
丘大叔	2021.1	战略融资	超亿元	高榕资本、广发信德
	2021.9	Pre-A 轮	超亿元	未披露
未来茶浪	2021.11	Pre-A 轮	未披露	三七互娱
椿风	2021.3	Pre-A 轮	数千万元	南京星纳赫资本
荷田水铺	2021.3	种子轮	未披露	未披露
	2021.6	天使轮	未披露	梅花创投
霸王茶姬	2021.3	A 轮	未披露	XVC、复星
	2021.10	B 轮	超 3 亿元	XVC、琮碧秋实
猴子的救兵	2021.5	并购	3000 万元	贵粮集团
阿嬷手作	2021.5	天使轮	未披露	顺为资本
小满茶田	2021.6	A 轮	数千万元	众源资本、元禾原点、尚承投资
Allcoconut 蔻蔻椰	2021.6	天使轮	千万元	广西青蓝投资
茶里 ChaLi	2021.6	战略融资	数亿元	碧桂园创投、新浪微博、易凯资本、纪源资本
沪上阿姨	2021.6	未披露	近亿元	嘉御基金
水獭吨吨	2021.6	天使轮	1000 万元	不惑创投
LINLEE 柠檬茶	2021.7	战略融资	数千万元	三七互娱
果呀呀	2021.7	天使轮	未披露	湖南茶悦文化产业发展集团有限公司
柠季柠檬茶专门店	2021.7	A 轮	数千万元	字节跳动、顺为资本
	2022.1	A+ 轮	数亿元	字节跳动、腾讯投资等
喜茶	2021.7	D 轮	5 亿美元	红杉基金、日初资本、高瓴资本、腾讯投资、淡马锡、黑蚁资本、L Catterton
T9tea	2021.8	Pre-A 轮	数千万元	青锐创投
和氛桃桃	2021.10	战略融资	未披露	喜茶（深圳）企业管理有限责任公司
广东汇茶	2021.10	天使轮	未披露	雪王投资有限责任公司
吾饮良品	2021.11	天使轮	未披露	绝了基金
殿下的茶	2021.12	天使轮	1000 万元	未披露
西琳姑娘	2022.2	天使轮	600 万元	乌鲁木齐楼兰秘烤餐饮管理有限公司
书亦烧仙草	2022.2	战略融资	超 6 亿元	湖南书带草私募股权投资合伙企业（有限合伙）、四川成都新津肆壹伍股权投资基金合伙企业（有限合伙）、青岛诺伟其定凯投资合伙企业（有限合伙）、Hong Kong YST Prosperity Limited
茶嘟嘟	2022.3	天使轮	约千万元	深圳市虹溪创投有限公司
放哈	2022.3	天使轮	千万元	坤言资本、上海陈香贵餐饮管理有限公司、天使投资人
陌年餐饮	2022.4	A 轮	2000 万元	讯联基金管理有限公司
之之茶	2022.4	天使轮	500 万元	智缘桥科技
五二兰柠檬茶	2022.4	种子轮	数百万元	能图资本
T COMMA	2022.4	战略融资	5000 万欧元	RUWISHDA
茉莉奶白	2022.5	天使轮	千万元	天使投资人、欢乐虎基金

资料来源：红餐大数据。

红餐网 | 红餐大数据

与此同时，由于疫情反复等多种因素的影响，消费者对非刚需消费趋于谨慎，加上茶饮品类高速发展带来产品同质化等问题日益凸显，茶饮品类进入发展的阵痛期。2021 年，不断有品牌传出闭店裁员的消息，一些品牌的盈利能力遭受质疑，小品牌、新品牌的突围日趋艰难。2022 年上半年，茶饮品类披露的投融资事件共计 10 起，而 2021 年上半年高达 18 起，可见资本对茶饮赛道的热情或开始降温，入局变得相对谨慎了。

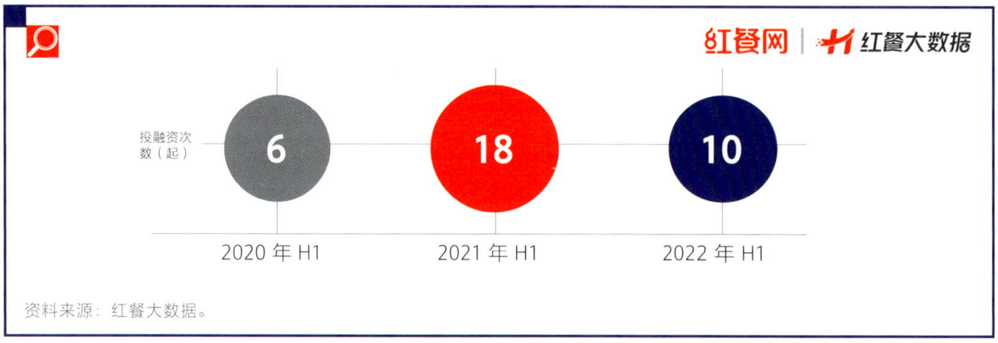

图 2-58　2020 年上半年— 2022 年上半年茶饮行业投融资数情况

2.“三巨头”鼎立格局初定，中端卡位赛竞争激烈

经过多年的发展，茶饮品类初步形成了“三巨头”鼎立的格局：“茶饮第一股”奈雪的茶、着重 IP 化发展的喜茶，以及茶饮品牌门店规模最大的蜜雪冰城。

2021 年 6 月，开创“茶饮 + 软欧包”的奈雪的茶成功在港股上市，截至 2022 年 6 月，其全国门店数量已有 900 余家，2022 年 6 月底其市值约为 112 亿港元。喜茶虽未上市，但融资消息不断，在 2021 年 7 月完成了 5 亿美元 D 轮融资后，有关媒体报道其市场估值已经高达 600 亿元，截至 2022 年 6 月，其门店数共有 850 多家。以加盟模式大规模扩张的蜜雪冰城，其门店数超过了 2 万家，稳坐茶饮品类门店规模榜首，与其他茶饮品牌的门店规模拉开了较大差距。

“三巨头”以外，书亦烧仙草、茶颜悦色、CoCo 都可、1 點點、茶百道、古茗茶饮、沪上阿姨等品牌也各具优势，共同构成茶饮品类的中坚力量，占据着较大的市场份额。

2022 年 2 月，书亦烧仙草获得了超 6 亿元的战略融资，估值超百亿元，截至 2022 年 6 月，其门店数超过 6400 家。茶颜悦色虽然在门店数、门店覆盖区域数等方面不占优势，但其仍凭借国潮风格和文创营销塑造出强大的品牌力，在众多消费者中享有较高的认知度。CoCo 都可、1 點點、茶百道、古茗茶饮、沪上阿姨等品牌均保持着各自独特的竞争力，疫情下扩张势头不减，茶百道、沪上阿姨等品牌在 2021 年的新开门店数均超过了 2000 家。

快乐柠檬、7 分甜、甜啦啦、益禾堂、新时沏等品牌，近年的发展势头也较迅猛，纷纷领跑了各自所在的细分品类或者区域市场。

近年来，整个茶饮品类完成了从奶精勾兑的“校门口奶茶店”到鲜奶鲜果的“现制茶饮店”的升级，也基本完成了新茶饮市场格局的重塑。随着国民收入的不断提升以及茶饮品牌的不断扩张渗透，茶饮品类在未来仍有较广阔的发展空间。

表 2-37　2022 年全国部分新式茶饮品牌概况

品牌名称	门店数（家）	创立时间(年)	发源地
蜜雪冰城	22000+	1997	郑州
书亦烧仙草	6400+	2007	成都
古茗茶饮	6400+	2010	台州
茶百道	5500+	2008	成都
CoCo 都可	4800+	1997	台北
益禾堂	4600+	2012	武汉
沪上阿姨	4400+	2013	上海
甜啦啦	3790+	2015	蚌埠
1 點點	3600+	1994	台北
一鸣真鲜奶吧	2400+	2002	温州
悸动烧仙草	2200+	2007	上海
快乐番薯	1700+	2008	厦门
吾饮良品	1400+	2006	武汉
7 分甜	1100	2015	苏州
阿水大杯茶	1100+	2010	济南
黑泷堂	1100+	2009	杭州
奈雪的茶	910+	2015	深圳
喜茶	850+	2012	江门
LINLEE 柠檬茶	720+	2012	湛江
新时沏	700+	2013	金华
快乐柠檬	660+	2006	上海
本宫的茶	610+	2015	广州
R&B 巡茶	560+	2006	苏州
霸王茶姬	540+	2017	昆明
茉沏	510+	2016	苏州
桂桂茶	430+	2011	上海
茶颜悦色	420+	2013	长沙
柠季柠檬茶专门店	390+	2021	长沙
米芝莲	370+	2013	上海
小鹿茶	300+	2019	北京
卡旺卡	210+	2008	合肥
SEVENBUS	120+	2015	厦门
乐乐茶	110+	2016	上海
gaga	50+	2010	深圳

资料来源：红餐大数据，数据统计时间截至 2022 年 6 月 30 日。

3. 规模化优势明显，有望诞生更多万店品牌

茶饮品类的标准化程度较高，品牌的扩张速度也较快，大多倾向于通过加盟模式来发展连锁。截至 2022 年 6 月，蜜雪冰城的门店数已超过了 2 万家，将对手远远抛在身后；紧随其后的是书亦烧仙草和古茗茶饮，两者门店数量不相上下，均为 6000 多家，有望冲击万店；CoCo 都可、茶百道、沪上阿姨的门店均超过了 4000 家。

据红餐大数据，2021 年全国茶饮样本品牌中门店数在 3000 家以上的品牌占比相比 2020 年提升了 0.2 个百分点，门店数在 101~500 家的品牌占比相比 2020 年增长了 1.5 个百分点。

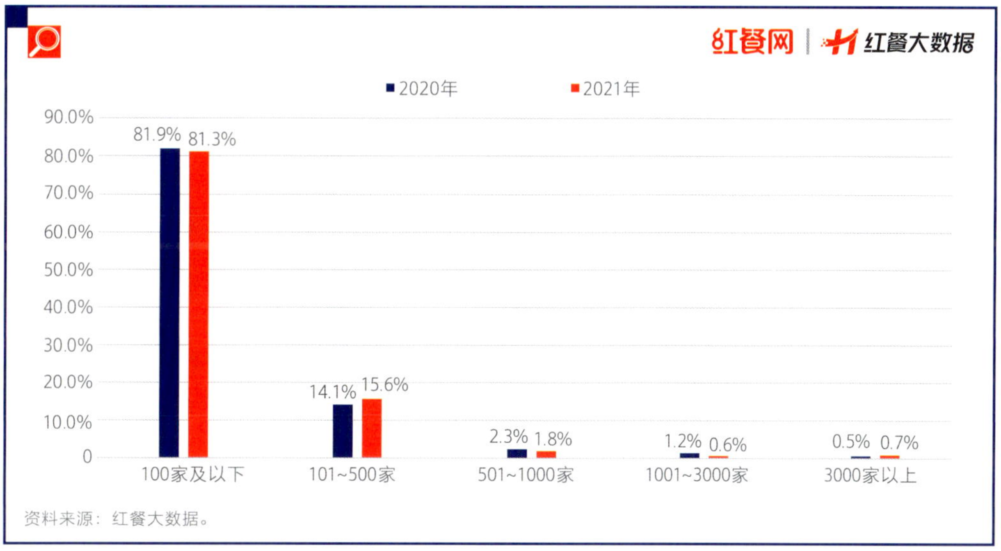

图 2-59　2020 — 2021 年全国茶饮样本品牌门店数区间占比分布

虽然茶饮品类中以门店数不过百的中小品牌居多，但是与火锅、中式正餐等品类相比，茶饮品类的规模化程度依然相对较高。2021 年在门店数 101~500 家的规模里，火锅在该区间的品牌占比为 6.2%，中式正餐在该区间的品牌占比为 3.4%，而茶饮在该区间的品牌占比为 15.6%；在门店数超过 500 家的规模里，火锅在该区间的品牌占比为 0.8%，中式正餐在此区间无品牌分布，而茶饮在该区间的品牌占比为 3.1%。随着市场规模的进一步扩大，管理体系日益成熟，茶饮品类有望跑出更多大型连锁品牌，规模化程度有望进一步提升。

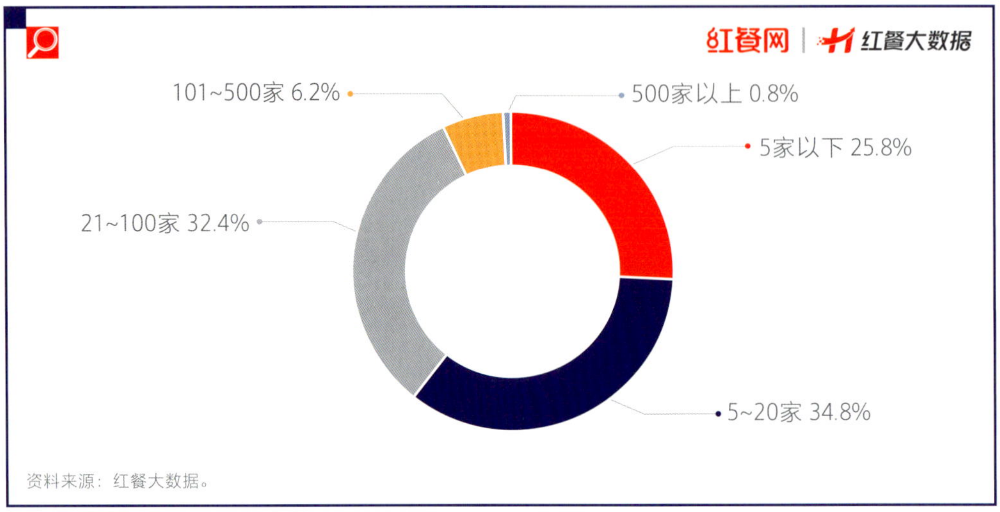

图 2-60　2021 年全国火锅样本品牌门店数区间占比分布

4. 人均消费趋向平价，下沉市场成掘金重地

红餐大数据显示，2021 年人均消费 10~20 元的茶饮品牌数占比为 71.0%，可见，10~20 元是茶饮消费的主要价格区间。

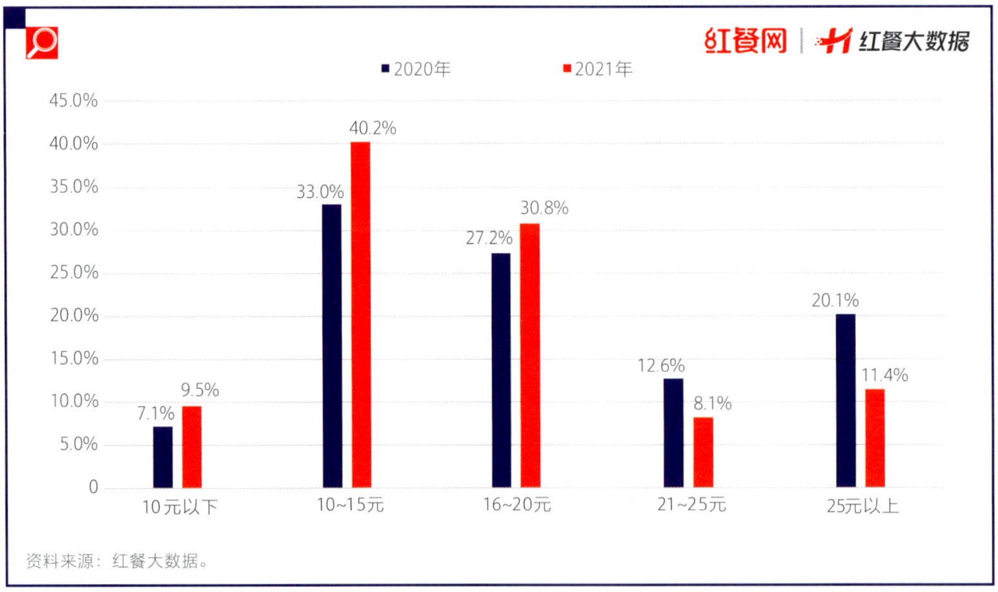

图 2-61　2020 — 2021 年全国茶饮样本品牌人均消费价位占比分布

与 2020 年相比，人均消费在 20 元以下的茶饮品牌数占比提升了 13.2%，人均消费在 20 元以上的茶饮品牌数占比降低了 13.2%，其中人均消费在 25 元以上的茶饮品牌数占比下降了 8.7%。可见，中低价位的茶饮品牌比例呈现不断扩大的趋势，而中高端价位的茶饮品牌占比则有一定程度的萎缩。

上述变化在一定程度上折射出了在疫情背景下，消费者对茶饮消费的心理变化，非刚需消费的定位让消费者对茶饮产品的定价变得更加敏感。奈雪的茶、喜茶等头部品牌已经觉察到这一趋势，不约而同地在 2022 年初相继发出了下调价格的通知。

2022 年 2 月，喜茶宣布产品全线降价，年内不再推出 29 元以上的饮品新品，并承诺现有产品在年内不涨价。截至 2022 年 6 月，喜茶主流门店的产品价格已全面低于 30 元，且售价在 15~25 元的产品占比在 60% 以上，降价幅度在 1~10 元不等。

随后，奈雪的茶也宣布大幅降价，推出 9~19 元的“轻松系列”，承诺将每月上新至少一款 20 元以下的产品，截至 2022 年 6 月，其菜单上也已经没有超过 30 元的产品，14~25 元成奈雪主力价格区间。

两个曾经主打高端市场的茶饮巨头接连降价，从其目前的定价策略看，它们已经下探到中端茶饮的价格腹地，或对中端茶饮品牌造成一定的冲击，并进一步加剧茶饮品类的竞争。

随着一、二线城市的茶饮市场竞争日趋激烈，下沉市场或将成为下一阶段茶饮品牌竞争的主战场。红餐大数据显示，2021 年茶饮门店在二线及以下城市的同期占比都有一定幅度的上升，其中三线城市上升幅度最大。同时，2021 年茶饮门店在一线城市和新一线城市的占比都有一定幅度的下降，分别从 10.3%、23.6% 降至 9.5%、22.3%。

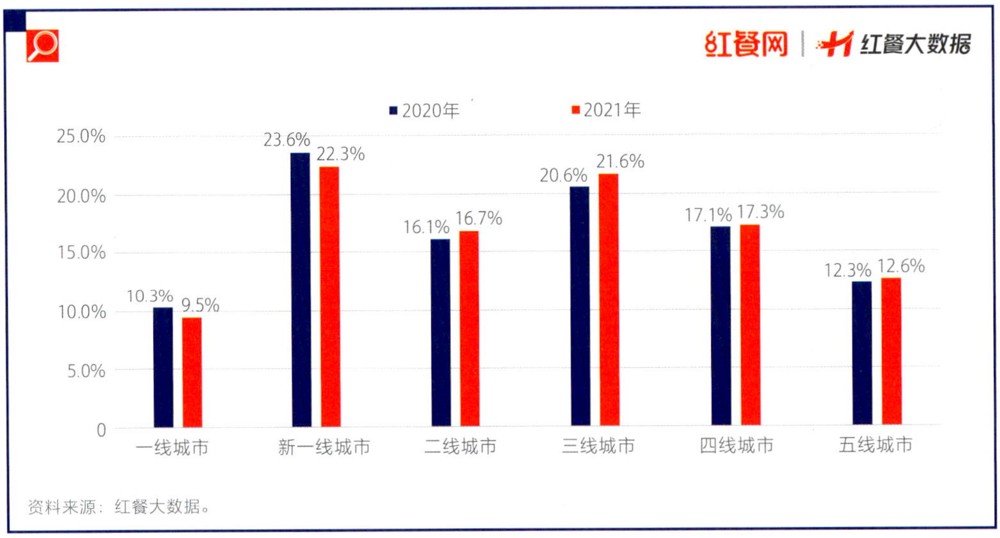

图 2-62　2020 — 2021 年全国各线级城市茶饮样本门店数占比分布

下沉市场成为茶饮品牌竞相追逐的热点，众多品牌纷纷开启了下沉市场的扩张策略。除了原本就聚焦“小镇青年”的蜜雪冰城、甜啦啦等品牌，截至 2022 年 6 月，书亦烧仙草在三线及以下城市的门店数占比已经超过五成，益禾堂在三线及以下城市的门店数占比更是超过了六成。

需要注意的是，下沉市场有其自身的发展特点，并非适合所有品牌发展。尤其是从一线城市起家的茶饮品牌，要想进入下沉市场，品牌的运营模式和产业链布局均需要做出相应调整，难度较大。

二、地域特色茶饮品牌表现亮眼，柠檬茶成细分品类赢家

茶饮市场规模庞大且增长快速，一直是餐饮创业热门赛道，整体竞争非常激烈，部分品牌瞄准细分赛道，通过差异化路线寻求发展空间。总体来看，茶饮品类的细分化体现在两个层面：一方面是品牌挖掘了更多新的茶饮细分赛道，比如具有地方特色的区域茶饮品牌逐渐冒头；另一方面，则是对原有的细分品类进行聚焦，比如柠檬茶已成为近年来的细分品类赢家，催生出了一批实力品牌。

1. 地域特色驱动产品创新，区域品牌进军中心城市

近年来，不少融合了当地特色的区域茶饮品牌初露锋芒。这些区域茶饮品牌大多聚焦于当地的特色产品，并以此为品牌特色。比如来自甘肃兰州的放哈，把当地传统小吃甜醅子融入茶饮中，受到消费者追捧；江西南昌的 KUNTEA 鲲茶推出竹筒奶茶，在社交媒体上大火；海拔高地西藏拉萨，也诞生了本土连锁新茶饮品牌阿刁 · 茶饮；青海西宁的宝葫芦西北茶食铺，定位于创新茶饮小吃店，奶茶酸奶和酿皮夹馍均是其特色产品，亦收到不错的市场反馈。

表 2-38　2022 年全国部分区域茶饮品牌概况

品牌名称	门店数（家）	创立时间（年）	发源地
萃茶师	130+	2016	南宁
荷田水铺	40+	2020	青岛
放哈	20+	2017	兰州
阿嬷手作	10+	2018	南宁
宝葫芦西北茶食铺	9	2016	西宁
阿刁 · 茶饮	7	2018	拉萨
KUNTEA 鲲茶	2	—	南昌

资料来源：红餐大数据，数据统计时间截至 2022 年 6 月 30 日。

红餐网 | 红餐大数据

除了在当地小有名气之外，不少区域茶饮品牌开始向北上广深一线城市渗透，以谋求更大的发展。比如放哈的门店就从兰州拓展到天水、西宁，一路闯进上海市场；起源于南宁的阿嬷手作也积极向中心城市开拓，进军上海、深圳等城市；创立于山东青岛的荷田水铺，亦把门店开进了上海静安的国际中心。

尽管这些区域茶饮品牌凭借差异化路线“进城”的势头强劲，但也有隐藏的风险。首先，一线市场的房租、人工等各项成本相对高昂，会对单店盈利能力造成压力；其次，一线城市茶饮竞争已经十分激烈，是众多强势茶饮品牌的竞争高地，从区域反攻一线城市的茶饮品牌在消费者认知度上并不占优势。

因此，区域特色茶饮品牌进军一线城市或将是一场持久战，需做好长期大量投入的准备。

2. 柠檬茶成热门细分赛道，众多潜力品牌崛起

“柠檬 + 茶”是水果茶的经典搭配，也是很多消费者熟知的喝法。柠檬富含维生素 C，柠檬茶自带健康属性，具有广泛的群众基础。特别是在广东、香港等地，柠檬茶在 20 世纪六七十年代就已经出现在当地的茶餐厅。随后，盒装和瓶装柠檬茶饮料开始涌现，统一、康师傅的瓶装茶饮产品出现在全国的各大超市、小卖部。

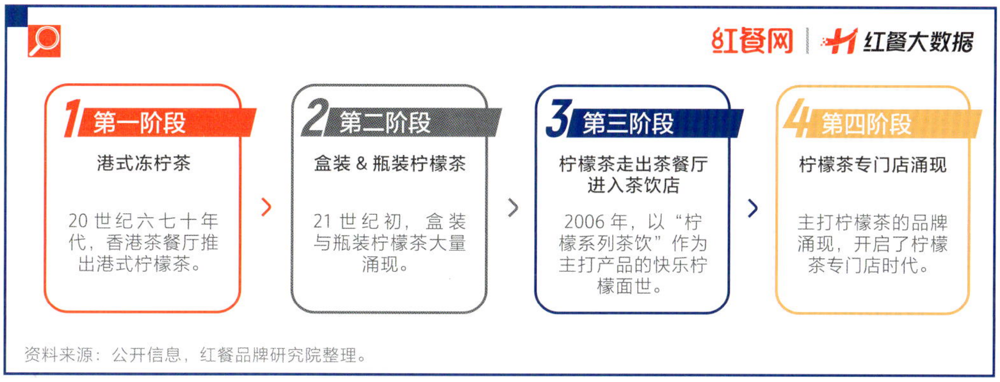

图 2-63　柠檬茶发展简史

消费者对柠檬茶的需求在不断升级，不仅要清爽解腻，还要求低糖、低卡、健康养生。在市场需求的激发下，柠檬茶被茶饮品牌重新挖掘包装并投放到门店中售卖。在早期阶段，虽然有主打柠檬茶系列产品的茶饮品牌出现，比如快乐柠檬，但此时的柠檬茶尚未达到风靡的程度。

不久后，一股柠檬茶风潮开始席卷茶饮行业，诸多主打柠檬茶的品牌集中涌现。尤其是在 2021 年，柠檬茶专营店迎来爆发，门店数量高速增长，继而喜茶、蜜雪冰城、奈雪的茶等品牌都不约而同地推出柠檬茶系列产品。

红餐大数据显示，截至 2022 年 7 月底，全国的柠檬茶专门店数量已经超过 8000 家，相较 2020 年底的 3000 多家，门店数量足足翻了近三倍。与此同时，越来越多创业者涌入柠檬茶赛道，柠檬茶相关餐饮企业的注册数量持续上涨。

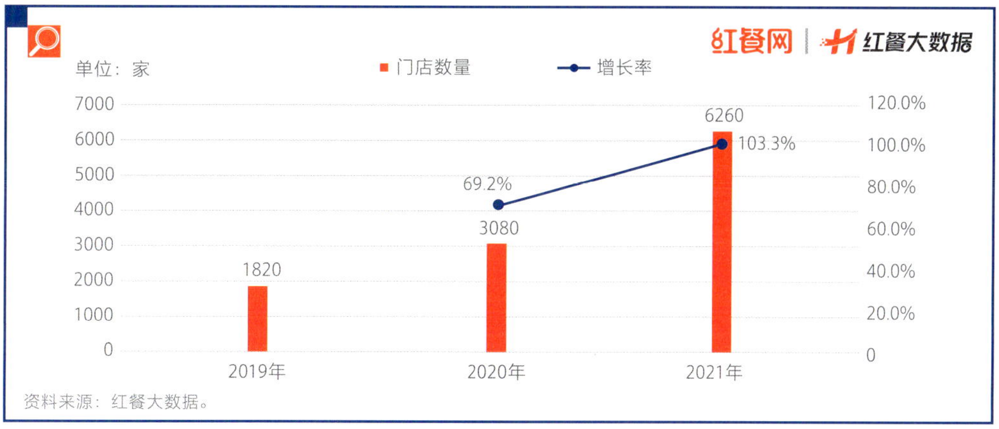

图 2-64　2019 — 2021 年全国柠檬茶专门店数量增长情况

红餐大数据显示，截至 2022 年 6 月共有 7 个柠檬茶品牌的门店数超过 300 家，其中排名最靠前的是 LINLEE 柠檬茶和快乐柠檬，两者门店数分别是 700 余家和 660 余家。此外，TANING 手挞柠檬茶的门店数也超过了 450 家，柠季柠檬茶专门店、啊一柠檬茶、丘大叔等品牌发展亦较为迅速。

表 2-39　2022 年全国部分柠檬茶品牌概况

品牌名称	门店数（家）	创立时间（年）	发源地	经营模式
LINLEE 柠檬茶	720+	2012	湛江	直营 + 加盟
快乐柠檬	660+	2006	上海	直营 + 加盟
TANING 手挞柠檬茶	450+	2017	广州	直营 + 加盟
桂桂茶	430+	2011	上海	直营 + 加盟
柠季柠檬茶专门店	390+	2021	长沙	直营 + 加盟
林香柠	350+	2020	湛江	直营 + 加盟
啊一柠檬茶	320+	2018	广州	直营 + 加盟
丘大叔	150+	2018	广州	直营
大 C 柠檬茶室	120+	2018	佛山	直营 + 加盟

资料来源：红餐大数据，数据统计时间截至 2022 年 6 月 30 日。

红餐网 | 红餐大数据

短短的两年时间，柠檬茶这个曾经偏安一隅的低调产品摇身一变成为“网红爆品”，很多品牌借助这波红利快速拓店，甚至向着千店规模进发，这背后也离不开资本的助推。红餐大数据显示，2021 年到 2022 年 6 月的一年半时间内，柠檬茶的投融资事件数量达到了 6 起。

比如专注直营模式的丘大叔，2021 年连续获得了两轮投资，金额都超亿元，年内乘势新开超百家门店；长沙新晋柠檬茶品牌柠季柠檬茶专门店，以手打柠檬为招牌，半年内便相继完成了数千万元 A 轮融资以及数亿元的 A+ 轮融资，仅一年多时间开出了近 400 家门店；来自广东的人气柠檬茶品牌 LINLEE 柠檬茶在 2021 年获得了三七互娱数千万元独家投资，拓店速度较快。

柠檬茶的制作工序相对简单，入局门槛不高，随着越来越多的柠檬茶专营店涌现，产品同质化的问题渐渐显现。目前柠檬的种植和供应体系并不完善，柠檬的稳定产量和供应是影响柠檬茶品牌发展壮大的重要因素。此外，很多柠檬茶品牌主推手打柠檬茶，人力成本和出品稳定也将成为品牌快速拓店的一大制约因素。

因此对于柠檬茶品牌而言，树立自己独特的品牌标签和搭建完善的供应链体系至关重要。总体来看，全国的柠檬茶市场格局未定，一些具备品牌优势、供应链健全且运营能力强大的品牌或能率先突出重围。

三、粗放式发展面临终结，精细化运营迫在眉睫

在市场规模高速增长的同时，随着入局者越来越多，茶饮赛道的竞争渐趋激烈。不少品牌陷入了增长瓶颈期，纷纷出现了裁员闭店、收缩市场等问题。

企查查数据显示，从 2017 年到 2021 年，全国茶饮相关企业的注册量持续攀升，2021 年茶饮相关企业存续量约为 26 万家，而同年其吊销、注销量也达到了一个顶峰，为 3 万余家。

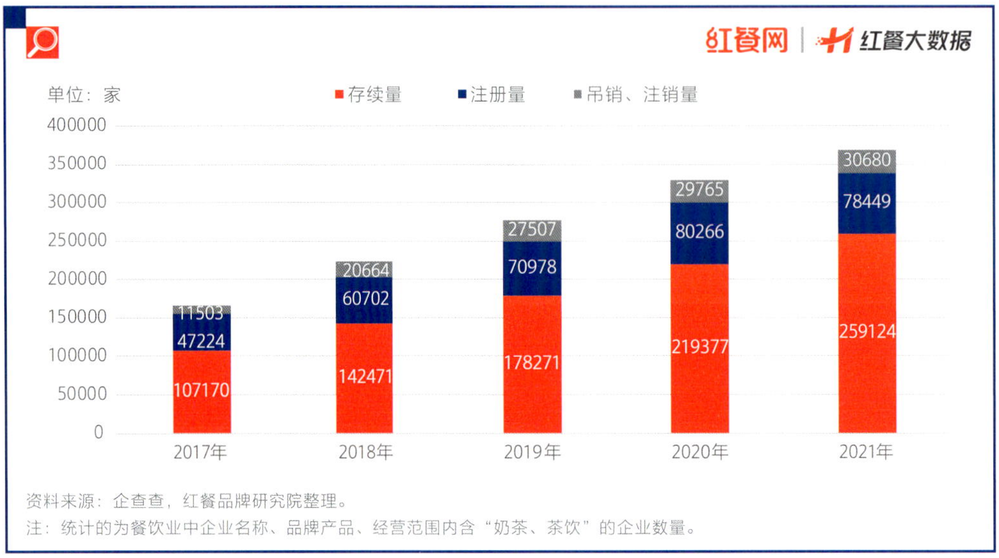

图 2-65　2017—2021 年全国茶饮相关企业的存续量、注册量和吊销、注销量

诸多头部茶饮品牌也或多或少地体现出增长瓶颈的制约。比如 2021 年底，茶颜悦色关闭了长沙 80 余家门店；乐乐茶收缩了门店布局，在 2021 年到 2022 年内先后全面退出了西安、重庆、广州市场；蜜雪冰城、茶百道、1 點點等头部品牌，因食品安全问题被屡次曝光……茶饮品类被掩盖在火热发展势头之下的隐患逐渐暴露。

站在茶饮品类的发展历程角度来看，从最初奶精勾兑的奶茶，到真奶真茶且充满时尚感的新茶饮，茶饮产品、品牌的整体升级将品类推向了发展的快车道。在品类发展日益规范的进程中，茶饮品牌在早期发展阶段采用的粗放式发展模式已渐渐失效，品类需要更为精细化的运营模式。

在品类市场规模快速增长期，市场空白相对较多，这个阶段中规模就是影响力。基于“小、快、灵”的优势，茶饮品牌争相跑马圈地，发展方式较为粗放，在加盟管理、供应链建设等方面都相对欠缺。当赛道参与者快速增加，竞争随之加剧，继续沿用粗放发展阶段的资源配置和管理机制已明显过时。茶饮品牌的内功跟不上扩张速度会带来诸多隐患，这也是近两年茶饮品类各种问题频现的根本原因之一，因此茶饮品牌后续突围可重点夯实品牌内功。

1. 产品层面不断推陈创新，多元化成为主流

多元化的产品矩阵能在一定程度上建立品牌的竞争壁垒，整体看，近年来茶饮产品的创新方向主要集中在多样化层面，其中重要表现就是配料越来越丰富、茶底越来越多样。

奈雪的茶是产品多元化的一个突出代表，从面世之初就主打“茶饮 + 软欧包”的复合产品模式，其后推出的 PRO 店模型，更是拓展出咖啡、轻烘焙、零食等产品线。奈雪的茶财报显示，其在 2021 年推出了 79 款新品，其中包括 36 款茶饮产品，以及多达 37 款烘焙产品和 6 款咖啡产品。

除奈雪的茶之外，还有不少茶饮品牌也走上了产品多元化的道路，纷纷推出搭配茶饮的多元化产品。比如随着新中式点心以及炸串小吃等产品走红，很多茶饮品牌将其纳入产品线中，不断扩大品类边界，进一步拓展品牌的增长空间。

蜜雪冰城在 2021 年 9 月开出了首家雪王城堡体验店，店内除了提供茶饮、咖啡产品之外，还有雪糕甜品、烘焙、炸串等产品，甚至还提供椰乳烩面、烙馍冰激凌等创新产品。

书亦烧仙草也在 2021 年尝试将茶饮和当地特色餐饮结合，比如其联合顺德美食合作推出仙草食堂快闪店，探索烧仙草在粤式点心上的应用，相关产品未来或会在书亦烧仙草的门店推出。

多元化的产品设置能帮助品牌在同质化竞争中扩充流量，带来新的增长点。

茶饮产品创新的另一个方向则是从其他配料上进行延伸，推出诸如芝士、水果、芋圆、五谷等配料。

通过聚焦烧仙草这个爆品，书亦烧仙草成功开启烧仙草赛道，并成为细分品类的领头羊。它的成功为其他茶饮品牌提供了思路，市场上掀起了向奶茶中加入各种食材配料的风潮，其中口感顺滑的糯食成为重要方向，芋圆、汤圆、五谷等食材逐渐成为各个茶饮品牌菜单加料区的必备。

沪上阿姨最初正是靠“现煮五谷茶”的招牌产品走红市场，其在茶饮中加入现煮的血糯米等粗粮谷物，塑造出了“五谷茶饮”的形象。豆吉汤圆奶茶从川渝流行的冰汤圆中得到启发，主打汤圆奶茶。华言鲜豆腐奶茶则以各类鲜豆腐为配料，形成独特的差异化定位……

除了配料，还有不少茶饮品牌选择从基底入手。一方面，茶饮品牌不断拓展纯茶茶底的种类，除了较为普遍的红茶、绿茶、普洱，凤凰单丛（枞）、鸭屎香等小众茶叶品种也被茶饮品牌“盯上”并应用起来；另一方面，茶饮品牌尝试加入其他类型的基底，比如半仙豆夫将奶茶惯用的牛奶，改成了创意豆浆、豆花和豆乳，再加上一串软糯的汤圆，其产品上市之初便一举成为网红爆品。

此外，茶饮品牌所使用的原料也越来越小众，这一点在水果茶中表现尤为明显。近年来，水果茶在各大茶饮品牌的门店中均占有较重要的地位。水果和茶本身有较高的适配性，加上消费者对于健康的需求日益强烈，水果配料成了茶饮创新路上的突破点，椰子、蓝莓、草莓等水果，相继成为茶饮品牌的新卖点。

常见的水果品种并不稀缺，为了寻求差异化，茶饮品牌开始聚焦市场上少见又有话题度的小众水果。2021 年初，广东极小众的水果——油柑，首度出现在茶饮产品中，一上市就受到了消费者追捧，销量一路飙升，成为年度爆品。随后诸多茶饮品牌纷纷推出油柑类茶饮产品，导致市场上油柑的采购价格一度暴涨，甚至出现了断货现象。

此外，原本只流行于两广地区的黄皮，也一度成为茶饮界的热门水果食材。不少品牌相继推出相关产品，大多收获了可观的销量。在这股风潮之下，2022 年，部分茶饮品牌纷纷推出刺梨、芭乐等小众水果饮品。

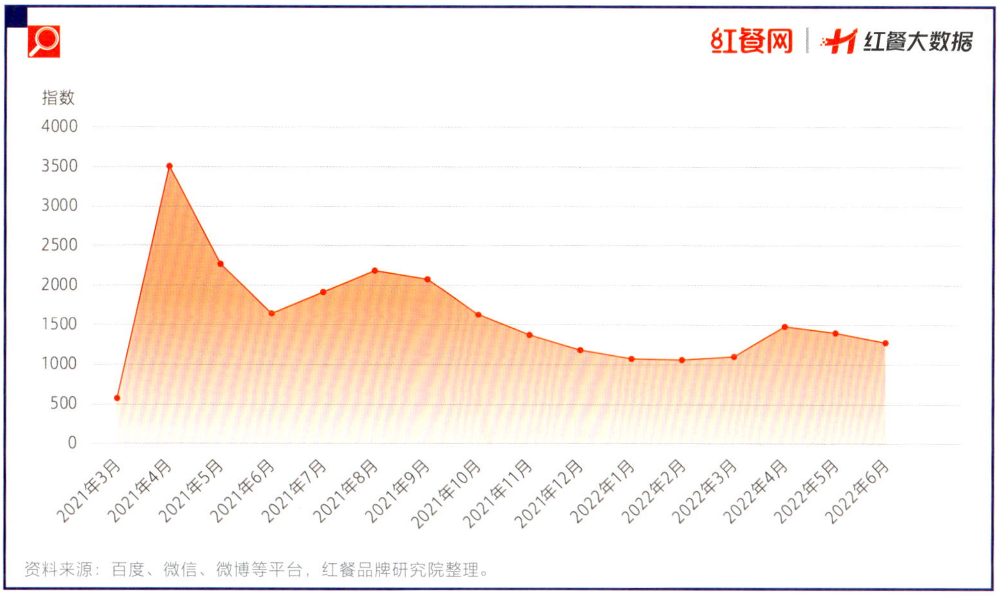

图 2-66　2021 — 2022 年上半年油柑网络搜索热度

随着茶饮品牌创新“内卷”的不断加剧，可供发挥的营销卖点变得越来越少，小众原料或将是品牌未来较为重要的研发方向。

2. 推周边、立人设，品牌纷纷开启 IP 化之路

从品牌层面看，近年来新茶饮品牌 IP 化的趋势日益明显。所谓 IP 化，即品牌通过发行周边商品、建立品牌人设、跨界联名营销等方式来塑造一个带有强烈个性标签的品牌形象，以此在消费者心智中占有一席之地。IP 化能有效延展品牌内涵，便于与消费者建立较强的黏性，以进一步提升品牌的竞争力。

喜茶很早就开始做 IP 输出，从形象标识、店铺装修，到联名产品、联名营销，再到各类周边产品，无不围绕“灵感之茶”的定位进行塑造，由此打造出了鲜明的品牌个性，成功跨界出圈。如今，喜茶不仅仅是一个茶饮品牌，也成为茶饮品类的标志性 IP。

茶颜悦色从品牌创立之初就比较重视品牌 IP 的打造，通过其擅长的文创营销以及众多文创产品，不断强调“国潮文化”的品牌个性。在茶颜悦色的一些门店中，除了售卖茶饮产品，还售卖茶

具、茶包、徽章、纸胶带以及发圈等文创物件。这些周边产品从包装到设计风格都延续了茶颜悦色一贯的文创路线，文艺气息十足。

奈雪的茶在品牌 IP 打造上也自成一派。奈雪的茶通过不断与时尚单品、乐队等跨界联名的方式来拓展周边产品。比如 2021 年 12 月，奈雪的茶正式官宣品牌大使——来自元宇宙的虚拟 IP 人物 NAYUKI，并发布概念视频和 NFT 数字艺术品。

蜜雪冰城也开始有意识地强化品牌 IP，2021 年通过一首律动十足的主题曲，向消费者普及了品牌吉祥物“雪王”，甚至掀起了一股全民参与的互动热潮。雪王城堡体验店除了售卖茶饮茶品，还上架了很多“雪王”IP 周边、茶包等零售产品。

7 分甜则携手世界级 IP 宝可梦，推出多款联名周边，组合成套餐售卖，这些套餐受到了不少消费者的喜爱。

纵观整个餐饮业的发展，随着标准化、连锁化、品牌化发展到一定程度，头部品牌或将走上 IP 化的道路，快餐、正餐、火锅、面包烘焙等品类的头部品牌均有 IP 化的倾向。从进程和成效来说，茶饮品类是整个餐饮行业 IP 化的“排头兵”。随着茶饮市场的进一步发展，这种 IP 化趋势有望得到加强。

3. 寻求第二增长曲线，扩大品类边界

近两年，随着茶饮品类的竞争加剧，茶饮业务触达增长天花板，不少茶饮品牌开始寻找第二增长曲线：一方面推出副牌矩阵，作为主品牌的补充；另一方面拓展零售产品以扩大业态边界，突破餐饮营收的天花板。

在副牌的探索上，很多头部品牌均在不断尝试。以喜茶为例，早在 2020 年就推出了人均消费更低的副牌“喜小茶”，以覆盖中低端市场，但相对低的消费区间已有 CoCo 都可、1 點點等品牌，喜小茶的市场表现并不如预期，目前门店数仅 20 多家。而蜜雪冰城则孵化出继续走“小镇路线”的平价咖啡连锁品牌“幸运咖”，目前全国门店数已超过 600 家，发展势头尚可。

在零售化的层面上，头部品牌也在摸索中。比如 2021 年喜茶上市了瓶装饮料“喜茶果汁茶系列”，是继气泡水后，喜茶在瓶装饮料市场的进一步尝试，此外其还推出了茶包、冰棒等产品。奈雪的茶亦在大力发展瓶装饮料业务，于 2021 年成立了奈雪饮料科技公司，截至 2022 年 6 月，其已经推出 7 款产品，业内还有报道称 2022 年奈雪的茶欲收购即饮饮品产线。可见，茶饮品牌的零售化还在起步阶段，但是在众多品牌的积极探索下，茶饮零售化或有更大的想象空间。

4. 创而优则投，夯实产业布局

头部品牌纷纷担当“投资人”的角色，是近年来茶饮界另一明显趋势。

2021 年下半年，喜茶在近 4 个月的时间进行了 5 起对外投资，注资对象涉及多个赛道，包括咖啡品牌 Seesaw Coffee、燕麦奶品牌 YePlant、茶饮品牌和気桃桃、鲜萃果汁品牌野萃山等。

蜜雪冰城则于 2021 年 9 月成立了雪王投资有限责任公司，经营范围含创业投资、以自有资金从事投资活动等。目前，该公司投资了同样主打低端市场、客单价在 10 元左右的汇茶以及河南的炸鸡品牌鸡装箱。

2021 年 12 月，奈雪的茶以 3864 万元认购田野股份 1200 万股；2022 年 3 月，奈雪的茶成立投资公司，经营范围包括创业投资、以自有资金从事投资活动、社会经济咨询服务等。

除以上外，其他头部品牌在投资领

域也比较活跃。2021 年，茶颜悦色投资鲜果茶品牌果呀呀。同年，古茗茶饮参与乳制品品牌“认养一头牛”的 B 轮融资，彼时参投机构还包括美团龙珠、德弘资本等。

仔细观察茶饮品牌的投资行为不难发现，被投资方多与其主业相关。比如喜茶投资了咖啡、奶茶、酒这三个能相互融合的饮品赛道，以拓宽产品线布局，增强集团优势和建立品牌护城河。蜜雪冰城投资汇茶，可以弥补自己稍显势弱的南方市场。奈雪的茶认购田野股份，也是基于供应链布局的考虑。田野股份作为茶饮供应链的龙头企业，已经正式向北交所提交上市申报，而奈雪的茶为其第一大客户。

茶饮品牌的核心竞争力需要强大的后端支撑，以提供稳定的供应和实现更低的成本。对外投资正是茶饮品牌为了加快产业布局、夯实供应实力的具体表现。

2021 年，蜜雪冰城相继成立了供应链管理公司、农业和贸易公司，加快了供应链的建设。喜茶和奈雪的茶则不约而同地发力茶园，做独家茶园控制，产出独家茶配方，或是布局某一类水果的种植基地，以确保原料品质和稳定供应。茶颜悦色在长沙建立研发基地项目，集深加工、物流配送、产品销售等于一体。

在对外投资和产业布局的过程中，各大茶饮品牌逐渐摆脱了当初跑马圈地

的野蛮生长，开始了集团化精细运作，越加重视内部管理的规范化，并开始搭建全链路的数字化管理体系，以此提高运营效率，实现高质量发展。

如今，奈雪的茶、喜茶、CoCo 都可等品牌都已经组建了数字化团队。奈雪的数字化运营不仅体现在点单、支付等前端，而且逐步向后台延伸至供应链、品牌营销、OA 办公、财务系统、人力资源管理等。乐乐茶建立了数字化供应链和智慧餐厅，同时升级推进“中台处理”，打造门店订货、订单中心、仓储配送以及采购中心的直观数据系统，解决信息断层与数据偏差。

目前，茶饮品类整体尚处于升级发展的阵痛期，头部品牌纷纷开展积极的探索和尝试，表现出强大的自我迭代能力，相信茶饮品类的生命力远不止于此，未来依然大有可为。

05

第五节

咖啡：

多方力量加速品类发展，多种模式和业态并存

曾经在很长的一段时间内，我国的咖啡市场由一众国外品牌主导，从最初的以雀巢、麦斯威尔为代表的速溶咖啡，到以星巴克、Costa 为代表的现磨咖啡。直到一些本土咖啡品牌崛起才打破了这种格局。尤其是近年来，现磨咖啡和速溶咖啡赛道相继涌现出一批本土新锐品牌，如瑞幸咖啡、Manner Coffee、三顿半等。它们的出现让国内的咖啡市场显得格外热闹。

一、市场规模持续增长，现磨咖啡占比不断提升

近年来，得益于消费观念的进步、经济的发展及互联网技术的成熟，国民对咖啡的接纳度不断提高，国内咖啡需求持续上升，咖啡市场迅速扩容。据红餐大数据，2021 年我国咖啡市场规模达到 1547 亿元，其中现磨咖啡市场规模将近 600 亿元。2022 年，我国咖啡市场规模将进一步增长至近 1700 亿元，现磨咖啡市场规模也将继续壮大。

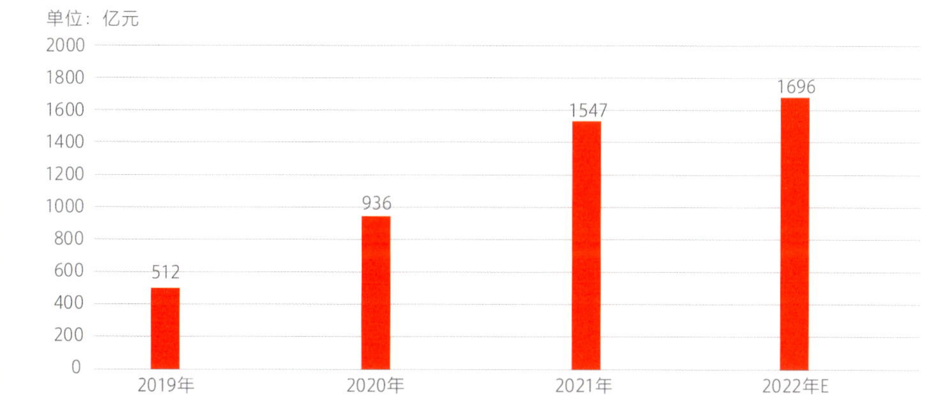

资料来源：红餐大数据。

图 2-67　2019 — 2022 年全国咖啡市场规模情况

虽然目前速溶咖啡仍占据比较大的市场份额，但随着咖啡文化的逐步渗透及供给端连锁咖啡品牌的发展，现磨咖啡的市场占比不断攀升。弗若斯特沙利文数据显示，与 2017 年相比，2020 年国内现磨咖啡市场占比上升 21.5 个百分点，达到 36.5%。以此趋势来看，目前我国现磨咖啡市场正在快速扩容，红餐品牌研究院认为，2021 年现磨咖啡的市场占比达到了 40%。

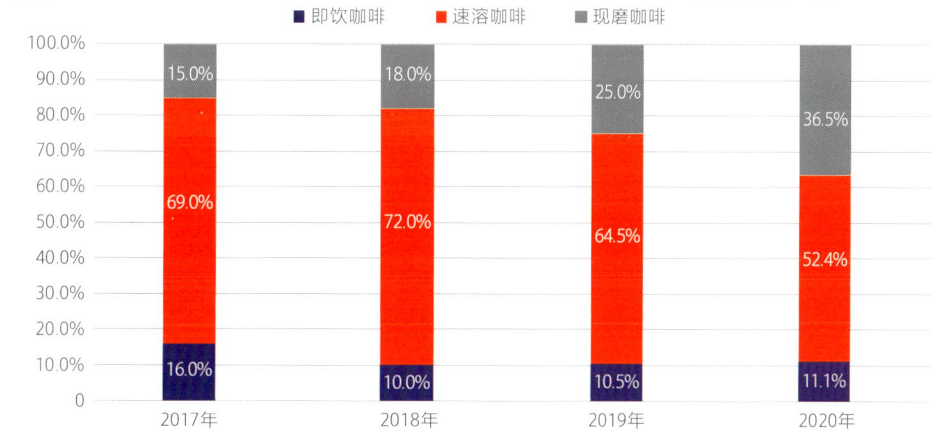

资料来源：弗若斯特沙利文，红餐品牌研究院整理。

图 2-68　2017 — 2020 年全国咖啡市场结构分布

咖啡市场的提速发展和现磨咖啡市场占比的提升，除了有赖于咖啡品牌不断开拓之外，也得益于资本的助力。从近10年咖啡相关领域的融资情况来看，2015 年咖啡融资事件数激增，随后融资事件数还在逐年攀升，但 2015 年到 2017 年这 3 年披露的融资总金额均较低，一定程度上体现出了彼时资本对于咖啡赛道的态度相对谨慎。然而从 2018 年开始，咖啡相关领域融资总金额大幅上涨，2018 年平均单笔投资金额达到了 1.4 亿元，2019 年平均单笔投资金额更是达到了 4.2 亿元。

然而进入 2020 年后，受新冠肺炎疫情的冲击以及瑞幸咖啡“财务造假”事件的影响，咖啡赛道投融资一度遇冷，这一形势在 2021 年有所扭转。2021 年，咖啡相关领域融资事件数创下了 2013 年以来的新高，融资总金额也达到了 45 亿元，其中，现磨咖啡赛道的融资热度最高。

2021 年全年现磨咖啡赛道投资事件达到了 17 起，在咖啡相关领域融资总事件中的占比近七成，披露的融资总额超过 30 亿元。比如，Manner Coffee 和鹰集咖啡分别在半年时间里完成了 4 轮和 3 轮融资，代数学家咖啡在 2021 年 7 月被腾讯投资后，估值一度达到了 10 亿元。

进入 2022 年后，现磨咖啡赛道的融资热潮依旧在持续。截至 2022 年 6 月，2022 年现磨咖啡赛道融资事件共计 6 起，披露融资金额超过 14 亿元，其中 Tims 咖啡单笔融资金额就达到了 12.29 亿元。

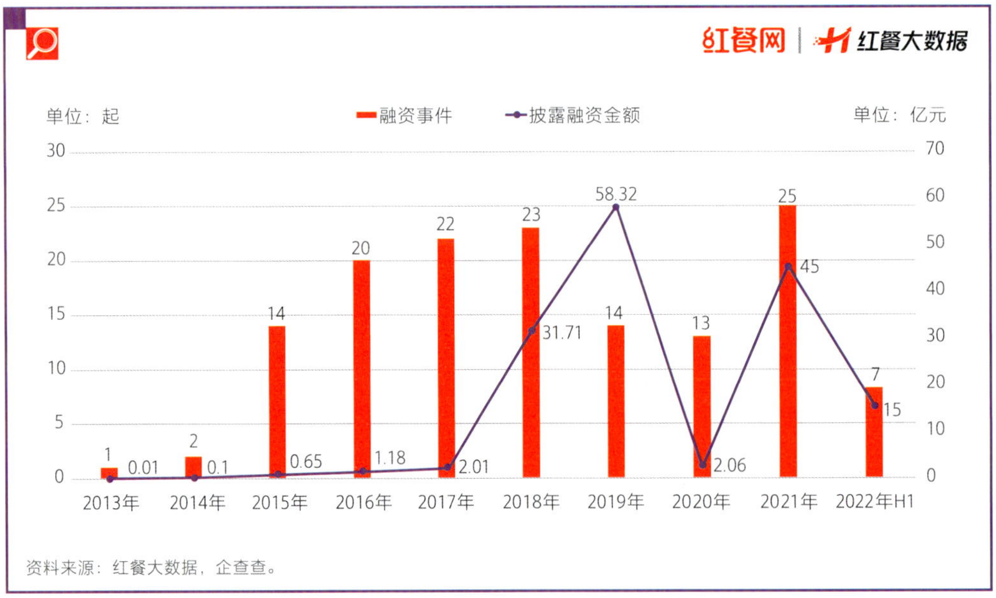

图 2-69　2013 — 2022 年上半年全国咖啡相关领域融资情况

表 2-40　2021 — 2022 年上半年全国现磨咖啡品牌融资情况

品牌名称	披露时间	融资轮次	融资金额	投资方
M Stand	2021.1	A 轮	超 1 亿元	CMC 资本、挑战者资本
	2021.7	B 轮	5 亿元	启承资本、高榕资本、CMC 资本、挑战者资本、黑蚁资本
Manner Coffee	2021.2	战略融资	未披露	淡马锡
	2021.5	战略融资	约数亿美元	美团龙珠
	2021.6	B+ 轮	数亿美元	字节跳动
时萃 SECRE	2021.3	A+ 轮	数千万元	无锡金投、弘晖资本
	2021.7	Pre-B 轮	约亿元	博将资本、凡创资本
瑞幸咖啡	2021.4	定向增发	2.5 亿美元	大钲资本、愉悦资本
SEngine 鹰集咖啡	2021.6	Pre-A 轮	未披露	柠萌影业
	2021.6	A 轮	未披露	EVERYI 益源资本、哔哩哔哩 bilibili
	2021.9	战略融资	未披露	哔哩哔哩 bilibili
Seesaw Coffee	2021.7	A+ 轮	超亿元	弘百福控股、深圳美西西餐饮管理有限公司
	2022.2	A++ 轮	数亿元	黑蚁资本、基石资本
AlgebraistCoffee 代数学家咖啡	2021.7	战略融资	未披露	腾讯投资
NOWWA 挪瓦咖啡	2021.8	A+ 轮	未披露	金沙江创投、盛景嘉成基金、伯藜创投
	2021.12	B 轮	2 亿元	觉资投资、金沙江创投、伯藜创投、海纳亚洲、盛景嘉成基金
	2021.12	B+ 轮	未披露	海纳亚洲、百丽消费基金、盛景嘉成基金等
歪咖啡	2021.12	天使轮	数千万元	林澄资本
	2022.6	Pre-A 轮	未披露	林澄资本
Tims 咖啡	2022.3	PIPE 轮	12.29 亿元	笛卡尔资本集团关联公司、Restaurant Brands International、Silver Crest Management LLC（其中一部分 PIPE 是由 Shaolin Capital Management、LLC 股权支持协议补充）
%Arabica	2022.4	控股投资	未披露	太盟投资集团
FELICITY ORIGIN	2022.4	A 轮	1000 万元	福沃基金
咖啡之翼	2022.6	战略融资	亿元	中金资本

资料来源：红餐大数据。　红餐网 | 红餐大数据

“资本化”是近年来国内咖啡市场的一大发展特征。随着咖啡消费需求量的持续扩大，以及咖啡产业生态结构的不断优化，未来咖啡赛道仍有望吸引更多的资本入局。

二、消费需求分层明显，尚有较大增长空间

对标海外成熟咖啡市场，我国咖啡产品整体渗透率依旧较低。根据德勤数据，2020 年我国大陆地区人均年咖啡消费量为 9 杯，仅为日本人均年咖啡消费量的 3.2%、美国的 2.7% 及韩国的 2.5%。随着我国咖啡市场的进一步发展，2021 年我国大陆地区人均年咖啡消费量在逐步提升。

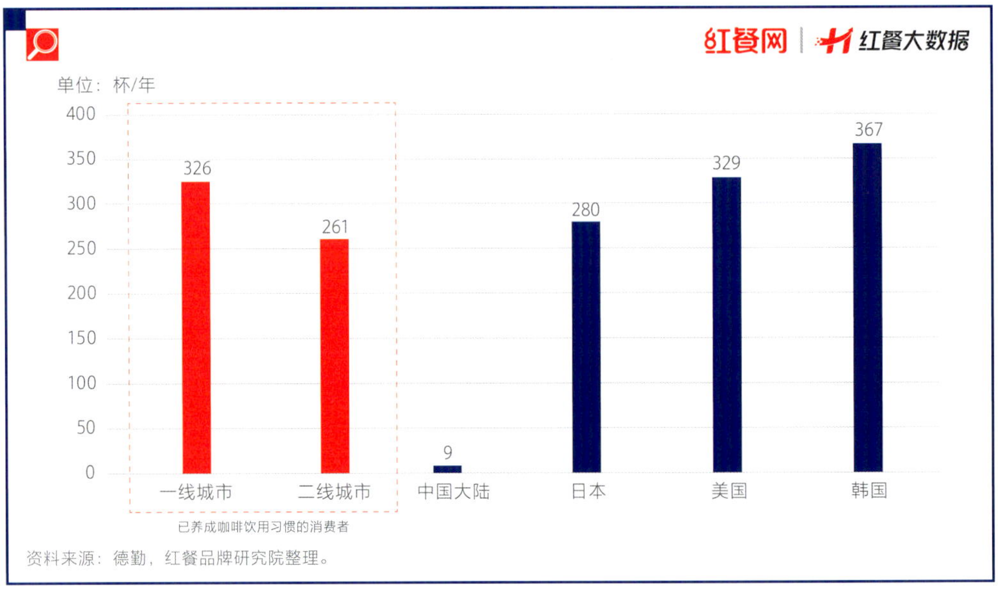

图 2-70　2020 年多国与我国部分地区人均年咖啡消费量对比

同时，我国咖啡消费还具有结构分层的特点，不同线级城市的咖啡消费有着显著的差异，并且日趋明显。一、二线城市咖啡消费已接近或达到成熟市场水平，咖啡市场竞争较为激烈。据德勤数据，2020 年一线、二线城市人均咖啡消费量分别为 326 杯、261 杯，与日、美、韩等成熟咖啡市场的消费水平大体相当；但是三线及以下城市咖啡消费非常低，人均每年普遍在 10 杯以下。随着人口流动，以及“小镇青年”消费意识的觉醒和消费水平的提高，下沉市场的咖啡消费或将有较大的增长空间。

总体来说，虽然我国咖啡消费总量和人均消费量较低，但是仍具有很大的市场潜力。在宏观层面上，随着消费升级逐步普及以及“Z 世代”消费人群日益活跃，咖啡消费需求被不断释放；在功能层面上，随着社会生活节奏加快，人们生活和工作压力增加，更加依赖咖

啡提神醒脑的功能；在社交层面上，以星巴克为代表的咖啡品牌塑造了“第三空间”的概念，融合了享用咖啡、商务洽谈、休闲社交的综合体验，进一步强化了消费者对于咖啡馆的认知；在技术层面上，移动互联网让更多的咖啡商业模式成为可能，降低了消费者的购买门槛，可以用更优惠、更便利的方式购买咖啡，比如以瑞幸咖啡为代表的新锐咖啡品牌将现磨咖啡渗透到办公室和居家等场景中，进一步拓展了咖啡消费场景的边界。

三、传统品牌增长乏力，新锐品牌趁势崛起

随着国内咖啡市场逐步打开，咖啡品牌开始进入升级竞争阶段，各方都在加速争抢增量市场。在新形势下，传统咖啡品牌发展得不甚顺利，无论是门店扩张还是营收增长，均呈现出乏力的态势。

截至 2022 财年第二季度，星巴克在中国的同店销售额已连续三个季度下滑，且下滑幅度持续拉大。2021 财年第四季度、2022 财年第一季度、2022 财年第二季度，星巴克同店销售额同比分别下降了 7%、14%、23%。与此同时，星巴克在国内的门店数增长缓慢，截至 2022 年 6 月尚未突破 6000 家。

资料来源：企业财报，红餐品牌研究院整理。
注：星巴克的财年统计时间为上一年的 10 月至本年度的 9 月。

图 2-71　星巴克在我国的同店销售额同比变化

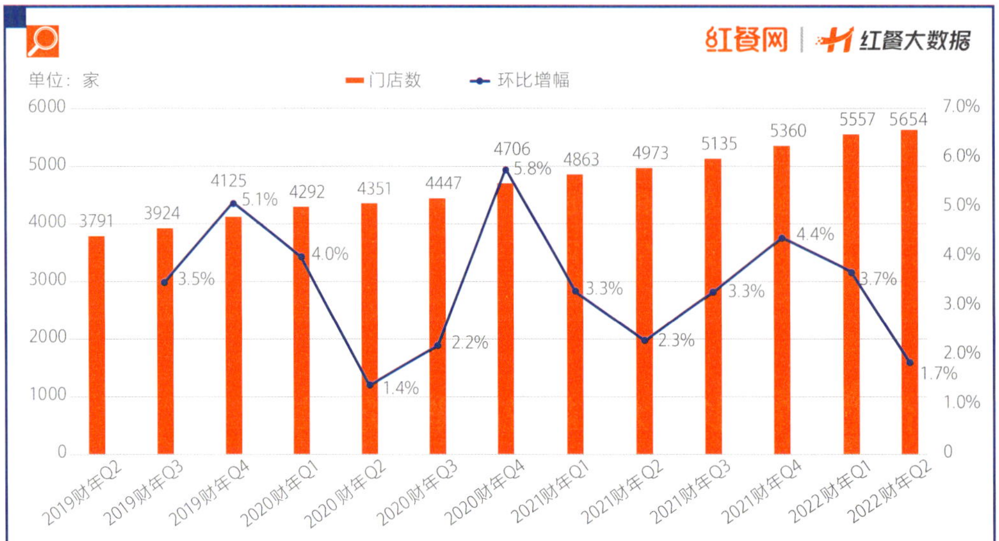

资料来源：企业财报，红餐品牌研究院整理。

注：星巴克的财年统计时间为上一年的 10 月至本年度的 9 月。

图 2-72　2019 财年第二季度—2022 财年第二季度各季度星巴克门店数情况

其他传统咖啡品牌的表现更不容乐观。发源于中国台湾的上岛咖啡比星巴克更早进入大陆市场，曾在国内享有较高的知名度，门店规模一度达到 3000 家，但如今其门店已所剩不多。发源于中国香港的太平洋咖啡自进入内地市场以来持续扩张，2019 年门店规模达到顶峰，此后由于咖啡赛道竞争日益加剧以及自身发展局限，品牌势能逐渐下滑，目前其门店数量仅在 400 家左右。

在传统咖啡品牌陷入发展瓶颈甚至倒退的时候，新锐咖啡品牌却持续发力，其中瑞幸咖啡的表现最为亮眼。根据瑞幸财报，2021 财年瑞幸咖啡总净收入达 79.65 亿元，同比增长

97.5%。进入 2022 年，瑞幸咖啡的发展持续向好，据其发布的 2022 年第一季度财报数据，当季营收达到 24.05 亿元，同比增长 89.5%，是瑞幸咖啡成立以来首个实现全面盈利的季度。

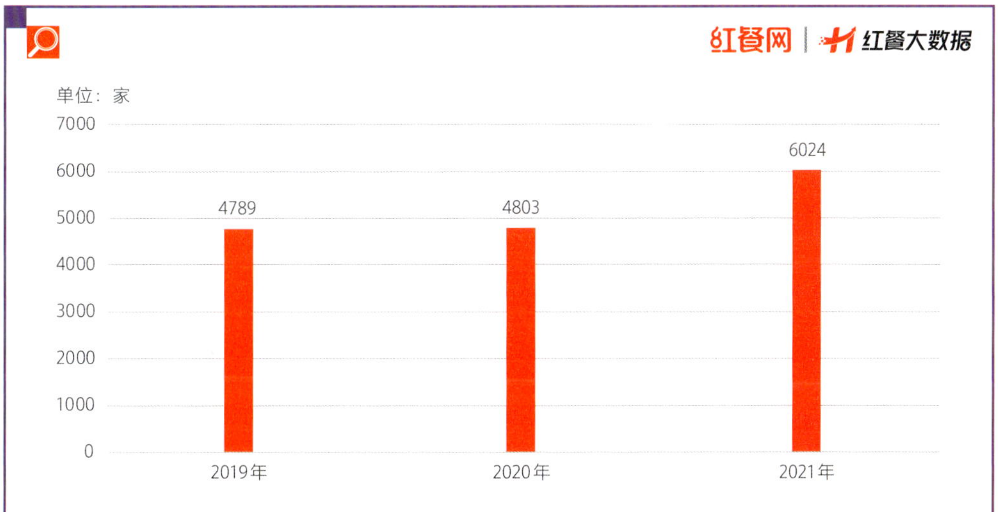

资料来源：企业财报，红餐品牌研究院整理。

图 2-73　2019 — 2021 年瑞幸咖啡门店数情况

同时，瑞幸咖啡 2021 年的拓店速度也在加快。瑞幸咖啡 2021 年门店净增长 1221 家，门店数量同比增长了 25.4%。红餐大数据显示，截至 2022 年 6 月，瑞幸咖啡共有 7000 余家门店，远超星巴克的 5700 余家，成为中国市场咖啡门店数最多的品牌。虽然瑞幸咖啡还有一些难题尚未解决，但瑞幸整体经营正在逐步向良性发展迈进。

此外，不少本土新锐连锁咖啡品牌开始冒头，在获得资本助力后纷纷加速扩张。比如挪瓦咖啡成立于 2019 年，之后两年内连续获得 5 轮融资，同时加速扩店，仅在 2021 年就开出 800 多家门店。目前挪瓦咖啡门店超过 1000 家，仅次于瑞幸咖啡、星巴克和麦咖啡。主打外带模式的精品咖啡馆 Manner Coffee 仅在 2021 年就获得 3 轮融资，当年开店 200 余家，目前门店有 400 余家。M Stand 的发展势头也可圈可点，其于 2021 年获得两轮超亿元的融资，当年甚至以单月超过 10 家新店的速度扩张。

表 2-41　2022 年全国部分新锐咖啡品牌概况

品牌名称	创立时间（年）	门店数（家）	门店主要分布区域
瑞幸咖啡	2017	7000+	广东、江苏、浙江等
NOWWA 挪瓦咖啡	2019	1000+	上海、江苏、广东等
幸运咖	2017	600+	河南、山东、浙江等
Tims 咖啡	1964	400+	上海、北京、浙江
Manner Coffee	2015	400+	上海、广东、北京等
M Stand	2017	160+	上海、广东、浙江
AlgebraistCoffee 代数学家咖啡	2015	90+	江苏、浙江

资料来源：红餐大数据，数据统计时间截至 2022 年 6 月 30 日。

红餐网 | 红餐大数据

事实上，上述新锐咖啡品牌之所以能获得融资并迅速发展，与其创新的门店模型有关。区别于星巴克“第三空间”的大店模式，新兴咖啡品牌大多推行小店模式，瑞幸咖啡、Manner Coffee 等品牌均是典型代表。此类小店模式的门店主要以外带为主，几乎不提供堂食服务或者仅设几个座位，类似早期的茶饮门店。这类咖啡品牌主要聚焦于为消费者提供质优价低的咖啡产品，单杯售价通常在 15~20 元。在这样的基础上，大量铺店、扩大规模以提升产品的销量是品牌盈利的主要努力方向。

与此同时，不少本土跨界品牌也在加速入局咖啡赛道。比如 2022 年 5 月，李宁咖啡在北京、广东、福建等地区的部分李宁运动服饰门店进行售卖，是李宁针对零售终端消费体验环节的一次创新尝试。2022 年初，中国邮政旗下的邮局咖啡在厦门正式营业。同时，中石化、同仁堂、万达等龙头企业也跨界卖起了咖啡。这些跨界巨头纷纷投身本已竞争激烈的咖啡赛道，进一步壮大了崛起中的本土咖啡品牌阵营。

四、便利店咖啡开启品牌化之路，独立咖啡馆连锁化程度低

在咖啡市场上，除了新老品牌在相互较量，便利店咖啡的势力也不容忽视。随着咖啡需求日益增长，全家、罗森、7-ELEVEN、便利蜂、喜士多等便利店的咖啡产品也乘势占据了一定的市场份额。

表 2-42 全国部分便利店咖啡品牌概况

品牌名称	咖啡品牌	推出时间（年）	单杯售价（元）
全家	湃客咖啡	2014	7.8~13.9
罗森	LC 咖啡	—	6.9~9.9
7-ELEVEN	7-COFFEE	—	10~14
便利蜂	BeeSelect	2018	3~11
	不眠海	2021	10~20
喜士多	喜咖啡	2009	10~20
邻几便利店	邻咖	2017	8~14
中石油昆仑好客	好客咖啡	2018	12~24
中石化易捷	易捷咖啡	2019	18~28
见福便利店	咖沸	2021	10~14
美宜佳	起刻	—	8~10
OK 便利店	好知味	—	9~13

资料来源：公开信息，红餐品牌研究院整理。

红餐网 | 红餐大数据

便利店咖啡大多采用全自动咖啡设备制作产品，以美式、拿铁、卡布奇诺等基本款为主，单杯售价多在 10 元左右。便利店咖啡有着渠道优势，距离消费者更近，加上独特的性价比优势，受到了不少白领消费人群的喜爱。

近年来，便利店咖啡也逐步开启了品牌化之路。以湃客咖啡为例，目前已入驻超过 2600 家全家门店，自 2014 年推出至今连续多年销量实现高速增长，湃客咖啡或将成为连锁便利店孕育出的、首个具备独立开店能力的咖啡品牌。而湃客咖啡相关负责人也对外表示，目前正在加速覆盖全家门店，建设自有外送平台，同时寻求开设独立咖啡门店的机会。

随着咖啡消费的日常化，便利店咖啡在办公人群日常消费场景中的渗透率有望进一步提升，便利店咖啡的销量也有望进一步上涨。

在连锁咖啡店和便利店咖啡之外，独立咖啡馆进一步丰富了现磨咖啡市场的业态。这类咖啡店的特点是菜单 SKU 有限，装修风格一般较个性化，强调咖啡本身的风味、咖啡豆的品质以及用户体验。然而，这些特性也成为其规模化发展的制约因素，因而独立咖啡馆品牌的门店数量普遍较少。

长期以来，独立咖啡馆受限于其特有的商业模式和经营逻辑，标准化和连锁化程度相对偏低。独立咖啡馆品牌门店数规模普遍较小，但是独立咖啡馆整体上占据着一定的咖啡市场份额。以咖啡文化较为成熟的上海为例，截至 2021 年 1 月，独立咖啡馆数量在咖啡门店总数的占比超过了 55.9%。

五、咖啡品牌逐步下沉，大众化、平价化趋势明显

我国咖啡市场上多种模式和业态并存发展，但竞争战场主要集中在一线城市及新一线城市。据红餐大数据，2021 年一线城市、新一线城市咖啡门店数量在全国咖啡门店总量的占比已达到 56.3%，门店分布相当密集，呈现出比较典型的存量竞争特征。鉴于此，很多咖啡品牌开始尝试布局下沉市场。

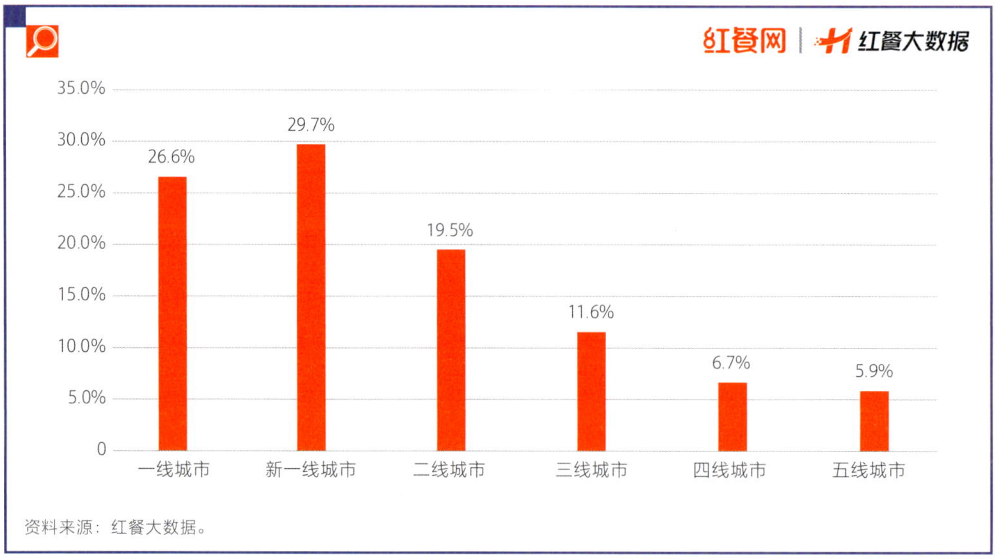

图 2-74　2021 年全国各线级城市咖啡样本门店数占比分布

譬如近年来，星巴克逐步开拓下沉市场，进驻二线、三线甚至四线城市；瑞幸咖啡在 2021 年初发布的招募“新零售合作伙伴”计划中，第一批开放的 157 座城市基本都是三、四线城市。而在下沉市场“跑马圈地”的蜜雪冰城，在咖啡赛道上沿用了曾经的发展策略，孵化出平价咖啡品牌幸运咖。据红餐大数据，截至 2022 年 6 月，幸运咖的门店数有 600 余家，其七成门店分布在三线及以下城市。

在消费价格定位上，我国连锁咖啡品牌大体上可分为三类：高端品牌人均消费在 30 元以上，以星巴克、Costa 为代表；中端品牌人均消费在 15~30 元，以瑞幸咖啡、Manner Coffee 为代表；经济型品牌人均消费在 15 元以下，以幸运咖和湃客咖啡为代表。

表 2-43　2022 年连锁咖啡品牌分类概览

连锁咖啡品牌分类	人均消费	代表品牌
高端连锁品牌	30 元以上	星巴克、Costa
中端连锁品牌	15~30 元	瑞幸咖啡、Manner Coffee
经济型连锁品牌	15 元以下	幸运咖、湃客咖啡

资料来源：红餐大数据。

红餐网 | 红餐大数据

曾几何时，现磨咖啡作为“精英饮品”的代名词，价格不算亲民，但随着以瑞幸咖啡为代表的、以小店模式为特色的新兴咖啡品牌的崛起，以及像幸运咖、湃客咖啡这类经济型咖啡品牌逐渐被消费者广泛接受，咖啡的人均消费逐渐被拉低，咖啡正变得越来越大众化、平价化。

红餐大数据显示，从人均消费区间来看，目前现磨咖啡主要以中低端消费为主，人均消费 10~30 元的咖啡品牌占比为 30.9%，人均消费 31~50 元的咖啡品牌占比为 35.6%，而人均消费在 50 元以上的品牌占比仅为 32.7%。

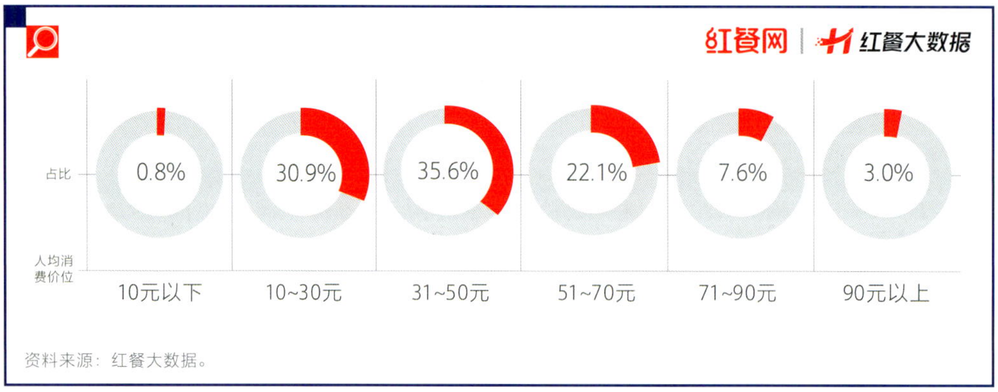

图 2-75　2021 年全国咖啡样本品牌人均消费价位占比分布

六、精品速溶咖啡迈向线下，全渠道布局成为趋势

在现磨咖啡品牌快速崛起的同时，速溶咖啡市场份额呈现出逐年缩减的趋势。据弗若斯特沙利文数据，速溶咖啡的市场占比从 2018 年的 72.0% 下降到 2020 年的 52.4%。但就目前我国咖啡市场的结构来看，速溶咖啡市场占比依旧是大头。近年来，精品速溶咖啡也在不断进行工艺升级，在性价比、便利性、品质体验等方面满足不同的需求，在整个咖啡市场中保持着不可替代的地位。尤其是近年来主打精品速溶的三顿半、时萃 SECRE、永璞等品牌开始崭露头角，让市场看到了精品速溶咖啡的发展机会。

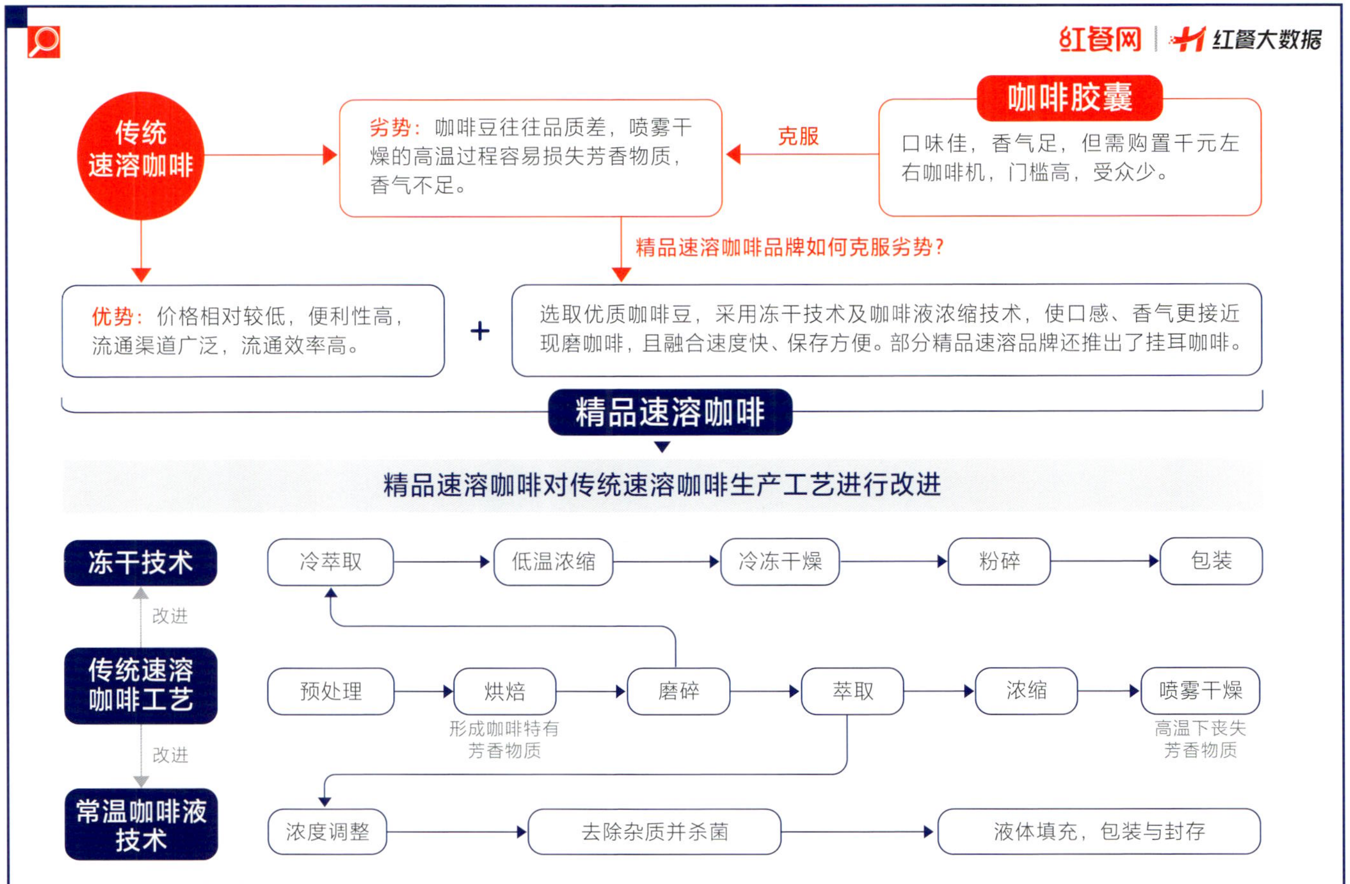

资料来源：峰瑞资本，平安证券研究所，红餐品牌研究院整理。

图 2-76 精品速溶咖啡改进传统速溶咖啡生产工艺

总体来看，目前咖啡市场呈现“诸侯割据”的态势，主要分为五股力量：老牌现磨咖啡、新锐现磨咖啡、独立咖啡馆、便利店咖啡以及速溶咖啡。这五股力量相互角逐较量，给咖啡赛道带来了一些新变数和新趋势。

一方面，线上线下两种消费场景的咖啡产品，逐渐出现交叉融合的趋势。随着电商平台、外卖平台、小程序等线上渠道的普及，不少以线下门店为主的咖啡品牌开始布局电商零售，出售门店消费券以及相关零售产品。相关数据表明，部分品牌线上销售额增速明显，比如 Seesaw Coffee 的天猫旗舰店，曾在 2021 年第三季度创造了销售额同比增长 1536% 的佳绩。

表 2-44　2021 年第一季度一第三季度部分线下咖啡品牌天猫季度销售额增幅情况

品牌名称	2021 年 Q1	2021 年 Q2	2021 年 Q3
星巴克	70%	49%	29%
Seesaw Coffee	508%	488%	1536%
拉瓦萨	30%	25%	36%
Peets 皮爷咖啡	267%	242%	147%
瑞幸咖啡	—	—	860%
Manner Coffee	—	—	155%
鹰集咖啡	-18%	-32%	-71%

资料来源：平安证券研究所，红餐品牌研究院整理。

红餐网 | 红餐大数据

另一方面，以零售速溶咖啡起家的品牌则开始关注实体店生意。2021 年 9 月，以冻干咖啡闻名的三顿半在上海开出了第一家线下咖啡概念店“into the force（原力飞行）”。而早在 2019 年，三顿半就在长沙开出首家线下实体店——DEMO 店，并于 2020 年升级为与长沙茶饮品牌茶颜悦色合作的 Blend 联名店。

而从微信小程序销售起家，创新“小甜圈”挂耳咖啡的时萃 SECRE，也于 2020 年底在深圳开出了线下门店，

2021 年更是一口气开出了 11 家线下门店。永璞也透露将在 2022 年正式开出线下门店。隅田川咖啡在上海、杭州等地做出了快闪店的尝试。

线上线下联动能让咖啡品牌覆盖更多潜在用户，全渠道竞争或成大势所趋。在头部咖啡品牌中，Costa 算是较早进行这方面尝试的品牌。早在 2020 年下半年，Costa 就关闭了约 10% 的中国市场门店，同年，Costa 加速布局多元化渠道，探索即饮、家用、户外咖啡业务。在 2021 年，其扩张速度出现反弹，全年共开出了 60 家新门店，当年是其进入中国以后新增门店数最多的年份之一。与此同时，2021 年 Costa 中国市场销售额实现了进入中国十余年来的历史新高。截至 2022 年 6 月，其中国门店数超过 400 家。业内人士认为，Costa 取得这一成绩或有赖于其从现磨咖啡到全方位、全渠道咖啡业务的转型。

如今，Costa 的核心业务为连锁现磨咖啡店、咖啡零售产品、自选咖啡服务。这三大业务并非独立的，而是协同覆盖更多元化的消费场景。

纵观当下的中国咖啡市场，在速溶咖啡赛道，雀巢仍是主导品牌，但以三顿半为代表的精品速溶咖啡品牌频频发起打擂挑战；而在现磨咖啡赛道，星巴克、瑞幸咖啡、Manner Coffee 等新老品牌同台竞技；另一边，便利店咖啡的市场规模也在不断扩大，小众独立咖啡馆在蓄势分割更多市场。在各方力量的较量中，中国咖啡市场将更加繁荣。

06

第六节

烧烤：

新中式融合烤肉崛起，烤串品牌寻求差异化突围

烧烤，作为人类原始的烹调方式，其历史可追溯到远古时代。在餐饮领域，烧烤也是一个热门品类，其消费群体十分广泛，市场规模已较庞大。随着国内城市夜经济兴起，社交属性较强的烧烤品类规模持续增长，甚至在疫情肆虐的2020年实现了逆势增长。但受疫情反复，以及消费场景单一等因素的影响，近期烧烤品类表现稍有疲软，增速逐渐放缓。

一、品类热度下滑，市场规模增速放缓

2020年烧烤凭借着“大口吃肉”的独特体验，成为疫情中“回血”较快的品类，当年相关企业的注册量亦出现了增长。然而到了2021年，烧烤赛道的热度并没有持续攀升，而是呈现出了略微下滑的趋势。

在抖音平台上，烧烤一直是热度较高的餐饮品类之一，抖音指数走势一定程度上也呈现出大众对烧烤品类的关注度变化。抖音指数显示，从2020年下半年开始，烧烤的搜索热度有走低的趋势，直到2021年第三季度才有了一定的回升，年末还出现了短暂的热度高峰。整体来看，2021年烧烤品类在抖音平台的搜索热度走势较为平缓，与2020年相比有明显降温。

与抖音指数变化相呼应的是，近年来烧烤品类的市场规模增速逐渐放缓。从 2016 年到 2019 年的 3 年间，烧烤品类经历了一段较为平稳的发展期。2020 年受疫情影响，餐饮业整体受到严重冲击，但是烧烤品类反弹相对更快。总体来看，近年来，烧烤品类的市场规模增速呈现稳中有降的态势，据红餐大数据，2021 年烧烤品类整体市场规模达到了 1600 亿元。

烧烤品类市场规模增速放缓的另一个表现是创业者的创业热情出现降温。据企查查数据，截至 2021 年底，我国存续在业的烧烤相关企业有 40.2 万家。虽然从 2017 年至 2021 年，烧烤相关企业的存续量仍在不断增长，但增长速度却逐年下降。2021 年存续量的同比增速为 16.0%，与 2020 年相比下降了 4.6 个百分点。

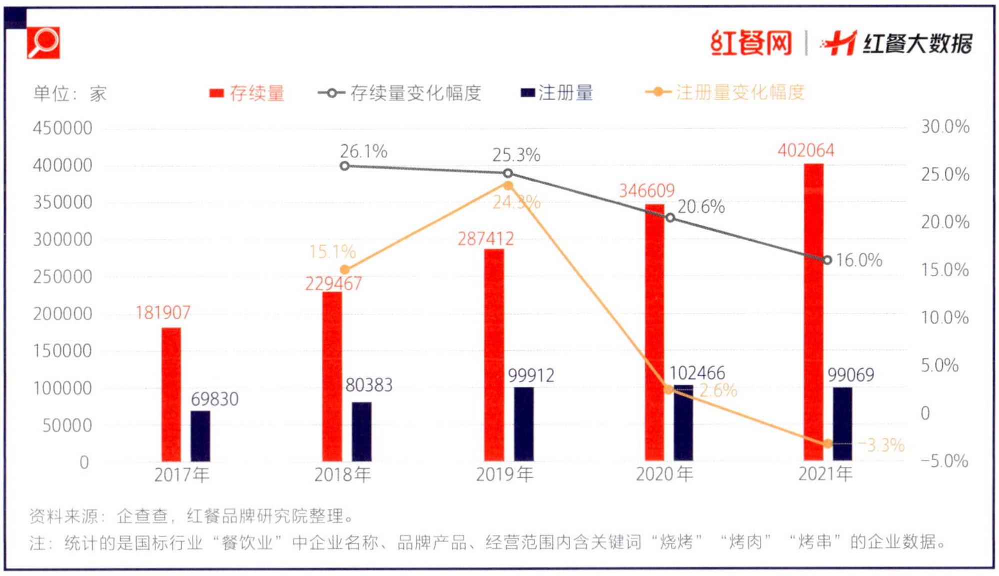

图 2-77　2017 — 2021 年全国烧烤相关企业存续量、注册量情况

2020 年餐饮行业遭受疫情重创，但当年烧烤相关企业的注册量仍有 10.2 万家，较上年不减反增了 2.6 个百分点。烧烤比较接地气、创业门槛低，又有各地政府刺激消费、倡导“地摊经济”等政策的加持，因而受到广大创业者的青睐。到了 2021 年，随着“地摊经济”声势减弱，疫情持续时间超出预期，烧烤品类的创业热情开始降温。企查查数据显示，2021 年烧烤相关企业的注册量为 9.9 万家，同比下降了 3.3%，是近年来烧烤相关企业注册量首次出现的负增长。

二、品牌门店总数普遍较低，相对集中于下沉市场

从品类的发展历程看，烧烤虽然历史悠久、群众基础广泛，但长期以路边摊和大排档为主。21 世纪初，汉拿山烤肉、木屋烧烤、聚点串吧等品牌创立，对烧烤产品和消费场景进行了升级，烧烤品类逐步进入连锁化运营时代。但是从品牌门店规模看，截至 2022 年 6 月，烧烤品类只有九田家料理烤肉一个千店品牌，整个烧烤赛道的连锁化、规模化程度依然不高。

据红餐大数据，2021 年烧烤品类中门店数在 100 家及以下的品牌占比达到了 90.9%，门店数超过 500 家的品牌占比仅为 0.5%。可见，绝大多数烧烤品牌的规模较小。头部品牌的门店数亦能体现这个现状，除了近年来门店规模迅速壮大的新锐烤肉品牌之外，其他烧烤头部品牌整体规模并不算大。比如经历近 20 年发展、专注直营模式的木屋烧烤，截至 2022 年 6 月拥有 190 多家门店；丰茂烤串成立 30 余年，共有门店数 50 余家；有着 10 余年历史、获得多轮融资的很久以前羊肉串，在全国的直营门店也只有 80 余家。

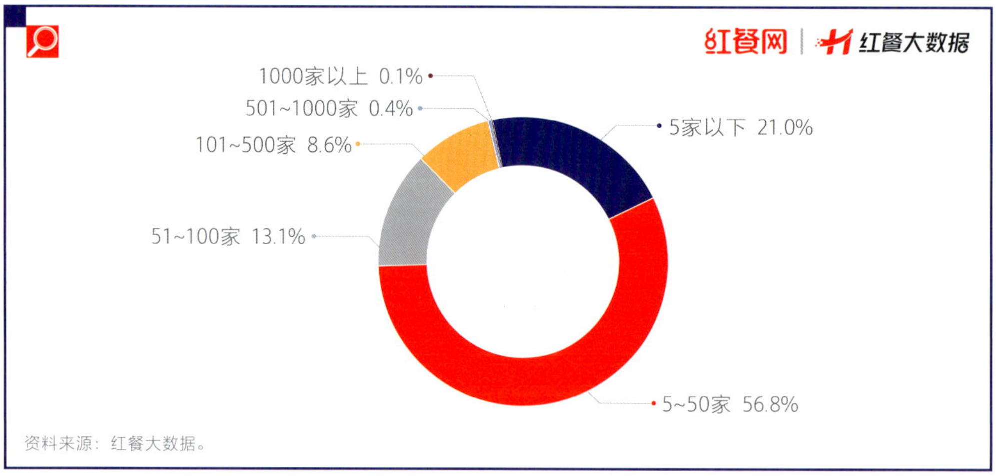

图 2-78 2021 年全国烧烤样本品牌门店数区间占比分布

从各线级城市的门店分布比例看，三线城市是烧烤门店分布比例最高的线级城市，2021 年的占比为 22.4%，相比 2020 年略有下降；二线城市的烧烤门店分布比例仅次于三线城市，2021 年的占比为 21.1%，相比 2020 年略有上升；新一线城市和四线城市的烧烤店分布占比有明显增长，尤其是

四线城市的增幅最大，相比 2020 年增加了 3.8 个百分点；与此相反的是，一线城市和五线城市的门店分布占比较 2020 年均有所下降。整体来看，烧烤门店在二线及以下城市的分布占比较高，2021 年的总占比达 77.9%。可见，烧烤品类具有一定的下沉属性。

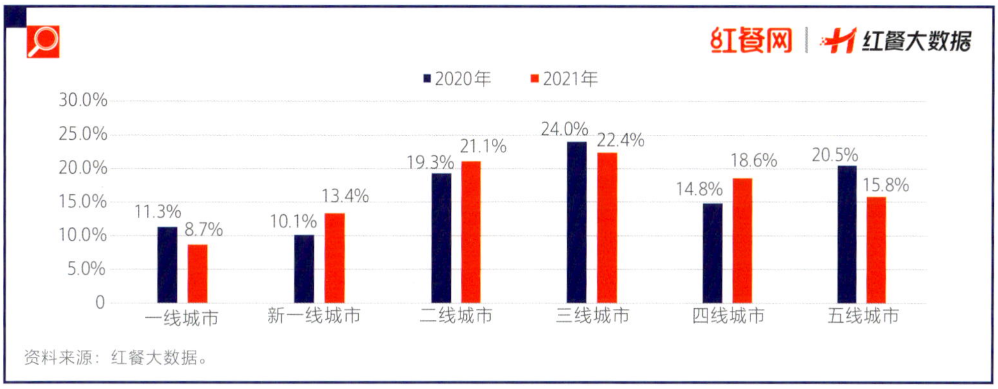

图 2-79　2020 — 2021 年全国各线级城市烧烤样本门店数占比分布

根据产品样式和制作工艺的不同，烧烤品类逐渐细分出烤肉和烤串两大细分品类。从门店数量看，烤串有着较多门店，占比达到 56.7%，即市场上超过一半烧烤门店的主营业务聚焦在烤串上。与之对应，烤肉品类门店数量占比为 40.3%，其他类型的烧烤门店则占了 3.0%。随着消费者的饮食偏好趋于多元化和个性化，烧烤品类细分化成为必然的发展趋势。

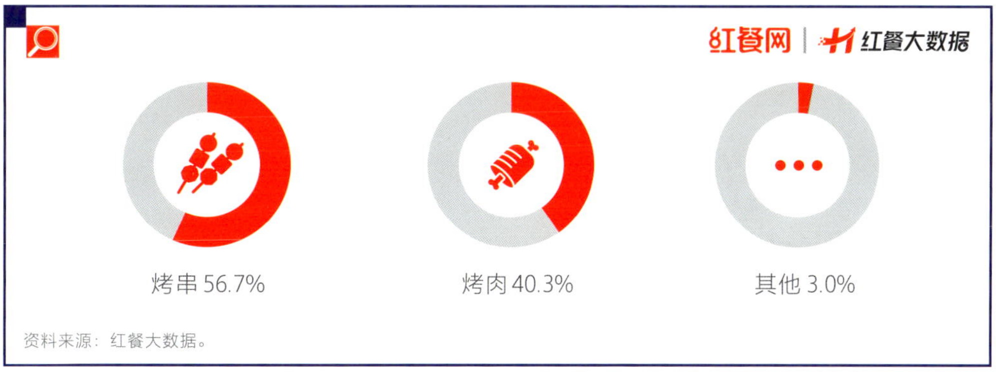

图 2-80　2021 年全国烧烤样本细分品类门店数占比分布

三、烤肉首个千店品牌诞生，市场格局面临重塑

在烧烤品类整体热度表现平平的情况下，细分品类烤肉的热度却在2021年持续走高。企查查数据显示，2021年烤肉相关企业的注册数量有了新的突破，超过3.1万家，超过了新冠肺炎疫情暴发前的2019年。

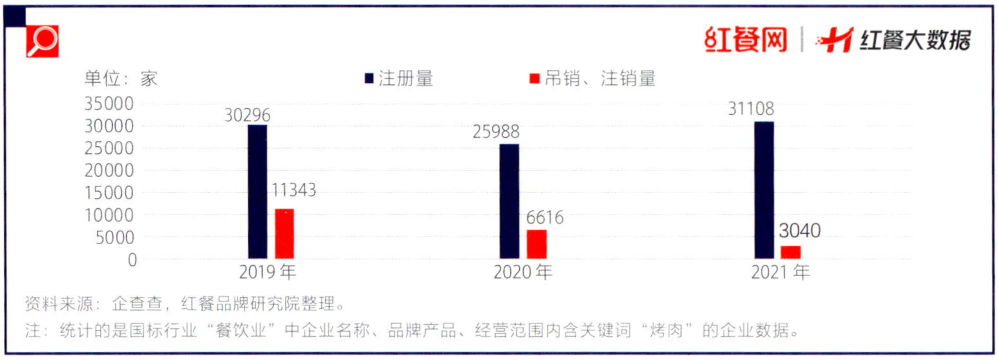

图 2-81　2019 — 2021 年全国烤肉相关企业注册量和吊销、注销量

纵观烤肉的发展历程，早期日韩烤肉一度风靡。近年来，日韩风潮日渐式微，日韩烤肉品牌纷纷陷入发展瓶颈，如新石器烤肉、汉拿山烤肉目前的门店规模相比高峰期均有不同程度的缩水。随着本土国潮风的兴起，“新中式融合烤肉”品牌快速崛起，日韩烤肉品牌称霸烤肉赛道的局面不复存在。

新中式融合烤肉的特色主要体现在两个方面。一方面是菜品融合，由单一的烤肉类菜品结构转向以烤肉类菜品为主的综合性菜品结构，比如在烤肉中融入生蚝、扇贝等海鲜食材或其他菜系的特色菜品，或在口味上进行融合创新；另一方面则是品牌在传统烤肉的基础上，融合了区域特色以及当代饮食文化，在文化调性上更加强调国潮风。

比如，酒拾烤肉聚焦于湘味烤肉，近年发展迅猛，截至2022年6月，其门店数超过550家。

同样创立于湖南的柒酒烤肉凭借着“中式现拌烤肉”的差异化定位、亲民的价格以及国潮风的设计风格，近年来发展迅速。2021年疫情期间，柒酒烤肉逆势扩张，在全国新开门店数十家，截至2022年6月，其门店总数达到了300余家。

随着国潮、融合、创新风潮的兴起，烤肉正面临新一轮的格局重塑与规模增

长，活力加速释放，尤其是新中式融合烤肉品牌或将有更广阔的发展空间。

此外，部分日韩烤肉品牌也在迎合新趋势，从食材选用、烤制方式创新等角度入手，丰富消费体验。小核桃烤肉馆做出了用核桃来代替传统炭的模式创新；九田家料理烤肉诞生之初主打日式烧肉，如今也推出内蒙古羊排、东北羊腰等十分本土化的烤肉食材。

表 2-45　2022 年全国部分烤肉品牌概况

品牌名称	门店数（家）	创立时间（年）	发源地
九田家料理烤肉	1000+	2015	呼和浩特
酒拾烤肉	550+	2017	长沙
小猪查理烤肉	500+	2019	北京
柒酒烤肉	300+	2015	长沙
新石器烤肉	150+	1999	上海
来点烤肉	110+	2017	长沙
汉拿山烤肉	70+	2001	北京
权金城	40+	2000	北京
炉小哥烤肉	30+	2015	郑州
猫抓烤肉	30+	2012	北京
小核桃烤肉馆	10+	2018	沈阳

资料来源：红餐大数据，数据统计时间截至 2022 年 6 月 30 日。

红餐网 | 红餐大数据

四、烤串标准化难题待解，扩张提速受制约

近年来烤串的增长态势整体不如烤肉，不过作为烧烤品类的另一个主要细分赛道，烤串由于发展历史较长、消费者认知相对广泛，目前依然占据一定的市场份额。但从整体来看，烤串品牌的规模化程度偏低。虽然有串意十足、木屋烧烤等烤串品牌门店规模已至数百家的品牌，但烤串品类至今还未孕育出像海底捞这样的巨无霸。

近年来，资本对烤串赛道青睐有加，纷纷寻找富有潜力的投资标的。2021 年 7 月，永定门电烤串官宣完成近千万元天使轮融资。继 2020 年 6 月获得亿元融资后，很久以前羊肉串于 2022 年 2 月又获得一轮战略融资。

但是，烤串品类也有自身的短板，标准化、同质化等难题一直制约着烤串品牌的规模化发展，木屋烧烤、丰茂烤串、很久以前羊肉串等头部品牌的门店规模均不算大。

表 2-46　2022 年全国部分烤串品牌概况

品牌名称	门店数（家）	创立时间（年）	发源地
串意十足	620+	2018	上海
木屋烧烤	190+	2003	深圳
郭靖烤全羊	90+	2014	北京
很久以前羊肉串	80+	2008	北京
丰茂烤串	50+	1991	吉林
聚点串吧	50+	2005	北京
九村烤脑花	50+	1997	重庆
管氏翅吧	40+	2006	北京
阿拉提羊肉串	30+	2014	苏州
何师烧烤	30+	2003	成都
客串出品	30+	2015	长沙
冰城串吧	20+	2010	北京
永定门电烤串	10+	1998	北京
柳叶刀烧烤	6	2017	北京

资料来源：红餐大数据，数据统计时间截至 2022 年 6 月 30 日。

红餐网 | 红餐大数据

一方面，穿串实现标准化的难度相对较大。虽然部分品牌已经对穿串进行了一些技术革新，但穿串环节目前尚未完全脱离人工，多数烤串店依然还是采用手工穿串的方式。一些经营者认为，手工穿串能较好地保留烤串本身的烟火气和人情味，能够给消费者提供更好的用餐体验，甚至很多烤串品牌专门以手工穿串为卖点。但是总体来看，手工穿串产能较低而且人工成本较高。虽然也有部分品牌采用机器进行穿串，但机器穿串不仅对肉质有一定要求，且损耗也比较大，因此目前并未在行业中普及。

另一方面，因为烹制工序相对简单，烤串产品同质化的问题也很突出，因为同样都是在肉类等食材上添加烧烤调料，单纯通过产品或者口味来实现差异化的难度较大。

近年来，为了应对疫情挑战，以及突破烤串品类基因对品牌发展的制约，烤串头部品牌纷纷做出创新和尝试，且取得了不错的效果。

一些品牌在渠道和场景上进行创新，发力外卖、到家、露营等场景。2020 年疫情暴发之初，木屋烧烤通过线上外卖找到了新的增长曲线。进入 2021 年，为了协调堂食体验和外卖效益的矛盾，木屋烧烤以深圳作为试点城市探索外卖专营店模式。丰茂烤串自主研发出无烟烤炉，切准到家烤串、露营外带烤串两种用餐场景，让消费者不到店也能吃到烤串，扩充了烧烤的消费场景。

还有不少品牌则通过聚焦细分赛道实现差异化，塑造出了品牌在消费者心智中的独特形象。比如阿拉提羊肉串聚焦羊肉串，管氏翅吧聚焦烤翅单品，九村烤脑花主打川渝特色“脑花”，客串出品主打湘西特色小串。此外，在烤生蚝、扇贝等细分赛道中，也有一些新兴品牌涌现。

五、“烧烤+”实现消费场景破壁，多业态融合成趋势

曾几何时，餐饮各大品类之间边界分明，各自更倾向于保持独特性，如今品类边界正在逐渐被打破，跨界、融合成为大势所趋，烧烤品类也存在这种趋势。

依托强社交属性，烧烤能和很多品类相互融合来实现消费场景的扩充，比如火锅、茶饮、小酒馆等品类。“喝酒撸串”向来具有非常广泛的群众基础，因此，近期烧烤和小酒馆的结合模式非常受市场欢迎，餐饮市场上涌现出了不少主打烧烤或烤肉的酒馆。比如于2021年7月开出首店的舞夜蓝烤肉酒馆，截至2022年6月已发展出了50多家门店；另一酒馆品牌下酒烧烤小酒馆，截至2022年6月已开出了近10家门店；呷哺呷哺前高管离职创业打造的谢谢锅，主打“涮+烤+酒饮”的多品类融合模式，目前已经开出了6家门店。

融合一方面能解决烧烤消费场景单一的难题，另一方面能提升门店客流和营业时长。因此，跨品类、业态融合已成烧烤品类发展的重要趋势。不过，融合模式有一定的门槛，这对烧烤品牌的门店运营和供应链管理能力均提出了更高要求。

07

第七节

面包烘焙：

三股烘焙势力鼎立，新中式烘焙竞争激烈

从广义上说，我国拥有源远流长的烘焙历史，很多传统烘焙工艺一直传承至今。20 世纪 90 年代之前，我国面包烘焙市场一直由中式糕点品牌领衔发展；20 世纪 90 年代后，外来西式烘焙品牌涌入内地，面包烘焙市场形成了中西品牌百花齐放的局面，好利来、味多美、元祖等大众今天所熟知的面包烘焙品牌相继涌现；2008 年到 2018 年左右，以幸福西饼为代表的线上烘焙品牌崛起，初代“网红”品牌借助网络传播快速进入消费者视线；2018 年至今，传统面包烘焙品类整体陷入发展瓶颈，新中式烘焙品牌开始逐渐成为消费热点。

红餐网 | 红餐大数据

20 世纪 90 年代之前

中式传统糕点品牌盘踞，以稻香村、知味观、广州酒家为代表。

20 世纪 90 年代之后一 2007 年左右

外来西式烘焙品牌涌入内地，多乐之日、面包新语等国外品牌，元祖、85 度 C 等台湾品牌均在此时间段内涌入内地市场开店。与此同时，内地西式烘焙品牌也在崛起，如好利来、味多美。

2008 — 2018 年左右

O2O 烘焙品牌崛起，以幸福西饼为代表的 O2O 蛋糕品牌，以及网红烘焙品牌如彻思叔叔、瑞可爷爷大量涌现。

2018 年至今

新中式烘焙品牌崭露头角，以墨茉点心局、虎头局渣打饼行等品牌为代表。

资料来源：公开信息，红餐品牌研究院整理。

图 2-82　我国面包烘焙品类发展历程

2021 年，在消费升级的浪潮下，主打国潮风的新中式烘焙品牌异军突起，引得大量资本争相入局，墨茉点心局、虎头局渣打饼行等多个品牌获得数轮大额融资。全国各地的新中式点心品牌如雨后春笋般涌现，由此也带动了烘焙品类整体的快速增长。

一、传统模式老化严重，新老品牌交替激发品类活力

如今，我国面包烘焙市场形成了三股发展势力：传统中式糕点品牌、西式烘焙品牌、中西烘焙工艺兼收并蓄的新中式烘焙品牌。这三股势力造就了面包烘焙新老品牌混战的市场竞争格局。

表 2-47　2022 年全国部分面包烘焙品牌概况

类别	代表品牌	门店数（家）	门店主要分布区域
传统中式糕点	稻香村	800+	全国布局
	桃酥大王	400+	山东、江苏、河南、河北
	桂顺斋	80+	天津
	老鼎丰	70+	黑龙江
	南区老大房	40+	上海
西式烘焙	米兰西饼	1580+	四川、湖北、湖南、广东等
	幸福西饼	960+	广东
	好利来	940+	辽宁、北京、天津、四川
	85 度 C	900+	台湾地区、江苏、上海、福建
	元祖	750+	江苏、浙江、四川
	南洋大师傅	730+	浙江、湖南
	西树泡芙	430+	江苏、浙江、广东等
	仟吉	400+	湖北、河南、安徽、湖南
	味多美	390+	北京
	美心西饼	360+	广东
	爸爸糖手工土司	350+	江苏
	熊猫不走蛋糕	200+	广东
新中式烘焙	泸溪河	300+	江苏、上海、广东
	青桔和木鱼	120+	四川、江苏、浙江、福建
	鲍师傅糕点	100+	广东、北京、江苏、浙江
	墨茉点心局	60+	湖南、湖北、北京
	虎头局渣打饼行	40+	湖北、湖南、广东

资料来源：红餐大数据，数据统计时间截至 2022 年 6 月 30 日。

在面包烘焙品牌混战的大背景下，加上疫情的影响，从 2020 年开始，面包烘焙市场迎来了一轮淘汰潮。一些根基薄弱、创新能力跟不上消费需求变化的老牌烘焙品牌逐渐被市场淘汰，东海堂、宜芝多、浮力森林等品牌在 2021 年纷纷宣布倒闭或关闭门店。在港股上市的克莉丝汀亦难逃关店窘境，2020 年关闭了 99 家门店，2021 年关闭了 55 家门店。2022 年，克莉丝汀的处境更为艰难。克莉丝汀官网发布公告称，疫情给克莉丝汀运营带来沉重打击，2022 年的经营发展一度陷入停滞，但克莉丝汀仍在“顽强地不断拼搏、尝试重新出发”。

当老牌烘焙品牌因为跟不上潮流被淘汰出局时，新中式烘焙品牌却凭借着国潮风的门店装修以及西点中做、包装精美的零食产品，成功激起消费者的购买欲望，同时让资本眼前一亮，品牌继而快速崛起。

与此同时，一些与时俱进的本土烘焙老牌比如泸溪河、鲍师傅糕点等，迅速借势这波新中式风潮，推出了符合消费预期的产品，也实现了一波快速增长。泸溪河仅 2021 年就开了超过 100 家新店，鲍师傅糕点也在 2021 年加速了开拓步伐，新开店超过 40 家，门店总数突破了 100 家。

此外，西式烘焙品牌也开始积极求变、创新突围，如好利来、元祖、味多美、幸福西饼等通过升级产品与门店形象、与其他行业品牌联名等方式打破僵局。

二、新中式烘焙带动融资热，国潮定位自带流量红利

近年来，新中式烘焙品牌的崛起带动了整个面包烘焙赛道的融资热，红杉基金、IDG 资本等知名资本纷纷入局，多个面包烘焙品牌融资过亿元。才成立两年的墨茉点心局先后获得了 5 轮融资，单店估值高达 1 亿元；虎头局渣打饼行相继完成了天使轮和近 5000 万美元的 A 轮融资；祥禾饽饽铺完成首轮过亿元融资；爸爸糖手工吐司获超亿元融资……与此同时，吴酥生宫廷酥饼、詹记等许多新中式烘焙品牌也都被投资机构重点关注。

表 2-48 2019 — 2022 年上半年我国烘焙品牌融资情况

品牌名称	披露时间	融资轮次	融资金额	投资方
哈里小屋	2019.1	天使轮	未披露	盈峰控股
一克甜品	2019.8	天使轮	数百万元	未披露
满满元气枣糕	2019.9	A 轮	300 万美元	经纬中国
唐饼家	2019.9	战略融资	未披露	合享资本
	2020.3	战略融资	未披露	朗闻资本
熊猫不走蛋糕	2019.11	Pre-A 轮	数千万元	头头是道投资基金
	2020.3	A 轮	数千万元	IDG 资本
	2021.9	B 轮	1 亿元	XVC 资本
墨茉点心局	2020.6	种子轮	未披露	零拾孵化
	2020.11	天使轮	未披露	源来资本、番茄资本
	2021.4	Pre-A 轮	未披露	元璟资本、日初资本、源来资本、清流资本
	2021.6	A 轮	数亿元	今日资本
	2021.9	B 轮	数亿元	美团龙珠
鲍师傅糕点	2020.12	战略融资	未披露	昆仑万维
虎头局渣打饼行	2021.1	Pre-A 轮	未披露	红杉基金、IDG 资本、挑战者资本
	2021.7	A 轮	近 5000 万美元	Tiger Global Management、纪源资本、红杉基金、IDG 资本、个人投资者
月枫堂	2021.1	天使轮	近千万元	风物资本
	2021.7	Pre-A 轮	千万美元	启承资本
泽田本家	2021.3	天使轮	超千万元	天图投资、个人投资者
爸爸糖手工吐司	2021.6	A 轮	超亿元	IDG 资本
祥禾饽饽铺	2021.10	战略融资	超亿元	CMC 资本、不二资本、同创伟业
幸福西饼	2021.12	Pre-C 轮	1 亿元	亚商资本、福杉投资、春涧资本
福气鲜活面包	2022.3	天使轮	约千万元	旦恩资本
KUMO KUMO	2022.4	Pre-A 轮	数千万元	青锐创投

资料来源：红餐大数据。

注：表中不含纯线上零售。

红餐大数据显示，从 2019 年初到 2022 年上半年，国内烘焙赛道（不含纯线上零售品牌）共产生 24 起融资事件。单看从 2019 年到 2021 年的统计，国内烘焙品牌（不含纯线上零售）融资次数逐年上升，从 2019 年的 5 起上升到 2021 年的 12 起。在 24 起的融资事件总数中，新中式烘焙品牌就占据了近 10 起。可见，新中式烘焙品牌相对较受资本青睐，也助推了整个烘焙赛道的投融资热潮。

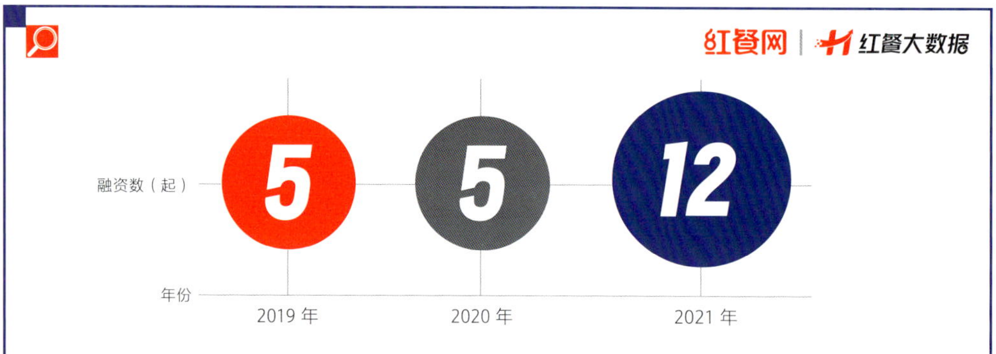

资料来源：红餐大数据。

图 2-83　2019 — 2021 年我国面包烘焙品牌（不含纯线上零售）融资情况

红餐品牌研究院认为，新中式烘焙之所以受到资本青睐从而异军突起，主要缘于两个创新：其一是“西点中做”的产品创新，其二是创新性定位于“国潮”。

在产品方面，新中式烘焙品牌一改过去传统中式烘焙重油、重甜的特点，引进了西式产品概念但以中式工艺重现，低糖低油，并以小份的形式售卖，零食属性增强，由此获得了年轻人的青睐。

在门店方面，新中式烘焙品牌以国潮风为最大特色。如今“国潮”正在变成年轻人的时尚文化新宠，拥有巨大的流量红利。具体来说，烘焙行业与国风的融合体现在三个方面：分别是产品突出中式元素、店铺装修主打复古国潮风、营销紧贴中国特有传统文化。比如，虎头局渣打饼行用极具个性的传统字体呈现品牌名，并采用颇有复古意味的虎头纸袋做包装。

但 2022 年以来，由于入局者众多，产品创新乏力、同质化严重，烘焙的融资事件有所减少，从 2021 年的 12 起跌至 2022 年上半年的 2 起，品类发展前景有待持续观察。

三、品牌跨区域发展难，新一线城市门店数最多

虽然我国面包烘焙市场有较大的增量空间，但目前整体的市场格局较为分散，具体表现为集中度、连锁化和规模化程度都较低。

红餐大数据显示，目前全国面包烘焙门店已突破 60 万家，但聚焦到品牌层面，面包烘焙品牌多以中小型连锁为主，门店数在 101 家的品牌仅占 8.2%，门店数在 20 家及以下的品牌占比达到了 53.9%。

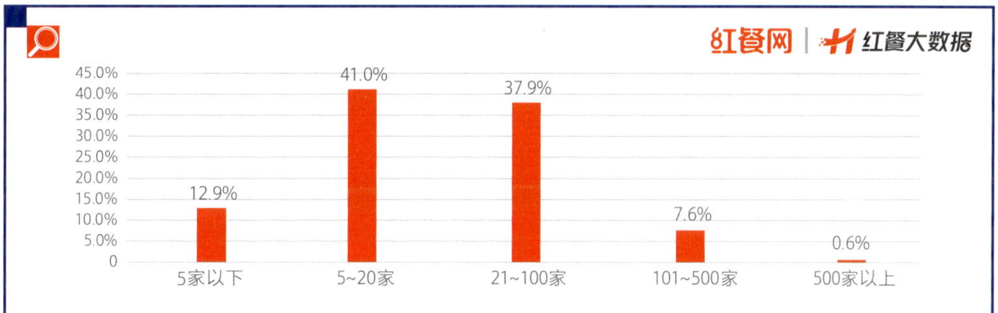

资料来源：红餐大数据。

图 2-84　2021 年全国面包烘焙样本品牌门店数区间占比分布

同时，智研咨询发布的《2020 — 2026 年中国烘焙行业发展现状调研及市场前景趋势报告》显示，我国烘焙行业的行业集中度 CR5 为 10.6%，年销售额在 1 亿元及以上的品牌市场占有率不足 10%，而余下的年收入在 2000 万元左右的品牌占据了 90% 以上的市场。相比之下，饮食文化和习惯与我国较为相似的日本，其烘焙行业 CR5 集中度高达 43%。

另外，我国面包烘焙市场区域化属性较强。除了少数西式连锁烘焙品牌实现了跨区发展，比如幸福西饼、好利来等品牌门店遍布国内多个省市之外，多数品牌仍局限于某一区域，这样的特点在老牌烘焙品牌上尤为突出。1996 年成立于四川的爱达乐，虽然直营店接近 300 家，但在四川以外却鲜有人知。

从全国面包烘焙门店分布区域来看，面包烘焙门店分布不均衡。经济发达、人口众多的华东地区数量占比最高，达到了 34.6%；华南、华中、西南和华北，占比均在 10%~16% 之间，与华东地区存在一定差距；东北和西北地区的烘焙门店数则较少，分别仅占 6.7% 和 5.1%。

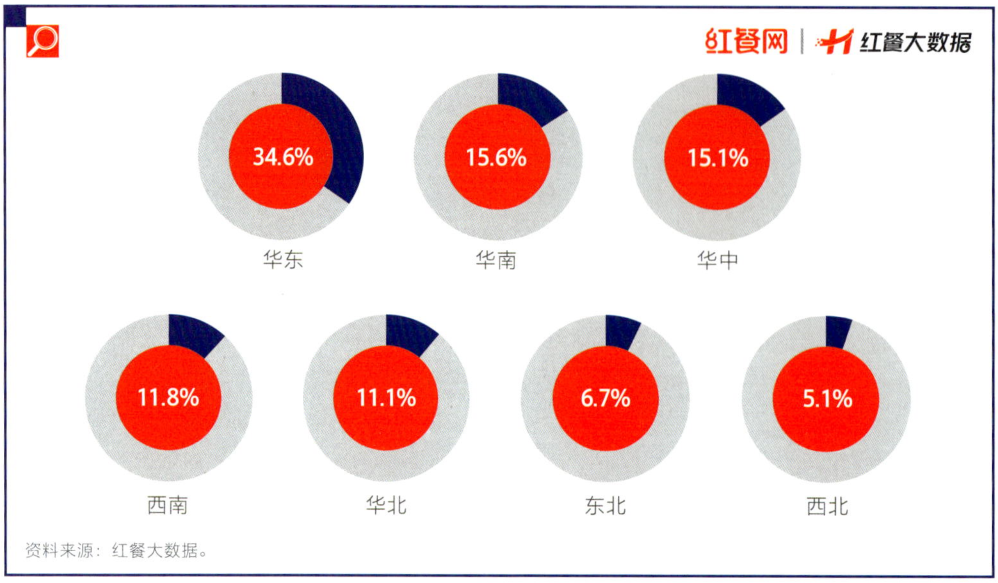

图 2-85　2021 年全国各区域面包烘焙样本门店数占比分布

而从全国面包烘焙门店各级城市分布来看，目前一线城市占比仅为 6.3%，但相较 2020 年的 2.6% 出现了显著增长，新一线城市的占比相较 2020 年也有超 5 个百分点的增长。从面包烘焙品牌的具体表现上来看，2021 年一批新锐烘焙品牌开始向一线城市进军，如墨茉点心局、虎头局渣打饼行、泸溪河、泽田本家都开始向北京、上海、广州、深圳等一线城市扩张。可见，新锐烘焙品牌有相对强烈的品牌意识，试图通过进驻一线城市占据品牌势能高地，这也是面包烘焙品牌做大做强的典型路径。

回顾我国面包烘焙的发展史，好利来早在 20 世纪 90 年代末就在全国十几个城市开设了连锁店，面包新语、巴黎贝甜等外资烘焙品牌也已登陆中国大陆市场近 20 年，但至今还没有一个占领用户心智和较大市场份额的绝对头部烘焙品牌，全国连锁门店超过千家的品牌凤毛麟角。有品类、无品牌是面包烘焙品类目前的主要现状，也是品牌发展的突破口。

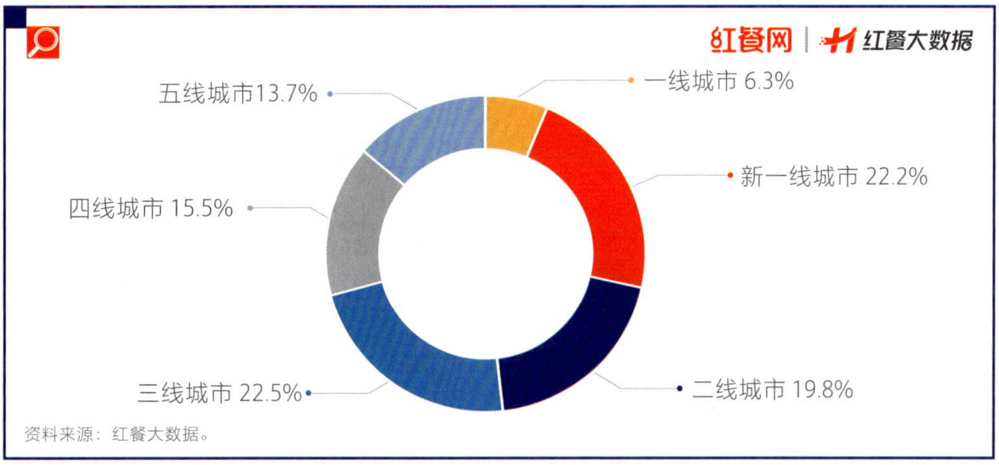

图 2-86　2021 年全国各线级城市面包烘焙样本门店数占比分布

此外，在全国面包烘焙门店 TOP10 省份排名中，广东排在首位，其次是江苏、山东、浙江等。由此可见，相比其他省份，广东的面包烘焙市场发展更加成熟，也意味着其竞争更加激烈。

四、人均消费整体偏低，口味体验最受重视

近年来，消费者的烘焙消费呈现稳定增长态势。艾媒咨询的调研数据显示，我国每天购买烘焙食品的消费者达到 12.8%，每周购买烘焙食品的消费者占比达到 85.8%。可见，大多数消费者已经形成每周消费烘焙食品的习惯。

同时，面包烘焙品类近年来出现了低热量和绿色健康的产品研发趋势，很好地迎合了消费者对天然原材料，以及低糖、低脂、新鲜等方面的偏好。麦肯锡近期的一项市场调查发现，72% 的消费者正在追求更加健康的生活方式，60% 的消费者会注重产品成分表，55% 的消费者表示健康纯天然是他们的首选因素。未来，面包烘焙品牌尤其是新晋烘焙品牌将着力于研发更加健康的产品，逐步改变传统烘焙给消费者留下的多油、多糖的刻板印象。

此外，在消费者对面包烘焙品类的点评中，“味道赞”“点心好”是高频出现的关键词，说明产品品质是消费者的主要关注点。可见无论是老牌烘焙品牌，还是新晋烘焙品牌，都需要建立好自己的产品品质“护城河”。

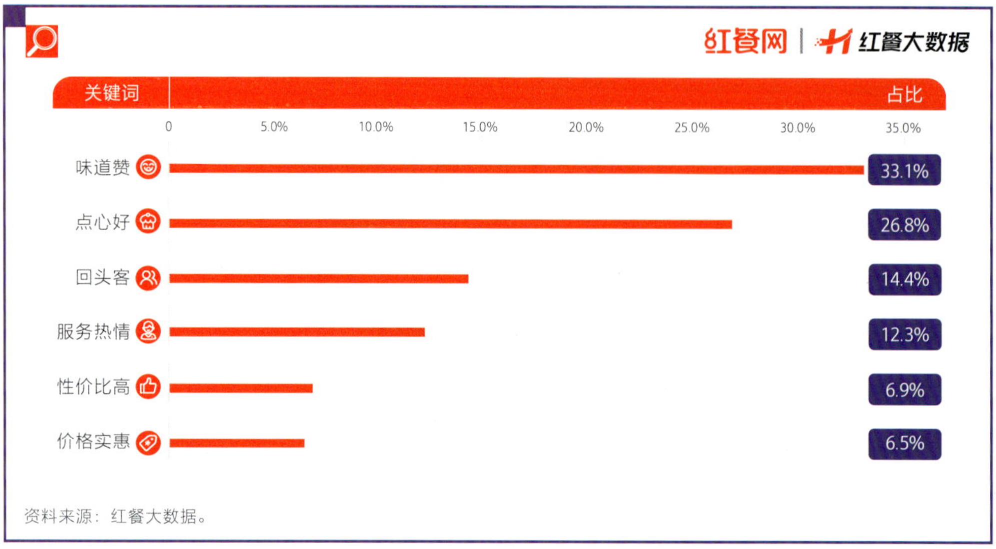

图 2-87　2021 年面包烘焙点评关键词 TOP6

在价格方面的评价关键词中，“性价比高”“价格实惠”排名比较靠前，可见性价比同样是消费者比较在乎的点。烘焙品牌的人均消费分布也进一步印证了这一消费特征。红餐大数据显示，人均消费 21~30 元的烘焙品牌占比最高，达 33.2%；其次为 10~20 元，占比为 25.2%；过半烘焙品牌的人均消费在 30 元以下。

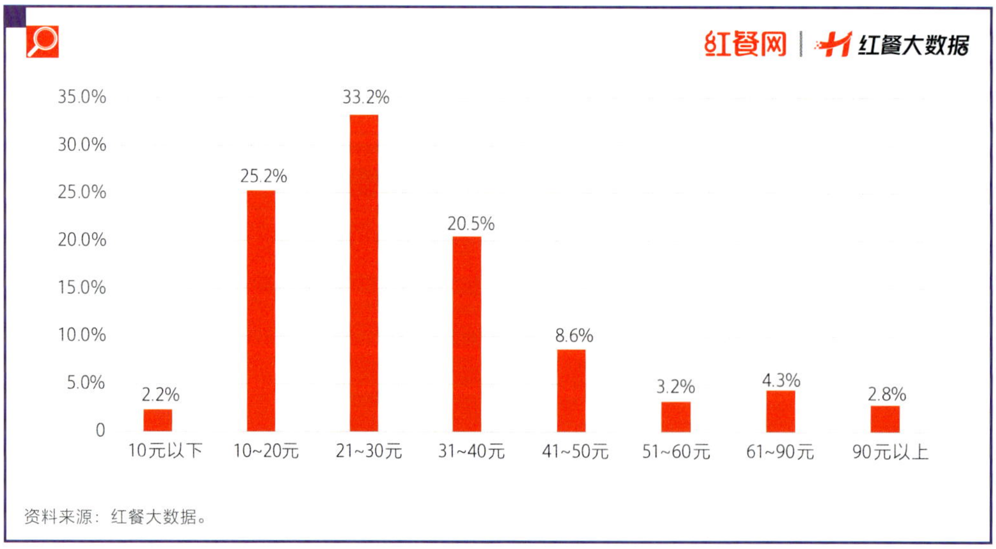

图 2-88　2021 年全国面包烘焙样本品牌人均消费价位占比分布

五、同质化、复购难，成为面包烘焙品牌的普遍痛点

进入 2022 年，很多面包烘焙品牌门店的客流出现明显下滑，新锐烘焙品牌的扩张脚步也稍有放缓。比如墨茉点心局 2021 年下半年每月新开 8~10 家店，而 2022 年 1 至 3 月却仅开了 11 家。同时，资本对烘焙赛道的关注度也明显下降，自 2021 年 10 月至 2022 年上半年，鲜少传出面包烘焙品牌融资的消息。

这背后或能一定程度折射出面包烘焙品类近期迅速膨胀，但根基不稳的事实。从目前的发展来看，大多数品牌面临同质化、复购难的困境。随着虎头局渣打饼行、墨茉点心局的走红，市场上相似的品牌层出不穷，这些品牌的产品和门店场景大多比较雷同。肉松小贝、麻薯、泡芙、葡式蛋挞等热门产品成了很多跟风烘焙品牌或门店（甚至烘焙电商品牌）的标配产品，这种情况过快地透支了消费者对烘焙品牌的忠诚度。

总体来看，我国面包烘焙市场在国潮风的带动下，整体呈现出火热的发展态势，市场持续扩容。但不容忽视的是，在新晋烘焙品牌频出的当下，同质化、复购难等问题也逐渐显现。期待 2022 年各头部品牌能够努力破局，打造自身专属品牌壁垒和产品力“护城河”，继续引领品类朝着更健康繁荣的方向发展。

CHINA CATERING

08

第八节

特色单品品类：

普遍面临阶段性瓶颈，稳定供应链是核心竞争力

一、烤鱼：较早进入发展快车道，近年增长陷入停滞

烤鱼作为重庆最具特色的菜品之一，随着人口流动渗透至全国多地，为广大消费者所熟知。早期的烤鱼品类偏向于粗放式发展，以街边店、大排档为主。2013 年前后，随着探鱼、炉鱼、烤匠等品牌的诞生，烤鱼品类迈向了品牌化、连锁化的发展阶段，从此迎来一波扩张高潮。

经过高速发展期之后，近年烤鱼品类受到的关注度有所下滑，市场规模增速亦在放缓。尤其是在新冠肺炎疫情暴发后，竞争环境的同质化和消费者对烤鱼的高品质需求倒逼着烤鱼品牌不断进行升级迭代，驱动了烤鱼品类新一轮的变革。

1. 市场规模在千亿元徘徊，品类关注度出现下滑

2020 年新冠肺炎疫情暴发，餐饮行业受到重创，烤鱼的市场规模也出现一定程度的萎缩。随着 2021 年疫情形势有所缓和，国民餐饮消费略有回暖，烤鱼市场也出现一定的反弹。红餐大数据显示，2021 年全国烤鱼品类的市场规模达到了 1077 亿元，同比上涨 10.9%，但仍不及 2019 年。可见，2021 年烤鱼市场还未完全恢复至疫情前的发展水平。考虑到 2022 年疫情存在反复，对餐饮业冲击持续存在，红餐品牌研究院预计，烤鱼仍将保持低速增长态势，2022 年市场规模或将与 2021 年基本持平或略低。

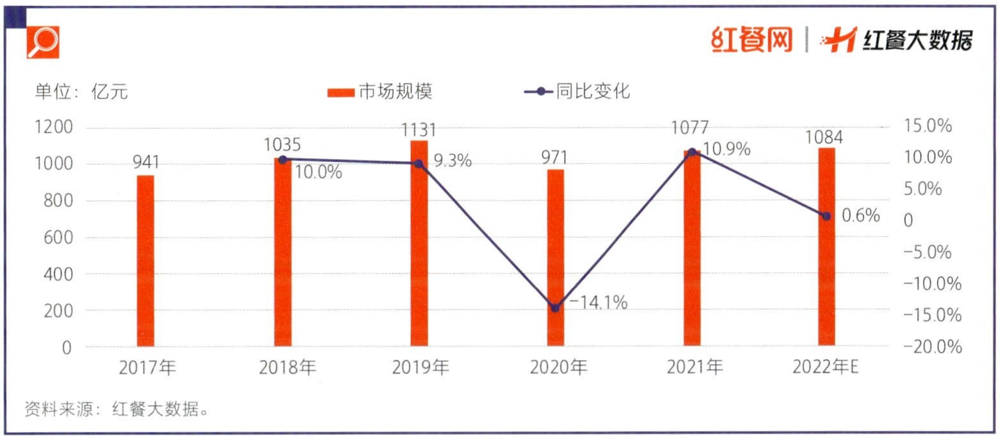

图 2-89　2017 — 2022 年全国烤鱼市场规模情况

虽然近年烤鱼品类的营收规模已经达到了千亿元水平，但是其品类关注度却呈下滑的趋势。从烤鱼的网络搜索热度来看，2016 年烤鱼的网络搜索热度达到了顶峰，从 2017 年开始逐年下滑，新冠肺炎疫情暴发以来，烤鱼的搜索热度趋向于平稳，尚未出现回升的迹象。

另外，从全国烤鱼相关企业的注册数量变化情况来看，烤鱼品类的创业热情也出现了一定程度的下滑。企查查数据显示，近 3 年来，烤鱼赛道的入局者在不断减少。我国烤鱼相关企业注册量从 2019 年的 11629 家，逐年下滑到 2021 年的 9048 家，2021 年较 2019 年下降了 22.2%。

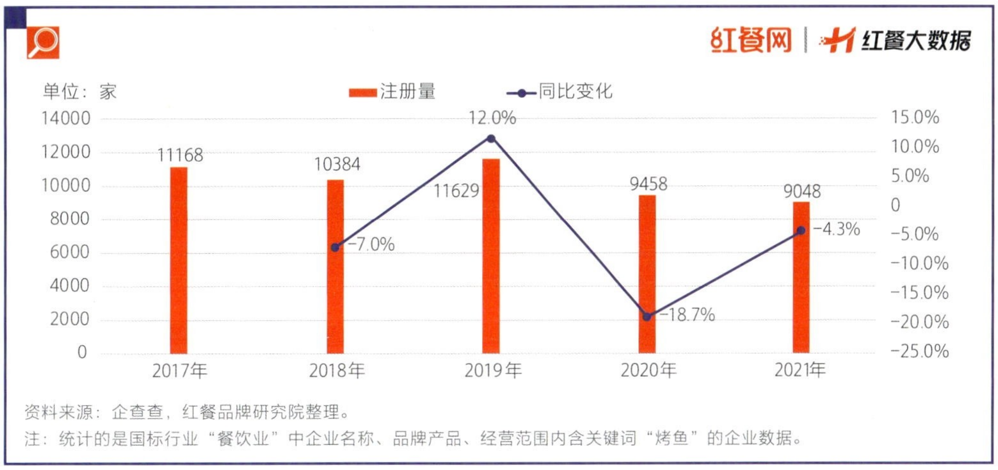

图 2-90　2017 — 2021 年全国烤鱼相关企业注册量

2. 首个千店品牌诞生，区域品牌尝试全国布局

目前，烤鱼赛道里中小品牌占比较大。相较火锅品牌动辄数百家的门店规模，烤鱼品类的连锁化程度较低。据红餐大数据，门店数在 30 家及以下的烤鱼品牌占比达七成，而门店数超过 100 家的品牌占比不到一成，其中超过 300 家的品牌占比只有 2.0%。可见，在烤鱼品类中，大型连锁品牌较少，头部品牌的门店数多在 100~200 家徘徊，并且大多数烤鱼品牌门店规模普遍较小。

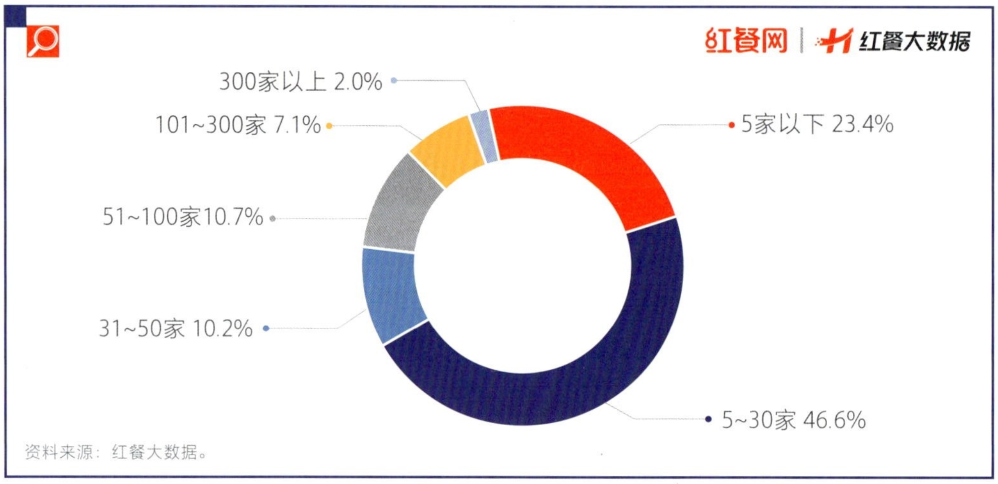

图 2-91　2021 年全国烤鱼样本品牌门店数区间占比分布

新冠肺炎疫情暴发以来，不少烤鱼品牌在逆境中开启了升级之路。例如半天妖烤鱼在疫情期间逆势扩张，成为烤鱼品类唯一一个门店数超过 1000 家的品牌，远超其他同类品牌。

另外，烤鱼赛道目前有着一批实力较强的品牌，这些品牌都在门店扩张和品牌知名度打造上做出了各自的努力。比如成立于 2013 年的探鱼，以原创单品鲜青椒爽麻烤鱼作为主打菜，掀起了烤鱼进商圈的风潮，一度成为“烤鱼品类的领头羊”。基于早期扎实的根基，疫情期间探鱼也在稳步拓店，其门店总数超过 240 家。创立于北京的江边城外烤全鱼，近年来也在低调扩张，目前其门店总数超 100 家。2021 年烤鱼赛道还出现了一位格外引人注目的入局者，九毛九旗下的子品牌“赖美丽眉山藤椒烤鱼”，其主打活鱼，截至 2022 年 6 月，在广州已开出两家门店。

表 2-49 2022 年全国部分烤鱼品牌概况

品牌名称	门店数（家）	创立时间（年）	发源地	人均消费（元）	门店主要分布区域
半天妖烤鱼	1100+	2016	山东	69	山东、江苏、河北
愿者上钩	510+	2015	东莞	67	广东
探鱼	240+	2013	深圳	90	广东
鱼酷活鱼烤鱼	250+	2005	上海	90	天津、山东、上海、河北
花千代烤鱼	180+	2013	郑州	72	河南
江边城外烤全鱼	120+	2005	北京	102	北京、上海、江苏
炉鱼	80+	2013	杭州	83	江苏、浙江
探炉	60+	2010	深圳	79	广东
烤匠	60+	2013	成都	87	四川
令狐冲窑烤活鱼	60+	2015	福州	68	福建、山东
匠子烤鱼	50+	2014	海口	72	海南
辣尚瘾	30+	2008	北京	84	北京

资料来源：红餐大数据。

早期烤鱼品牌大多聚焦于区域拓展，或是造成目前烤鱼品牌门店规模普遍不大的原因之一。比如探鱼的大部分门店集中于广东地区，愿者上钩、探炉八成以上的门店也均位于广东，炉鱼的大部分门店则集中于江浙地区，匠子烤鱼的多数门店位于海南省。

不过，部分烤鱼品牌已经开始尝试走出区域边界，向外拓展，以寻求更多发展机会。例如创立于上海的鱼酷活鱼烤鱼，目前门店遍及天津、山东、上海等多个省市地区，而探鱼也在积极布局广深以外的一线城市、新一线城市。此外，半天妖烤鱼的门店更是已经遍布全国 20 多个省市地区。

3. 同质化难题凸显，差异化定位帮助品牌突围

作为爆品单品，烤鱼经历了早期的野蛮增长后，品类本身的局限性慢慢凸显，创新升级大多围绕鱼的品种、味型和配菜三个方面展开，导致可拓展和发挥的空间相对有限。产品和体验同质化逐渐成为其品类核心痛点。目前，烤鱼餐厅采用的鱼的品种一般以黑鱼、清江鱼、江团、巴沙鱼为主，味型多集中在麻辣、青花椒、酱香、蒜香等，而配菜则多为时令鲜蔬。

红餐大数据显示，在全国烤鱼品类门店数量 TOP10 品牌中，提供青花椒、麻辣这两种口味的品牌各有 9 个，提供酱香、蒜香、酸菜这三种口味的品牌各有 8 个，各大品牌主打味型高度集中。此外，烤鱼餐厅提供的配菜也较相似，多为莲藕、土豆、金针菇等菜品。

红餐网 | 红餐大数据

口味	品牌数（个）	口味	品牌数（个）
青花椒	9	菌菇	3
麻辣	9	鱼香	3
酱香	8	酸汤	2
蒜香	8	泡椒	2
酸菜	8	毛血旺	2
香辣	7	十三香	2
剁椒	4	黑椒蚝油	2
豆花	4	麻婆	1
豆豉	4	巨辣	1
双椒	3	孜然	1
酸辣	3		

资料来源：红餐大数据。

图 2-92　门店规模 TOP10 烤鱼品牌口味数统计

一方面，烤鱼品牌的同质化竞争日益加剧；另一方面，个性化、多样化的消费需求也越加迫切。在上述双重因素的倒逼下，烤鱼品牌主要围绕产品和运营两个层面创新求变，开启差异化突围之路。

在产品上，烤鱼品牌通过“加法”和“减法”两种策略实现升级。

一些品牌用“烤鱼 +”打破大单品的局限，收到了很好的正向反馈。例如炉鱼的菜单增加了烤物料理，涵盖了烤羊肉串、烤牛肉串、烤猪蹄等跨界产品；探鱼形成了“烤鱼 + 烧烤 + 火锅”等多产品矩阵的布局，尝试通过消融近似品类壁垒的方式来增加消费体验的层次；半天妖烤鱼也推出了“烤鱼 + 涮菜 + 烧烤 + 凉菜”的模式，把年轻人喜欢的烧烤、涮菜融为一体。这些非烤鱼类产品的加入，让消费者拥有了更多的选择。

也有一些品牌在产品上尝试做“减法”，用聚焦的方式来提升效率。例如烤匠自成立至今深耕麻辣烤鱼这一口味，如今已成为该品牌的招牌特色；赖美丽眉山藤椒烤鱼精简 SKU 数量，聚焦单一品种的鱼做味型的变化，客观上降低了顾客的选择困难，同时提升了门店翻台率和品牌连锁化能力。在产品上做“减法”，除了精简 SKU 之外，还有不少品牌尝试推出“小份制”烤鱼，也取得了不错的成绩。比如鱼酷活鱼烤鱼、探炉等品牌均在外卖平台上推出一人份的烤鱼套餐产品，有效降低了消费者的购买门槛，增加了品牌的营收渠道。

4. 供应链为品质背书，成为品牌制胜关键

在新冠肺炎疫情背景下，消费者越来越重视健康饮食，对烤鱼的品质也提出了更高的要求。烤鱼品牌也通过对鱼品种和加工工艺的探索等方式，来实现品质化升级。

比如，不少品牌把原来使用的冻鱼或者冰鲜鱼升级为活鱼，而原来就采用活鱼的品牌，在定位或者营销方面更加强调活鱼品种上的差异和优势。在 2020 年将品牌定位升级为“活鱼烤鱼”的鱼酷，在克服了养殖、运输等一系列难题后，从创立伊始就坚持在门店供应活鱼；赖美丽眉山藤椒烤鱼主打“鮰鱼”“弹牙”等概念，门店还陈列出活鱼鱼池，在口感上和体验上强调差异化；已经在河南开出了 30 余家门店的彼酷哩烤全鱼，也把品牌名升级为彼酷哩活鱼现烤，主打活鱼烤鱼。

烤鱼店采用活鱼，一方面可以提升口味的竞争力，更加符合消费升级背景下的消费者期待；另一方面，活鱼的成本和价值感要高于冰鲜鱼，采用活鱼可以在一定程度上提升客单价，有利于品牌的持续发展。

同时，深入上游供应链也是诸多烤鱼品牌的重点发展战略。这主要是由于市场上鱼的品质和价格的稳定性较难保障，品牌很难依赖周边市场作为鱼采购的主要渠道。目前已有很多品牌走在了行业前列，比如探鱼自建上游供应链，建有养殖基地、工厂、配送中心等，确保了鱼的持续稳定供应和成本可控；赖美丽眉山藤椒烤鱼依托太二酸菜鱼在广东佛山的自建鱼塘，保证鱼品的自主供应；而鱼酷活鱼烤鱼也在全国与多个养鱼基地合作，建立起了全链条的鱼品溯源系统。

总体来看，当前烤鱼赛道中宣称自建鱼养殖基地的品牌并不算多，这或许恰恰暗含差异化突围的机会。

纵观烤鱼品类的发展历程，目前的烤鱼市场已经步入相对成熟的阶段，在品牌迭代和需求变革的双轮驱动下，烤鱼品类未来仍有较大的发展空间。烤鱼赛道里，新老玩家“同台赛马”，下一个突破千店的品牌值得期待！

二、酸菜鱼：市场格局初定，融合化趋势越加明显

因标准化程度高、易复制，近年来专注于酸菜鱼的主题餐厅在我国兴起并迅速扩张，酸菜鱼市场规模快速增长。据红餐大数据，2016 年至 2019 年，我国酸菜鱼餐厅市场规模复合年均增长率为 37.5%。近年来，由于新冠肺炎疫情加上酸菜鱼赛道的整体关注度下滑，使得酸菜鱼餐厅总收入受到一定影响，增速稍有放缓，2021 年市场规模约为 313 亿元。

高速增长的酸菜鱼赛道，催生了一批以太二酸菜鱼、鱼你在一起等为代表的酸菜鱼品牌。与此同时，品类的日益成熟也激发了同质化问题。为了突破这种困境，酸菜鱼品牌进行了各种创新来谋求突围。

1. 品牌表现差异扩大，品类进入发展新阶段

作为川菜的经典菜式，酸菜鱼从一道菜发展到一个细分品类，其发展历程主要分为三个阶段。

第一阶段为初始阶段。对于酸菜鱼是如何诞生的，目前并无明确的史料可考证，认知较广的一种说法是酸菜鱼起源于重庆。在这一阶段中，酸菜鱼只是作为川菜餐馆中的一道菜品而存在。

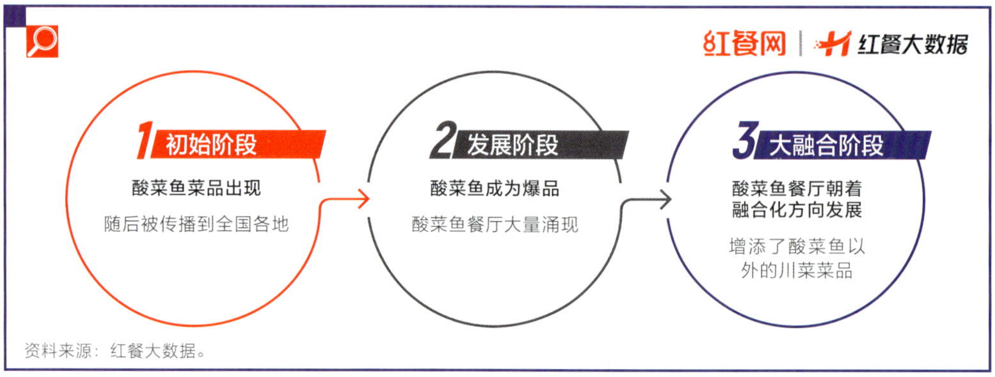

图 2-93　酸菜鱼品类的发展历程

第二阶段为发展阶段。酸菜鱼从川菜餐厅中被单独挖掘出来，一跃成为餐饮的爆红单品，市场上涌现出多个主打酸菜鱼的正餐、快餐品牌，如姚姚酸菜鱼、太二酸菜鱼、江渔儿、鱼你在一起。凭借易标准化的品类优势和高人气，酸菜鱼主题餐厅在全国范围内迅速崛起，酸菜鱼品类呈现百花齐放的局面。

第三阶段为大融合阶段。经过多年的竞逐，无论是酸菜鱼正餐品牌还是酸菜鱼快餐品牌，头部和腰部品牌之间已拉开较大差距，市场格局初定。在这个阶段中，酸菜鱼餐厅不再仅仅局限于酸菜鱼单品菜式，而是呈现出融合化发展的趋势。比如九锅一堂从主营酸菜鱼到聚焦重庆菜，鱼你在一起则推出了麻辣水煮牛肉、卤猪蹄等其他菜品来丰富产品线。

2. 门店分布相对集中，头部品牌加快拓店节奏

疫情暴发以来，虽然酸菜鱼赛道受到不小的冲击，但是酸菜鱼正餐及快餐的头部品牌仍实现正向拓店，规模优势有望进一步扩大。红餐大数据显示，从2019年到2021年，无论是正餐头部品牌，如太二酸菜鱼、江渔儿、姚姚酸菜鱼，还是快餐头部品牌鱼你在一起，都未放缓拓店的步伐。

表 2-50 酸菜鱼头部品牌 2019 — 2021 年新开店情况

单位：家

品牌名称	2019 年	2020 年	2021 年
鱼你在一起	540+	320+	490+
太二酸菜鱼	60+	100+	120+
江渔儿	70+	60+	90+
姚姚酸菜鱼	近 10	30+	20+

资料来源：红餐大数据。

而一些中尾部品牌受疫情影响相对较大，门店数没有明显增长，甚至还有下滑。

在疫情的持续影响下，拥有强大供应链体系的头部品牌优势将更加凸显，其门店规模有望进一步扩大。

在门店的区域分布上，酸菜鱼品类呈现出了发展不均衡的特性。红餐大数据显示，酸菜鱼门店分布最多的区域为华东区域，占酸菜鱼门店总数的44.7%，竞争较为激烈；其次为华南区域，占22.7%，而其他五大区域的酸菜鱼门店相对较少，最少的区域为东北区域。

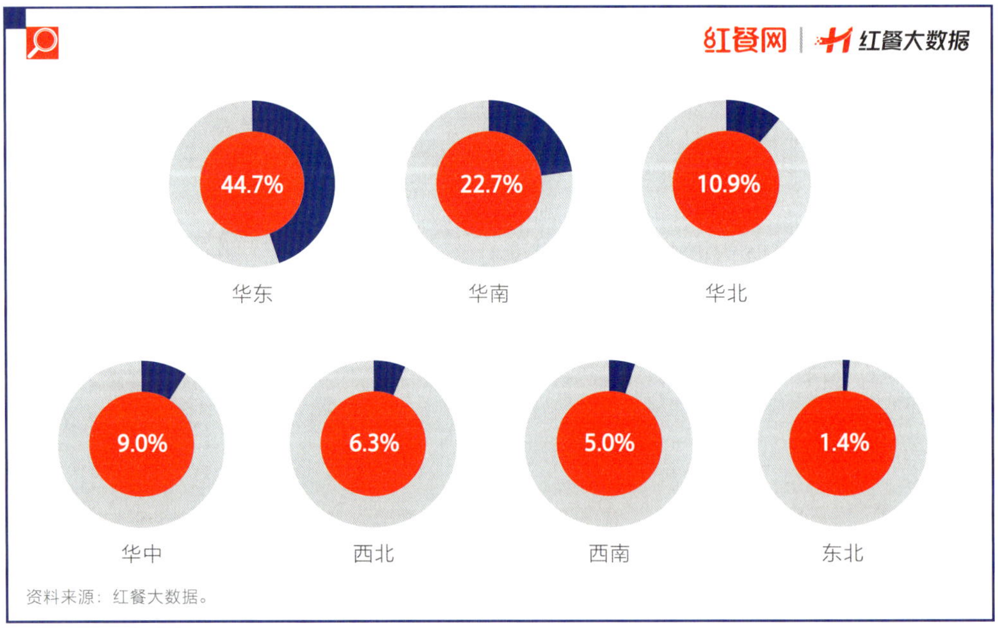

图 2-94　2021 年全国各区域酸菜鱼样本门店数占比分布

同时，红餐大数据显示，酸菜鱼门店数 TOP5 的省市全都来自华东和华南区域。其中，广东省的酸菜鱼门店数量约占全国总门店数的二成，位居第一。

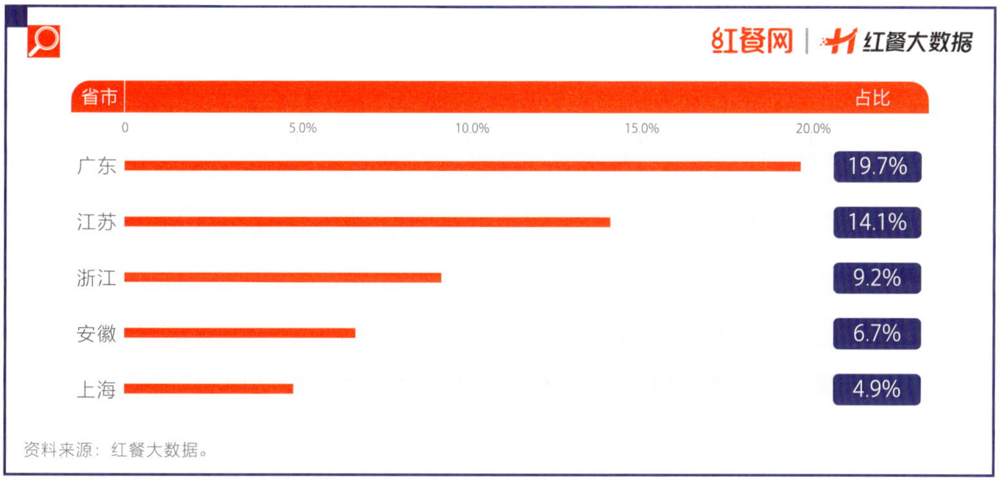

图 2-95　2021 年全国酸菜鱼样本门店数 TOP5 省市

由此可见，华东、华南区域酸菜鱼门店数比较多，竞争相对激烈。譬如在红餐品牌研究院发布的“2021 中国酸菜鱼十大品牌”榜单中，太二酸菜鱼、江渔儿、姚姚酸菜鱼这三家头部品牌的大本营均位于广东，且其大部分门店均位于广东省内；同时，有家酸菜鱼、严厨老坛酸菜鱼、溪雨观酸菜鱼、百岁我家酸菜鱼这 4 个酸菜鱼品牌的总部均位于华东区域内，其大部分门店也位于此区域内。

表 2-51　2021 中国酸菜鱼十大品牌榜

名次	品牌名称	公司名称	品牌指数
1	太二酸菜鱼	广州九毛九餐饮连锁有限公司	925.1
2	鱼你在一起	北京辣说餐饮管理有限公司	875.5
3	渝是乎	北京渝都仁和餐饮有限公司	863.7
4	江渔儿	广州开呗餐饮管理有限公司	854.8
5	姚姚酸菜鱼	深圳亚米餐饮管理有限公司	852.1
6	有家酸菜鱼	苏州康德餐饮管理有限公司	822.8
7	严厨老坛酸菜鱼	苏州众擎餐饮管理有限公司	814.6
8	溪雨观酸菜鱼	上海蜀华火锅楼有限公司	806.7
9	百岁我家酸菜鱼	上海馨萍仁河餐饮管理有限公司	804.6
10	山城外老坛酸菜鱼	成都山城外餐饮管理有限公司	803.5

资料来源：红餐品牌研究院。　红餐网 | 红餐大数据

3. 品类连锁化程度较低，中低端消费占比较高

作为一个相对容易标准化和规模化的细分餐饮品类，酸菜鱼快餐化成果显著，比如鱼你在一起，截至 2022 年 6 月，其门店数量已超过千家。但酸菜鱼整体品牌规模并不算大。红餐大数据显示，门店数量在 200 家以上的酸菜鱼品牌占比不足 5%，而门店数量在 50 家以下的品牌占比超 70%。

目前，在酸菜鱼赛道，太二酸菜鱼规模状况尚可，门店数量为 300 多家，2021 年营收 32 亿元。鱼你在一起、江渔儿的门店规模也处于领先地位。可见，酸菜鱼市场的连锁化、规模化程度有待进一步提升，从另一个角度看，这对于后进品牌或许是机遇。

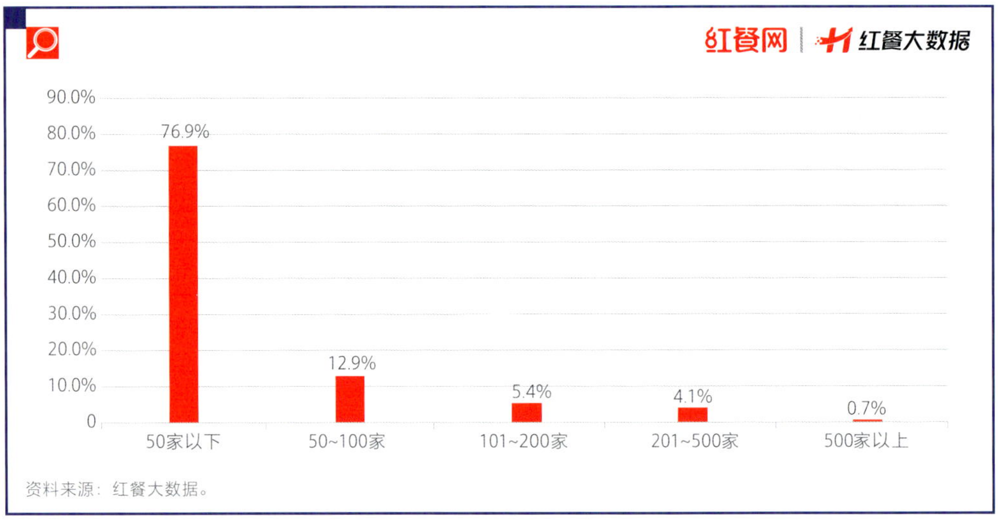

图 2-96　2021 年全国酸菜鱼样本品牌门店数区间占比分布

红餐大数据显示，人均消费 61~90 元的酸菜鱼品牌占比近 40%，人均消费在 60 元及以下的品牌约占 55%，人均消费 90 元以上的品牌占比不到 6%，可见整个品类的人均消费价位以中低端为主，价格走高端路线的品牌相对较少。

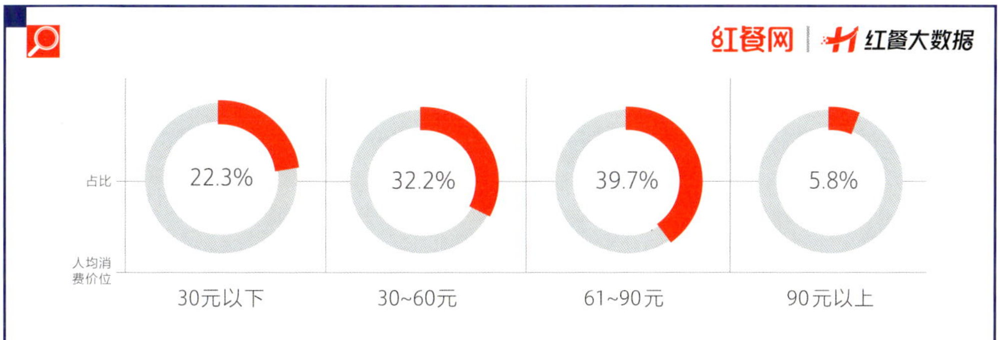

资料来源：红餐大数据。

图 2-97　2021 年全国酸菜鱼样本品牌人均消费价位占比分布

这可能主要归因于酸菜鱼的快餐化改造。经营者将传统大锅、大份的酸菜鱼变成小份的时尚单品，售价仅二三十元，价格更为亲民，满足了广大消费者的刚性就餐需求，受众群体广泛，有利于品牌持续扩张。

而对于酸菜鱼有更高要求的消费者，则可选择人均消费偏高一些的以太二酸菜鱼为代表的正餐品牌。可见，酸菜鱼品类的适应性和灵活性较高，人均消费可高可低，多样的门店模型助推了酸菜鱼品类的发展。

4. 品类关注度呈下滑趋势，餐厅同质化问题凸显

近年来，尤其是 2019 年底新冠肺炎疫情暴发以来，酸菜鱼品类的关注度在短暂上升后开始下降。从网络搜索热度来看，以“酸菜鱼”为关键词的搜索热度数值在 2020 年 3 月之后下滑趋势明显，侧面反映了酸菜鱼品类的热度相较 2017 年至 2019 年的高潮期有所回落。

同时，酸菜鱼品类的创业热情也有所降温。企查查数据显示，2018 年酸菜鱼餐企的注册量为 4690 家，吊销、注销量为 1363 家；而 2021 年的注册量仅为 3300 家，吊销、注销量达到了 1573 家。从 2017 年至 2021 年的数据来看，酸菜鱼餐企的注册量在 2018 年达到了顶峰，之后则逐步下滑，而从 2019 年开始，酸菜鱼餐企的吊销、注销量均维持在 1500 家以上，近 2 年的吊销、注销量甚至达到了当年新注册量的一半左右。

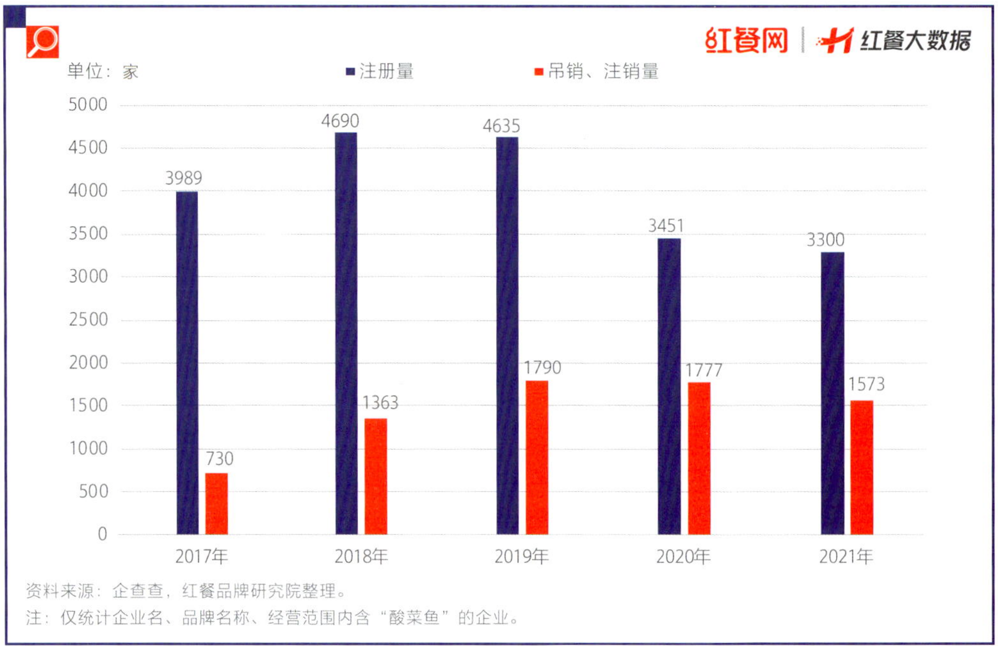

图 2-98　2017 — 2021 年全国酸菜鱼相关企业注册量与吊销、注销量

快餐模式催生了酸菜鱼品类发展的“第二曲线”，伴随着标准化、规范化的发展，酸菜鱼品类实现了快速崛起。同时，这也带来了发展的隐患——产品标准化虽给品牌扩张带来便利，但也造成产品体验雷同、创新乏力等问题。作为经典的川菜，酸菜鱼重油、麻辣的味型相对固定，纵观市场上各大酸菜鱼品牌，口感都比较趋同。

与此同时，酸菜鱼品类在经营模式、品牌塑造等方面也出现了同质化问题。主流酸菜鱼品牌的菜单结构基本以“酸菜鱼单品 + 配菜 + 小吃 + 饮品”为主，产品线高度相似。一方面，酸菜鱼味型以老坛酸菜鱼居多；另一方面，配菜和小吃也多以莲藕、金针菇、糍粑、口水鸡等菜品为主。

另外，市场上充斥着大量的山寨和重名门店，比如“家”字成为酸菜鱼品牌命名的一个高频字，以“XX 家酸菜鱼”命名的门店到处可见，还有诸如“太 X 酸菜鱼”“X 二酸菜鱼”等明显模仿的品牌名。

5. 创新路径相对多元，品类仍具革新活力

在同质化竞争的压力下，酸菜鱼品牌不得不进行转型升级，以寻求破局之道。从目前整个品类市场来看，酸菜鱼品牌的创新探索主要聚焦于以下两个方向：一是扩充川菜属性的菜品，二是围绕口味进行多样化创新。

扩充川菜属性菜品这一趋势，在酸菜鱼正餐品牌中体现得较为明显。比如阿强家酸菜鱼改为“阿强家真致川菜”；曾经定位为“可以喝汤的酸菜鱼”的九锅一堂于 2020 年升级转型，正式打出了重庆菜的招牌；2021 年，姚姚酸菜鱼的升级版“姚姚火爆川菜”正式亮相，除了主打酸菜鱼外，还售卖黄牛肉、乐山跷脚牛肉汤等经典川式菜品。

酸菜鱼正餐品牌们纷纷打破大单品的发展桎梏，扩展到川菜赛道，以打破增长天花板，从而探索多元化发展。

此外，围绕酸菜鱼菜品进行精细化创新，也是酸菜鱼品牌突围的一个方向。譬如巴沙鱼等冷冻鱼逐渐被抛弃，取而代之的是黑鱼、鲈鱼等本地鲜活鱼种。部分品牌增加了豆花、藤椒等丰富的味型，以满足消费者多样化的选择。

从以上两个创新方向来看，无论是横向扩充川菜属性的菜品，还是纵向对酸菜鱼进行多样化口味创新，其本质都离不开品质化升级，这是酸菜鱼品类未来发展的重要趋势。

尤其是 2022 年中央电视台“3 · 15”晚会曝光了“土坑酸菜”后，酸菜相关品类业态均遭到波及，酸菜鱼餐厅也受到一定冲击，品质化升级更是迫在眉睫，这也对品牌的供应链管理和研发能力提出了更高的要求。

总之，酸菜鱼品类虽遭遇同质化困境，但品类热度犹在，整体市场规模还有逐步爬升的趋势，而且头部品牌对品类未来发展方向的影响巨大，是否有更多像太二酸菜鱼、鱼你在一起这样的品牌崛起，或将成为影响酸菜鱼品类发展前景的重要因素。

三、小龙虾：产业化发展相对成熟，餐饮端市场增长放缓

前些年，小龙虾作为“网红爆品”在餐饮行业中异军突起，市场规模迅速膨胀，带动了整个小龙虾产业的高速发展，仅 2018 年，小龙虾产业的总产值就超过 3600 亿元。近年来，随着养殖条件不断完善，产业链配套日趋成熟，小龙虾的供需逐渐趋于平衡。尽管市场仍有缓慢增长，但小龙虾的“网红爆品”光环正在逐渐褪去。

随着小龙虾产品渗透力的不断增强，不只在小龙虾餐饮专营门店，其他餐饮品类门店、线上线下零售渠道均可以看到小龙虾的身影。小龙虾触达消费者的方式越来越多样，餐饮端小龙虾门店正在面临越来越激烈的竞争。

1. 产业产值稳步增长，餐饮产值占比最高

新冠肺炎疫情肆虐的 2020 年，我国的小龙虾产业受到较大影响，甚至出现了负增长的局面。2021 年我国疫情处于常态化防控阶段，经营主体纷纷创新转型寻求突破，小龙虾产业实现了恢复性增长。据全国水产技术推广总站、中国水产学会、中国水产流通与加工协会联合编写的《中国小龙虾产业发展报告（2022）》所述，2021 年我国小龙虾产业总产值约为 4222 亿元，同比增长 22.4%，均超过了 2019 年疫情暴发前的水平。

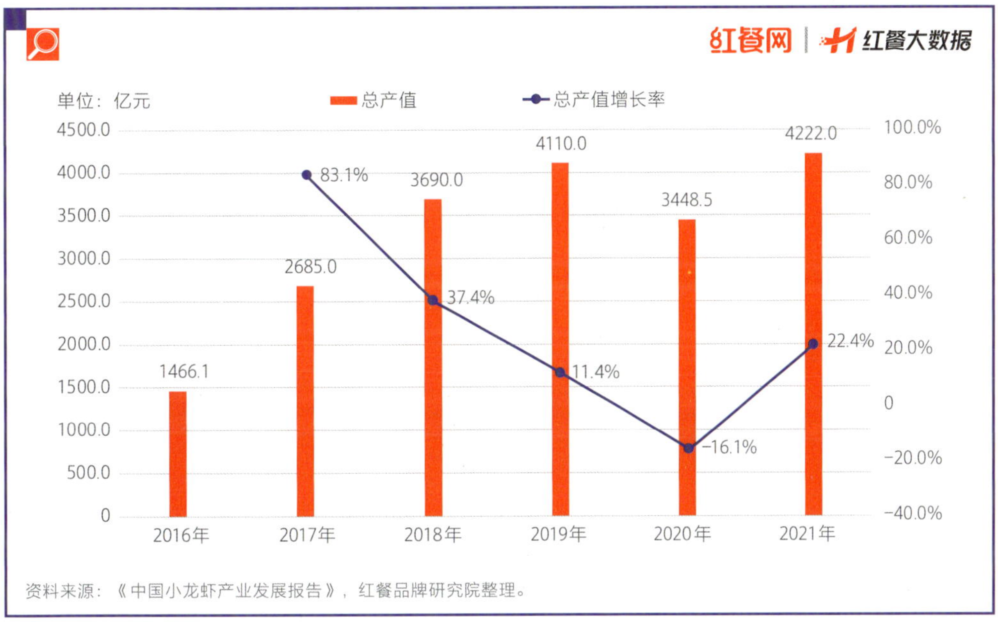

图 2-99　2016 — 2021 年全国小龙虾产业总产值情况

上述报告还显示，2021 年小龙虾养殖业的产值约为 823.4 亿元，同比增长了 10.0%；以加工业为主的第二产业产值为 368.5 亿元，同比下降了 23.2%；以餐饮业为主的第三产业产值为 3030 亿元，同比增长 36.5%。

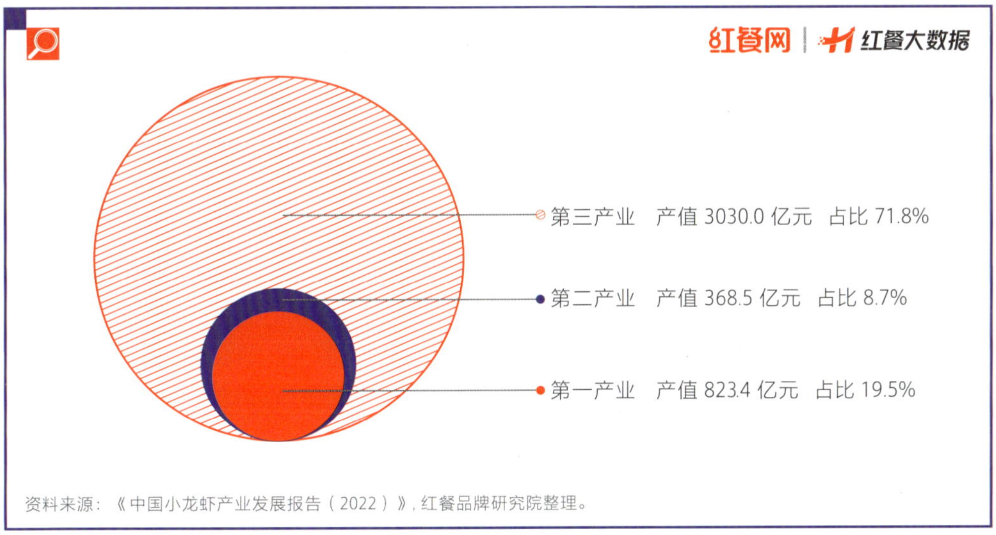

图 2-100　2021 年全国小龙虾产业结构分布

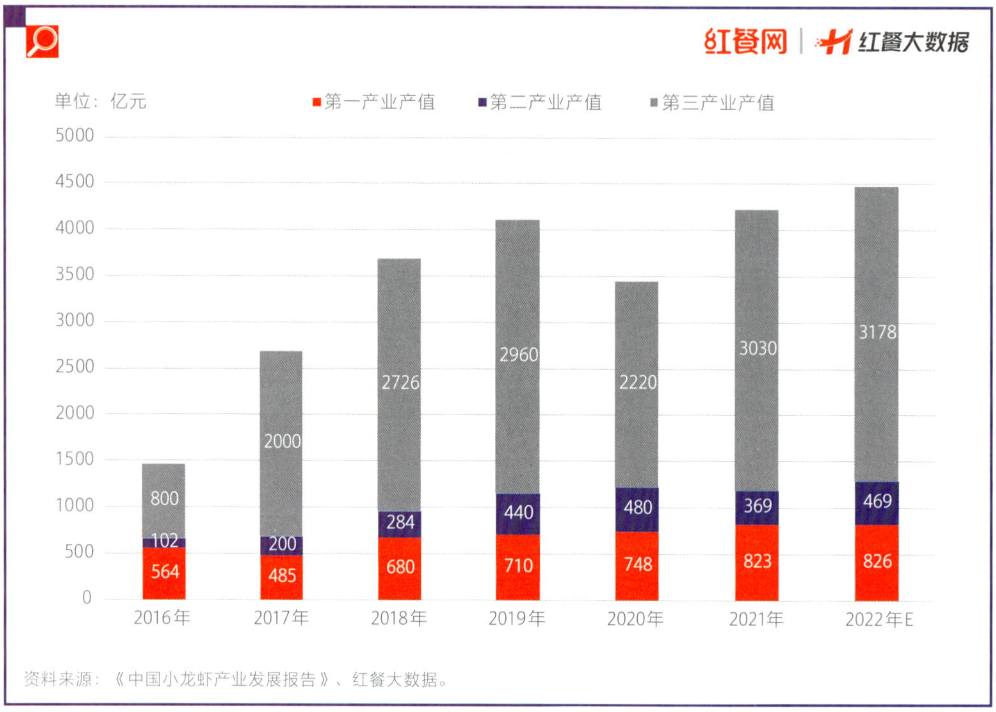

图 2-101　2016 — 2022 年全国小龙虾产业结构规模分布

由此可见，以餐饮业为主的第三产业是小龙虾产业中的支柱。从近 5 年数据上看，该产值在 2017 年出现了爆发式增长，相比 2016 年激增 150%；随后的 2018 年和 2019 年增速逐渐放缓；2020 年由于受到疫情冲击，小龙虾餐饮端产值同比下滑 25%；但 2021 年又恢复到了疫情前 2019 年的水平，甚至略高出一些。

2020 年面临疫情的严峻挑战，小龙虾餐饮端一度承压。一方面，小龙虾品类本身的营收直接受到疫情的影响；另一方面，小龙虾消费被部分转移到零售端，以加工业为主的零售产品也对餐饮端消费产生一定的分流。在这两方面因素的作用下，2020 年餐饮端产值占比相较 2019 年的占比下滑了 7.6 个百分点。随着 2021 年疫情有所缓解，餐饮端商家积极发展外带、外卖，小龙虾餐饮端的消费整体回暖。2022 年上半年疫情再次出现反弹，小龙虾餐饮端或又将受到较大影响，但是在“夜经济”的刺激下，小龙虾市场有所升温，因此其产值及占比或将与 2021 年持平甚至微涨。

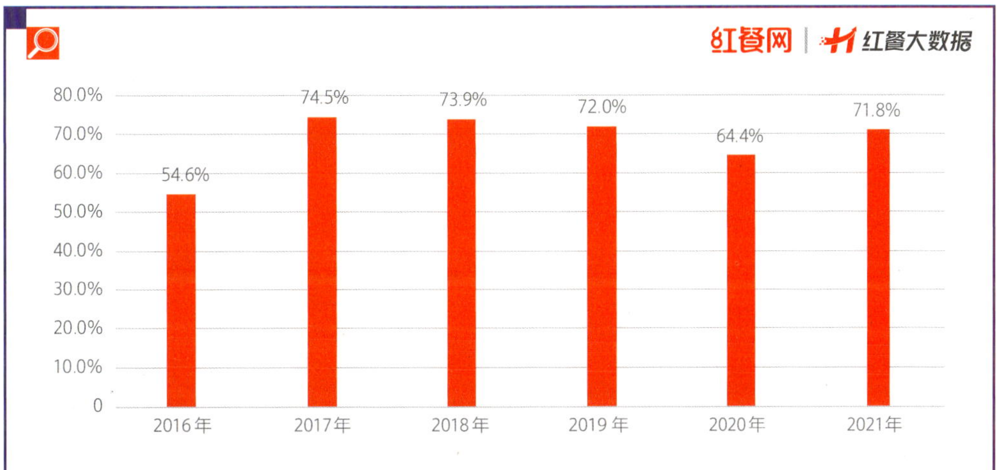

资料来源：《中国小龙虾产业发展报告》，红餐品牌研究院整理。

图 2-102　2016 — 2021 年全国小龙虾第三产业占比

小龙虾采购价格呈现出显著的周期性，全年价格波动呈现弱“U”形。《中国小龙虾产业发展报告（2022）》显示，以 2021 全年数据为例，在淡季的 1 月到 3 月和 10 月到 12 月期间，小龙虾采购价格较高，而到了小龙虾集中上市的 5 月到 7 月，采购价则会下降，5 月下旬至 6 月上旬价格大多处于最低点。

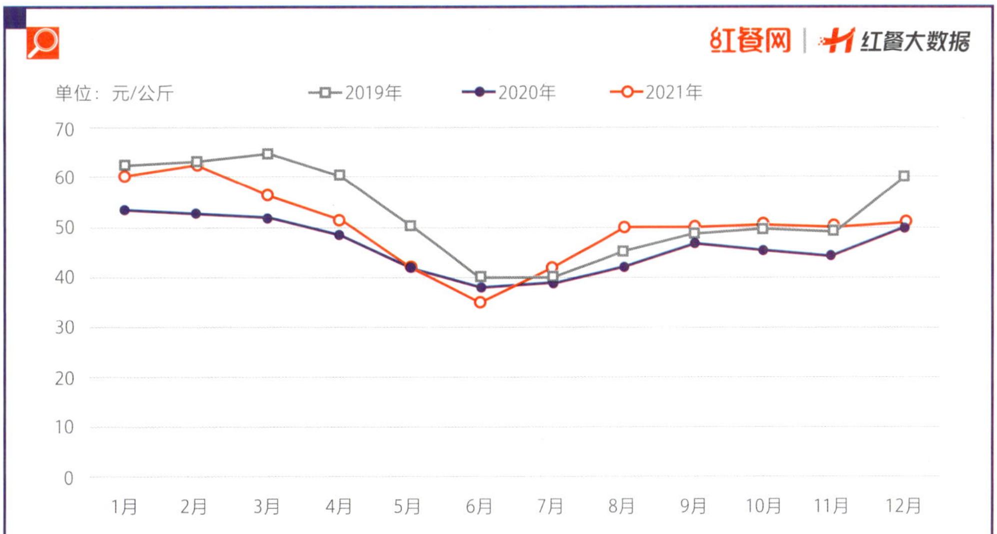

资料来源：全国水产品批发市场信息采集平台，《中国小龙虾产业发展报告（2022）》，红餐品牌研究院整理。

图 2-103　2019 — 2021 年小龙虾价格走势图

另外，相比 2020 年同期，2021 年小龙虾价格有所上涨，且不同规格小龙虾价格分化较明显。据《中国小龙虾产业发展报告（2022）》所述：“大规格小龙虾价格保持高位运行，小规格小龙虾量大价低，反映了由‘大养虾’向‘养大虾’转变的迫切市场需求。以湖北省为例，小龙虾上市高峰期，4 钱以下规格小龙虾价格约 6~10 元 / 公斤，4~6 钱规格小龙虾价格约 20 元 / 公斤，6~9 钱规格小龙虾价格约 35~40 元 / 公斤，9 钱以上规格小龙虾价格高于 70 元 / 公斤。”

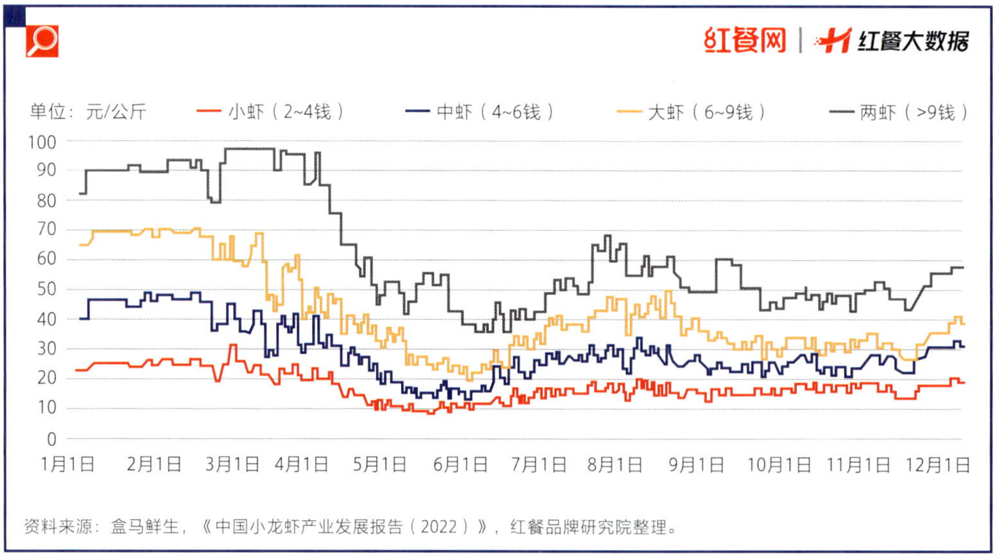

图 2-104　2021 年湖北地区小龙虾价格走势图

2. 品类渗透力不断增强，专营门店陷入窘境

随着小龙虾上游养殖产量和加工产值的不断提高，小龙虾系列产品变得越发普及，小龙虾早已不再是独属于餐饮业的爆品品类，而是成长为具有广泛消费需求的单品，渗透到消费者的日常生活中。

一方面，目前小龙虾菜品广泛存在于各品类餐饮门店的菜单中。小到夜市大排档，大到星级酒店均可以看到小龙虾的身影，而诸多正餐、快餐小吃店，乃至火锅、比萨店，也推出各具特色的小龙虾菜品，以达到引流之目的。

另一方面，预制菜、方便食品领域也有很多企业相继推出了小龙虾产品。如信良记以小龙虾作为切入口，重点布局预制菜赛道，2021 年 3 月获得资本青睐完成了 C 轮融资。卤味巨头绝味鸭脖、周黑鸭和煌上煌也相继瞄准了小龙虾赛道；而叮咚买菜、盒马鲜生等生鲜平台也在推广小龙虾预制菜产品。

近年来，小龙虾初级加工产品中速冻制品（包括速冻虾尾、速冻虾仁、速冻整肢虾）的占比逐渐下降，即食食品（包括调味小龙虾、小龙虾休闲食品等）的占比在逐渐提高。而在即食食品中，调味带壳虾尾、调味整肢虾等调味小龙虾预制菜成为市场新宠，需求大幅增加。

如今，小龙虾餐饮店的竞争对手已经不局限于餐饮同行了，预制菜企业也是其强有力的竞争对手。这造成小龙虾餐饮店的处境越来越难，连锁品牌规模化扩张趋缓。从餐饮端小龙虾品牌的区域分布上看，目前整个品类格局已初步确定，全国市场基本上被盘踞各地的区域品牌分割占领，如北京的胡大饭馆，成都的霸王虾、豪虾传，武汉的靓靓蒸虾、肥肥虾庄，长沙的文和友老长沙龙虾馆、聚味瞿记，深圳的松哥油焖大虾等。

据红餐大数据，近年来，不少小龙虾餐饮品牌的门店数量相比疫情之前略有缩水，扩张策略偏向保守。目前，餐饮领域的小龙虾品类尚未出现千店品牌，门店数最多的品牌是拥有 660 余家门店的堕落虾，其在疫情前就曾突破千店，如今门店数不增反降。2021 年，胡大饭馆全面收回加盟店，部分加盟店更名为“红巷子”，只保留北京簋街的 5 家胡大饭馆直营门店。

基于小龙虾餐饮店普遍面临的增长窘境，餐饮领域的小龙虾品类短期内恐难再现消费热点和头部品牌。

表 2-52　2022 年全国部分小龙虾品牌概况

品牌名称	门店数（家）	创立时间（年）	发源地	人均消费（元）	门店主要分布区域
堕落虾	660+	2015	深圳	75	广东、云南
大尚龙虾	490+	—	—	65	河南、广东、江苏、浙江、上海、湖北、湖南、山东
探虾迹	220+	2014	天津	71	广东、广西、天津、北京
三只龙虾	180+	2014	北京	72	北京、河北、广东
松哥油焖大虾	60+	2015	深圳	127	广东
靓靓蒸虾	30+	2008	武汉	140	湖北、广东
肥肥虾庄	30+	2008	武汉	128	湖北
霸王虾	30+	2012	成都	145	四川、广东
巴厘龙虾	30+	2006	成都	125	湖北
红盔甲	20+	2015	上海	185	上海
有间虾铺	20+	2015	长沙	112	广东
聚味瞿记	10+	2013	长沙	140	湖南
沪小胖	10+	2003	上海	182	上海
文和友老长沙龙虾馆	10+	2011	长沙	119	广东
胡大饭馆	5	1999	北京	153	北京

资料来源：红餐大数据。

红餐网 | 红餐大数据

3. 线上外卖火热发展，门店产能尚待进一步挖掘

2021 年，小龙虾线上外卖消费保持着增长态势，小龙虾线上餐饮商家数量整体呈上涨趋势，其线上营收能力不断增强。

据《中国小龙虾产业发展报告（2022）》中引用美团的有关数据，2021 年 1 月至 9 月，小龙虾线上外卖门店数量和外卖订单量均高于 2020 年同期。从 2021 年 3 月开始，小龙虾的线上外卖订单量快速增长，5、6 月达到高峰后开始下降，小龙虾的线上外卖门店数亦呈现出相似的增长规律。

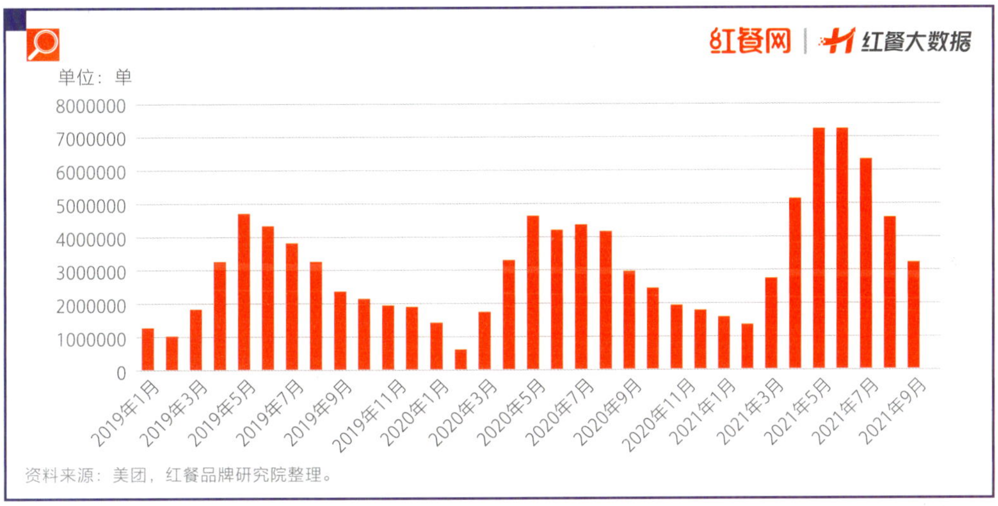

图 2-105　2019 年 1 月— 2021 年 9 月全国小龙虾外卖订单量

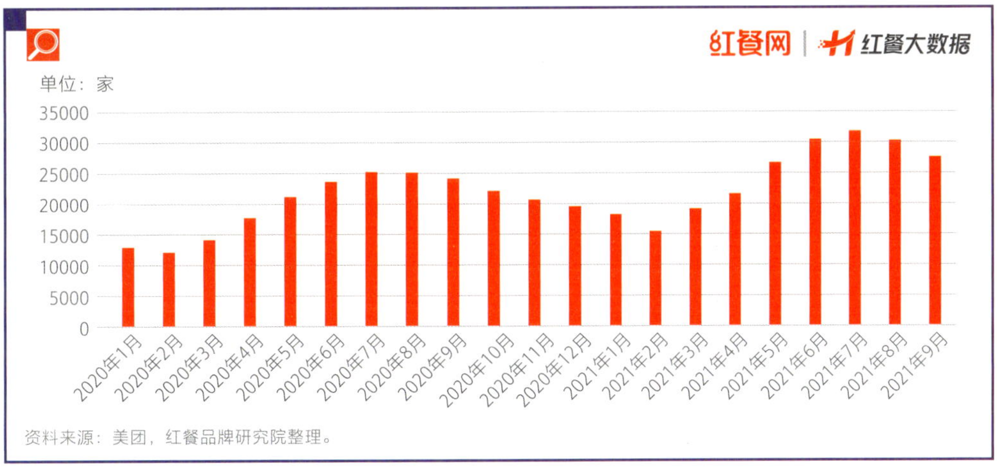

图 2-106　2020 年 1 月— 2021 年 9 月全国小龙虾线上门店数

对大多数小龙虾餐饮店来说，外卖提供了很好的销量支撑，可事实上从外卖渠道较难获得较大收益。根据红餐品牌研究院的走访调研，大部分受访小龙虾餐饮品牌的业务重心仍在堂食，一般会适当控制外卖订单量，在门店产能供应不足时甚至会暂时关闭外卖端口。尤其是对于以活虾为卖点的小龙虾餐饮店来说，洗虾和现做都会影响出餐速度，线上订单过多会一定程度地影响堂食顾客的体验。

小龙虾外卖市场仍有较大探索空间，品牌方需要合理利用外卖销售渠道，尤其是在疫情背景下，外卖渠道已经成为门店在极端情况下的经营保障，这一渠道更需要被重视起来。

4. 小龙虾门店两极分化，多元发展或将成为趋势

近年来，随着小龙虾品类的竞争渐趋激烈，头部品牌为了获取更大的优势纷纷开始创新求变，门店模型朝着两极分化的路线发展。

一方面，部分小龙虾专营店主打注重体验感的小龙虾大店模式，这类小龙虾门店会在环境和体验感上做差异化，产品相较传统的小龙虾专营店会更为丰富，以便给消费者营造较好的就餐体验，比如创立于长沙的聚味瞿记专注于大店模式，门店内设计了开放式的厨房，产品除了小龙虾之外还有生蚝、虾蟹等，在长沙享有较高的人气。

另一方面，也有一些小龙虾专营店会朝着做小做轻的方式发展。比如松哥油焖大虾在 2021 年底开设了一家以“外带 + 外卖”模式为主的 GO 店，门店面积仅为 20 平方米，聚焦佐餐、消夜等社区餐饮消费场景，门店菜品是小龙虾、热卤、炸串和茶饮等系列产品的结合。在业内人士看来，这种小店模式一方面可利用价格较低的小吃降低消费门槛，从而扩大淡季的客流量；另一方面可有效降低租金、人工等运营成本压力，具有较好的成长性。

成都豪虾传将研发出的虾油产品与火锅底料融合，推出富有小龙虾味道的“有料火锅”，同时还准备通过虾油杂酱产品进军复合调味料赛道。堕落虾也瞄准预制菜赛道，不仅通过京东布局消费端小龙虾预制菜，还通过微信商城为各类餐厅、平台和零售终端提供小龙虾产品。

对于小龙虾专营店来说，把门店做大，丰富 SKU 可以较好地提升门店营业额，而把门店做小、做轻则可以降低运营成本，这或均为可行之策。此外，拥抱新零售等多元化的经营模式或也将是未来的破局之道。

09

第九节

异国餐饮：

整体热度呈现下滑，民族品牌不断崛起

一、西餐：高端标签逐渐淡化，轻餐化趋势渐显

作为舶来品，西式正餐（以下简称西餐）进入中国市场后一直保持着较高的客单价，一度被贴上了“高端消费”“小资情怀”的标签。随着国内餐饮市场经营环境以及消费观念的变化，高端餐饮发展遇挫，西餐品类也相应地受到一定程度的冲击，市场热度持续下降。

在这样的背景下，国内西餐品牌不得不寻求变革以适应整体市场的变化。从价格上看，平价西餐厅越来越多；从品类上看，整个赛道出现了更多除了牛排等传统西餐品类以外的细分品类。在新冠肺炎疫情持续冲击下，西餐品类的进化也在加速。

1. 市场规模近千亿元，品类抗压能力偏弱

随着人们生活水平的提高和餐饮消费的多元化升级，在中国发展多年的西餐品类已经形成了较为丰富的菜品体系，除了传统的牛排、意面等菜品，还吸纳了俄餐等菜系的菜品。在品牌方面，市场上出现了以王品牛排为代表的一系列连锁品牌。据红餐大数据，2021 年西餐的市场规模近千亿元。

不同于以肯德基、麦当劳、必胜客等品牌为代表的西式快餐的高速增长态势，西餐因为定位相对高端，近年来发展遭遇了瓶颈期，增速相对放缓。从 2016 年至今，以“西餐”为关键词的网络搜索热度下滑趋势明显，反映出大众对西餐品类的关注度在逐步降温。

同时，红餐大数据显示，2021 年西餐在样本库中的门店数和品牌数占比分别是 0.7%、2.2%，相比上一年度（2.0% 和 2.8%）均有不同程度的萎缩。

受新冠肺炎疫情和品类自身发展局限的影响，很多连锁西餐品牌门店数都有不同程度的缩水，甚至有部分知名西餐品牌倒闭或歇业。比如位于上海外滩的米氏西餐厅，成立于 1999 年，是上海高端西餐代表品牌，疫情期间连续亏损，最终于 2022 年 2 月正式关闭。有着近 20 年历史的知名轻食西餐厅新元素因严重亏损和资金链断裂，于 2021 年底宣告破产，而其风光时期曾在多个城市开出约 50 家门店，年营业额一度超过 2 亿元。

事实上，过去两年里退场的西餐品牌远不止这两家。在新元素和米氏西餐厅之前，长沙的金牛角王中西餐厅，于 2021 年 2 月关闭了在湖南的所有门店；2020 年 2 月，上海老牌牛排店莫尔顿海鲜牛排坊（环贸店）停业；2020 年 1 月，经营了近 20 年的老牌 VA BENE 华万意意大利餐厅宣布歇业；同样在 2020 年，连锁西餐厅绿茵阁也关停了不少门店。

2. 规模化、连锁化程度低，门店集中于华东区域

从西餐厅在全国的分布上看，华东、华南区域经济发展相对发达，文化包容性和消费习惯趋于多样化，对西餐的接受度相对要高。红餐大数据显示，40.2% 的西餐厅分布在华东地区；其次是华南区域，门店数占比为 17.7%；东北、西北区域的西餐厅数量较少，占比分别为 4.3% 和 3.5%。

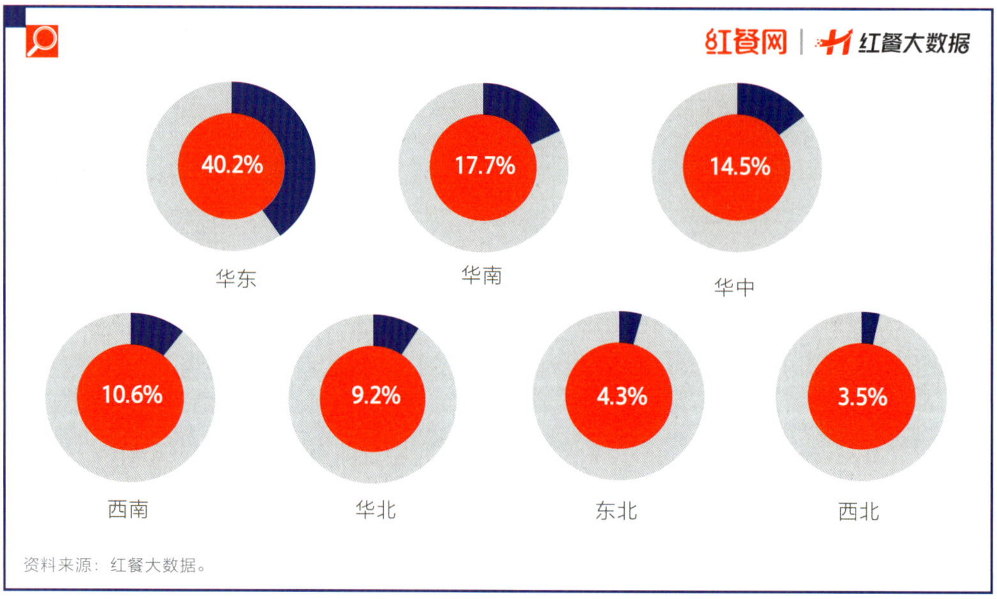

图 2-107　2021 年全国各区域西餐样本门店数占比分布

整体上看，西餐的连锁化率偏低，品牌大多为单店运营模式，发展较好的连锁品牌门店规模也不大，普遍在数十家。红餐大数据显示，门店数在 5 家及以下的西餐厅品牌占比超四成，20 家及以下的西餐品牌数占比超过七成，门店数超过 100 家的品牌仅占 3.4%。

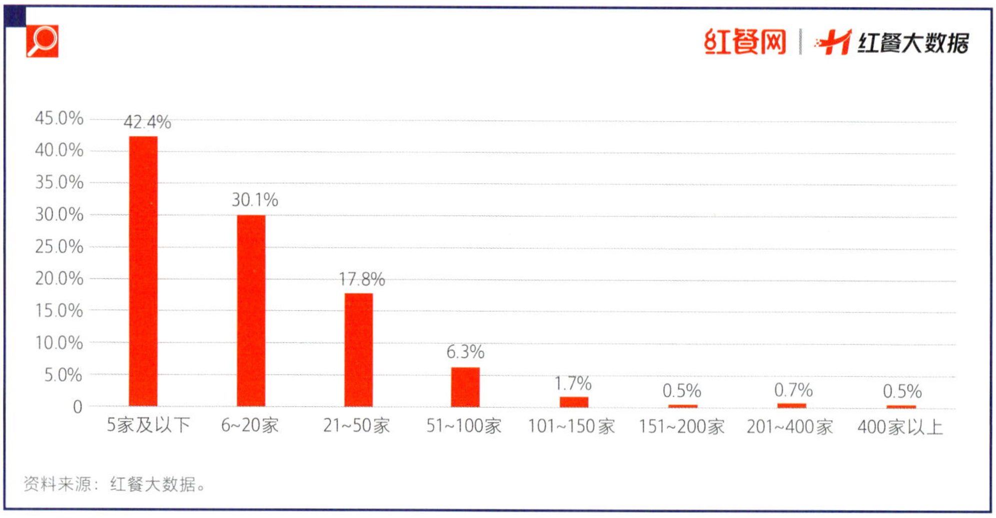

图 2-108　2021 年全国西餐样本门店数区间占比分布

相对于茶饮、火锅等品类头部品牌动辄数百甚至数千家的门店规模，西餐头部品牌的规模相对要小很多。一方面是饮食习惯限制，西餐的饮食习惯尚未能像中餐那样普及；另一方面，近年来中式餐饮的快速崛起在一定程度上制约了西餐品牌的发展。

虽然西餐品类整体的连锁化、规模化程度不高，但已沉淀出一批具有一定影响力和潜力的头部品牌。比如豪客来牛排，截至 2022 年 6 月已开出 400 多家门店，是西餐品类中门店数最多的品牌之一。主打中高端定位的王品牛排，在业内享有较高的知名度和美誉度，门店超过了 60 家。在江浙沪地区比较知名的 bluefrog 蓝蛙，发展稳步提速，目前有 70 余家门店。还有深耕湖北的半秋山、广州的卡朋西餐、山东的汤姆家的优质牛排，这些品牌大多聚焦在某一区域发展，且门店数多在 30~100 家之间。

表 2-53　2022 年全国部分西餐品牌概况

品牌名称	门店数（家）	人均消费（元）
豪客来牛排	400+	69
豪享来	160+	69
Wagas 沃歌斯	160+	83
快乐爱斯米牛排自助	150+	80
BUTCHER 牛排肉铺	90+	93
夏日玛莉西餐厅	80+	76
汤姆家的优质牛排	80+	81
西堤牛排	80+	139
bluefrog 蓝蛙	70+	155
王品牛排	60+	419
半秋山	50+	77
多瑞小镇	50+	59
卡朋西餐	30+	70

资料来源：红餐大数据，数据统计时间截至 2022 年 6 月 30 日。　红餐网 | 红餐大数据

3. 高消费认知已成过去，高性价比西餐厅更受欢迎

西餐一度是高端餐饮的代名词，但如今平价西餐的市场越来越大。据红餐大数据，人均消费在 50~100 元的西餐品牌占比达 60.4%，人均 100 元以上的西餐品牌占比不到三成，人均超过 200 元的品牌占比仅为 6.4%。由此可见，过半数的西餐品牌定位偏平价。

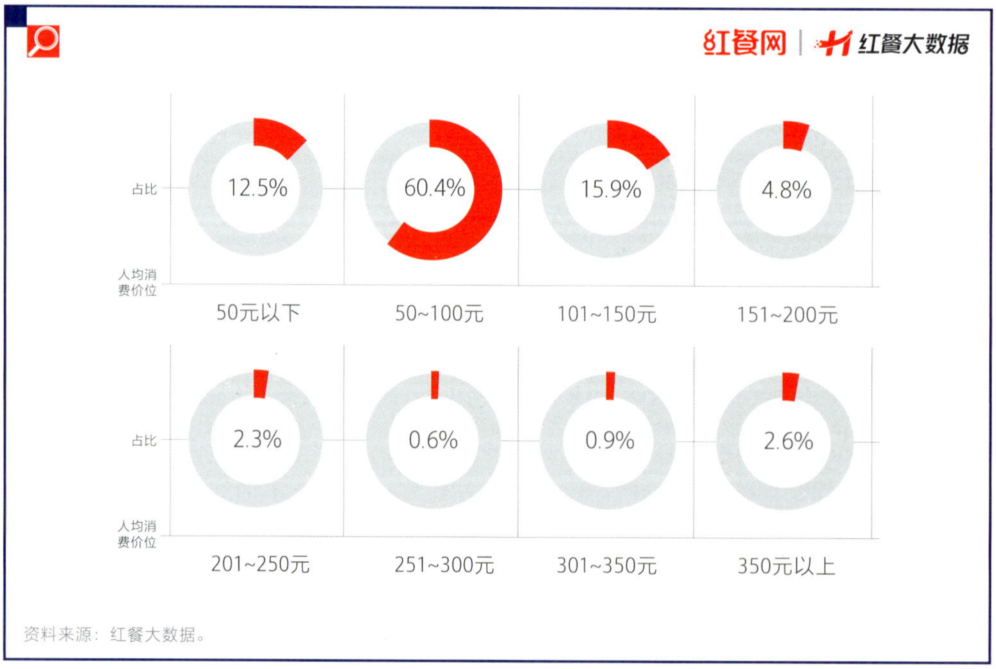

图 2-109　2021 年全国西餐样本品牌人均消费价位占比分布

从市场表现来看，定位大众消费的平价西餐品牌最近几年发展得相对稳健。比如卡朋西餐聚焦学生、上班族、儿童等年轻消费群体，主打性价比，一份牛排仅需约 70 元，赢得了诸多年轻消费者的喜爱；新锐品牌夏日玛莉西餐厅，主打牛排和比萨，人均消费在 70 元左右，近期发展较快，2021 年就新开近 50 家门店。

4. 牛排是最主流菜品，轻食、简餐成为新流行趋势

西餐菜单里比较普遍的菜式有牛排、比萨、意面、沙拉，其中牛排最受消费者的喜爱。红餐大数据显示，2021 年西餐用户推荐菜排名中，牛排稳居榜首位置。相应地，主打牛排的西餐品牌在整个西餐品类中的品牌占比也较高，有将近四成的西餐品牌主打牛排。

红餐网 | 红餐大数据

推荐菜	排名
牛排	1
沙拉	2
冰激凌	3
薯条	4
提拉米苏	5
榴梿比萨	6
罗宋汤	7
小吃拼盘	8
奶油蘑菇汤	9
土豆泥	10

资料来源：红餐大数据。

图 2-110　2021 年西餐用户推荐菜排名

与此同时，牛排餐厅近几年也发生了一些新的变化，除了传统堂食餐品服务之外，还出现了零售化牛排档口店。比如 BUTCHER 牛排肉铺，门店不设座位，为用户提供站立式的就餐服务，如今该品牌已拓展出 90 余家门店。此外，一些主打牛排杯、纸船牛排的品牌本质上也是采用类似的零售化形式，但目前其影响力相对有限。

除了牛排餐厅，西餐赛道里还细分出诸多的品类，比如比萨、沙拉等。

轻餐化也是西餐品类进化的一个方向，一些西餐品牌尝试朝简餐、轻食方向发展，且不少品牌获得了消费者的认可。比如成立于 2010 年的 gaga，凭借“鲜果茶 + 西式轻食 + 社交空间”的复合型商业模式在广东站稳了脚跟后，已把门店拓展至上海、北京等地，在全国范围内拥有 50 余家门店。主打“健康轻食”的 Wagas 沃歌斯全国门店数超过 160 家，遍及北京、上海、杭州等多座城市，在年轻白领消费群体中的口碑较好。

轻餐化的西餐品牌不局限于传统的牛排、意面，还增加了沙拉、甜品、茶饮等产品，甚至有汉堡、拌饭类主食产品，在消费场景上注重打造轻松舒适的“第三空间”。相比传统西餐，轻餐化的西餐厅模式更灵活，或更贴合年轻消费者的需求。

作为舶来品类，这些年西餐的本土化进程从未停止，很多品牌尝试把本土特色食材融入菜品中以迎合中国消费者的胃口。比如人均消费 70 元左右的半秋山，以中西融合菜式塑造品牌壁垒，成了武汉西餐市场的龙头企业；江苏的多瑞小镇，在西式食材基础上融入中式烹饪方法，推出一系列广受好评的美食菜谱，目前已开拓 50 余家门店。

随着国内餐饮的消费升级和消费需求的多元化，西餐市场仍有一定的发展空间。如何更好地满足消费者日益个性化的需求，以及不断向品质化、细分化的方向升级，是所有西餐品牌将要面对的课题。

二、日韩料理：日式料理多元化发展，韩式料理热度渐趋下滑

作为亚洲料理的一个分支，日韩料理在我国经历了数十年的市场培育期。在韩国偶像剧、日本影视等日韩文化的带动下，日韩料理一度迎来了快速发展期。发展至今，日式料理呈多元化发展，多个细分品类各有千秋；而韩式料理由于创新乏力，热度逐渐下降。

1. 品类发展与潮流文化高度相关，受疫情影响较为明显

2020 年，中国曾出现“三文鱼案板检出新冠病毒”事件，这一度让消费者“谈三文鱼色变”，使得日式料理行业遭到一定的冲击，不少门店经营受到影响。另外，日式米饭快餐和日式拉面领域的部分品牌由于品牌老化、管理落后，疫情期间纷纷退守自保。2020 年，日本吉野家宣布在全球范围内关闭近 150 家门店，其中包括中国市场在内的约 50 家亚洲门店。2021 年，味千拉面也宣布关闭了数十家中国门店。

鉴于日式料理在国内发展的时间相对较长，已拥有相对稳定的消费人群，加上细分品类众多，发展韧性相对较强，故而其整体仍保持着一定的市场规模增速。据红餐大数据，2020 年，日式料理在我国的市场规模达 797 亿元，2021 年市场规模进一步上升至 895 亿元。由于 2022 年我国多地新冠肺炎疫情呈散点式暴发，整个餐饮市场营收恐不及预期。2022 年我国日式料理的市场规模或将有所放缓，为 942 亿元。虽然日式料理市场规模的增速放缓，但这个体量也能显示出其在我国餐饮市场中的重要地位。

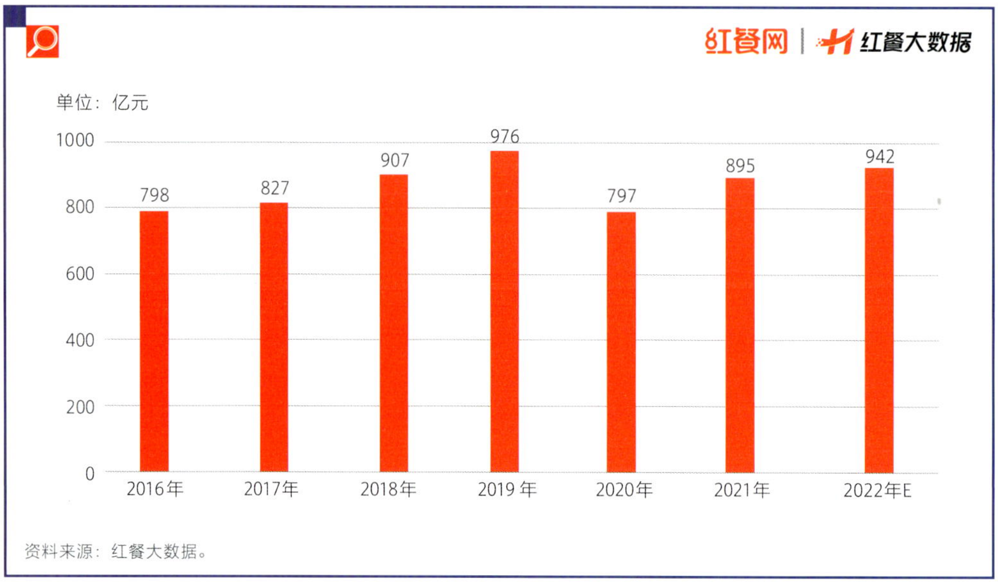

图 2-111　2016 — 2022 年全国日式料理市场规模情况

相比日式料理，韩式料理的市场规模较小，红餐大数据显示，在亚洲料理样本品牌中，日式料理的门店数最多，约占整体门店的六成；韩式料理的门店数量位列第二，约占 23.6%。

近年来，随着韩国文化的退潮，韩式料理在中国的关注度大幅降低，其搜索热度指数从 2015 年的 1199 降至 2022 年 6 月的 305。

图 2-112　2015 — 2022 年上半年韩式料理网络搜索热度

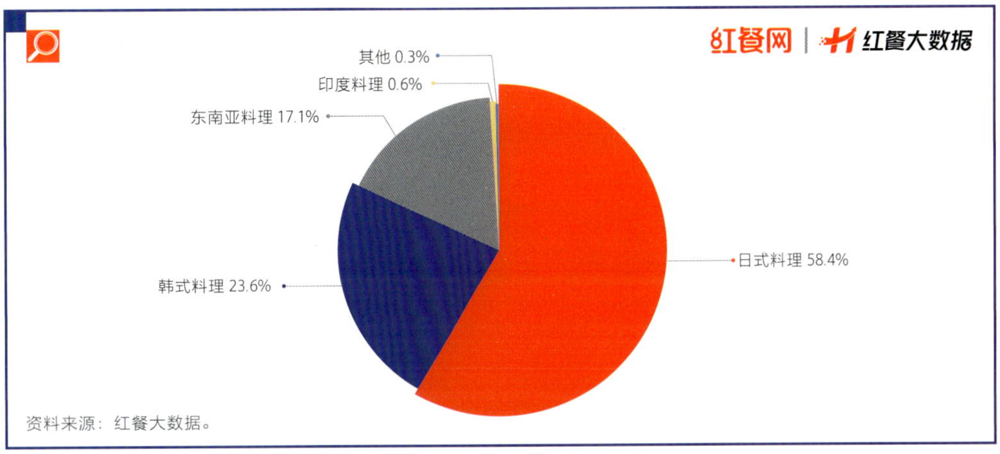

图 2-113　2021 年全国亚洲料理样本门店细分品类占比分布

虽然日韩料理在餐饮市场上占据着一定的比例，但日韩料理包含了较多的细分品类，市场较为分散，品牌的连锁化程度不高，头部品牌更是凤毛麟角。红餐大数据显示，六成日韩料理品牌门店数在 10 家以下，仅有 7.7% 的日韩料理品牌门店数在 50 家以上。

如果把日、韩料理分开看，日式料理中寿司的门店数占比较高，但除 N 多寿司、町上寿司等品牌外，大部分品牌门店数普遍不超过 100 家，其他细分品类的知名连锁品牌有味千拉面、吉野家，以及 2022 年初冲刺 IPO 的上井等。在韩式料理赛道中，除了荠岛国王拌饭的门店数超过 500 家，其余大多数品牌（包括汉拿山烤肉、权金城等知名品牌）门店数都未超过 100 家。

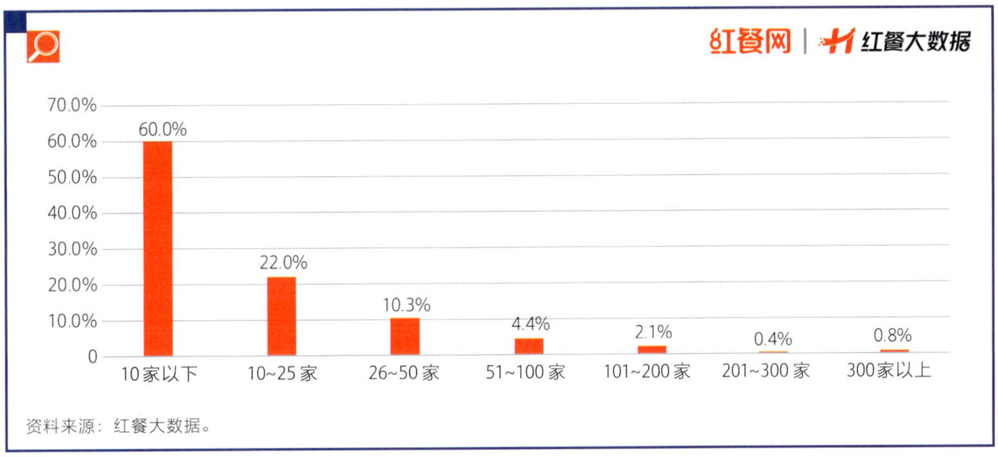

图 2-114　2021 年全国日韩料理样本品牌门店数区间占比分布

表 2-54 2022 年全国部分日韩料理品牌概况

类别	品牌名称	细分品类	门店数（家）
日式料理	N 多寿司	寿司	2100+
	吉野家	日式米饭快餐	710+
	味千拉面	日式拉面	700+
	食其家	日式米饭快餐	480+
	鲜目录寿司	寿司	420+
	争鲜寿司	寿司	380+
	町上寿司	寿司	270+
	元气寿司	寿司	120+
	万岁寿司	寿司	90+
	村上一屋	综合日式料理	50+
	上井	自助餐	40+
	一风堂	日式拉面	40+
	赤坂亭	综合日式料理	20+
	将太无二	寿司	10+
	九本居酒屋	居酒屋	10+
	博多一幸舍	日式拉面	10+
	摩打食堂	综合日式料理	10+
	江户前寿司	寿司	9
	一兰拉面	日式拉面	4
韩式料理	荞岛国王拌饭	石锅拌饭	510+
	新石器烤肉	韩式烤肉	150+
	汉拿山烤肉	韩式烤肉	70+
	姜虎东白丁烤肉	韩式烤肉	60+
	权金城	韩式烤肉	40+
	百利家	炸鸡	30+

资料来源：红餐大数据，数据统计时间截至 2022 年 6 月 30 日。

红餐网 | 红餐大数据

2. 日式料理：竞争格局多元化，高性价比定位更得人心

• 细分品类众多，竞争格局多元化

经过数十年的发展，日式料理在中国分化出众多细分品类，各自有其发展特点。具体来看，根据主营产品和经营模式的不同，日式料理主要可分为寿司、日式拉面、日式米饭快餐、综合日式料理四种门店类型。

表 2-55　2021 年全国日式料理细分品类概况

细分品类	主营产品	人均消费（元）	代表品牌
寿司	寿司、刺身	20~200	N 多寿司、鲜目录寿司、元气寿司、争鲜寿司、町上寿司、万岁寿司、将太无二、江户前寿司、海之恋
日式拉面	日式拉面、饺子、沙拉等小食	30~100	味千拉面、博多一幸舍、一兰拉面、一风堂
日式米饭快餐	牛肉盖饭、鳗鱼饭、咖喱饭、日式炸鸡等	30~40	食其家、吉野家
综合日式料理	寿司、手卷、烤肉、串烧、刺身等多种料理	50~500	赤坂亭、村上一屋、赤火、和民居食屋、九本居酒屋

资料来源：红餐大数据。

基于标准化程度较高、易复制等特性，相比起其他细分品类，寿司的规模化程度较高：N 多寿司门店数早已突破千店，争鲜寿司、町上寿司等品牌亦拥有数百家门店。得益于发展时间较长，目前寿司市场已完成了不同价位区间的覆盖：人均消费百元左右的代表品牌有元气寿司、争鲜寿司、万岁寿司；人均消费二三十元的代表品牌有 N 多寿司、鲜目录寿司等。从营业模式来看，寿司又分为单点寿司、回转寿司、外带外卖寿司等店型。近年来，回转寿司渐渐式微，以车前外带寿司为代表的外带寿司品牌迅速崛起。

20 世纪 90 年代，日式拉面在进入内地市场之初就获得大量关注，快餐品牌味千拉面迅速走红，成功冲刺港股成为中国“拉面第一股”。其后，博多一幸舍、一兰拉面、一风堂等日本知名品牌陆续进入中国，曾引发排队热潮。近年来，日式拉面产品创新乏力，加上中式粉面品牌搭乘国潮东风后来居上，日式拉面赛道热度不复往昔。

日式米饭快餐品牌多以快餐为主，进入内地市场时间较早，产品标准化程度较高，上餐速度较快，因此较早实现了规模化发展，代表品牌吉野家和食其家在中国的门店均达数百家。近年来，日式米饭快餐开始面临和日式拉面类似的困境：产品创新乏力与中式米饭快餐的加速崛起带来的竞争压力，代表品牌吉野家和食其家在中国遭遇发展瓶颈，门店扩张缓慢，甚至出现萎缩的趋势。

以居酒屋为代表的综合日式料理凭借着独特的异域场景、高品质的食物和社交属性，获得了很多年轻人的喜爱，其代表品牌有赤坂亭、村上一屋等。但刺身、手卷等主营产品对供应链、冷链物流以及出品的要求比较苛刻，且综合日式料理的人均消费较高，消费频次不高，导致品牌规模化发展有难度，上述品牌门店数均在 100 家以下。

四种日式料理细分品类各自有其优势与困境。在这样的背景下，有的品牌困守现状，有的品牌积极调整、转型升级。比如，吉野家 2020 年推出新品牌“吉食汇”，主打预包装食品、半成品、食材等零售产品，涉足零售领域。此外，2021 年吉野家在北京、上海等城市门店新增自助小火锅，丰富门店产品线。同年，味千拉面试水烧烤模式，在上海开出“味千拉面烧烤屋”，但效果似乎不及预期，目前其烧烤门店仍停留在个位数。

• 新一线、二线城市增长潜力大，性价比品牌发展势头好

红餐大数据显示，日式料理在新一线城市、二线城市有着较高的门店分布占比，分别达到 24.2% 和 22.7%，均超过一线城市的 18.4%。

近年来，日式料理赛道新兴品牌也把发展重心放在了新一线城市、二线城市，如白石的深夜食堂扎根郑州、兄弟船日式料理立足于成都、上井深耕重庆，这些品牌在这些新一线城市、二线城市有着较好的发展势头。

从供给端看，基于日式料理人均消费相对较高的特性，以往日式料理品牌多倾向在一线城市发展。而随着一线城市的竞争日趋激烈，相比之下新一线城市、二线城市有着较大的增量市场。

从需求端看，新一线城市、二线城市的居民消费能力虽不及一线城市，但是差距并不悬殊。国家统计局数据显示，2020 年我国一线城市、新一线城市及二线城市的家庭人均年可支配收入分别为 6.79 万元、4.55 万元、4.27 万元。由此来看，从一线城市向三线及以下城市进行渗透或成为日式料理品牌开拓市场的新思路。此外，从日式料理门店的分布数据还可看出，其在三线城市、四线城市均有超过 10% 的门店分布，说明日式料理在下沉市场有着一定的市场基础，发展潜力有待释放。

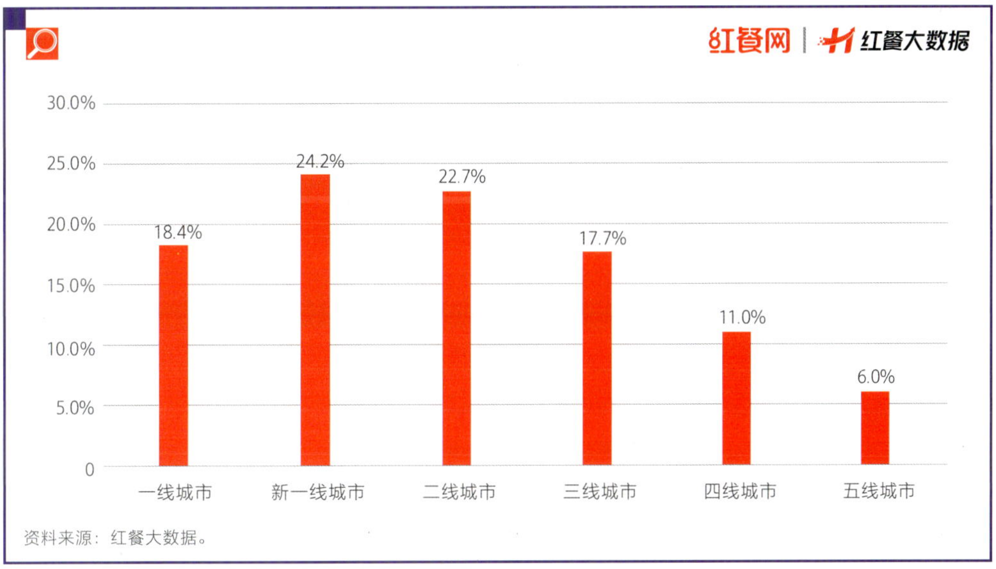

图 2-115　2021 年全国各线级城市日式料理样本门店数占比分布

在人均消费方面，日式料理品类呈现出明显的消费分级现象。日式料理品类中既有人均消费二三十元的平价品牌，也有人均消费百元左右的中端品牌，以及人均消费千元以上的高级日料品牌。总体来看，日式料理的消费水准偏向中高端。红餐大数据显示，人均消费50~100元的日式料理品牌占比最高，约占 33.7%；人均消费在 100 元以上的品牌占比约为 46.8%，而同等人均消费区间的中式正餐品牌占比仅有 21.8%。

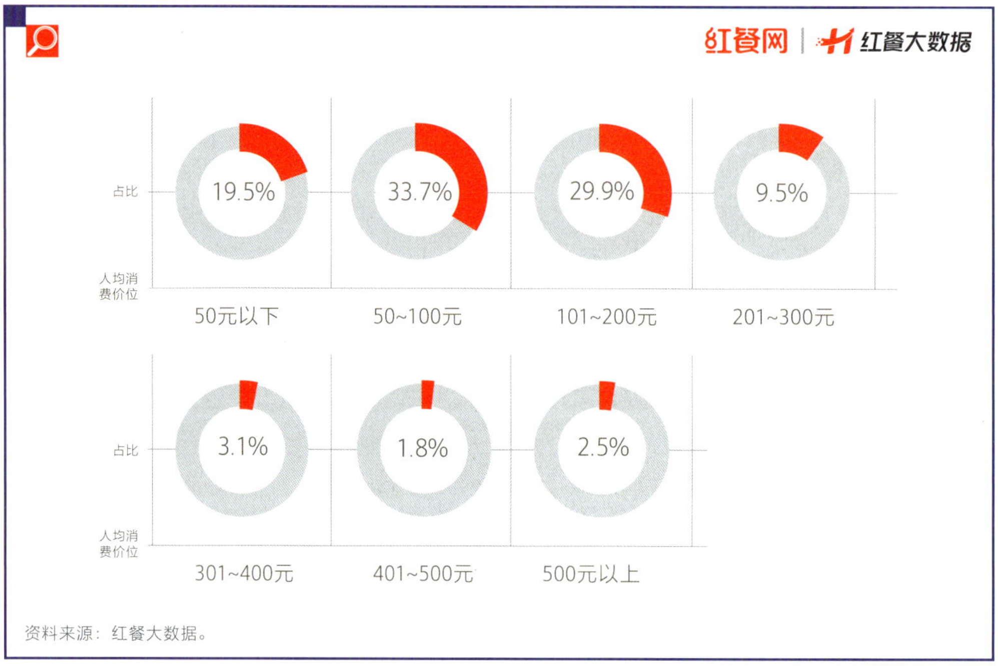

图 2-116　2021 年全国日式料理样本品牌人均消费价位占比分布

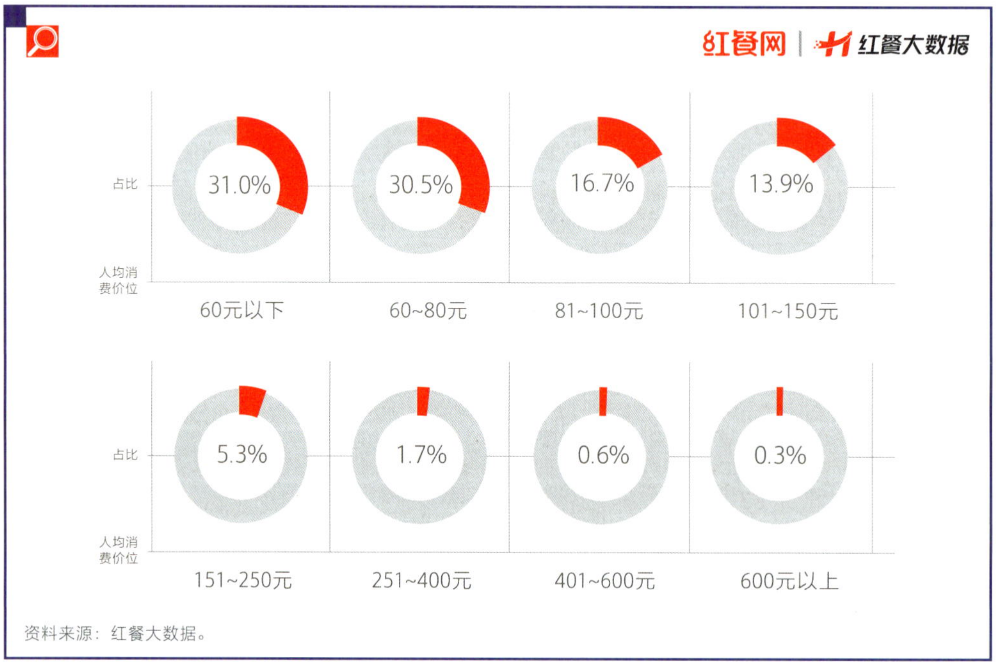

图 2-117　2021 年全国中式正餐样本品牌人均消费价位占比分布

目前，在回转寿司、外带寿司、日式简餐和快餐等赛道，已有不少日料品牌通过聚焦性价比获得了较快发展。比如，主打外带寿司、人均消费约 20 元的 N 多寿司，门店规模在日料品牌中排名第一。江户前餐饮集团则推出了子品牌江小鳗，在企业、学校食堂中以团餐档口的模式提供鳗鱼饭、拉面、寿司等餐品，主打平价策略，开启了日料团餐的新业务。

3. 韩式料理：与韩流文化退潮同步，新锐品牌尝试破局

21 世纪初，受韩国综艺、韩剧、韩星等“韩流文化”影响，韩式料理顺势崛起，当时的消费者主要为韩式料理的氛围感，以及其代表的文化符号“买单”。近年来，“韩流”退潮，加上中国本土餐饮迅速发展，韩式料理略显疲态。

目前，韩式料理在整个中国餐饮市场的规模偏小，且细分品类较多，主要有韩式烤肉、石锅拌饭、韩式炸鸡、综合韩料店等。

韩式烤肉以“肉类 + 酱料”为基础食材，定位偏中高端，是中国较早站稳脚跟的韩料细分品类之一，代表品牌有姜虎东白丁烤肉、新石器烤肉、汉拿山烤肉、权金城等。近年来，部分韩式烤肉品牌放缓了发展步伐。据汉拿山烤肉官方公众号数据，其在 2014 年已经开出了 200 余家门店，截至 2022 年 6 月，汉拿山烤肉正常运营的全国门店数不到百家。另一知名品牌新石器烤肉，在 2018 年曾拥有近 200 家门店，截至 2022 年 6 月仅有 150 余家门店，门店规模明显收缩。

综合韩料店提供烤肉、汤饭、拌饭、

部队锅等菜品，是近年来出现的、较受欢迎的韩料品类，代表品牌有律二布车、海鸡岛等。其中律二布车以韩国梨泰院商圈的风格进行装修，并结合小酒馆场景，颇具品牌特色，在小红书、大众点评等平台上有着较高的热度。

紫菜包饭、石锅拌饭、韩式炸鸡这三个细分韩料品类大多以大单品经营模式为主，产品较为单一，通常以外带店、外卖店、街边店等形式出现，定位较为平价化，目前也占据一定的市场份额，但知名品牌寥寥。

表 2-56　2022 年全国韩式料理细分品类概况

细分品类	主营产品	人均消费（元）	代表品牌
韩式烤肉	烤肉、烤串、冷面、拌饭等	90~130	姜虎东白丁烤肉、新石器烤肉、汉拿山烤肉、权金城、小李布车韩式大排档、Meet Sun 韩式大排档
综合韩料	烤肉、汤饭、拌饭、部队锅、冷面、炒菜、煎饼或创意料理等	70~130	律二布车、海鸡岛、海云台、BELLOCO 倍乐、秣穗食堂、
石锅拌饭	石锅拌饭	30~50	荠岛国王拌饭、牛喜韩石锅拌饭
韩式炸鸡	韩式炸鸡	60~80	比比客、百利家、分米鸡
紫菜包饭	紫菜包饭	15~30	熙顺紫菜包饭、金三顺紫菜包饭

资料来源：红餐大数据。

红餐网 | 红餐大数据

近年来，为了突破同质化困境，一些新锐韩料品牌积极发力产品创新。比如律二布车、海鸡岛把韩式街头菜品如辣鸡爪、酱蟹、米肠汤饭等带到国内市场，取得了不错的反响；BELLOCO 倍乐、秣穗食堂等品牌则借鉴西餐、中餐的特色，推出多元的融合菜品。

作为曾经享受到文化潮流红利的品类，日韩料理中有很多品牌都曾有过比较亮眼的快速发展历程，但是大多没能延续强势，也没有孕育出影响力广泛的全国性品牌。若要获得更长远的发展，日韩料理恐不能再停留在之前的认知，更需积极变革，在差异化和本土化上做出更多有益的尝试，才能再次吸引中国消费者。

三、东南亚菜：朝向品质化发展，消费场景、顾客画像更加鲜明

随着餐饮消费日趋多元化，东南亚菜等小众菜系以独具记忆点的味型、鲜明的视觉设计风格，得到了消费者的青睐，也慢慢受到了业内的关注。在大众点评发布的 2022 年必吃榜中，东南亚菜有 56 家餐厅上榜，高于烧烤、小吃快餐、韩式料理等品类。

1. 品牌规模化程度低，精品单店模式更加常见

据红餐大数据，相较小吃快餐、茶饮等热门品类，东南亚菜在国内属于较小众的餐饮品类，仅占据中国餐饮市场的一隅之地。从区域分布上来看，东南亚餐厅主要集中在二线及以上城市，门店数占比超七成。三线及以下城市的门店分布较少，占比随着城市级别的降低逐级递减，可见东南亚菜是一个下沉属性较弱的品类。

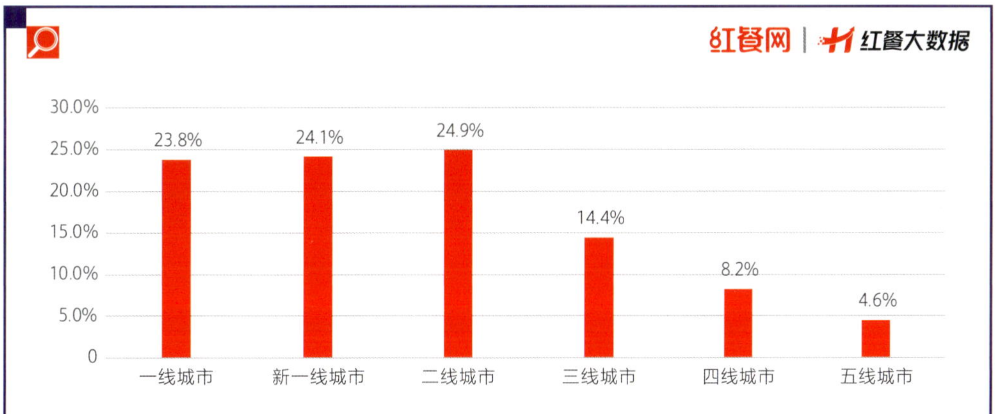

资料来源：红餐大数据。

图 2-118　2021 年全国各线级城市东南亚菜样本门店数占比分布

相比于其他餐饮品类，东南亚菜品牌的门店数量规模较小，82.9% 的品牌门店数在 10 家以下，门店数 10~50 家的品牌占比 15.3%，门店数超过 50 家的品牌占比更少，仅有 1.8%。

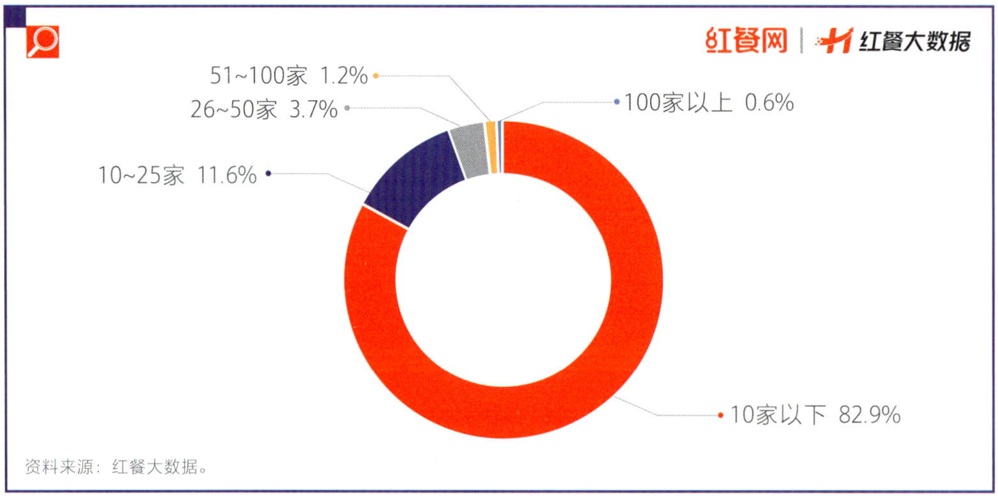

图 2-119　2021 年全国东南亚菜样本品牌门店数区间占比分布

2. 品类趋向多元化，泰国菜顶“半边天”

目前东南亚菜呈多元化发展之势，涌现出泰国菜、越南菜、新加坡菜、马来菜、融合东南亚菜等多种特色细分品类。

据红餐大数据，在东南亚菜品类里，无论是门店数量还是品牌数量，泰国菜都是占比最高的细分品类。泰国菜门店数占比约为 42.8%，品牌数占比约为 49.3%，均几乎占据东南亚菜品类的半壁江山。

目前，泰国菜头部品牌均有不错的发展。比如集渔泰式海鲜火锅具备火锅基因，标准化程度较高，较易规模化发展，截至 2022 年 6 月门店数已有 100 余家。泰香米品牌自 2004 年创立至今，已经在重庆、成都、深圳等全国多座城市落地开花。广州蕉叶是国内比较老牌的泰国菜品牌，在广州拥有较高的知名度，甚至 1995 年广州蕉叶的成立还被业内人士当作泰国菜首进内地市场的标志。

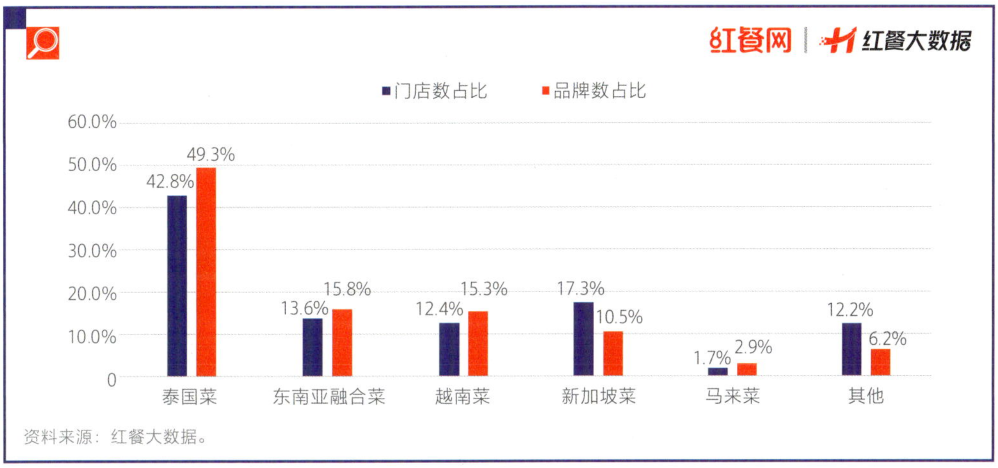

图 2-120 2021 年全国东南亚菜样本品牌细分品类占比分布

位于第二梯队的东南亚融合菜、越南菜以及新加坡菜也占据了一定的市场，门店数和品牌数占比均超过 10%。目前，越南菜赛道涌现了一些潜力品牌。比如定位于精致越南菜的美奈小馆，截至 2022 年 6 月，已开出了 20 余家门店；同样定位越南菜的西贡妈妈目前门店数为 14 家。此外，新加坡菜赛道中亦有一些发展不错的代表品牌，比如星洲小馆等。

近年来，越来越多东南亚小众菜系进入中国市场，除了越南菜、新加坡菜、马来菜之外，印尼菜、缅甸菜等小众特色菜也逐渐进入消费者的视线，市场上出现了一些代表品牌。

表 2-57　2022 年全国部分东南亚菜品牌概况

品牌名称	细分品类	门店数（家）
集渔泰式海鲜火锅	泰式火锅	100+
迷你椰泰式大排档	泰国菜	80+
嘟嘟泰国小馆	泰国菜	40+
泰香米泰国餐厅	泰国菜	40+
太食獸泰式茶餐厅	泰国菜	30+
simply thai 天泰餐厅	泰国菜	25+
星洲小馆	新加坡菜	25+
美奈小馆精致越式料理	越南菜	20+
米纸 PHO	越南菜	20+
越小品	越南菜	20+
星怡会	新加坡菜	10+
西贡妈妈	越南菜	10+
广州蕉叶	泰国菜	4

资料来源：红餐大数据，数据统计时间截至 2022 年 6 月 30 日。

3. 人均消费区间相对集中，较受女性消费者喜爱

东南亚菜的人均消费呈现中间高、两端低且相对对称的尖峰分布，主要集中在 81~120 元这一区间，其占比达到 39.1%。其次是偏平价的 50~80 元区间和相对高端的 121~150 元区间，占比分别为 22.5% 和 15.2%。

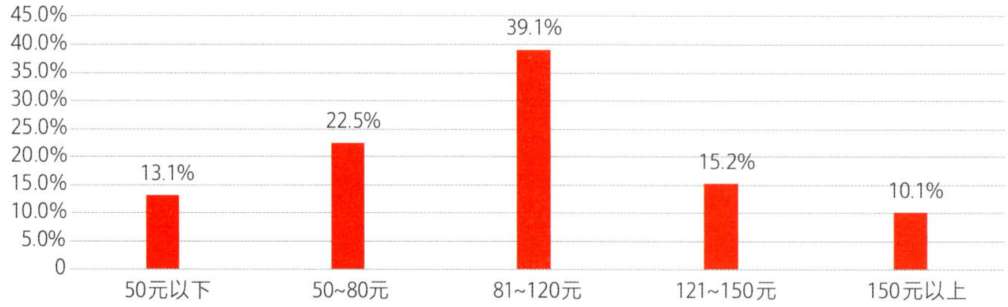

资料来源：红餐大数据。

图 2-121　2021 年全国东南亚菜样本品牌人均消费价位占比分布

从消费者画像看，东南亚菜比较吸引女性消费群体。据红餐大数据，消费者对东南亚菜评论的关键词中，出现频率最高的是“闺密聚餐”。从东南亚菜的巨量算数看，女性 TGI 指数为 346，高于平均水平，而男性 TGI 指数仅为 42，低于平均水平，可见女性消费者对于东南亚菜的兴趣更加浓厚。

资料来源：巨量算数（抖音兴趣），红餐品牌研究院整理。
注：TGI（Target Group Index）指数，是反映目标群体在特定研究范围（如地理区域、人口统计领域、媒体受众、产品消费者）内的强势或弱势的指数。TGI 指数 = 目标群体中具有某一特征的群体所占比例 ÷ 总体中具有相同特征的群体所占比例 × 标准数 100。

图 2-122　东南亚菜目标群体指数

4. 消费体验趋同，创新发挥空间较小

与其他异国料理相比，东南亚菜餐厅的门头设计、店面装修、服务员服饰等通常具有非常鲜明的东南亚风情特色，能够为消费者带来沉浸式的体验，这曾经给东南亚菜带来了很多关注。但是随着跟风者越来越多，东南亚餐厅从产品、服务到品牌视觉等多个层面都越来越趋同，同质化问题随之而来。

为突破困境，一些品牌率先做出了探索。例如太食獸泰式茶餐厅将茶餐厅和泰国菜融合在一起，既提供经典的泰国菜，也有吐司、葡萄酒等小吃和酒水，在北京、成都等多座城市均享有较高的人气。迷你椰泰式大排档定位为高性价比的泰式大排档，并以此为品牌记忆点得以迅速突围，创立至今，已经在全国开出了 80 余家门店。

纵观东南亚菜品类在国内餐饮市场的发展路径，受限于消费群体偏小、消费低频等特性，目前其呈现出来的产品和场景的延展能力、创新空间都相对有限。而食材特色、异域风情无法再为消费者带来新鲜感，东南亚品类亟须进行新一轮的迭代升级。

第三章
Part Three
餐饮业态解读 »

01

第一节

团餐：

万亿元赛道潜力巨大，转型升级机会凸显

新冠肺炎疫情反复之下，餐饮企业普遍承压。团餐赛道由于业务主要集中在企业、学校等单位，客户群体相对稳定，可以说受疫情影响相对较小，因此也被一些业内人士认为是当前形势下餐饮行业的“最后一片蓝海”。

基于此，国内不少团餐连锁企业迅速崛起，一些食品巨头公司和互联网独角兽也纷纷入局，还有不少投资机构对团餐赛道也表现出极大的关注。

一、“底盘”大、增速快，资本争相入局万亿元赛道

传统意义上，团餐是指为群体消费者提供就餐服务的餐饮形态，主要服务对象为学校、机关单位、医院、大型企业等团体客户，是我国餐饮行业结构中重要的组成部分。得益于我国企业，特别是高科技企业、民营企业的快速增长，在过往的 5 到 10 年当中，我国团餐市场一直保持较快的成长速度。

据红餐大数据，2016 年至 2021 年，我国团餐市场规模从 0.9 万亿元增长至 1.56 万亿元，复合年均增长率达 11.6%。2021 年全国餐饮收入 4.69 万亿元，2021 年团餐在整个餐饮市场的份额为 33.3%。

未来，随着团餐场景的多样化发展

和供给方数字化及服务方面的升级，团餐的市场规模将进一步扩大。但考虑到2022年上半年疫情反复使得餐饮市场受到较大冲击，团餐市场增速或将略为放缓，但团餐整体向上增长的趋势是确定的。据红餐品牌研究院保守估计，2022年我国团餐市场规模有望达到1.6万亿元。

团餐广阔的发展前景也吸引了资本的目光，近年来大量资本涌入团餐赛道，主要集中于团餐服务数字化等领域。2021年8月，麦金地宣布获得光大控股消费基金3亿元的战略融资。2021年11月，美餐获得来自大钲资本的1亿美元E轮投资，次月获得索迪斯的E+轮投资，据媒体报道，美餐E轮整体融资金额超过10亿元。此外，望家欢、荷特宝、朴食科技等团餐服务商也相继获得了融资。

表3-1　2020—2021年全国部分团餐企业融资情况

企业名称	企业简介	披露时间	融资轮次	融资金额	投资方
望家欢	农产品食材配送服务提供商	2020.3	B轮	6亿元	美团、普洛斯隐山资本
		2021.2	B+轮	8亿元	CPE源峰、自明资本、普洛斯隐山资本、葆润控股集团
荷特宝	配餐服务解决方案提供商	2020.5	B轮	数千万元	襄禾资本
平安云厨	团餐信息化解决方案提供商	2020.12	战略融资	数千万元	佳沃集团、长升顺达资本、格致科技
健力源	餐饮外包服务提供商	2021.1	股权融资	未披露	国盛集团、IDG资本
朴食科技	团餐解决方案提供商	2021.7	战略融资	未披露	中国健康产业投资基金
麦金地	团膳服务提供商	2021.8	战略融资	3亿元	光大控股消费基金
美餐	针对企业的订餐服务平台	2021.11	E轮	1亿美元	大钲资本
		2021.12	E+轮	未披露	索迪斯（中国）企业管理服务有限公司

资料来源：红餐大数据。

红餐网 | 红餐大数据

二、“四大阵营”竞争升级，“互联网大厂”加入战团

我国团餐市场规模大、发展速度快，吸引了众多参与者，大体可划分为国际团餐企业、国内传统团餐企业、国内新兴团餐企业和国内跨界企业四个阵营。

国际团餐企业包括索迪斯、爱玛客、康帕斯等企业；国内传统团餐企业则有千喜鹤、健力源等老牌龙头企业；国内新兴团餐企业包括美餐、潘多拉等；同时一些跨界者也意欲在团餐市场分一杯羹，比如餐企龙头海底捞、食品加工行业的思念食品、物流快递行业的顺丰、地产行业的万科、文娱行业的趣头条、本地生活服务商美团等。

表 3-2 团餐行业“四大阵营”参与者概况

阵营	企业名称	业务类型
国际团餐企业	索迪斯	驻场服务、福利与绩效管理服务
	爱玛客	设施管理服务、餐饮服务
	康帕斯	餐饮服务、咖啡吧服务、茶水间服务、技术咨询
国内传统团餐企业	千喜鹤	团餐服务、供应链管理、商业连锁、管理咨询、餐饮创业平台、粮油贸易、肉制品加工
	健力源	团餐管理、食材冷链物流、物业管理、智慧农场、美食广场
	德保膳食	食堂承包、食材配送、中央厨房、食堂装修、食堂升 A、外宴服务、学生餐、下午茶、自热盒饭
	好来客	农场种植、食堂承包、食材配送、厨房设计
	快客利	以团餐为主营业务、以物业、物流、商贸、咨询等为副营业务
	麦金地	团餐的管理与服务、超级供应链、健康大数据
	华鼎团膳	团餐服务、中央厨房服务、农业体验服务
国内新兴团餐企业	美餐	员工餐、活动餐、团队建设、商务宴请等服务
	潘多拉	专注于团餐行业消费升级、创新“新生活服务”
国内跨界企业	海底捞	推出外卖火锅团餐业务，走“团餐 + 海底捞特色服务”模式
	顺丰	推出企业团餐平台“丰食”，提供团餐配送、食堂服务、到店用餐、商务宴请等多场景服务
	思念食品	与团餐企业德保膳食合作，成立了“哪吒餐配”
	饿了么	推出社区团餐
	京东	京东餐饮携手美心，深度赋能餐饮供应链发展
	万科	成立食品事业部，主要布局生猪养殖、蔬菜种植、企业餐饮三大领域

资料来源：公开信息，红餐品牌研究院整理。

红餐网 | 红餐大数据

值得一提的是，2021 年有更多食品巨头公司、互联网平台布局团餐领域。2021 年初，新希望成立团餐业务团队，据其 2021 年报，现已开发了大中型团餐供应链客户和团餐食堂运营客户近百家。2021 年 9 月，京东餐饮宣布将为美心国内门店提供一站式餐饮供应链解决方案，并在上游供应、金融、物流、系统等方面提供全面支持。2021 年上半年开始，金龙鱼在全国多地筹建丰厨中央厨房园区。2022 年初，杭州丰厨正式投产。

按照企业营业收入和整体运营情况来看，我国团餐行业头部企业主要有千喜鹤、健力源、德保膳食、金丰、好来客等。

其中千喜鹤在行业里有着相对较大的竞争优势。在市场布局方面，很多团餐企业业务布局集中于区域市场，相比之下，千喜鹤市场布局更广，截至 2022 年 6 月，已经在全国 30 余个省、市、自治区设立了 200 余个管理区。此外，还有部分团餐企业拓展海外市场，例如德保膳食和中膳金勺子开始在东南亚市场谋求发展。

表 3-3　2021 年全国团餐企业 TOP20

序号	企业名称	序号	企业名称
1	河北千喜鹤饮食股份有限公司	11	北京东贸国际餐饮管理有限公司
2	北京健力源餐饮管理有限公司	12	广州中味餐饮服务有限公司
3	深圳市德保膳食管理有限公司	13	广东新又好集团有限公司
4	北京金丰餐饮有限公司	14	北京振达餐饮管理有限公司
5	广东好来客集团有限公司	15	广东乡谷村膳食管理有限公司
6	快客利（北京）集团有限公司	16	东莞市鸿骏膳食管理有限公司
7	蜀王优芙得餐饮服务有限公司	17	宁波康喜乐嘉餐饮管理有限公司
8	武汉华工后勤管理有限公司	18	安徽大佳一餐饮管理有限公司
9	广东中膳金勺子食品集团有限公司	19	广东中膳健康产业科技有限公司
10	上海麦金地集团股份有限公司	20	江苏松霖餐饮有限公司

资料来源：中国饭店协会，红餐品牌研究院整理。

在服务客户方面，团餐企业客户范围较广，涉及企事业单位、院校、政府机关等，例如千喜鹤为军事院校、武警院校和大型企业等提供团餐服务。

从服务模式上来看，我国团餐企业主要分为进驻甲方和集体配餐两种模式。进驻甲方主要是指团餐企业以承包食堂的形式服务于大型企业、学校、事业单位等单位，代表企业有千喜鹤、麦金地、健力源等。集体配餐是指团餐企业通过自建或与第三方合作的中央厨房，集中制作好餐食再配送给甲方，代表企业有美餐、趣团餐等。

表 3-4　我国团餐企业的服务模式

服务模式	特点	代表企业
进驻甲方	团餐企业以承包食堂的形式服务于大型企业、学校、事业单位等单位	千喜鹤、麦金地、健力源、万喜
集体配餐	企业通过自建或与第三方合作的中央厨房，集中制作好餐食再配送给甲方	美餐、趣团餐

资料来源：公开信息，红餐品牌研究院整理。

红餐网 | 红餐大数据

中国烹饪协会和亿欧智库共同发布的调查数据显示，在团餐百强企业中，以进驻甲方的传统模式运营的企业和以集体配餐新型运营模式的企业占比为 9∶1。可见，进驻甲方的传统团餐运营模式还是主流，同时集体配餐运营模式的比例在提升，一些快餐外卖商家也开始加入团餐市场做集体配餐。

三、整体市场相对分散，头部企业多集中于广东、北京

目前，我国团餐市场参与者已经超过 10 万家企业，且大部分都是局限在特定区域内的中小企业和个体经营者。根据中国烹饪协会统计，2020 年我国百强团餐企业团体膳食收入为 1026 亿元，较 2019 年增长了 10.4%，市场份额占比仅为 6.7%。同时，据中国饭店协会统计，美国团餐行业前十强的市场集中度为 80%，日本和韩国约为 60%。相较于欧美、日韩等成熟市场，国内团餐市场存在着“小、散、弱”的特点，同时存在准入机制不透明等问题，整体处于比较初级的发展阶段。尽管如此，随着我国团餐市场不断扩容，行业规范逐步完善，我国团餐市场集中度有望进一步提升。据中国烹饪协会发布的《2021 年度中国团餐百强企业及大数据分析报告》，2021 年度团餐百强企业总营收相比 2020 年增长了 27.0%，百强企业中 77.6% 的企业营收利润实现了双升。

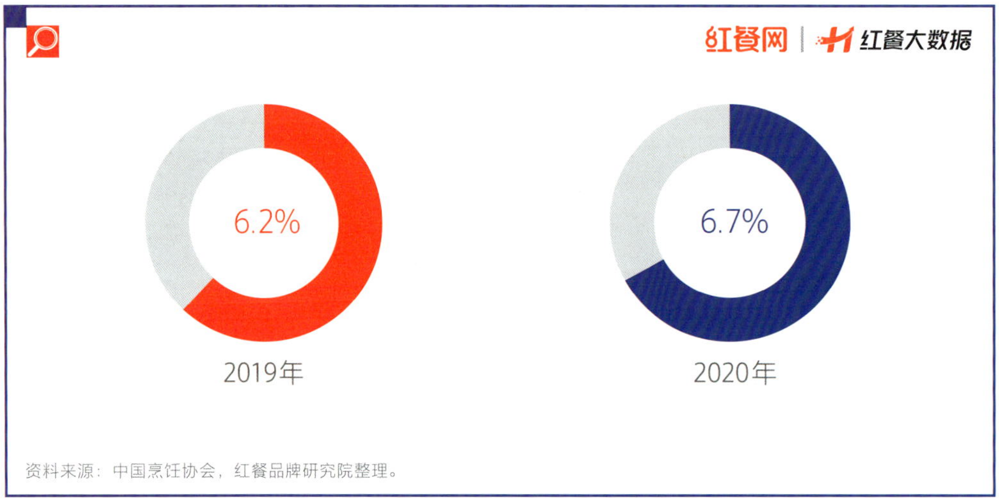

图 3-1　2019 — 2020 年我国团餐行业百强企业市场份额占比情况

从团餐企业营收区间分布来看，中国饭店协会的调查数据显示，我国 80% 以上的团餐企业营收在 5 亿元以下，营收在 10 亿元以上的企业不足 10%。实现规模化发展的团餐头部企业不多，多数企业规模仍偏小。因此，业内普遍认为“并购联合”或是团餐未来的趋势之一。

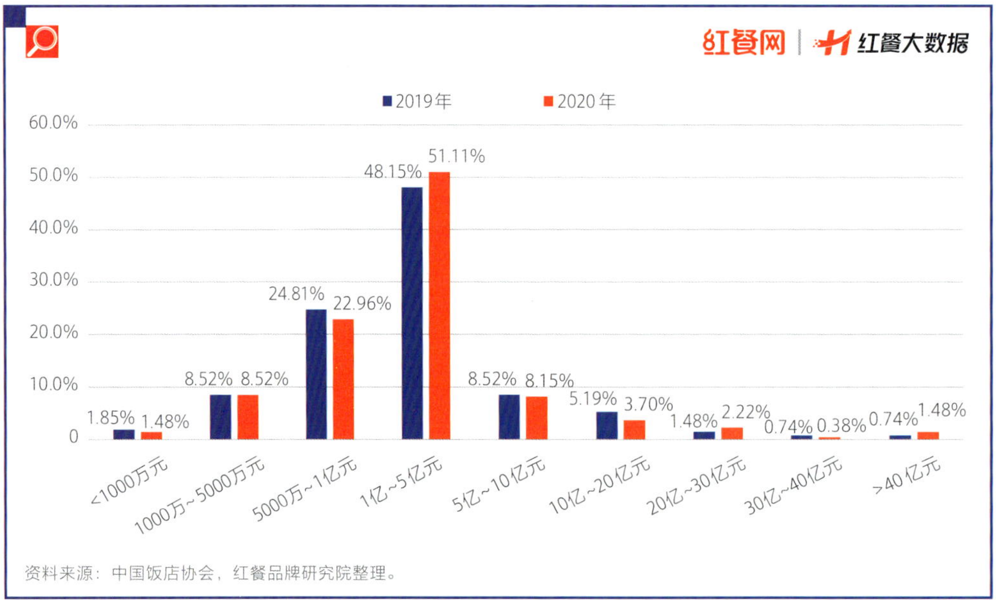

图 3-2　2019 — 2020 年全国团餐企业营收区间分布

总体来看，我国团餐代表企业集中于广东、北京地区。我国团餐企业TOP20中，广东、北京的企业分别有8家和5家。

红餐网 | 红餐大数据

企业所在地	企业名称
北京	健力源、金丰、快客利、东贸国际、振达餐饮
河北	千喜鹤
江苏	松霖餐饮
上海	麦金地
浙江	康喜乐嘉
安徽	优芙得、大佳一
湖北	华工后勤
广东	德保膳食、好来客、中膳金勺子、中味、新又好、乡谷村、鸿骏、中膳健康

资料来源：中国饭店协会，红餐品牌研究院整理。

图 3-3　2021 年全国团餐行业 TOP20 企业区域分布

四、依赖“内部资源”模式已过时，业务场景更加多元化

我国团餐市场长期处于较为封闭、集中度低、不透明的“拼资源”发展阶段。随着食品巨头和“互联网大厂”等新玩家入局，赛道发生了一些新的变化。比如年长的企业管理者逐渐向“80 后”“90 后”交棒，年轻创业者不断涌入团餐市场；团餐的消费主体逐渐由“70 后”“80 后”向“90 后”“00 后”转变，后者对消费体验和品质的要求相对更高。

以往团餐企业在争夺客户和市场时，大多注重服务于甲方的负责人、关键决策者，较易忽视个体消费者的体验。如今，团餐企业日益重视终端消费者的用餐体验，一些团餐企业针对更细分的消费需求做出升级，服务场景更为多元化。

比如新兴团餐企业美餐，不仅提供集体送餐、到店消费的服务，还为企业开通外卖专用订餐通道。疫情期间，美餐还在企业食堂和休闲区域放置智能餐柜，方便员工快速、方便地领取餐品。此外，美餐还将知名餐饮品牌引入企业餐厅，为员工提供更多品类、更有品牌特色的用餐选择。

万喜也把场景多元化贯彻到服务中，它以“美食作为新社交语言”为运营理念，通过 IP 潮玩、暖心服务台、缤纷美食等功能场景塑造，将食堂升级为第三生活空间，迭代传统团餐，为消费者提供个性化的生活方式。

五、数字化、品牌化引领团餐发展，“新团餐时代”到来

在消费升级的大趋势下，团餐客户越来越重视消费体验，从注重卫生、分量，向注重就餐便利、菜品多样化及美味程度转变。这将进一步推动团餐市场的转型和升级。

红餐品牌研究院认为，团餐企业的转型升级主要集中在两个方向。第一个方向是数字化。目前团餐企业的数字化程度普遍偏低，而随着外卖等数字化消费场景的普及，在团餐场景下，就餐者对于便利的数字化消费方式的需求将越来越强烈。

与传统的服务场景相比，数字化的应用可以让用餐者享有更好的用餐体验。比如，预点餐工具可以减少排队时间，突破时空局限，让排队和点餐更加高效；大数据能够描绘出更清晰的用户画像，让团餐企业为消费群体提供个性化、定制化服务；智能烹饪设备可以进一步提升后厨管理水平，甚至实现无人化操作。

更重要的是，经营数字化可以打通团餐产业上下游数据，实现产品和服务的标准化、高品质供给，最终解决团餐市场长久以来信息不对称的痛点。目前，团餐市场的数字化转型尚处于初期，率先尝试转型的企业将有更大的竞争力。

第二个方向则是面向个体消费端的品牌化。随着入局的实力玩家越来越多，团餐市场加速洗牌，团餐企业也在向社会餐饮看齐。在资本的推动下，团餐企业开始重视品牌力的重塑和提升，以求更加广泛地覆盖餐饮消费市场。比如美餐与美食纪录片《风味人间 3》开展合作，可见其对于品牌口碑和影响力的重视。

总的来说，我国的团餐市场尚未成熟，市场格局尚未定型，还有大量的机会待挖掘。在当今消费升级的推动下，团餐企业的产品质量、服务体验和品牌口碑将成为良性经营的前提。在新冠肺炎疫情条件下，新经济形势对于进入快车道的团餐企业来说既是发展机遇，也是需要面对的考验，企业只有重视全产业布局、多元化经营，及时调整、快速反应，才不会在飞速的行业发展中被淘汰。

CHINA CATERING

02

第二节

酒馆：

融合跨界是底层逻辑，品类处于高速成长期

作为餐饮与传统酒吧复合衍生的业态，酒馆兼具二者的特点。酒馆的营业时间通常为晚上至凌晨，主要通过售卖酒饮、小吃和餐品来实现收入，且人均消费及经营场所的平均面积更接近餐饮门店，有别于夜店等其他夜间场所。

目前，国内酒馆赛道大体有三种经营模式，分别为清吧模式、“餐＋酒”模式和跨界模式。清吧模式的代表品牌有海伦司、Perry's、RISSE 锐肆酒馆等；“餐＋酒”模式的代表品牌有 COMMUNE 公社、贰麻酒馆等；跨界模式则特指奈雪的茶、星巴克、青岛啤酒等品牌跨界开出的酒馆。

伴随着我国夜间经济的快速发展以及年轻世代渐成消费主力，酒馆赛道近年迎来了增长风口，同时受到资本方的青睐，催生了中国“酒馆第一股”。

一、市场规模高速增长，“酒馆第一股”诞生

近年来，随着年轻世代对“微醺”的需求日渐增长，酒馆迎来高速发展。据红餐大数据，2015 年至 2019 年我国酒馆市场收入连年增长，2020 年受新冠肺炎疫情影响，酒馆市场规模有所下滑。2021 年，随着疫情形势有所缓解，酒馆经营状况逐渐恢复，我国酒馆整体市场规模回弹至疫情前水平，达到 1071 亿元。2022 年，预估我国酒馆整体市场规模有望突破 1200 亿元。

图 3-4 2015 — 2022 年全国酒馆市场规模情况

随着新冠肺炎疫情逐步得到控制及鼓励消费政策的出台，2021 年中国酒馆数量在逐步回升。进入 2022 年，新冠肺炎疫情形势再度严峻，餐饮企业普遍承压，酒馆经营也受到了一定程度的影响，但目前来看酒馆市场的发展还是呈现出整体向好的趋势。

2021 年 9 月，海伦司在港交所上市，成为“酒馆第一股”。截至 2022 年 6 月，海伦司门店数超过 870 家，在酒馆行业中处于领先地位。海伦司主打平价酒水，平均售价在 10 元左右，人均消费在 70 元左右。“小资”“高消费”一度是消费者对酒馆的刻板印象，而海伦司亲民的价格打破了大众对酒馆消费的固有认知，凭借“高性价比线下社交空间”的市场定位，获得了年轻客群的喜爱。海伦司开启了“平价酒馆”的风潮，也带动了一批跟进品牌，如近年来异军突起的 RISSE 锐肆酒馆、Perry's。

成为消费热点后，酒馆赛道也受到资本方的空前关注，引发了一波投资潮。据红餐大数据，从 2021 年 1 月至 2022 年 6 月，酒馆赛道共计发生 10 余起融资事件，资本对酒馆市场的前景相对看好。

表 3-5　2021 — 2022 年上半年全国酒馆品牌融资情况

品牌名称	披露时间	融资轮次	融资金额	投资方
海伦司	2021.2	战略融资	3300 万美元	中金佳成、黑蚁资本
	2021.9	IPO	26.62 亿港币	公开发行
COMMUNE 公社	2021.4	A 轮	未披露	聚沙投资、高瓴资本
	2022.1	A+ 轮	数亿元	日初资本、高瓴资本、番茄资本
下酒烧烤小酒馆	2021.8	A 轮	未披露	钟鼎资本、梅花创投、真格基金
猫员外	2021.8	Pre-A、A 轮	过亿元	国中资本
太空精酿酒馆	2021.9	天使轮	500 万元	未披露
RISSE 锐肆酒馆	2021.9	天使轮	数千万元	红杉种子基金
	2021.11	天使 + 轮	数千万元	凯辉基金
Blue Ark	2021.12	天使轮	数百万元	个人投资者
酒星计划	2022.6	种子轮	数百万元	个人投资者
蒸汽熊	2022.6	天使轮	数百万元	未披露

资料来源：红餐大数据。

二、独立店经营是主流，多种模式并行发展

国内酒馆市场高度分散，独立酒馆（门店数少于 3 家）占绝大多数，而连锁酒馆仅为少数。并且在连锁酒馆品牌中，头部品牌的规模化程度不高。

据红餐大数据，门店数超过 200 家的品牌约占全部品牌数的 0.01%，门店数在 101~200 家的品牌占比为 0.02%，门店数在 51~100 家的品牌占比为 0.04%，门店数在 3~50 家的品牌占比为 4.71%，门店数在 3 家以下的品牌占比 95.22%。可见，酒馆赛道的连锁化和规模化程度有很大的提升空间。

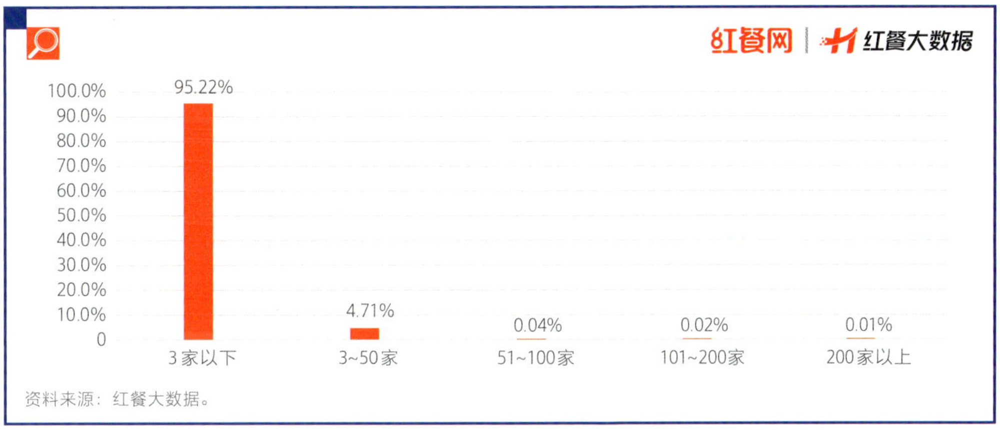

图 3-5　2021 年全国酒馆样本品牌门店数区间占比分布

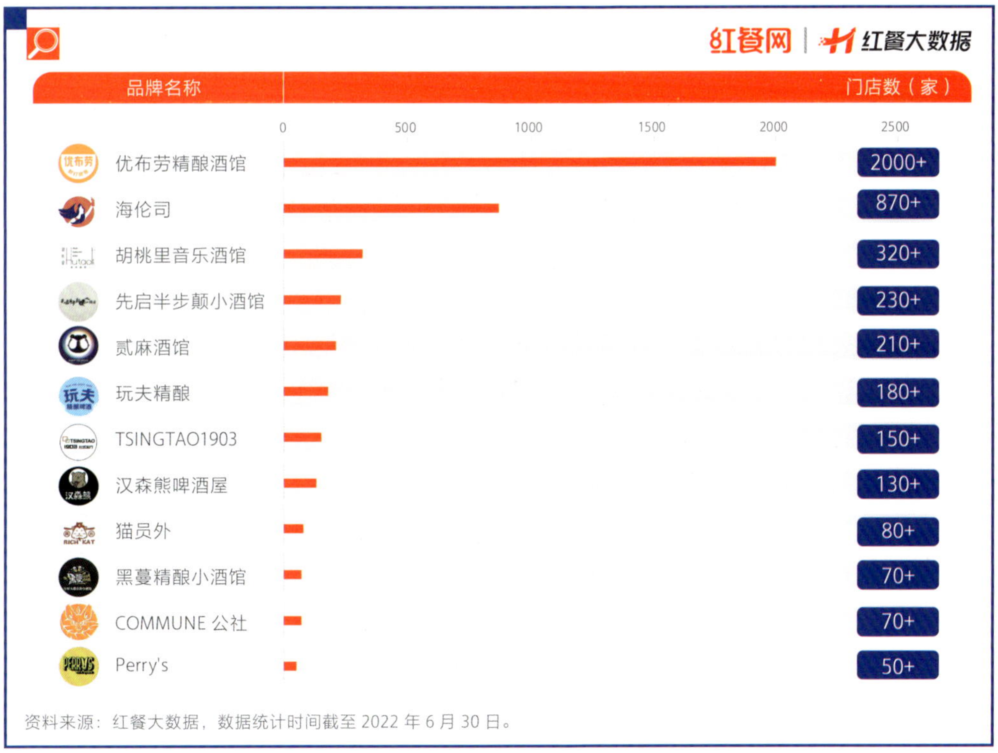

图 3-6　2022 年全国部分酒馆品牌概况

近年来，酒馆赛道一直在寻求变革和突破，目前已经形成了三种经营模式并行发展的竞争格局：清吧模式、“餐 + 酒”模式和跨界模式。

清吧模式一般不设 DJ、舞池、演唱台，主要播放背景音乐。代表品牌包括海伦司、RISSE 锐肆酒馆等，发展势头迅猛，较受资本青睐。“餐 + 酒”模式，类似餐厅与酒吧的组合模式，消费者不仅可以体验酒吧的氛围和风格，也能享受到餐食服务，通常从白天营业至夜晚，能够满足不同客群的差异化需求。

跨界模式则是跨界企业以自身资源优势赋能酒馆，主要有两种表现形式。一种是餐企在原有的品牌业务中加入了酒水产品。目前此类跨界酒馆声势不算大，除了和府小面小酒发展出了 30 多家店外，其余餐饮品牌推出的跨界酒馆大都只有个位数的门店。另一种则是酒企跨界做酒馆，这类酒馆大都主打特色精酿啤酒，以社区店模式居多。比如青岛啤酒试点社区店模式推出“TSINGTAO 1903 ”品牌，截至 2022 年 6 月，开出了 150 多家门店。2020 年，燕京啤酒推出“燕京社区酒號”品牌，如今在全国开出 30 多家店。该模式下发展较快的优布劳精酿酒馆，目前已经开拓出 2000 多家门店。

总体而言，酒馆赛道正当风口，各个模式均有一批实力玩家，市场竞争渐趋激烈。

表 3-6 2021 年我国酒馆细分品类概况

酒馆模式		产品	音乐	营业时间	代表品牌
清吧模式		酒水 + 小食	背景音乐	晚上至凌晨	海伦司、Perry's、RISSE 锐肆酒馆
“餐 + 酒” 模式		酒水 + 正餐（如西餐、川菜、烤肉等）	背景音乐，部分设有驻场歌手	多时段运营	胡桃里音乐酒馆、先启半步颠小酒馆、贰麻酒馆、舌战烧烤酒馆、下酒烧烤小酒馆、COMMUNE 公社
跨界模式	餐企跨界	酒水 + 茶饮 / 咖啡 / 火锅 / 快餐 / 面食 / 水饺	背景音乐	多时段运营	Bla Bla Bla 奈雪酒馆、星巴克甄选咖啡 · 酒坊、凑凑小酒馆、老乡鸡小酒馆、和府小面小酒、喜家德饺子酒馆
	酒企跨界	酒水 + 小食	背景音乐	晚上至凌晨	TSINGTAO 1903 、燕京社区酒號、优布劳精酿酒馆

资料来源：公开信息，红餐品牌研究院整理。

三、具有非刚需属性，对休闲消费能力更加依赖

酒馆在全国各级城市分布并不均匀。据红餐大数据，2021 年，二线城市的酒馆门店数最多，约占全国酒馆门店数的 42.3%，一线城市和二线城市的酒馆门店数合计占比 57.4%，而三线及以下城市的酒馆门店数占比 42.6%。多数酒馆趋向于在人均收入较高、消费能力较强、消费需求更多元的一、二线城市布局。

三线及以下城市数量众多，但酒馆门店分布相对少一些，是有待挖掘的潜在市场。据红餐大数据，三线及以下城市的酒馆数量自 2015 年至 2021 年的复合年均增长率达 3.5%，约为二线城市（1.3%）的 2.7 倍，一线城市（0.6%）的 5.8 倍。随着中国经济增长以及居民消费水平的持续提高，三线及以下城市的消费潜力有望进一步释放，酒馆在其中或将有较大的发展空间。

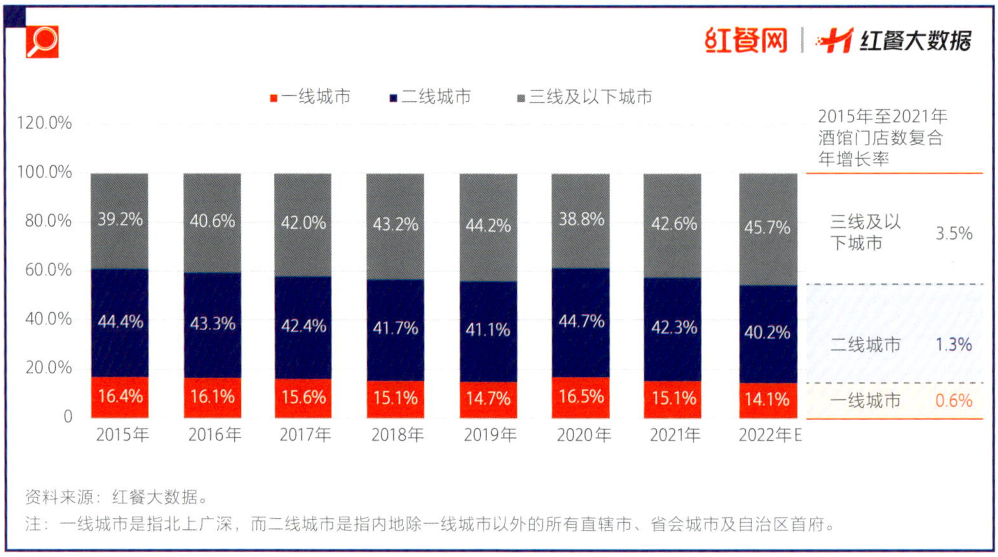

图 3-7　2015 — 2022 年全国各线级城市酒馆样本门店数占比分布

从酒馆在全国各主要区域的分布看，红餐大数据显示，华东地区的酒馆门店分布最多，占比达 31.6%。海伦司、先启半步颠小酒馆、胡桃里音乐酒馆、贰麻酒馆等知名品牌在华东区域的门店布局均最为密集，而其他六大区域的门店数占比均为 8.0%~14.0%，与华东区域差距甚远。

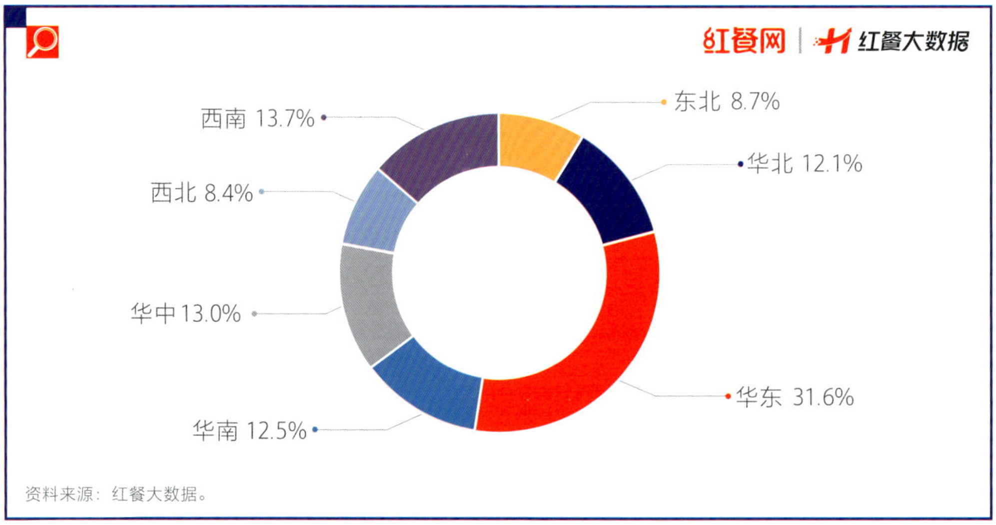

图 3-8　2021 年全国各区域酒馆样本门店数占比分布

具体到城市，酒馆在时尚气息较浓的上海、深圳、重庆分布最多。值得一提的是，哈尔滨有着众多的熏酱酒馆，这类酒馆以当地的熏酱菜为招牌菜，搭配啤酒等酒水，区域特性十分鲜明。

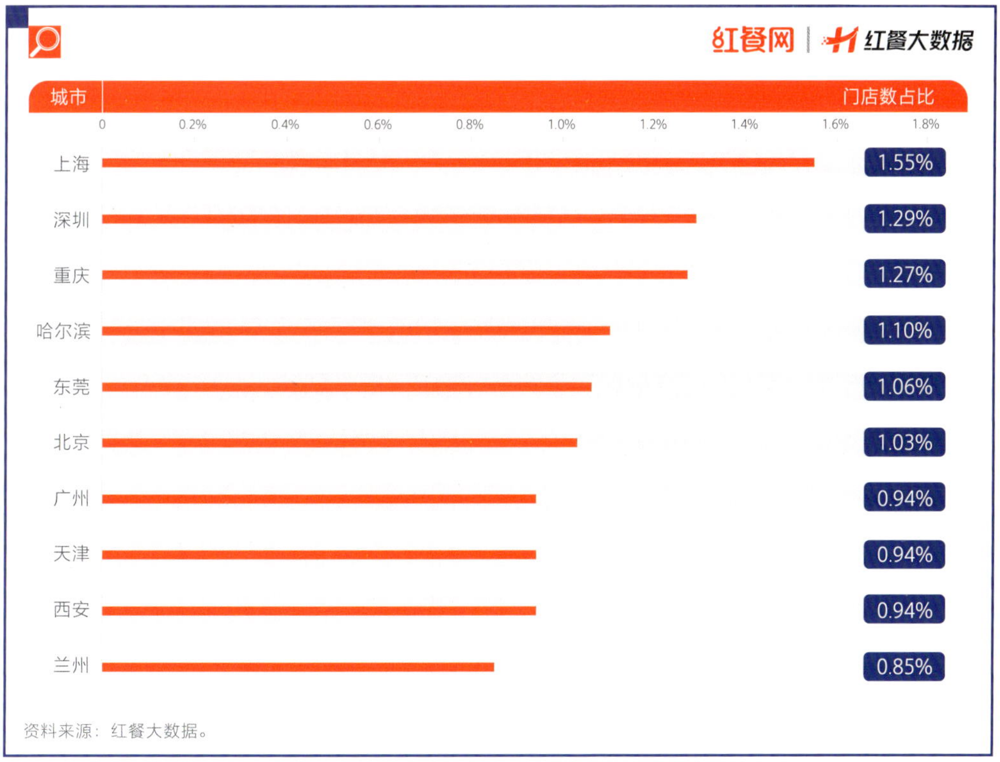

图 3-9 2021 年全国酒馆样本门店数 TOP10 城市

四、存在先天局限，亟待解决消费低频、场景单一的痛点

从需求端看，与正餐、快餐等其他餐饮品类相比，酒馆消费刚需属性不强，属于低频消费。虽然酒馆早在 20 世纪 90 年代就已出现雏形，但经历了超过 20 年的市场培育，酒馆在消费端的渗透力度仍有待提升。艾媒数据中心研究显示，65.1% 的消费者每个月至少到酒馆消费一次，与此相比，85.1% 的消费者每个月至少消费一次火锅。

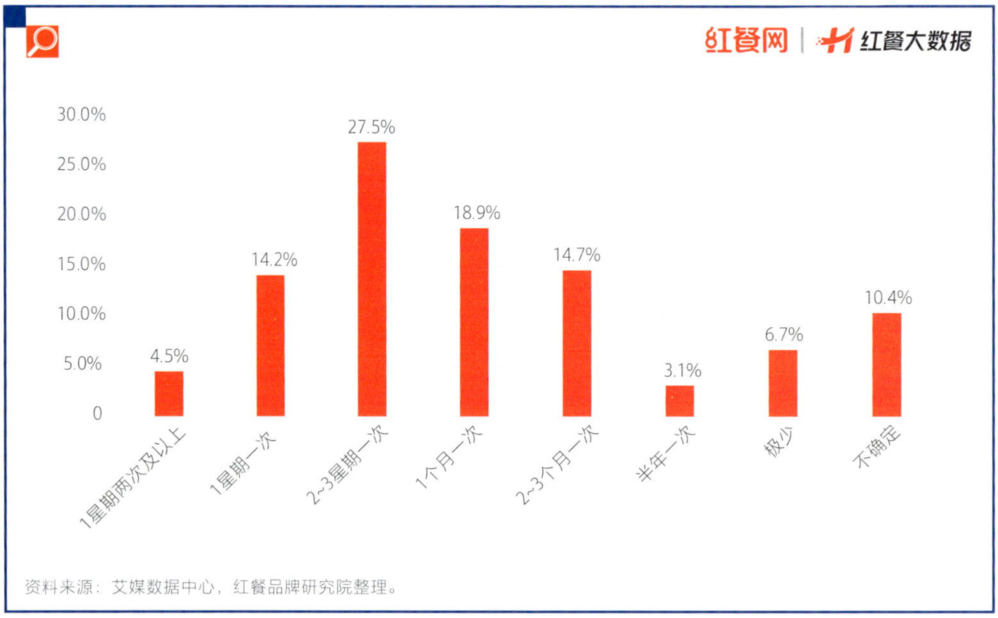

图 3-10　2021 年我国酒馆消费者消费频率

从供给端看，酒馆大多在夜间营业，营业时段与消费场景较为局限，门店经营效率不高。据了解，海伦司 2021 年翻台率约为 2.5 次 / 天，低于海底捞（3.0 次 / 天）、老乡鸡（4.3 次 / 天）、太二酸菜鱼（3.4 次 / 天）。由此可见，酒馆翻台率的增长空间有限，营收易触及天花板。

表 3-7 2021 年我国餐饮部分品类代表品牌翻台率

品牌名称	所属品类	翻台率（次 / 天）
海伦司	酒馆	2.5
海底捞	火锅	3.0
老乡鸡	中式快餐	4.3
太二酸菜鱼	特色品类	3.4

资料来源：公开信息，红餐品牌研究院整理。

红餐网 | 红餐大数据

五、头部品牌创新活跃，积极求变突围

为突破较低的运营效率以及应对渐趋激烈的竞争态势，酒馆品牌纷纷积极谋变，以寻求差异化突围。

部分酒馆品牌在酒水业务的基础上，尝试“酒馆 +”服务，向多元化餐饮业态拓展。如贰麻酒馆、舌战烧烤酒馆和下酒烧烤小酒馆等品牌，推出与酒水搭配度较高的烧烤产品。COMMUNE 公社则采用“酒馆 + 自选餐食”模式，设有自选餐区与自选吧台，SKU 合计超过 50 款，为消费者提供更丰富的产品。

一些酒馆品牌在设计风格上走差异化路线，如先启半步颠小酒馆主打江湖客栈风，推出“黯然销魂饭”“降龙十八掌”等充满武侠特色的菜品，创立 4 年间已开出 230 余家门店。有的酒馆另辟蹊径，主打国风文化氛围，设投壶、飞花令等传统游戏来吸引消费者。

也有酒馆品牌通过发展线上新零售业务，谋求第二增长曲线。如海伦司积极布局新零售，在电商平台上销售自营酒水，其爆款果啤和奶啤的月销量超 10 万瓶。近年来，越来越多酒馆品牌开发、推广及销售其自有酒饮，不仅可以增加营收，还能提升品牌形象。

可以预见，未来酒馆市场的集中度有望进一步提升，品牌竞争将越发激烈，差异化将成为大多数酒馆品牌实现突围的必经之路。

CHINA CATERING

03

第三节

自助餐：

呈现多样化发展态势，细分主题型自助餐厅兴起

作为一种外来餐饮业态，自助餐在20世纪80年代进入我国市场。自助餐丰富的餐品以及便捷、新颖的形式，正好迎合了彼时国内消费者对于“洋气、讲究”的消费需求，自助餐因此受到消费者的青睐，这也成就了高端自助标杆品牌——“金钱豹”的辉煌。

随着金钱豹在2017年轰然倒闭，国内自助餐赛道一度被唱衰，但事实上自助餐赛道并没有就此没落，依然占有一定的市场规模。一部分自助餐品牌在积极创新求变，或聚焦细分品类，或主攻下沉市场，如今经营情况颇佳，甚至有品牌冲刺上市。它们的崛起为自助餐赛道带来了新的发展契机。

一、高端自助餐遇挫，三类阵营各自发展

从20世纪80年代至今，国内自助餐大致经历了3个发展阶段。

20世纪80至90年代是国内自助餐发展的萌芽阶段。作为舶来品，自助餐率先在上海、北京等大城市的星级酒店落地，主要面向高消费人群。对于很多消费者而言，去自助餐厅就餐可以饱尝品种多样的特色美食，也可以在一定程度上彰显身份和地位。

2003年至2017年，国内自助餐经历了发展的“黄金年代”。2003年，被誉为高端自助餐“航母”的金钱豹“登陆”上海，门店面积近万平方米，人均消费高达两百元，高规格定位引来了四

方老饕。随后，金钱豹在全国其他城市积极拓店，店面最多时达到了 26 家。2010 年，金钱豹的全国门店营业额达到了 9 亿元。彼时，金钱豹的快速发展也带动了国内其他自助餐品牌的发展，自助餐业态的发展进入了“黄金年代”。

随着我国经济的高速发展以及人们生活水平的提高，餐饮消费需求从“吃饱吃回本”逐渐升级为“吃好吃健康”，加上餐饮消费的选择更为多样化，自助餐的吸引力就相对降低了，客流量也随之出现下滑。同时，传统自助餐店面大、投资重、员工多、食材损耗大，而且运营成本不断攀升。种种因素之下，很多自助餐厅遭遇发展困境，连金钱豹也未能幸免，于 2017 年宣布倒闭。

2018 年至今，新派自助餐品牌兴起，自助餐行业变得更多元化了。随着国内高端自助餐遇挫，自助餐慢慢卸下“奢侈”的标签，朝着平价化、细分化的方向发展，一批新派自助餐品牌开始崛起，如主打性价比的仟味一鼎自助小火锅，聚焦生蚝自助的蚝英雄等。

发展到现在，国内自助餐赛道主要存在三类阵营。

第一类阵营是伴随着酒店而生的酒店自助餐厅。以前，很多酒店自助餐厅都不对酒店外客人开放，但是后来它们纷纷放开消费限制，加入自助餐竞争战场， 分去了一部分高端自助餐的客流。尤其是一些口碑比较好的星级酒店，其自助餐人气相对较高，如位于上海浦东香格里拉酒店的怡咖啡、北京王府半岛酒店的 JING 餐厅、广州保利洲际酒店的月色西餐厅、广州南丰朗豪酒店的豪厨等。

作为国际性星级酒店，这类酒店的自助餐厅较为注重呈现多元化的菜品。譬如，广州保利洲际酒店的月色西餐厅在常见的西式、日式、中式菜品之外，还提供东南亚等特色菜肴；广州南丰朗豪酒店的豪厨主打亚洲与欧陆特色，每月呈现不同的创意主题餐饮，如分子料理、日式炉端烧等。

第二类阵营是主流餐饮市场上的高端自助餐厅，大多聚焦海鲜、日料等高端食材，人均消费普遍在 200~500 元。这类自助餐厅的消费客群较窄，数量规模相对较小，通常在一个城市只有几家门店，比如铭门盛宴、水濑放题、鱼鲜生、亚马逊环球美食百汇等。

第三类阵营则是大众化、平价定位的自助餐厅，这类餐厅以连锁化发展的品牌居多，餐厅人均消费呈现多级分化的特点，人均消费区间在 30~200 元不等。

二、品类呈多样化发展态势，细分品类自助餐厅表现亮眼

从 2018 年至今，国内自助餐相关企业的注册量有所下滑。企查查数据显示，2018 年国内自助餐相关企业的注册量为 3436 家；而到了 2021 年，自助餐相关企业的注册量仅为 1710 家。与此同时，虽然国内自助餐相关企业的存续量逐年递增，但是存续量涨幅却逐年递减，呈现出比较明显的增长乏力态势。

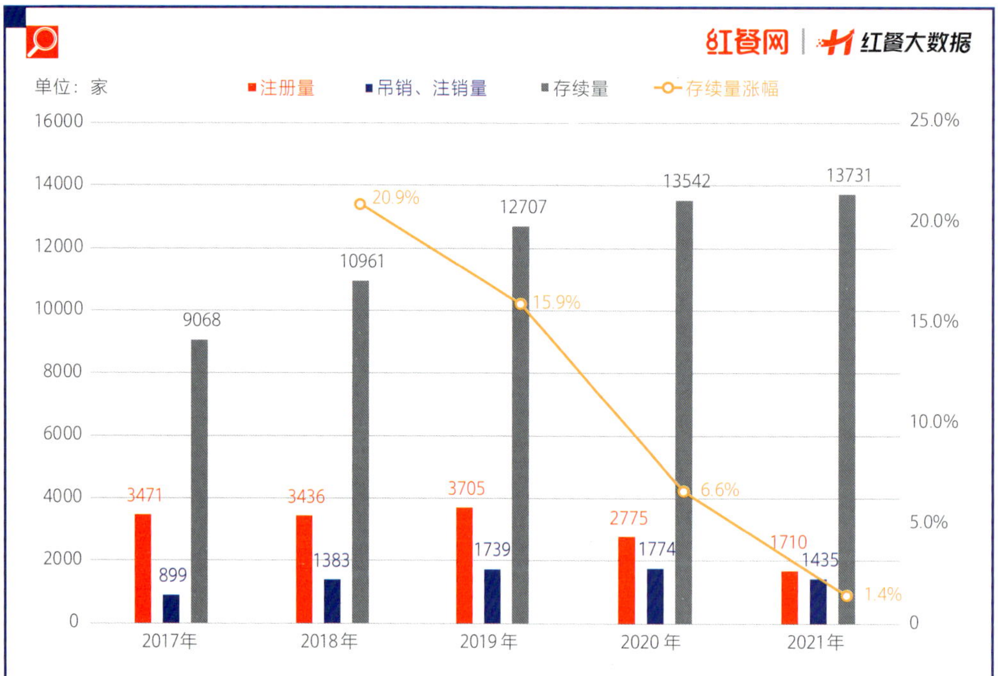

资料来源：企查查，红餐品牌研究院整理。

注：统计的是国标行业“餐饮业”中企业名称、品牌产品、经营范围内含关键词“自助餐”的数据。

图 3-11　2017—2021 年全国自助餐相关企业注册量、吊注销量和存续量

总体上看，虽然自助餐市场的关注度不如从前，但仍有一批不断升级迭代的自助餐品牌表现出较好的发展潜力。如汉釜宫品质烤肉在疫情肆虐的近两年逆势开店，其门店数已超过 300 家；国内最大的日料自助餐品牌上井于 2022 年 4 月向港交所提交了上市申请书，拟在主板挂牌上市。

表 3-8 2022 年全国自助餐部分品牌概况

品牌名称	门店数（家）	人均消费（元）	细分品类	门店主要分布区域
汉釜宫品质烤肉	310+	60	烤肉	河北、山东、江苏
吉布鲁牛排海鲜自助	210+	85	牛排、海鲜	四川、重庆、湖南
比格比萨自助	190+	70	比萨	北京、河北、山东
好伦哥	150+	61	比萨	河北、北京
快乐爱斯米牛排自助	140+	78	牛排	江苏、山东、河南
星伦多自助料理	110+	121	海鲜	江苏、浙江、上海
蚝英雄	80+	141	海鲜	北京、甘肃、河南
韩风源烧烤涮自助餐厅	80+	58	烧烤	河南
上井	40+	284	日式料理	四川、重庆、河南

资料来源：红餐大数据，数据统计时间截至 2022 年 6 月 30 日。

仔细观察上述经营势头不错的自助餐品牌可知，“大而全”的综合类自助餐比较少，细分品类自助餐厅较多，如烤肉自助、火锅自助、海鲜自助等。近几年，越来越多聚焦细分品类的自助餐厅出现。红餐大数据显示，在自助餐样本门店中，火锅、烤串、烤肉、海鲜等十大细分品类的自助餐门店数占比名列前茅。

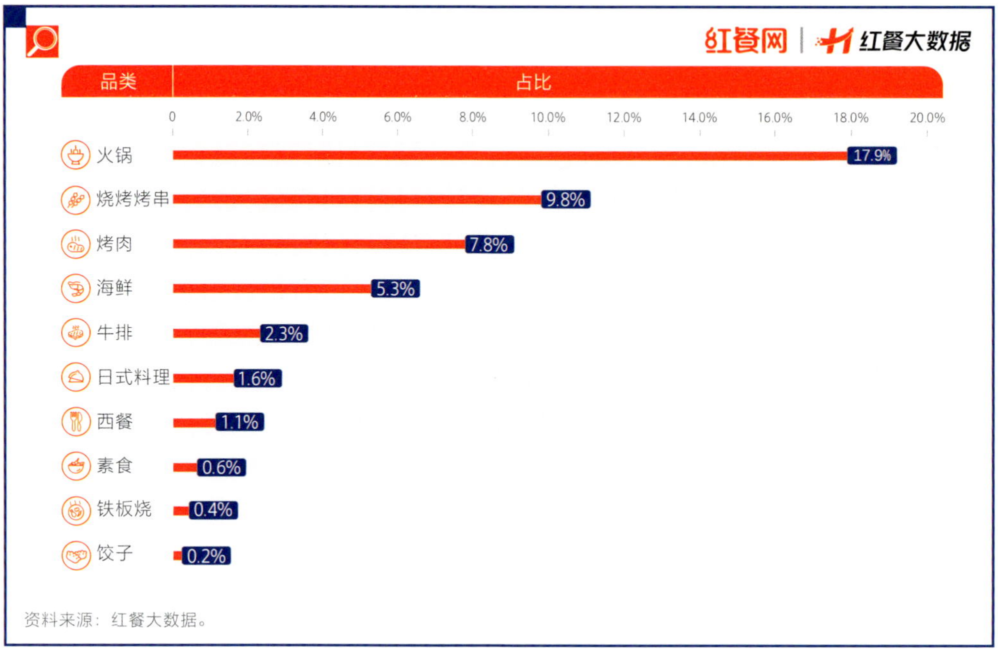

图 3-12　2021 年自助餐样本十大细分品类占比分布

艾媒咨询的“2021 年中国网民喜欢的自助餐厅类型调研”也印证了这一点。调研结果显示，56.4% 的网民喜欢烤肉类的自助餐厅，55.2% 的网民喜欢火锅类，而海鲜类和各种熟食类自助餐厅均获得了 24.4% 的网民喜爱，只有 17.5% 的网民喜欢综合类自助餐厅。

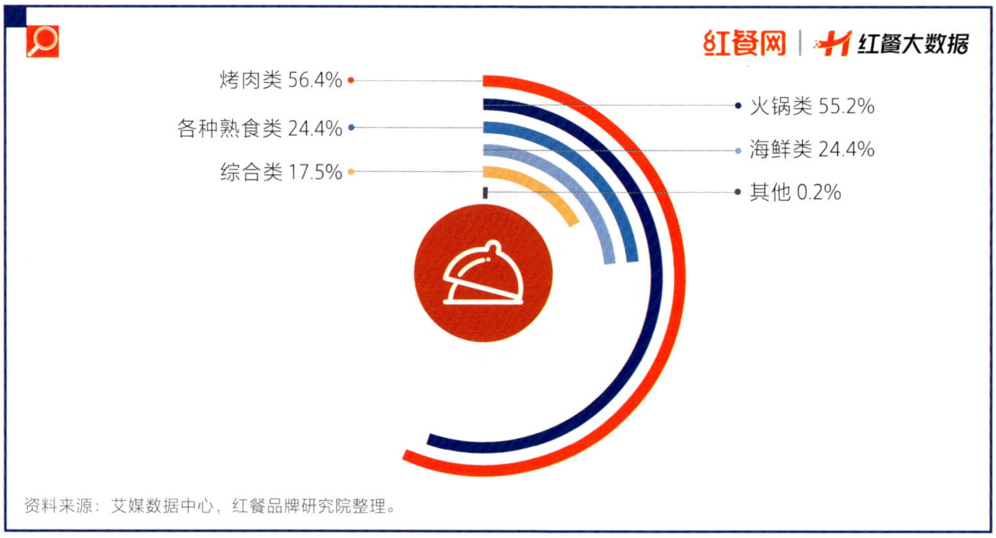

图 3-13　2021 年中国网民喜欢的自助餐厅类型调研

这些聚焦细分品类的自助餐厅的特点是“小而精”，注重精细化运营：在门店模型上，一般是以小型门店为主，更注重提高坪效；在主营品类上，大多专注于某一种主营品类，菜品精简；在品牌特色上，擅长从食材、餐具、装修风格、服务体验等方面来打造品牌特色。

“小而精”的自助餐厅更易突出品牌的优势。主打比萨的品牌比格比萨自助在采取了聚焦单品类、主打爆款、提升消费体验的策略后，其发展速度得以提升，2020 年新开了 30 余家门店，2021 年新开了 50 余家店，至今已有接近 200 家门店。

三、平价化趋势渐显，下沉属性强

自助餐曾经是高端消费的代名词，但当下其消费市场已呈多样化发展态势，平价化趋势逐渐显现。红餐大数据显示，人均消费在 50 元及以下的自助餐品牌数占比达到了 17.7%；人均消费在51~100元的自助餐品牌数占比近半，为 47.5%；人均消费在 101~300 元的品牌数占比 31.4%；而人均消费在 300 元以上的高端自助餐品牌占比最低，仅占 3.4%。

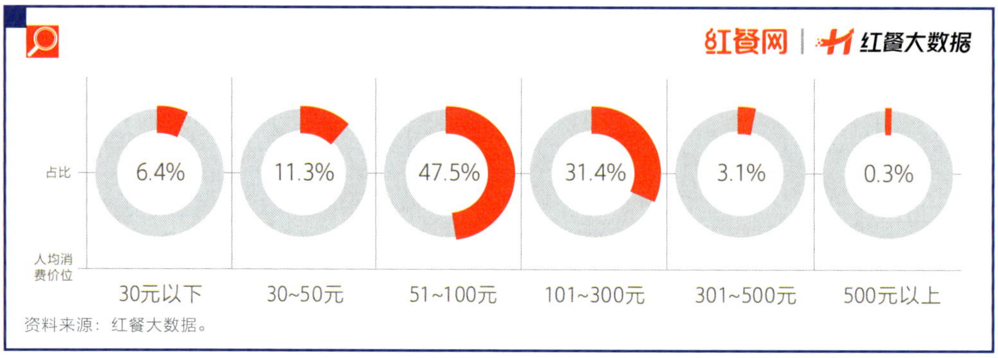

图 3-14　2021 年全国自助餐样本品牌人均消费价位占比分布

事实上，在金钱豹等高端自助餐品牌大热的时候，市场上就有不少走性价比路线的自助餐品牌。它们的人均消费在 50~100 元，定位于相对平价的区间，瞄准的是追求性价比的消费人群，吉布鲁牛排海鲜自助以及好伦哥等品牌均属于这类。它们如今依然屹立于自助餐市场上。

与此同时，市场上还涌现出了许多定位平价自助餐、尚未连锁化的小微门店，如“39 元任吃”的旋转小火锅、海鲜自助餐厅等。这类平价自助餐厅满足的是追求极致低价、首选实惠的消费人群，这类人群为了追求更低的价位甚至可以适当牺牲一部分消费体验。这类自助餐厅同样占据着一定的市场规模。

得益于人均消费区间跨度较大，自助餐可以吸引到不同消费水平的人群，因此，自助餐厅在各线级城市皆有分布，且下沉属性相对较强。红餐大数据显示，四、五线城市的自助餐门店数占比略高于一线城市和新一线城市，三线城市的门店数量最多，占比达到了 23.7%。

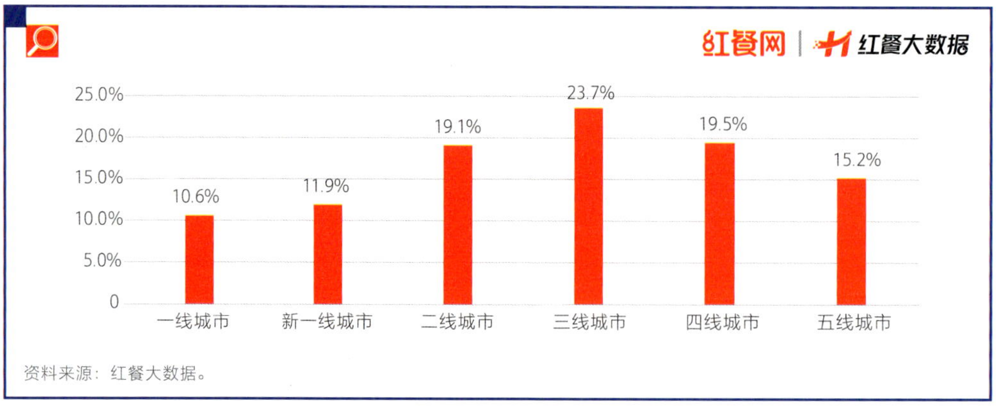

图 3-15　2021 年全国各线级城市自助餐样本门店数占比分布

四、连锁化程度普遍较低，消费者偏爱肉类、海鲜

纵观市面上的自助餐品牌，其门店规模普遍偏小，连锁化程度普遍不高。红餐大数据显示，门店数在 10 家以下的品牌数占比为 86.8%，10~20 家门店的品牌数占比 8.4%，门店数超过 100 家的品牌凤毛麟角，只有不到 1%。即便是创立超过 10 年、近期正在冲刺 IPO 的上井，截至 2022 年 6 月，其门店数也没有超过 50 家。

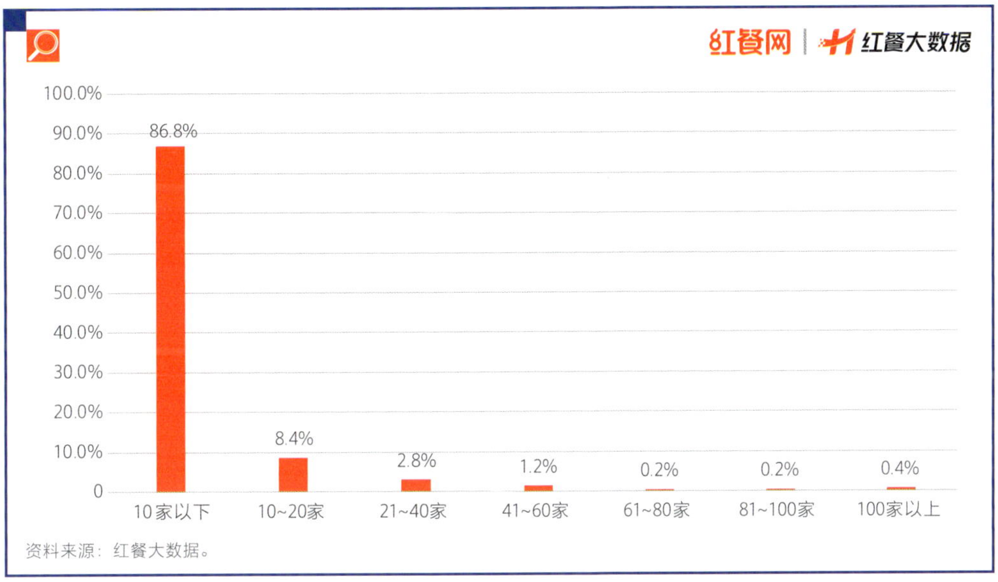

图 3-16 2021 年全国自助餐样本品牌门店数区间占比分布

受限于菜品多、门店面积大等特性，自助餐厅对于品牌的供应链管理能力和门店运营能力均有较高的要求，规模化难度大。此外，对于日式料理、海鲜类自助餐厅而言，普遍较高的人均消费一定程度上制约了品牌的规模化扩张。以在北京大众点评热门榜常年霸榜的自助餐品牌第六季自助餐厅为例，其创立于2015 年，人均消费达到了 350 元，但是只有 4 家门店。

同时，红餐大数据显示，自助餐用户推荐菜排名前三的分别是牛排、三文鱼、海鲜。这三种产品是大多数自助餐厅都会常规配备的，成本相对较高，可见高价值感的菜品依然是消费者吃自助餐的首选。

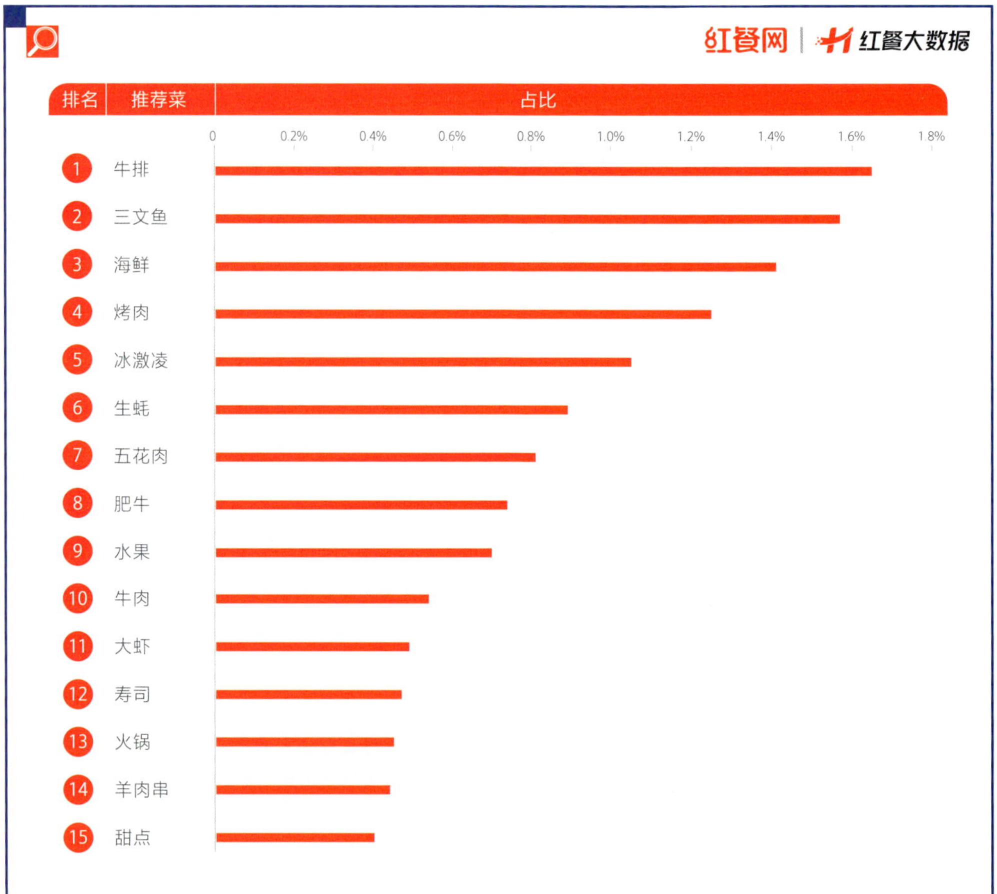

资料来源：红餐大数据。

图 3-17　2021 年自助餐用户推荐菜排名

此外，艾媒咨询的一项调研数据显示，66.7% 的网民不喜欢吃自助餐的原因是食材不新鲜。可见，消费者对于自助餐的食材新鲜度普遍有一定的要求，因此无论自助餐厅聚焦于哪个细分品类，人均消费定位或高或低，都应将保障食材的新鲜品质摆在第一位。

尤其是当下聚焦于细分品类的自助餐厅，很难依靠横向拓展更多的菜品来满足“高价值感”的要求，因此就需要在纵向上深究产品和服务质量，思考如何在食材品质、技术创新、顾客体验等多个维度提供高价值感。简而言之，品牌要让消费者感受到与付出的价格相匹配甚至高出预期的价值感，即便只是做人均消费 30 元的自助餐，也得拿出相应的诚意来。

如今的自助餐虽然不如往昔火爆，但它依然在奋力生长，不断迭代进化出更适应市场的形态。可以预想，自助餐在相当长的时间里都不会消亡或是被取代，而是会随着时代进步、经济周期和消费需求的变化，不断孕育新的发展模式。

中式烘焙
餐饮SaaS服务
供应链
中央厨房
复合调味品
私域流量
沉浸式体验
数字化
融合菜
新疆菜
疫情常态化
第二曲线
热卤
冷链物流
麻辣烫
植物基
烤鱼
粤菜
江浙菜
食品安全
茶饮
中式米饭快餐
业态融合
酸菜鱼
IPO
明星餐饮
产业生态化
自助餐
现金流
地方菜
北京菜
烧烤
湘菜
徽菜
川菜
西式快餐
零售化
直播带货
团餐
西餐
内卷
食材创新
外卖
下沉市场
柠檬茶
烤肉
资本化
火锅
中式正餐
预制菜
小龙虾
上市
咖啡
小酒馆

第四章

Part Four

餐饮榜单 »

PART FOUR

中国餐饮品牌节
第三届
The 3rd RED EAGLE AWARDS OF CHINA'S CATERING
中国餐饮红鹰奖盛典
中国·广州 / 2021年12月24日揭榜

01

第一节 第三届中国餐饮红鹰奖

为鼓励和宣传优秀的中国餐饮品牌和餐饮人物，红餐网携手官方机构和餐饮产业上下游专家，联合创办了“中国餐饮红鹰奖”，致力于将该奖项打造为“中国餐饮界的奥斯卡”，旨在挖掘中国最有价值的餐饮品牌，助力中国餐饮业健康发展。自 2019 年创办以来，红鹰奖已经影响数百万餐饮人以及数千万美食消费者，同时也得到了各大权威媒体的高度关注。

红鹰奖的品牌奖项是以“红餐大数据”中的“红餐指数”为基础综合评选得来的。红鹰奖评选一年举办一次，一般在年末进行。红鹰奖包括中国餐饮品牌力百强、中国餐饮区域标杆品牌、中国餐饮最具商业价值品牌等奖项。

“红餐大数据”小程序是专注餐饮大数据的专业查询和分析工具，收录了超过 32000 个餐饮品牌、2000 余家餐饮产业上下游供应商和服务商，旨在通过全方位、超精细的数据呈现，为餐饮从业者、投资方、意向创业者提供决策参考。

一、2021 年度中国餐饮品牌力百强

作为红鹰奖的核心奖项之一，“中国餐饮品牌力百强”是国内餐饮业第一份以“品牌力”为主题的权威榜单，旨在评选出一批表现卓越、实力雄厚的头部餐饮品牌。此奖项自 2018 年面世以来，就受到了业内人士的广泛关注，在业界树立了极高的专业认可度。

1~25　26~50　51~75　76~100

表 4-1　2021 年度中国餐饮品牌力百强

名次	品牌名称	公司名称	红餐指数
1	海底捞	四川海底捞餐饮股份有限公司	982.9
2	喜茶	深圳美西西餐饮管理有限公司	980.4
3	正新鸡排	上海正新食品集团有限公司	979.2
4	西贝莜面村	北京西贝餐饮管理有限公司	977.1
5	奈雪的茶	深圳市品道餐饮管理有限公司	975.9
6	绝味鸭脖	绝味食品股份有限公司	974.3
7	蜜雪冰城	蜜雪冰城股份有限公司	972.7
8	老乡鸡	安徽老乡鸡餐饮有限公司	971.5
9	外婆家	外婆家餐饮集团有限公司	970.7
10	呷哺呷哺	呷哺呷哺餐饮管理有限公司	969.3
11	眉州东坡	眉州东坡餐饮管理（北京）有限公司	967.5
12	乡村基	乡村基（重庆）投资有限公司	964.9
13	新荣记	上海新荣记酒楼有限公司	961.5
14	周黑鸭	周黑鸭国际控股有限公司	958.1
15	华莱士	福建省华莱士食品股份有限公司	957.6
16	巴奴毛肚火锅	巴奴毛肚火锅有限公司	956.6
17	瑞幸咖啡	瑞幸咖啡（北京）有限公司	949.9
18	小龙坎	成都小龙坎餐饮管理有限公司	946.5
19	广州酒家	广州酒家集团股份有限公司	943.9
20	张亮麻辣烫	黑龙江省张亮餐饮有限公司	940.7
21	煌上煌	江西煌上煌集团食品股份有限公司	937.5
22	太二酸菜鱼	九毛九（广州）控股有限公司	936.3
23	木屋烧烤	深圳市正君餐饮管理顾问有限公司	934.1
24	1 點點	生根餐饮管理（上海）有限公司	932.6
25	杨国福麻辣烫	上海杨国福企业管理（集团）股份有限公司	929.2

红餐网 | 红餐大数据

1~25　26~50　51~75　76~100

续 表

名次	品牌名称	公司名称	红餐指数
26	陶陶居	广州市食尚陶陶居饮食管理有限公司	926.2
27	紫燕百味鸡	上海紫燕食品有限公司	922.6
28	CoCo 都可	亿鼎国际股份有限公司	920.7
29	味千拉面	味千（中国）控股有限公司	918.2
30	全聚德	中国全聚德（集团）股份有限公司	917.6
31	文和友	湖南文和友文化产业发展集团有限公司	915.6
32	半天妖烤鱼	济南半天妖餐饮管理有限公司	914.6
33	尊宝比萨	尊宝比萨（香港）饮食连锁有限公司	911.6
34	九毛九	九毛九（广州）控股有限公司	908.8
35	茶颜悦色	湖南茶悦文化产业发展集团有限公司	907.6
36	同庆楼	同庆楼餐饮股份有限公司	903.9
37	真功夫	真功夫餐饮管理有限公司	901.4
38	和府捞面	上海和府餐饮管理有限公司	898.8
39	德庄火锅	重庆德庄实业（集团）有限公司	894.3
40	巴比馒头	中饮巴比食品股份有限公司	892.4
41	大龙燚火锅	成都大龙燚餐饮管理有限公司	890.1
42	喜家德	喜鼎餐饮管理有限公司	887.3
43	绿茶餐厅	西藏绿茶餐饮管理有限公司	886.6
44	书亦烧仙草	四川书亦餐饮管理有限公司	885.2
45	徐记海鲜	湖南徐记酒店管理有限公司	884.5
46	蛙来哒	长沙味之翼湘餐饮有限公司	882.8
47	三顾冒菜	成都司马餐饮管理有限公司	879.9
48	探鱼	深圳市甘棠明善餐饮有限公司	877.1
49	阿香米线	上海何勇企业管理集团有限公司	876.5
50	捞王锅物料理	捞王（上海）餐饮管理有限公司	875.5

红餐网 | 红餐大数据

1~25　26~50　51~75　76~100

续 表

名次	品牌名称	公司名称	红餐指数
51	鼎泰丰	北京恒泰丰餐饮有限公司	873.5
52	黄记煌	北京黄记煌餐饮管理有限责任公司	871.8
53	永和大王	快乐蜂（中国）餐饮管理有限公司	868.9
54	蔡林记	武汉蔡林记商贸有限公司	867.3
55	古茗茶饮	浙江古茗科技有限公司	865.7
56	点都德	广东点都德餐饮管理有限公司	864.6
57	知味观	杭州饮食服务集团有限公司	862.2
58	庆丰包子铺	北京庆丰包子铺有限公司	860.1
59	王品牛排	王品（中国）餐饮有限公司	859.4
60	东来顺	北京东来顺集团有限责任公司	857.4
61	五芳斋	浙江五芳斋实业股份有限公司	856.4
62	马路边边	成都马路边餐饮管理有限公司	854.6
63	钢管厂五区小郡肝串串香	成都钢五区顾大姐餐饮管理有限公司	852.9
64	小菜园	安徽小菜园餐饮管理有限责任公司	851.2
65	大董	大董餐饮投资有限公司	849.4
66	南京大牌档	南京大牌档美食文化有限公司	846.3
67	海伦司	深圳市海伦司品牌管理有限公司	845.3
68	沪上阿姨	上海臻敬实业有限公司	843.9
69	九田家料理烤肉	内蒙古九田家餐饮管理股份有限公司	841.7
70	谭鸭血老火锅	四川谭公餐饮管理有限公司	838.4
71	袁记云饺	广东省袁亮宏餐饮管理有限公司	837.4
72	胡桃里音乐酒馆	深圳合纵文化有限公司	836.8
73	云海肴	云南云海肴餐饮管理有限公司	834.7
74	大蓉和	成都大蓉和餐饮管理有限公司	833.9
75	蜀大侠	成都蜀大侠餐饮管理有限公司	830.3

红餐网 | 红餐大数据

1~25 26~50 51~75 76~100

续 表

名次	品牌名称	公司名称	红餐指数
76	避风塘	上海避风塘美食有限公司	829.6
77	豪客来	厦门豪客来餐饮管理有限公司	828.0
78	翠华餐厅	上海采华餐饮管理有限公司	827.9
79	楼外楼	杭州楼外楼食品有限公司	826.9
80	李先生牛肉面大王	北京李先生加州牛肉面大王有限公司	824.9
81	阿甘锅盔	上海巷陌餐饮管理有限公司	821.4
82	小肥羊	百胜（中国）投资有限公司	818.4
83	珮姐重庆火锅	重庆民贤餐饮管理有限公司	816.1
84	蛙小侠	深圳侠时代餐饮管理咨询有限公司	814.6
85	利苑酒家	上海利苑餐饮管理有限公司	810.6
86	望湘园	望湘园（上海）餐饮管理股份有限公司	807.2
87	客语	广东客语饮食发展有限公司	805.2
88	小杨生煎	小杨生煎企业管理发展（上海）有限公司	803.9
89	八合里牛肉火锅	广东八合里控股有限公司	802.7
90	外婆味道	云南外婆味道餐饮管理有限公司	800.6
91	城南往事济南风味主题餐厅	山东凯瑞酒店管理咨询有限公司	799.1
92	鱼酷活鱼烤鱼	上海锦河餐饮管理有限公司	798.3
93	紫光园	北京市紫光园餐饮有限责任公司	797.5
94	蒙自源	东莞市蒙自源饮食有限公司	795.9
95	廖记棒棒鸡	廖记食品连锁股份有限公司	793.8
96	永和豆浆	永和食品（中国）股份有限公司	791.4
97	老娘舅	老娘舅餐饮股份有限公司	789.9
98	很久以前羊肉串	北京很久以前餐饮管理有限公司	785.8
99	费大厨辣椒炒肉	长沙费大厨餐饮管理有限公司	784.7
100	元气寿司	元气寿司餐饮服务管理（深圳）有限公司	781.6

红餐网 | 红餐大数据

二、2021 年度中国餐饮区域标杆品牌

“中国餐饮区域标杆品牌”奖项旨在挖掘国内实力较强、在特定区域内有代表性的餐饮品牌，并表彰其在所属品类中或者区域中深耕及创新作出的贡献。

1~10　11~41　42~72　73~100

表 4-2　2021 年度中国餐饮区域标杆品牌

品牌名称	公司名称
霸王茶姬	国潮企业管理（云南）有限公司
半岛名轩	广州半岛名轩餐饮有限公司
半秋山西餐厅	武汉市半秋山餐饮管理有限公司
北京宴	北京宴禧餐饮管理有限公司
比格比萨	北京比格餐饮管理有限责任公司
炳胜品味	广州市炳胜品味餐饮有限公司
超意兴	济南超意兴餐饮有限公司
陈记顺和	广州陈顺和餐饮管理有限公司
赤坂亭	上海赤坂亭餐饮投资管理有限公司
传记潮发牛肉店	广州传记潮发餐饮管理有限公司

红餐网 | 红餐大数据

1~10 11~41 42~72 73~100

续 表

品牌名称	公司名称
炊烟	炊烟餐饮管理有限公司
翠园	美心集团
大鸽饭	广州市大鸽饭餐饮投资有限公司
大师兄	广州大师兄餐饮管理连锁发展有限公司
大鸭梨烤鸭	北京大鸭梨餐饮有限公司
刀板香 · 徽菜餐厅	安徽刀板香餐饮管理有限公司
耳朵眼	天津耳朵眼餐饮管理有限公司
丰茂烤串	北京丰茂世纪餐饮有限公司
丰收日	丰收日（集团）股份有限公司
奉天小馆	沈阳抱抱餐饮管理有限公司
福照楼	昆明福照楼汽锅鸡餐饮有限公司
谷田稻香	上海新田餐饮管理有限公司
桂满陇	上海云蒸餐饮管理有限公司
桂小厨	广西桂小厨餐饮管理有限公司
黑白电视	湖南吃货铺餐饮管理有限公司
红荔村	深圳市红荔村餐饮有限公司
胡大饭馆	北京胡大餐饮有限公司
湖锦酒楼	武汉湖锦酒店管理有限公司
回家湘	珠海市横琴回家湘餐饮连锁有限公司
惠食佳	广东惠食佳经济发展有限公司
江边城外	北京江边城外餐饮管理有限公司
椒爱水煮鱼川菜	北京椒爱餐饮管理有限公司
姐弟俩土豆粉	姐弟餐饮管理有限公司
九鼎轩脆毛肚火锅	江苏九鼎轩餐饮管理有限公司
九锅一堂	重庆九锅一堂餐饮管理有限公司
聚点串吧	北京聚点餐饮有限责任公司
局气	北京局气餐饮管理有限公司
烤匠	成都市烤匠餐饮管理有限公司
兰湘子	西安兰湘子餐饮管理有限公司
老凯俚酸汤鱼	贵州醉苗乡餐饮投资管理有限公司
佬麻雀	广东佬麻雀餐饮管理有限公司

红餐网 | 红餐大数据

1~10 11~41 42~72 73~100

续表

品牌名称	公司名称
老牌坊鲁菜名店	山东凯瑞酒店管理咨询有限公司
老头儿油爆虾	杭州厨翔餐饮管理有限公司
老碗会	深圳老碗会餐饮投资管理有限公司
老湘村 · 湖南土菜	广州市老湘村餐饮管理有限公司
捞缘猪肚鸡	湖南德晟餐饮服务管理有限公司
乐凯撒披萨	深圳市乐凯撒比萨餐饮管理有限公司
李子坝梁山鸡	重庆李子坝餐饮管理有限公司
临家闽南菜	厦门市临家社区餐饮服务有限公司
灵芝妹子海鲜米线	大连灵芝妹子餐饮连锁有限公司
炉小哥烤肉	郑州炉小哥餐饮有限公司
玛黎娜	山东玛黎娜餐饮管理有限公司
马旺子川小馆	上海保马餐饮管理有限公司成都分公司
冒椒火辣	成都鼎燚盛餐饮管理有限公司
摩打食堂	广州摩打餐饮管理有限公司
南城香	北京南城香餐饮有限公司
农耕记	深圳市农耕记餐饮有限公司
糯雅芳粥	江阴市云轩餐饮管理有限公司
胖墩肉饼	内蒙古胖墩餐饮管理有限公司
秋金小炒	四川乃心控股有限公司
全牛匠	北京全牛匠餐饮管理有限公司
润园四季椰子鸡	深圳润园四季餐饮有限公司
蜀都丰手工水煮活鱼	福建蜀都丰餐饮管理有限公司
水墨田塬	东莞市水墨田园餐饮有限公司
四季民福烤鸭店	北京四季民福餐饮管理有限公司
松鹤楼	苏州松鹤楼餐饮管理有限公司
苏小柳点心	苏小柳（上海）餐饮管理有限公司
泰香米泰国餐厅	重庆市泰香米餐饮管理有限公司
陶然居	重庆陶然居饮食文化（集团）股份有限公司
彤德莱	大连彤德莱餐饮管理集团有限公司
外婆印象	陕西外婆印象餐饮管理有限公司
万和春	青岛万和春餐饮管理有限公司

红餐网 | 红餐大数据

1~10　11~41　42~72　73~100

续表

品牌名称	公司名称
旺顺阁	北京旺顺阁美食有限公司
武圣羊汤	北京炙城武圣餐饮管理有限公司
物只卤鹅	广州物只卤鹅餐饮服务有限公司
西安饭庄	西安饮食股份有限公司
湘阁里辣	东莞市湘阁里辣餐饮管理有限公司
小厨娘淮扬菜	江苏小厨娘餐饮管理有限公司
小吊梨汤	以食为喜（北京）餐饮管理有限公司
小放牛	河北小放牛餐饮管理有限公司
小蓝鲸	武汉市小蓝鲸酒店管理有限责任公司
新白鹿	杭州新白鹿餐饮管理有限公司
新梅华	苏州新梅华餐饮管理有限公司
新时沏	浙江新时沏品牌管理有限公司
徐鼎盛民间菜	重庆徐鼎盛餐饮管理有限公司
巡湘记	上海巡湘记餐饮有限公司
杨记隆府	重庆杨记味功夫餐饮管理有限公司
杨记兴臭鳜鱼	北京杨记兴餐饮管理有限公司
一把骨	成都佘氏一把骨餐饮管理有限公司
以饭湘许	广州以饭湘许餐饮管理有限公司
银滩鲍鱼火锅	成都银滩餐饮有限责任公司
有家酸菜鱼	苏州康德餐饮管理有限公司
御宝轩	御宝餐饮（上海）有限公司
渝是乎	北京渝是乎餐饮管理有限公司
渝乡辣婆婆	河北渝乡辣婆婆餐饮管理有限公司
裕兴记面馆	苏州市裕兴记餐饮服务有限公司
珍宝舫	南京珍宝舫酒店管理有限公司
周师兄重庆火锅	重庆周师兄餐饮文化有限公司
滋粥楼	广州市滋粥楼餐饮发展有限公司
醉得意	福建省醉得意餐饮管理有限公司

红餐网 | 红餐大数据

三、2021 年度中国餐饮最具商业价值品牌

“中国餐饮最具商业价值品牌”奖项旨在评选出行业中正处于品牌成长上升期、最具有商业价值的餐饮品牌，为餐饮创业者以及投资机构提供投资决策参考。

1~10　11~40　41~50

表 4-3　2021 年度中国餐饮最具商业价值品牌

品牌名称	公司名称
爸爸糖手工吐司	江苏爸爸糖餐饮管理有限公司
霸蛮湖南米粉	北京霸蛮天下科技有限公司
霸碗盖码饭	湖南霸王餐饮管理有限公司
茶百道	四川蜀信致远企业管理咨询有限公司
陈香贵	上海陈香贵餐饮管理有限公司
COMMUNE 公社	珠海市唐企盛泰企业管理有限公司
大斌家串串火锅	长沙市斌斌有你餐饮管理有限公司
大米先生	重庆兴红得聪餐饮管理有限公司
大牌冒菜	扬州水木餐饮管理有限公司
哚哚米线	上海美哚餐饮管理有限公司

* 排名不分先后，按照首字母排序

红餐网 | 红餐大数据

1~10　11~40　41~50

续表

品牌名称	公司名称
多嘴超级肉蟹煲	沈阳联智名创餐饮管理有限公司
贰麻酒馆	成都贰麻餐饮娱乐有限公司
肥汁米蘭香港米线	上海六悦榕坊餐饮有限公司
芙蓉树下冒菜	成都蓉膳坊餐饮管理有限公司
gaga	深圳市鲜语餐饮管理有限公司
甘食记成都肥肠粉	成都甘食记餐饮有限公司
虎头局渣打饼行	上海万物有样食品有限公司
悸动烧仙草	悸动（上海）餐饮管理有限公司
犟骨头排骨饭	天津七惑和他的朋友餐饮管理有限公司
江渔儿	广州开呗餐饮管理有限公司
金戈戈香港豉油鸡	深圳金戈戈餐饮管理有限公司
菊花开手撕藤椒鸡	河南省大家旺企业管理咨询有限公司
快乐番薯	厦门快乐番薯股份有限公司
粮全其美	上海粮全其美食品有限公司
Manner Coffee	上海茵赫实业有限公司
马记永	上海花桥餐饮管理有限公司
墨茉点心局	长沙壹饼壹城餐饮管理有限公司
楠火锅	许叔叔（重庆）餐饮管理有限公司
柠季柠檬茶专门店	湖南柠友餐饮管理有限公司
仟喜丼日式烧肉饭	安徽喜气满满餐饮管理有限公司
7 分甜	苏州七分甜餐饮管理有限公司
柒酒烤肉	湖南梓文餐饮管理有限公司
丘大叔	广州山丘餐饮管理有限公司
三两粉 · 湖南手工米粉	广东三两粉企业管理有限公司
三米粥铺	上海竹玫餐饮管理有限公司
Seesaw Coffee	上海西舍咖啡有限公司
陕味食族油泼面	北京陕味食族餐饮管理有限公司
盛香亭热卤	长沙市拿云餐饮管理有限公司
王仁和米线	合肥王仁和米线餐饮管理有限公司
维小饭	深圳市维士智慧健康管理有限公司

* 排名不分先后，按照首字母排序

红餐网 | 红餐大数据

1~10　11~40　41~50

续表

品牌名称	公司名称
五爷拌面	上海五爷餐饮管理有限公司
舞爪	福州舞爪食品有限公司
小蛮椒	上海楠雨餐饮管理有限公司
研卤堂	武汉乐美缘餐饮管理有限公司
益禾堂	武汉熠和餐饮管理有限公司
遇见小面	广州遇见小面餐饮管理有限公司
月枫堂	武汉飓风玛利亚食品管理有限公司
周麻婆	福建省周麻婆餐饮管理有限公司
朱光玉火锅馆	重庆朱光玉餐饮管理有限公司
猪角 · 闽南猪脚饭	厦门猪角猪脚饭餐饮管理有限公司

* 排名不分先后，按照首字母排序

红餐网 | 红餐大数据

02

2021 中国餐饮品类十大品牌 第二节

2021 中国餐饮品类十大品牌

“2021 中国餐饮品类十大品牌”是由红餐品牌研究院在红餐大数据和红餐指数基础上，经过专家综合评审出来的年度榜单，希望借此机会挖掘出在行业细分领域做深做透的头部品牌，探索中国餐饮行业的创新发展。

表 4-4 2021 中国火锅十大品牌

品牌名称	公司名称
海底捞	四川海底捞餐饮股份有限公司
小龙坎	成都小龙坎餐饮管理公司
巴奴毛肚火锅	巴奴毛肚火锅有限公司
呷哺呷哺	呷哺呷哺餐饮管理有限公司
大龙燚火锅	成都大龙燚餐饮管理有限公司
德庄火锅	重庆德庄实业（集团）有限公司
东来顺	北京东来顺集团有限责任公司
蜀大侠	成都蜀大侠餐饮管理有限公司
珮姐重庆火锅	重庆民贤餐饮管理有限公司
季季红	江西季季红餐饮管理有限公司

红餐网 | 红餐大数据

表 4-5 2021 中国特色火锅十大品牌

品牌名称	公司名称
马路边边	成都马路边餐饮管理有限公司
黄记煌	北京黄记煌餐饮管理有限责任公司
钢管厂五区小郡肝串串香	成都钢五区顾大姐餐饮管理有限公司
捞王锅物料理	捞王（上海）餐饮管理有限公司
贤合庄卤味火锅	福建省贤合庄餐饮投资管理有限公司
大斌家串串火锅	长沙市斌斌有你餐饮管理有限公司
虾吃虾涮	北京筷客乐园餐饮管理有限公司
左庭右院鲜牛肉火锅	上海左庭右院企业管理有限公司
哥老官美蛙鱼头	上海哥老官餐饮管理有限公司
润园四季椰子鸡	深圳润园四季餐饮有限公司

红餐网 | 红餐大数据

表 4-6 2021 中国茶饮十大品牌

品牌名称	公司名称
喜茶	深圳美西西餐饮管理有限公司
奈雪的茶	深圳市品道餐饮管理有限公司
蜜雪冰城	郑州两岸企业管理有限公司
CoCo 都可	亿鼎国际股份有限公司
茶颜悦色	湖南茶悦餐饮管理有限公司
1 點點	生根餐饮管理（上海）有限公司
茶百道	四川恒盛合瑞实业集团有限公司
古茗茶饮	浙江古茗科技有限公司
甜啦啦	安徽汇旺餐饮管理有限公司
新时沏	浙江新时沏品牌管理有限公司

红餐网 | 红餐大数据

表 4-7 2021 中国特色茶饮十大品牌

品牌名称	公司名称
书亦烧仙草	四川书亦餐饮管理有限公司
7 分甜	苏州七分甜餐饮管理有限公司
沪上阿姨	上海臻敬实业有限公司
悸动烧仙草	悸动（上海）餐饮管理有限公司
gaga	深圳市鲜语餐饮管理有限公司
吾饮良品	武汉吾饮良品餐饮管理有限公司
快乐柠檬	上海快乐柠檬餐饮管理有限公司
SEVEN BUS	厦门优鲜时刻餐饮管理有限公司
茉沏	苏州市晨祺餐饮管理有限公司
桂桂茶	桂缘（上海）餐饮管理有限公司

红餐网 | 红餐大数据

表 4-8 2021 中国中式快餐十大品牌

品牌名称	公司名称
老乡鸡	安徽老乡鸡餐饮有限公司
乡村基	乡村基（重庆）投资有限公司
真功夫	广州真功夫快餐连锁管理有限公司
永和大王	快乐蜂（中国）餐饮管理有限公司
大米先生	重庆兴红得聪餐饮管理有限公司
犟骨头排骨饭	天津七惑和他的朋友餐饮管理有限公司
老娘舅	老娘舅餐饮股份有限公司
南城香	北京南城香餐饮有限公司
杨铭宇黄焖鸡米饭	济南杨铭宇餐饮管理有限公司
和合谷	北京和合谷餐饮管理有限公司

红餐网 | 红餐大数据

表 4-9 2021 中国西式快餐十大品牌

品牌名称	公司名称
肯德基	百胜（中国）投资有限公司
麦当劳	金拱门（中国）有限公司
德克士	天津顶巧餐饮服务咨询有限公司
华莱士	福建省华莱士食品股份有限公司
萨莉亚	上海萨莉亚餐饮有限公司
汉堡王	汉堡王（中国）投资有限公司
赛百味	赛百味品牌管理顾问（上海）有限公司
派乐汉堡	武汉美乐和食餐饮管理有限公司
贝克汉堡	济南源动力餐饮管理咨询有限公司
快乐星汉堡	上海斗石餐饮管理有限公司

红餐网 | 红餐大数据

表 4-10　2021 中国粉面十大品牌

品牌名称	公司名称
和府捞面	上海和府餐饮管理有限公司
味千拉面	味千（中国）控股有限公司
阿香米线	上海何勇企业管理集团有限公司
蔡林记	武汉蔡林记商贸有限公司
李先生牛肉面大王	北京李先生加州牛肉面大王有限公司
五谷渔粉	长沙市五味草堂餐饮管理有限公司
五爷拌面	哈尔滨品冠餐饮管理有限公司
姐弟俩土豆粉	姐弟餐饮管理有限公司
遇见小面	广州遇见小面餐饮管理有限公司
无名缘米粉	哈尔滨街上缘餐饮管理有限公司

红餐网 | 红餐大数据

表 4-11　2021 中国特色小吃十大品牌

品牌名称	公司名称
正新鸡排	上海正新食品集团有限公司
杨国福麻辣烫	上海杨国福企业管理（集团）有限公司
张亮麻辣烫	黑龙江省张亮餐饮有限公司
三顾冒菜	成都司马餐饮管理有限公司
芙蓉树下冒菜	成都蓉膳坊餐饮管理有限公司
魏家凉皮	西安华荣魏家餐饮管理有限公司
蓉李记	成都蓉李记餐饮管理有限公司
黑白电视	湖南吃货铺餐饮管理有限公司
紫光园	北京市紫光园餐饮有限责任公司
黑色经典	长沙伍爱美食食品科技有限公司

红餐网 | 红餐大数据

表 4-12 2021 中国饺子馄饨十大品牌

品牌名称	公司名称
喜家德	喜鼎餐饮管理有限公司
袁记云饺	佛山市袁亮宏餐饮管理有限公司
吉祥馄饨	上海世好食品有限公司
如意馄饨	江苏如意食品有限责任公司
大娘水饺	大娘水饺餐饮集团有限公司
小恒水饺	北京思家餐饮管理有限公司
粤饺皇	粤饺皇（广州）餐饮管理有限公司
东方饺子王	北京东方饺子王餐饮有限责任公司
第 9 味老上海馄饨	深圳市第九味连锁餐饮管理有限公司
船歌鱼水饺	青岛船歌鲜食网络科技有限公司

红餐网 | 红餐大数据

表 4-13 2021 中国烧烤十大品牌

品牌名称	公司名称
木屋烧烤	深圳市正君餐饮管理顾问有限公司
很久以前羊肉串	北京很久以前餐饮管理有限公司
丰茂烤串	北京丰茂世纪餐饮有限公司
聚点串吧	北京聚点餐饮有限责任公司
何师烧烤	成都和胜餐饮酒店管理有限公司
管氏翅吧	北京管氏烤翅餐饮有限公司
客串出品	湖南移木客串出品餐饮管理有限公司
郭靖烤全羊	烤羊羊（北京）餐饮管理有限公司
冰城串吧	北京冰城利轩铭餐饮管理有限公司
九村烤脑花	重庆意伦餐饮文化有限公司

红餐网 | 红餐大数据

表 4-14　2021 中国烤肉十大品牌

品牌名称	公司名称
九田家料理烤肉	内蒙古九田家餐饮管理股份有限公司
汉拿山烤肉	西藏汉拿山餐饮管理有限公司
新石器烤肉	上海盘古餐饮管理有限公司
酒拾烤肉	湖南卜食记餐饮管理有限公司
柒酒烤肉	湖南梓文餐饮管理有限公司
权金城	权金城企业管理（北京）有限公司
炉小哥烤肉	郑州炉小哥餐饮有限公司
小核桃烤肉馆	沈阳帝门特餐饮管理有限公司
猫抓烤肉	北京猫抓餐饮管理有限公司
来点烤肉	湖南来点餐饮管理有限公司

红餐网 | 红餐大数据

表 4-15　2021 中国烤鱼十大品牌

品牌名称	公司名称
探鱼	深圳市甘棠明善餐饮有限公司
半天妖烤鱼	济南半天妖餐饮管理有限公司
鱼酷活鱼烤鱼	上海锦河餐饮管理有限公司
江边城外烤全鱼	北京江边城外餐饮管理有限公司
炉鱼	外婆家餐饮集团有限公司
烤匠	成都市烤匠餐饮管理有限公司
匠子烤鱼	海口匠子烤鱼餐饮服务有限公司
探炉烤鱼	深圳悦成餐饮管理有限公司
令狐冲窑烤活鱼	福建令狐冲餐饮管理有限公司
辣尚瘾	北京渝都仁和餐饮有限公司

红餐网 | 红餐大数据

表 4-16　2021 中国酸菜鱼十大品牌

品牌名称	公司名称
太二酸菜鱼	广州九毛九餐饮连锁有限公司
鱼你在一起	北京辣说餐饮管理有限公司
渝是乎	北京渝都仁和餐饮有限公司
江渔儿	广州开呗餐饮管理有限公司
姚姚酸菜鱼	深圳亚米餐饮管理有限公司
有家酸菜鱼	苏州康德餐饮管理有限公司
严厨老坛酸菜鱼	苏州众擎餐饮管理有限公司
溪雨观酸菜鱼	上海蜀华火锅楼有限公司
百岁我家酸菜鱼	上海馨萍仁河餐饮管理有限公司
山城外老坛酸菜鱼	成都山城外餐饮管理有限公司

红餐网 | 红餐大数据

表 4-17　2021 中国小龙虾十大品牌

品牌名称	公司名称
胡大饭馆	北京胡大餐饮有限公司
文和友老长沙龙虾馆	湖南文和餐饮有限公司
靓靓蒸虾	武汉靓靓蒸虾餐饮管理有限责任公司
肥肥虾庄	武汉江湖肥肥餐饮有限公司
松哥油焖大虾	深圳市松哥油焖大虾餐饮管理有限公司
红盔甲	上海永利顺餐饮有限公司
沪小胖	上海荣达餐饮有限公司
巴厘龙虾	武汉市巴厘龙虾餐饮管理有限公司
有间虾铺	长沙有间虾铺餐饮管理有限公司
堕落虾	深圳市洪堡智慧餐饮科技有限公司

红餐网 | 红餐大数据

表 4-18　2021 中国卤味十大品牌

品牌名称	公司名称
绝味鸭脖	绝味食品股份有限公司
周黑鸭	周黑鸭国际控股有限公司
紫燕百味鸡	上海紫燕食品有限公司
煌上煌	江西煌上煌集团食品股份有限公司
久久丫	上海顶誉食品有限公司
卤人甲	江苏领迅食品有限公司
廖记棒棒鸡	廖记食品连锁股份有限公司
留夫鸭	上海优亿食品有限公司
盛香亭热卤	长沙市拿云餐饮管理有限公司
降龙爪爪	四川降龙爪爪餐饮管理有限公司

红餐网 | 红餐大数据

表 4-19　2021 中国包点十大品牌

品牌名称	公司名称
巴比馒头	中饮巴比食品股份有限公司
和善园	南京和善园食品生产有限公司
小杨生煎	小杨生煎企业管理发展（上海）有限公司
庆丰包子铺	北京庆丰包子铺有限公司
老台门汤包	绍兴市老台门餐饮管理有限公司
老盛昌汤包	上海老盛昌餐饮管理有限公司
三津汤包	深圳市三津餐饮管理有限公司
包道	广州烨道餐饮管理有限公司
狗不理包子	狗不理集团股份有限公司
青露	南京青露餐饮管理有限公司

红餐网 | 红餐大数据

表 4-20 2021 中国比萨十大品牌

品牌名称	公司名称
必胜客	百胜（中国）投资有限公司
尊宝比萨	尊宝比萨（香港）饮食连锁有限公司
达美乐比萨	上海达美乐比萨有限公司
比格比萨	北京比格餐饮管理有限责任公司
乐凯撒披萨	深圳市乐凯撒比萨餐饮管理有限公司
棒！约翰	上海棒约翰餐饮管理有限公司
比萨玛尚诺	马上诺餐饮（上海）有限公司
玛格利塔	福州玛格利塔餐饮管理有限公司
慕玛披萨	杭州慕玛餐饮管理有限公司
芝根芝底	福州芝根芝底餐饮管理有限公司

红餐网 | 红餐大数据

表 4-21 2021 中国饼类十大品牌

品牌名称	公司名称
阿甘锅盔	上海多串餐饮管理有限公司
又卷烧饼	上海冰魔投资管理有限公司
晨光烧饼	哈尔滨晨光食品连锁有限公司
粮全其美	上海粮全其美食品有限公司
西少爷	奇点同舟餐饮管理（北京）有限公司
麦多馅饼	通化市麦多食品有限公司
煎饼先生	新疆煎饼先生餐饮管理有限公司
吴小糖沙拉煎饼	上海宏麦餐饮管理有限公司
美妙食刻功夫煎饼	北京麦味投资管理有限公司
石小沫煎饼果儿	必普电子商务集团股份有限公司

红餐网 | 红餐大数据

表 4-22　2021 中国烘焙十大品牌

品牌名称	公司名称
好利来	好利来（中国）电子科技股份有限公司
幸福西饼	深圳市幸福西饼食品有限公司
元祖	上海元祖梦果子股份有限公司
鲍师傅糕点	北京鲍才胜餐饮管理有限公司
85 度 C	津味（上海）餐饮管理有限公司
美心西饼	美心食品（广州）有限公司
仟吉	武汉仟吉食品有限公司
熊猫不走蛋糕	惠州市熊猫不走烘焙有限公司
南洋大师傅	浙江金之秘品牌管理有限公司
爸爸糖手工吐司	江苏爸爸糖餐饮管理有限公司

红餐网 | 红餐大数据

表 4-23　2021 中国日料十大品牌

品牌名称	公司名称
元气寿司	元气寿司餐饮服务管理（深圳）有限公司
赤坂亭	上海赤坂亭餐饮投资管理有限公司
江户前	北京江户前餐饮管理有限公司
N 多寿司	无锡市客必思餐饮管理有限公司
将太无二	北京将太无二餐饮有限责任公司
争鲜寿司	争鲜（上海）食品有限公司
万岁寿司	广州市万岁餐饮管理有限公司
村上一屋	三公里（北京）餐饮管理有限责任公司
町上寿司	沈阳町上餐饮管理有限公司
鲜目录外带寿司	杭州将太餐饮管理有限公司

红餐网 | 红餐大数据

特别说明

1. 全国线级城市划分

本书如未特别说明，内文的相关城市研究皆采纳第一财经旗下的新一线城市研究所于 2022 年 6 月发布的《2022 城市商业魅力排行榜》城市划分标准，其他引用资料可能另有城市划分标准，具体以实际呈现为准。

2. 全国八大区域划分

华北 : 北京市、天津市、河北省、山西省、内蒙古自治区
华东 : 上海市、江苏省、浙江省、安徽省、福建省、江西省、山东省
华中 : 河南省、湖北省、湖南省
华南 : 广东省、广西壮族自治区、海南省
西南 : 重庆市、四川省、贵州省、云南省、西藏自治区
西北 : 陕西省、甘肃省、青海省、宁夏回族自治区、新疆维吾尔自治区
东北 : 辽宁省、吉林省、黑龙江省
港澳台 : 香港特别行政区、澳门特别行政区、中国台湾地区
本书在论述全国区域划分的时候，如未特别说明，一般默认不含港澳台地区。

3. 货币单位

本书如未特别说明，货币单位默认为人民币。

4. 关于书中对于“目前”的定义

基于本书成书于 2022 年 7 月，本书如未特别说明，书中所有关于“目前”的表述均表示为截至 2022 年 6 月 30 日。

5. 数据源参考渠道

本书的数据源是建立在红餐大数据的基础上，并参考了行业协会诸如世界中餐业联合会、中国烹饪协会、中国连锁经营协会、中国饭店协会等协会的数据，以及其他机构比如企查查、弗若斯特沙利文、艾媒咨询等机构的数据。

6. 餐饮品牌样本范围

本书主要将具有一定体量、存续稳定且具有品牌概念和价值的餐饮品牌作为研究对象，并以门店数为 3 家及以上（省级以上老字号、米其林获奖品牌以及中大型酒楼不受门店数限制）作为判断基准。

声明

本书内容及数据仅用于研究和参考，任何第三方对于本书各项内容和数据的使用或引用所导致的任何结果，本创作团队不承担任何法律责任。请任何第三方在接受该声明的前提下，在法律允许和经过授权的条件下，合理使用本书内容。